ubu

RODRIGO NUNES

NEM VERTICAL NEM HORIZONTAL

Uma teoria da organização política

7 Prefácio à edição brasileira

13 **INTRODUÇÃO**

33 **CAPÍTULO 1**
Para uma teoria da organização política

74 **CAPÍTULO 2**
Uma ou duas melancolias?

109 **CAPÍTULO 3**
Revolução em crise

156 **CAPÍTULO 4**
Crítica da auto-organização

200 **CAPÍTULO 5**
Elementos para uma teoria da organização I:
ecologia, liderança distribuída, núcleos organizativos,
função-vanguarda, controle difuso

249 **CAPÍTULO 6**
Elementos para uma teoria da organização II:
plataformas, diversidade de estratégias, partidos

296 **CAPÍTULO 7**
Radicalmente relacional: o problema da aptidão

339 **CONCLUSÃO**

355 Agradecimentos
358 Referências bibliográficas
377 Índice onomástico
381 Sobre o autor

PREFÁCIO À EDIÇÃO BRASILEIRA

Este livro foi escrito em inglês e publicado primeiro pela editora Verso, em 2021. Escrever em qualquer língua nunca é apenas manejar uma sintaxe e um léxico, mas também formar ideias a partir dos materiais que o idioma põe à disposição e, portanto, pensar dentro de uma cultura, de um mundo. Nada torna isso tão claro quanto o processo de tradução – mais ainda se a língua para a qual se é traduzido é, na verdade, a própria língua-mãe. O que o ofício do tradutor revela é que nunca se trata simplesmente de converter um conteúdo de um código para outro. Uma parte decisiva do trabalho consiste precisamente na mediação entre mundos, na compreensão das diferenças e distâncias que os separam, a fim de encontrar em um o melhor equivalente possível para uma ideia plasmada em outro – ou, na impossibilidade de fazê-lo, rejeitar falsas semelhanças e determinar exatamente onde é que as analogias falham, qual é o ponto preciso em que um mundo e outro resistem à comensurabilidade ou, pelo menos, à tradutibilidade recíproca. O que o fato de que a língua de destino seja a língua de origem do autor acrescenta ao processo de tradução é o desvelamento de sua própria condição como algo que não é somente um deslocamento, mas sempre um *deslocamento de um deslocamento*. Em si mesmo, não há nada de essencial ou originário no fato de que uma origem seja uma origem: um mundo de origem é tão somente um ponto arbitrário em um universo de variações, com suas zonas comensuráveis e incomensuráveis diferencialmente superpostas. Tudo é, em certa medida, a tradução de tudo mais – pelo menos (ou especialmente) até o ponto em que converter uma coisa na outra é impossível.

Por outro lado, uma vez dado um ponto de origem, há coisas que seguem dele de maneira necessária. A ideia de escrever um livro sobre a questão da organização à luz da teoria das redes e de diferentes transformações nos modos como compreendemos a política me ocorreu pela primeira vez ainda durante o doutorado, em que eu trabalhava sobre um tema bastante distinto e mais obviamente "filosófico": o conceito de imanência. A sensação de que havia algo a ser dito nessa seara vinha tanto de meu envolvimento pessoal na política quanto da teoria que eu lia em paralelo à tese para tentar entender melhor minha própria prática. A repercussão de um artigo publicado em 2012 sobre as dimensões organizacionais dos levantes ocorridos um ano antes em lugares como Tunísia, Egito, Espanha e Estados Unidos sugeriu que eu talvez estivesse na pista certa ao tentar ir mais fundo que a superficial narrativa dominante sobre "horizontalismo", "assembleias" e "ausência de líderes".[1] A chegada dessa onda global de protestos ao Brasil em junho de 2013 me daria um sentido muito mais palpável da urgência desse debate e de seu potencial para servir de ponto a partir do qual uma série de outras questões políticas importantes se abriam.

Dada a dimensão global do fenômeno, e o fato de que muitos dos problemas e limites que eu pretendia discutir se repetiam em diversos lugares, o público-alvo deste projeto sempre foi pensado como não circunscrito ao Brasil, de onde que a escolha por escrevê-lo em inglês tenha sido natural. Mais que isso, seu público-alvo foi pensado como composto primariamente (ainda que não de modo exclusivo) de pessoas que haviam participado da, ou ao menos sido simpáticas à, onda de protestos dos anos 2010 – muitas das quais teriam, inclusive, tido ali sua primeira experiência com a política. Essa decisão implicava um outro recorte: embora estivesse me alimentando de conceitos e casos concretos extraídos de toda a longa história do pensamento e dos movimentos antissistêmicos, os exemplos recentes a que eu recorreria teriam de ser, de preferência, ou diretamente familiares a esses leitores ou, pelo menos, próximos o bastante de sua experiência para serem reconhecíveis. Isso ajuda a explicar por que o Brasil não figura aqui de maneira particularmente proeminente: a ideia era buscar referências de diferentes partes do mundo que fossem mais imediatamente relacionadas ao ciclo de lutas da década passada.[2] Também se pode entender a partir daí por que o Movimento Passe Livre aparece no livro, por exemplo, mas não experiências de saldo mais relevante ao longo do tempo, como o Movimento dos Trabalhadores Rurais Sem Terra e o Movimento dos Trabalhadores Sem Teto. Como inevitavelmente ocorre a

---

1   Rodrigo Nunes, "The Lessons of 2011: Three Theses on Organisation". *Mute*, 7 jun. 2012.

2   Ao mesmo tempo, talvez não seja inteiramente justo dizer que o Brasil não tem uma posição especial: seria possível ler o livro de trás para a frente e ver nos primeiros capítulos a formulação de uma teoria que serviria para enquadrar num marco conceitual mais amplo os insights teóricos e práticos que o último capítulo identifica na pedagogia do oprimido e na Teologia da Libertação.

quem se aventura a escrever sobre eventos que ainda estão em curso, outros recortes foram ditados pelo tempo. O grosso deste livro foi escrito entre o fim de 2018 e meados de 2019, com a conclusão recebendo sua redação final nas primeiras semanas de 2020, o que explica por que alguns acontecimentos – notavelmente o *estallido social* chileno do fim de 2019 e início de 2020, para não falar das eleições presidenciais de 2018 no Brasil – ficaram de fora dele.

Se a opção por publicar com uma editora anglo-americana apresentava-se como a melhor aposta para atingir a audiência mais ampla possível, ela implicava ao mesmo tempo situar o livro em uma determinada língua e, por extensão, um mundo: uma cultura política específica, com debates e problemáticas próprias. Algumas das dificuldades que decorrem daí aparecem já no início do capítulo 1, e justamente em relação ao conceito-chave do trabalho: na oposição entre o primeiro sentido de "organização" e os outros dois, há um jogo intraduzível e uma discussão que, por sorte, pode ser explicada. O jogo aí tem a ver com o fato de que, nos dois últimos casos, "organização" é intercambiável na língua inglesa com o termo *organising* – uma troca facultada pela possibilidade, inexistente em português, de usar o gerúndio [-*ing*] para transformar um verbo tanto em adjetivo quanto em substantivo. É isso que permite dizer que um grupo está organizando trabalhadores imigrantes [*this group is organising migrant workers*] e outro pratica organização comunitária [*that group does community organising*], enquanto outro ainda está promovendo uma campanha que envolve um forte elemento de organização de base [*that other group is running an organising campaign*]. A tradutora, Raquel Azevedo, propôs como solução substituir *organising* por um verbo no infinitivo, o reflexivo "organizar-se". O problema é que, embora a substituição funcionasse para alguns dos usos que eu tinha em mente, ela não atendia a todos e, por introduzir a reflexividade, apagava uma dimensão crucial das discussões que a palavra suscita atualmente na América do Norte e na Europa: a transitividade do termo *organising*.

Nesses lugares, muitas das conversas sobre organização nas últimas décadas tiveram como referência a guinada de parte do sindicalismo em direção a algo conhecido como *organising model*, isto é, um modelo de sindicalismo baseado na organização de trabalhadores. Essa guinada, originalmente capitaneada pelo Sindicato

Internacional dos Empregados da Indústria de Serviços (Service Employees International Union – SEIU), foi bem-sucedida em contrariar a tendência histórica de declínio da participação sindical, verificada desde os anos 1980, através de uma política focada não em defender uma quantidade decrescente de filiados, mas em atrair novos membros mediante campanhas em setores altamente precarizados, como limpeza e segurança.[3] Contudo, se os defensores do modelo podem apontar para seus inegáveis sucessos, aquilo que os detratores frequentemente criticam é justamente seu caráter transitivo, isto é, o fato de que "organizar", nesse caso, é sempre "organizar outrem" – e, mais ainda, empregar organizadores profissionalizados para sindicalizar uma força de trabalho hiperexplorada e desprotegida, frequentemente imigrante, a partir de princípios que nem sempre põem a autonomia desses grupos no centro do trabalho, com todos os riscos de substitucionismo e manipulação que isso envolve. Como alguém que conheceu esse modelo por dentro, posso confirmar que tais questionamentos estão longe de serem injustificados; a questão, no entanto, é saber se tais problemas devem ser entendidos como passíveis de serem controlados ou inevitáveis porque intrínsecos à ideia mesma de *organising*. Os capítulos 4 e 7 podem ser entendidos como compondo um longo argumento sobre por que seria um erro apostar nessa última opção, mas suas implicações talvez não estejam tão claras no cenário brasileiro, seja por motivos linguísticos, seja por razões de contexto. Diante do fato de que *organising* teria usualmente de ser traduzido igualmente como "organização", assim como da impossibilidade de encontrar um equivalente adequado em português para o jogo entre *organisation* e *organising*, optei por indicar esta última palavra entre colchetes toda vez que a distinção me parecia relevante para a compreensão do texto, além de incluir no prefácio esta explicação prévia.

---

[3] Uma representação cinematográfica desse experimento, baseada na história real de um organizador da SEIU, pode ser encontrada no filme *Pão e rosas* (2000), do cineasta britânico Ken Loach. A quem deseje ler mais a respeito desse modelo, recomendo o trabalho da organizadora sindical Jane McAlevey, *Raising Expectations (and Raising Hell): My Decade Fighting for the Labor Movement*. London/ New York: Verso, 2012; *No Shortcuts: Organizing for Power in the New Gilded Age*. New York: Oxford University Press, 2016.

PREFÁCIO À EDIÇÃO BRASILEIRA

Quis a sorte que a edição brasileira deste livro saísse exatamente no aniversário de dez anos de Junho de 2013, um momento que permanece a grande esfinge da política brasileira na última década, objeto das visões mais variadas e incompatíveis, a ponto de ainda ser difícil ter conversas francas e equilibradas a seu respeito. Inevitavelmente, um trabalho que se indaga sobre as condições de ação dos movimentos sociais hoje e sobre as lições do ciclo de protestos da década passada tenderá a ser lido como "pró-Junho". Mas não se trata aqui nem de celebrar nem de recriminar, simplesmente de *entender*: o cenário político e as condições materiais em que as pessoas se organizam hoje, as raízes dos diferentes impasses em que a esquerda mundial tem se encontrado desde o fim do século XX, o que deu certo e, especialmente, o que deu errado de 2011 para cá. Trata-se, sobretudo, de tentar pensar, da maneira mais honesta possível, as possibilidades abertas à transformação social em nosso tempo, os meios de que ela pode dispor e as formas que pode tomar.

Para muitos, a crise política aguda que culminou com a chegada da extrema direita ao poder em 2018 e o retorno do PT nas últimas eleições seria a prova definitiva de que Junho de 2013, na melhor das hipóteses, não passou de um grande erro e de que o lugar da política é nas instituições e na mão dos profissionais. A conclusão que este livro avança, contudo, aponta em direção diversa. Ele diz que a mudança em grande escala depende sempre de uma pluralidade de formas de ação, de uma ecologia de atores que não necessariamente estão de acordo todo o tempo, mas cuja própria tensão interna pode ser benéfica para o interesse geral. Ele não diz "não" a instituições, partidos e governos; ele diz "não" à ideia de que seria preciso escolher entre estar dentro ou fora do jogo institucional, entre esta ou aquela forma organizacional, este ou aquele tipo de intervenção. Grandes movimentos de transformação vencem porque são complexos, acontecem em mais de um nível ao mesmo tempo, sabem combinar táticas, modos e espaços de ação. Se isso é verdade, não me parece que os dez anos passados desde o momento em que comecei a me dedicar a este projeto o tenham tornado menos atual ou pertinente. Pelo contrário: se aquilo que está em jogo agora não é apenas governar o existente, mas mudar as coisas, ele está tão na ordem do dia quanto antes.

Rio de Janeiro, maio de 2023

INTRODUÇÃO

As insurreições vieram e se foram. Este livro é, em grande medida, uma resposta ao ciclo de lutas que se iniciou em 2011 e cujos impactos, diretos e indiretos, ainda estão se desenrolando à nossa volta. É uma resposta à esperança que essas lutas despertaram, mas também aos limites que encontraram e que as impediram de cumprir sua promessa inicial – pelo menos até o momento. Acima de tudo, ele é sobre esses limites: sobre como seria possível superá-los ou, talvez mais precisamente, como seria possível superar os padrões de pensamento e comportamento que fazem com que eles sempre retornem. Tais limites já foram objeto de muita discussão: a inconstância daqueles levantes e sua incapacidade de se sustentar ao longo do tempo; sua inaptidão para ir além das táticas em torno das quais se aglutinaram originalmente – ocupações de praças, em geral – e o declínio de sua capacidade de inovação tática à medida que as circunstâncias a seu redor iam se alterando; sua dificuldade de crescer em escala de maneira viável e a tendência à desintegração quando tentavam fazê-lo; a propensão a demandar grandes investimentos de tempo e energia dos participantes em troca de pouca clareza quanto à estratégia e aos processos de tomada de decisão; a relativa falta de enraizamento social e força para se defender quando tiveram de enfrentar a repressão. Várias dessas limitações, se não todas, acabaram por ser associadas ao rótulo que muitos empregaram para descrever a filosofia espontânea por trás dessas mobilizações: "horizontalismo".

Ressaltar esses limites internos não implica, por óbvio, negar a magnitude dos obstáculos externos que elas encontraram: repressão policial, censura e representação midiática distorcida, falta de responsividade por parte das instituições e das elites políticas, para não falar da inércia das estruturas econômicas existentes. Em última análise, porém, esses são os obstáculos que qualquer processo de transformação social será obrigado a superar se quiser ser vitorioso. Mais que um motivo de lamentação, a relativa fraqueza diante deles deve ser encarada como um desafio: como se tornar forte o suficiente para derrotá-los ou desarmá-los? Fazer isso, no entanto, exige a superação de limites internos; daí o foco deste livro.

A importância de recuperar o ímpeto daquelas lutas a fim de levá-las mais longe do que foram capazes de ir prescinde de explicação. De modo algo esquemático, podemos dividir a década de 2010 em dois momentos distintos, cada um respondendo a seu modo às diversas crises sobrepostas que permeiam nosso tempo: a crise econômica global iniciada em 2007 e a crise de legitimidade política decorrente das reações governamentais a ela; a crise das instituições democráticas liberais, cujo progressivo esvaziamento essas reações explicitaram; e a aceleração da crise ambiental. Enquanto o vento parecia soprar a favor de demandas por igualdade política e econômica na primeira metade da década, em muitos lugares esse impulso transformador foi, desde então, capturado e redirecionado. Apropriado pelas elites e por uma extrema direita ressurgente, ele passou a servir para fortalecer o entrincheiramento de estruturas desiguais e identitarismos reacionários de todos os tipos (nacionalismo, supremacia branca, patriarcalismo, xenofobia, homofobia...). O sistema global tornou-se altamente instável, e parece claro que as coisas não podem continuar como antes. À medida que a possibilidade de alternativas ainda mais sombrias se avoluma no horizonte – em particular, a de um capitalismo cada vez mais excludente, voltado à proteção de uns poucos em face do colapso ambiental e uma quantidade crescente de populações excedentes[1] –, a urgência de retomar a iniciativa só faz crescer.

Paralelamente a essa guinada à direita, no entanto, a segunda metade dessa década testemunhou algo que teria sido impensável dez anos antes, quando a noção de "horizontalismo" tornara-se popular pela primeira vez no interior do ativismo altermundista. Em lugares como Espanha, Estados Unidos e Grã-Bretanha, movimentos em rede se reuniram em torno de partidos políticos e passaram a discutir abertamente a necessidade de construir suas próprias alternativas eleitorais; até mesmo um setor dos notoriamente combativos anarquistas gregos deram ao então recém-formado governo do

---

[1] Sobre esse cenário, a que ele atribui o rótulo de "exterminismo", ver Peter Frase, *Quatro futuros: A vida após o capitalismo*, trad. Everton Lourenço. São Paulo: Autonomia Literária, 2020. O termo é tomado de E. P. Thompson, "Notas sobre o exterminismo, o estágio final da civilização", in *Exterminismo e Guerra Fria*, trad. Denise Bottmann. São Paulo: Brasiliense, 1985. Um prognóstico semelhante foi proposto por Achille Mbembe sob o nome de "devir-negro do mundo"; ver Achille Mbembe, *Crítica da razão negra*, trad. Sebastião Nascimento. São Paulo: n-1 edições, 2018.

Syriza um voto público de confiança.² Estaríamos testemunhando o fim do horizontalismo?

Para alguns, a resposta é indiscutivelmente afirmativa: finalmente os movimentos estão redescobrindo a importância da organização. Com efeito, a ideia de que estaríamos vendo um retorno do que foi um dia conhecido como "a questão da organização" – a venerável *Organisationsfrage* – tem sido repetida com frequência nos últimos anos. Pouco depois das mobilizações que se espalharam pelo mundo em 2011, Alain Badiou escreveu que, "por mais brilhantes e memoráveis que fossem", elas acabaram se deparando com os "problemas universais da política que *permaneceram sem solução no período anterior*. No centro do qual se encontra o problema da política por excelência – qual seja, a organização".³ Em relação à ressurreição da ideia de comunismo que Badiou (entre outros) tem promovido, Peter Thomas observa que "uma investigação coerente do significado do comunismo hoje requer necessariamente uma reconsideração da natureza do poder político, da organização política e, sobretudo, da forma-partido".⁴ Jodi Dean, proeminente defensora de um retorno tanto ao comunismo quanto à forma-partido, resume a questão da seguinte maneira: "a ideia de comunismo impele à organização do comunismo".⁵ Por sua vez, Mimmo Porcaro argumenta que, uma vez desacreditada qualquer modalidade de "visão evolucionária" de um futuro pós-capitalista a que se pudesse chegar sem momentos de ruptura, a necessidade de "ação coordenada

---

2 Assembleia Anarquista/Comunista para o Contra-Ataque de Classe contra a União Europeia, "Ochi Stous Ekbiasmous tes Troika". *Syneleusi Enantiastin*, 29 jun. 2015; Aa, "Keimeno Karagiannide, Mpourzoukou, Charise, Theophilou, Stampolou". *Indymedia Athens*, 23 jul. 2015; Pozitronios, "Demopsephisma 5es Ioulíou 2015: To Dikó Mou Anarchikó 'ochi'". *Indymedia Athens*, 17 dez. 2015.
3 Alain Badiou, *The Rebirth of History: Times of Riots and Uprisings*, trad. Gregory Elliot. London: Verso, 2012, p. 42. Grifo no original. Badiou entende como "período interválico" aquilo que fica entre uma ideia clara e distinta de ação política revolucionária que está perdendo sua validade e uma nova que chega para substituí-la. Ele vê os movimentos da década passada como sinal do fim de um desses momentos.
4 Peter D. Thomas, "A hipótese comunista e a questão da organização", trad. Alex Calheiros, Lucas Vieira, Mathias Möller e Rocco Lacorte. *Crítica Marxista*, n. 45, 2017, pp. 35–61.
5 Jodi Dean, "Response: The Question of Organization". *South Atlantic Quarterly*, v. 113, n. 4, 2014, p. 822.

e articulada em etapas e fases" nos convoca a reconsiderar um tipo de organização que pode ser identificada por um nome próprio: "A crise faz, então, soar mais uma vez *a hora de Lênin*".[6] Por fim, Frank Ruda sugere, mais recentemente, que a superação de uma "paralisia do imaginário coletivo e social" em relação a "novas formas de conceber a política emancipatória" está necessariamente "ligada a repensar a questão da organização".[7]

Como demonstra esse levantamento superficial, no entanto, os chamados a um "retorno da organização" tendem a se enquadrar em duas linhas gerais. Ou eles conclamam a uma busca por novas formas, mas são frustrantemente reticentes na hora de entrar em detalhes sobre a cara que essas formas poderiam ter; ou são, na verdade, apelos para o retorno a alguma noção redefinida de partido, cujos contornos, em geral, tendem a ser deixados igualmente vagos. Como Jasper Bernes e Joshua Clover observam em uma resenha da leitura que Badiou propõe sobre os protestos de 2011:

> O chamado à organização foi ouvido com frequência durante a dissolução dos vários acampamentos do movimento Occupy aqui nos Estados Unidos, vindo de pensadores de esquerda tão diversos quanto Noam Chomsky, Doug Henwood e Jodi Dean. E "organizar-se" deve, em algum sentido, ser a coisa certa a se fazer, na medida em que esse é um termo tanto aparentemente autoevidente quanto amplo o bastante em sua falta de especificidade para abarcar qualquer coisa. Ele corre o risco de ser aquilo que Fredric Jameson chamou de "pseudoconceito": o imperativo de "organizar" se resume a *faça aquilo que faz com que você seja mais em vez de menos eficaz*. Mas, sem qualquer clareza tática adicional, a palavra inevitavelmente acaba por retroceder em direção ao significado que costumava ter, cheirando a ativistas tristonhos tentando vender cópias do *Socialist Worker*. Diante dessa irrupção vasta e imprevisível que o livro de Badiou deseja registrar, o apelo à "organização" serve, por ora, como o refrão de uma

---

6   Mimmo Porcaro, "Occupy Lenin". *Socialist Register*, v. 49, 2013, pp. 1–4 (grifos no original).
7   Frank Ruda, "Organization and Its Discontents". Radical Philosophy Conference, Berlin, Haus der Kulturen der Welt, 17 jan. 2015, p. 2.

canção paradoxal: *essa nova política é fantástica, mas parece ter chegado a seu limite; precisamos... da velha política!*[8]

Tirar a organização desse estado pseudoconceitual e dissipar sua suposta sinonímia com a forma-partido são certamente dois objetivos aos quais este livro aspira. Fazer isso exige uma mudança substancial de perspectiva; com isso em mente, impus-me três princípios. O primeiro era que uma teoria da organização tinha de ser uma teoria do que a organização *é* antes de poder ser uma teoria do que ela *deve* ser. Em vez de começar com perguntas como "que tipo de organização se deve construir?" ou "qual é a forma organizacional correta?", ela deveria primeiro tentar definir o que a organização política é em seus termos mais gerais, para que serve, o que pode e não pode ser. Em vez de prescrever um determinado resultado, seria necessário começar especificando o mais precisamente possível as variáveis envolvidas no problema, mapeando as escolhas, os *trade-offs* e os limiares que determinam os pontos a partir dos quais diferentes soluções possíveis começam a divergir umas das outras.

Algumas consequências importantes decorrem dessa abordagem. Ao pensar a organização como um domínio com relativa autonomia em relação a qualquer doutrina ou objetivo político específico, é mais provável que possamos levantar problemas que mantêm seu poder de interpelação independentemente de aqueles a quem são dirigidos se descreverem como leninistas, anarquistas, autonomistas, populistas, verticalistas ou horizontalistas. A questão da organização, portanto, deixa de ser uma arena para a reiteração infinita de posições previamente definidas e se torna, ao contrário, um canteiro de obras compartilhado no qual todos têm de lidar com o mesmo conjunto de problemas, mesmo que os abordem sob ângulos diferentes.

Mais ainda, evitar a abordagem prescritiva à questão da organização nos permite trazer à tona os pressupostos tácitos que normalmente a cercam: que ela admite apenas uma resposta, que existe uma única forma organizacional à qual todas as organizações deveriam se conformar ou mesmo uma única organização à qual todas

---

8 Jasper Bernes e Joshua Clover, "History and the Sphinx: Of Riots and Uprisings". *Los Angeles Review of Books*, 24 set. 2012 (grifos no original).

as outras deveriam se deixar subsumir.[9] Na verdade, é a própria ideia de que o problema deve ser pensado no nível de organizações individuais que é posta em dúvida. Se começamos nos perguntando o que a organização *é*, a primeira resposta que encontraremos é que ela se manifesta em formas variadas e graus variáveis. Isso significa, por sua vez, que devemos ser capazes de dar conta das relações que diferentes organizações estabelecem entre si, das relações que indivíduos não afiliados estabelecem entre eles e com as organizações existentes, bem como, finalmente, do sistema total que todas essas relações constituem. Em outras palavras, não podemos conceber organizações isoladas umas das outras sem antes entender "organização" como algo que se diz da *ecologia* geral a que tais organizações pertencem. Isso muda o rumo da conversa: de perguntas do tipo "que forma todas as organizações devem ter?" ou "que tipo de organização deve englobar toda a ecologia?", passamos a questões como "de que maneira diferentes organizações podem se complementar?", "quais estratégias podem fazer o melhor proveito dos recursos e potencialidades disponíveis numa ecologia?", "como melhorar a coordenação entre diferentes partes sem que isso implique necessariamente fazer tudo convergir numa única organização?". Isso sugere, por fim, que já nos afastamos da sinonímia presumida entre "organização" e "partido". Não é apenas que tenhamos deixado de supor o partido como o *télos* da organização, sua forma mais avançada e ponto no qual convergem todos os caminhos; "organização" agora passa a designar uma gama bem mais ampla de fenômenos, muitos dos quais não estão contidos em nenhuma organização singular, menos ainda num único tipo específico de organização.

Talvez possamos identificar a origem da tendência a reduzir "organização" a "partido" numa atitude mais elementar que reduz "organização" a "organização intencional" e esta, por sua vez, a um excepcionalismo antropocêntrico residual embutido no pensamento político, que nega à natureza poder de criação e desenvolvimento histórico e restringe à engenhosidade humana a capacidade de produzir o novo.

---

9 "Enfim, devemos saber que toda política é organizada e a questão talvez mais difícil a resolver [...] é saber de que tipo de organização precisamos." Alain Badiou, *A hipótese comunista*, trad. Mariana Echalar. São Paulo: Boitempo, 2012, p. 40.

Se foi um dia possível opor "organização" a "espontaneidade", era precisamente no sentido de que se concebia a primeira como uma ruptura com aquilo que "vem naturalmente": o que é irrefletido, mecanicamente determinado a acontecer, o que está inscrito na natureza ou em algum tipo de essência original. Como veremos no capítulo 4, mesmo quando se dá à espontaneidade um valor positivo, ela não chega a se livrar dessas associações. Esse excepcionalismo é, no entanto, algo de que aprendemos a desconfiar – não só porque os avanços científicos ocorridos desde o século XIX nos dão motivos para questioná-lo, mas também, e sobretudo, por sua parcela de responsabilidade em criar as condições para a mudança climática antrópica descontrolada com que nos deparamos hoje.[10] O segundo princípio que impus a mim mesmo foi, então, não fazer da organização política intencional um "império dentro de um império", mas antes concebê-la como integrando e estando em continuidade fundamental com a "organização" no sentido mais amplo possível: a organização *natural*, se entendermos "natureza" num sentido spinozano.

Também essa escolha tem algumas consequências importantes. Uma delas diz respeito justamente à relação entre organização e espontaneidade. Se aquela está em toda parte, esta não pode ser entendida propriamente como sua *ausência*, mas sua *emergência*: ela designa a aparição e propagação de um padrão ou estrutura identificável, não importa o quão fraco ou passageiro. A bem dizer, não existe propriamente algo como a *ausência* de organização. Ou antes, tal como afirmo no capítulo 1, nada a que possamos nos referir de modo dotado de sentido pode ser adequadamente descrito como sendo "sem organização". Isso também quer dizer que mesmo aqueles indivíduos que não são afiliados a nenhuma organização, ou aqueles movimentos que são em grande parte independentes de estruturas tradicionais, são organizados à sua própria maneira.

Outra consequência envolve a relação entre organização e auto-organização. Se consideramos que a natureza é auto-organizada, isso

---

10   Ver Dipesh Chakrabarty, "O clima da história: Quatro teses", trad. Denise Bottmann et al. *Sopro*, n. 91, jul. 2013, pp. 2–22; Rosi Braidotti, "Posthuman Critical Theory". *Journal of Posthuman Studies*, v. 1, n. 1, 2017, pp. 9–25; Déborah Danowski e Eduardo Viveiros de Castro, *Há mundo por vir? Ensaio sobre os medos e os fins*. Florianópolis/ São Paulo: Cultura e Barbárie/ Instituto Socioambiental, 2014.

significa que a organização intencional deve ser vista como um caso particular de auto-organização, e não o inverso. (Se isso soa contraintuitivo, é porque as pessoas costumam usar "auto-organização" tanto nesse sentido amplo quanto num sentido mais restrito que se refere a um tipo específico de organização intencional que poderíamos chamar, para evitar confusão, de "autogestão".) Segue daí também que o termo "organização política" deve abranger tanto formas de organização intencionais quanto não intencionais, e que todas as formas de organização humana devem ser entendidas como maneiras particulares de moldar dinâmicas e tendências comuns à auto-organização em geral, em vez de ilhas de exceção a que tais tendências e dinâmicas por algum motivo não se aplicariam. Isso também significa que a organização pode e deve ser pensada para além das intenções, crenças e justificativas ideológicas conscientes dos agentes – outra razão pela qual podemos e devemos ser capazes de levantar problemas que se aplicam a práticas organizacionais de todos os tipos. Finalmente, retratar a organização política como um ramo de uma teoria mais geral da (auto-)organização nos permite buscar inspiração em outros campos do conhecimento que lidam com processos auto-organizados. Isso exige, em contrapartida, que procuremos tornar as conclusões a que chegamos compatíveis com as deles, o que não quer dizer que devamos nos submeter a eles cegamente, mas que precisamos encontrar explicações toda vez que essa compatibilidade não for possível. Com isso em mente, lancei mão aqui de campos tão díspares quanto a termodinâmica, a cibernética, a teoria das redes, a teoria da informação, a tectologia[11] de Aleksandr Bogdanov, a filosofia da individuação de Gilbert Simondon, o pensamento de Baruch Spinoza, a análise institucional e o pós-estruturalismo.

Pode ser que essa tentativa de derivar parcialmente uma teoria da organização política de uma ideia mais geral de organização exponha o livro à acusação de formalismo ou excesso de abstração. Embora espere que fique claro que estou me apoiando na minha experiência pessoal e na literatura sobre movimentos sociais tanto

---

11   Termo cunhado por Aleksandr Bogdanov para nomear a disciplina que teria como objetivo unificar todas as ciências – humanas, biológicas, físicas – a fim de buscar seus princípios organizacionais. Considerada uma precursora da cibernética e da teoria geral de sistemas. Ver p. 27. [N. E.]

quanto em textos teóricos, tal acusação é uma que, em última análise, aceito com tranquilidade. Este não é um livro sobre como se organizar, tema sobre o qual há vários bons textos,[12] nem sobre qual estratégia seguir. Para responder a essas questões, deve-se necessariamente partir de um conjunto de premissas, e meu objetivo aqui é me concentrar nas premissas mais do que nas conclusões. Em consequência, este é um livro sobre *como pensar a respeito de organização e estratégia*, e está menos preocupado em encontrar soluções do que em fornecer definições adequadas aos problemas. Essa abordagem me parece justificada por duas razões. A primeira é que é somente ao tentarmos formular a questão da organização fora de qualquer tradição política ou doutrina particular que podemos alcançar os problemas que são comuns a essas tradições e doutrinas e desenvolver uma linguagem que elas possam compartilhar. Para não ser apenas mais um verticalista ou horizontalista defendendo a própria posição, era preciso inventar alguma outra perspectiva para ocupar. A segunda razão é que é só quando começamos a destrinchar as categorias que normalmente damos por ganhas que percebemos até que ponto nosso pensamento pode estar carregado de inconsistências: desejos e ideias incompatíveis, resquícios de hábitos ultrapassados, slogans e clichês vazios, associações falsas, dogmas não examinados e autoenganos deliberados. Distanciar-se de nossos esquemas pré-fabricados e buscar um nível mais alto de abstração a cada tanto pode funcionar como uma espécie de higiene mental – um exercício de revisão de nossos pressupostos e um esclarecimento das decisões teóricas que precisam ser tomadas.

Nada disso teria muita utilidade, no entanto, se não servisse também para elucidar decisões práticas, ajudando-nos a compreender as potencialidades, os riscos e *trade-offs* que elas envolvem. Afinal, mesmo que não haja uma maneira "correta" de se organizar em termos absolutos, ainda há escolhas melhores e piores a serem feitas aqui e agora. É essa perspectiva em primeira pessoa que muitas vezes falta às tentativas de traduzir para a política os discursos científicos e

---

[12] Ver, por exemplo, Jane McAlevey, *No Shortcuts: Organising for Power in the New Gilded Age*. Oxford: Oxford University Press, 2016; Jonathan Matthew Smucker, *Hegemony How-To: A Roadmap for Radicals*. Oakland: AK Press, 2017.

filosóficos sobre auto-organização. Isso ocorre porque a problemática da qual elas normalmente partem é a de limitar o âmbito de atuação dos agentes (o Estado, o partido, os sujeitos coletivos acima de um determinado tamanho, e assim por diante). Fazer isso requer postular que a interferência de tais agentes é, na melhor das hipóteses, redundante e, na pior, prejudicial; o que essas leituras da auto-organização supõem é, no fim, que não apenas algum resultado ideal pode vir a acontecer sem que seja buscado ativamente, mas que a intervenção deliberada desses agentes está fadada a impedir aquele resultado ou produzir outro, muito pior. O problema é que só podemos garantir que esse seja *necessariamente* o caso se supomos o resultado em questão como sendo o equilíbrio para o qual um sistema social auto-organizado tende (como na escola austríaca de economia) ou o *télos* para o qual esse sistema progride ao longo do tempo (como alguns discursos ativistas sugerem). É só então que é possível fazer a distinção entre, por um lado, o processo auto-organizado como ele é "em si", sem a interferência dos agentes; e, de outro, os efeitos daquilo que os agentes efetivamente fazem, que podem ou não ser os desejados.

Acontece que há três falhas óbvias nesse gesto. A primeira é epistemológica. Em sua pretensão de restringir a esfera do que os agentes podem saber e fazer ao "local", esses discursos geralmente ignoram sua própria condição de observadores que não descrevem a sociedade de uma posição externa e neutra, mas de seu interior. Com isso, eles infringem exatamente os limites que pretendiam estabelecer, ocupando o mesmo ponto de vista da totalidade que denunciam como impossível. Assim, por exemplo, numa analogia entre colônias de formigas e sociedades humanas, podemos argumentar que, "se uma formiga começasse a avaliar de alguma forma o estado geral de toda a colônia, o comportamento sofisticado pararia de fluir a partir de baixo e a lógica do formigueiro entraria em colapso".[13] Mas dizer isso não é apenas ignorar o fato de que (até onde sabemos) os

---

13 Notes From Nowhere, *We Are Everywhere: The Irresistible Rise of Global Anticapitalism*. London: Verso, 2003, p. 71. A passagem ecoa o argumento presente em Steven Johnson, *Emergência: A dinâmica de rede em formigas, cérebros, cidades e softwares*. Rio de Janeiro: Zahar, 2003, pp. 87-91 da ed. original. O argumento de Johnson é, aliás, essencialmente o mesmo que o de Friedrich von Hayek, com a colônia de formigas no papel do mercado.

humanos diferem das formigas na medida em que são capazes de formar suas próprias noções do que constitui a justiça e uma boa vida; é também ignorar que afirmações como "os indivíduos em uma sociedade devem se abster de avaliá-la como um todo" são, em si mesmas, avaliações globais da sociedade.

A segunda falha, então, está ligada às consequências práticas dessa falta de autorreflexividade. Se nos consideramos detentores de um conhecimento que estabelece limites legítimos às ações dos agentes em geral – mesmo que seja um conhecimento que, segundo nossas próprias premissas, nenhum agente poderia legitimamente ter –, estamos autorizados a tomar atitudes que, segundo nossas próprias premissas, nenhum agente deveria tomar. No neoliberalismo, isso se manifesta naquilo que Philip Mirowski descreveu como sua "dupla verdade": o fato de seus defensores simultaneamente negarem que qualquer indivíduo possa processar todas as informações que circulam nos mercados *e* afirmarem sua própria capacidade de interpretar, projetar e intervir nesses mercados, ou pretenderem combater a intervenção estatal ao mesmo tempo que fazem pressão por todo tipo de ação por parte do Estado.[14] No caso das interpretações ativistas do conceito de auto-organização, por outro lado, isso tende a se traduzir em uma forte repulsa a qualquer tentativa de pensar ou atuar além das fronteiras do "local" – termo, como veremos, dos mais ambíguos e escorregadios.

Isso nos leva à terceira falha, que é ontológica. A noção de uma auto-organização "ideal" em contraste com a qual as ações reais dos indivíduos poderiam ser medidas só faria sentido da perspectiva de um observador externo; desde o interior de um sistema, ninguém está realmente em condições de garantir que, "deixado por conta própria", ele necessariamente se comportará dessa ou daquela maneira. "Auto-organização" não é uma realidade transcendente que

---

14   Para Mirowski, isso aponta para mais do que uma mera falta de autoconsciência: os neoliberais efetivamente exploram a ambiguidade que lhes permite ser "radicalmente populistas" em seu elogio à "sabedoria das multidões" e profundamente elitistas em sua reivindicação de prerrogativas cognitivas e na formulação de políticas. Ver Philip Mirowski, "Postface", in P. Mirowski e Dieter Plehwe (orgs.), *The Road from Mont Pèlerin: The Making of the Neoliberal Thought Collective*. Cambridge, MA: Harvard University Press, 2009, pp. 425–26, 442–46.

existe à parte de nossas ações, como uma lógica cega que se desenvolve independentemente do que se faça ou como uma providência benigna que nossas melhores intenções só podem atrapalhar. É *justamente* por depender das ações dos agentes que dela participam que seu destino não pode ser determinado de antemão. *A auto-organização é o efeito emergente daquilo que esses agentes fazem e nada mais.* Isso inclui tanto decisões "locais" quanto esforços para influenciar o comportamento do sistema em uma escala mais ampla. Exatamente por esse motivo, não faz sentido que os agentes renunciem a agir em qualquer escala a não ser a mais ínfima de maneira *a priori*.

Meu terceiro princípio para este livro foi, portanto, que ele deveria fornecer uma descrição da auto-organização não como vista "de cima" – desde uma perspectiva supostamente objetiva –, mas *tal como vista de dentro*. Isto é, por agentes dotados de informações e capacidade de agir limitadas, para quem o futuro é desconhecido e aberto, e que desejam aumentar a probabilidade de alguns resultados em detrimento de outros sem jamais ter qualquer conhecimento seguro de qual é a melhor maneira de alcançar seus objetivos. Ao fazer isso, percebi que estava repetindo tanto o gesto que a cibernética de segunda ordem fez em relação à cibernética de primeira ordem quanto aquele que Lênin e Rosa Luxemburgo fizeram em relação à ortodoxia da Segunda Internacional.

Trocando em miúdos, esse gesto consiste em ressituar o observador no mundo sobre o qual uma observação é feita, expondo a falsidade de qualquer postura meramente contemplativa. Se não estamos fora do mundo que descrevemos, mas dentro ou junto dele, não apenas as descrições que fazemos são ações nesse mundo, mas nossas ações em geral têm efeitos sobre aquilo que é descrito. Na cibernética de segunda ordem, isso equivale a transformar o observador que descreve um sistema em objeto da descrição de outro observador, mostrando, assim, que todas as descrições são perspectivas parciais dentro de um mundo compartilhado. Em Lênin e em Luxemburgo, o argumento consistia em dizer que, entendido dialeticamente, o materialismo histórico não era um prognóstico científico de como a história se desenrolaria independentemente daquilo que qualquer um fizesse, mas um instrumento para orientar as ações daqueles que fariam a história acontecer. No meu caso, isso significa afirmar que, uma vez que a auto-organização nada mais é do que o resultado emergente daquilo que nós (e nosso ambiente) fazemos, não faz sentido restringir nossa esfera de ação *a priori* em nome de um processo "espontâneo" de cujo resultado jamais poderíamos estar seguros. Na verdade, é precisamente por isso que a questão da organização importa, visto que ela se refere ao problema de agenciar, expandir, coordenar e empregar a capacidade coletiva de agir.

Há, sem dúvida, razões perfeitamente válidas para as pessoas terem se tornado tão receosas a respeito de ações e organizações superiores a certa escala que elas passaram a racionalizar essa desconfiança, construindo argumentos para provar que esse tipo de intervenção era supérfluo. A organização, como defendo no capítulo 1, é, historicamente e por sua própria natureza, um espaço de traumas, particularmente aqueles que envolvem os grandes partidos e regimes socialistas do século xx. Isso porque, ao acumular e focalizar a capacidade coletiva de agir sobre determinados pontos, a organização se abre também ao risco de ser apropriada por interesses particulares, num processo em que o *poder de fazer* se torna *poder sobre os outros*, a *potentia* (potência) se torna *potestas* (poder). Reduzir a organização a isso, contudo, equivale a pensá-la exclusivamente do ponto de vista de seu excesso e ignorar as implicações de sua falta. A organização não é apenas um perigo, mas uma condição de possibilidade: aquilo que dá a cada indivíduo a chance de expandir sua limitada capacidade de agir ao juntar esforços e recursos com outros, constituindo uma capacidade coletiva de agir e estendendo a duração desta no tempo. Recusar a organização em si seria o mesmo que recusar essa possibilidade, o que não faz sentido. Mas e quanto a circunscrever a organização a uma escala específica? Em vez de formular esse problema de maneira abstrata, eu o submeto ao teste do desafio mais complexo com que a ação política se confronta hoje: a crise climática. A perspectiva de uma catástrofe ambiental em escala planetária faz com que tanto a construção de uma única força coletiva global quanto a esperança de que os efeitos agregados de inúmeras ações locais acabem se transformando em uma solução pareçam respostas igualmente improváveis. Para enfrentar um problema desse tamanho e complexidade, a alternativa mais plausível parece ser algum tipo de ação distribuída que combine diferentes níveis e escalas de organização. Essa alternativa certamente não oferece salvaguardas absolutas contra a ameaça da *potestas*, nem garantias de sucesso; a questão é se temos outra opção a não ser correr esse tipo de risco.

Se a ideia de que seria possível descartar a questão da organização em definitivo surge de um mal-entendido sobre sua dupla natureza de *pharmakon* – veneno e remédio, perigo e condição de possibilidade ao mesmo tempo –, a concepção de que o problema poderia ser resolvido de uma vez por todas deriva de outro equívoco. Trata-se do pressuposto de que a questão da organização consiste na busca por uma forma organizacional ideal que possa ser universalmente replicada ou que deva subsumir todas as demais. No capítulo 2, contesto essa suposição argumentando que a organização deve ser pensada mais em termos de forças do que de formas. Como o funcionamento efetivo de uma forma é determinado pelo equilíbrio das forças que atuam sobre ela, o objeto concreto da questão da organização consiste em administrar a tensão entre as diferentes forças que constituem um sujeito coletivo, qualquer que seja sua forma: as forças que vêm de seus diferentes componentes tanto quanto aquelas que vêm do ambiente a seu redor, as tendências centrípetas e centrífugas em seu interior, o endurecimento da identidade coletiva e sua abertura ao mundo, a inércia do hábito e a receptividade à novidade... Visto que essas forças e as relações que elas estabelecem mudam com o tempo, administrá-las depende de um esforço contínuo. É por isso que nenhuma forma por si só pode ser uma garantia de eficácia ou de proteção permanente contra riscos.

Se concebemos a questão da organização nesses termos, é mais fácil entender por que, há tanto tempo, tem sido tão difícil pensá-la. Durante décadas, os debates no interior da esquerda tenderam a apresentar pares conceituais como horizontalidade e verticalidade, diversidade e unidade, centralização e descentralização, micropolítica e macropolítica, como disjunções exclusivas: *ou* uma coisa *ou* outra. Dado que é justamente *entre* qualidades como essas que a organização deve estabelecer uma mediação, a organização como questão concreta não pode deixar de desaparecer quando essa mediação é tornada impossível. Através de um diálogo com diferentes usos do conceito de melancolia de esquerda, sugiro que a fonte desse dualismo paralisante reside no fato de que, pelo menos desde os anos 1980, a esquerda esteve cindida por duas melancolias diferentes, presas numa oposição unilateral uma à outra. Esse impasse pode, no entanto, estar finalmente em vias de dissolução nos dias de hoje.

O capítulo 3 volta ainda mais longe no tempo para traçar as linhas gerais das transformações por que a ideia de revolução passou do século XVIII até o presente. O objetivo aqui é duplo. Por um lado, pretendo descrever as circunstâncias em que alguns aspectos fundamentais de como essa ideia foi entendida até meados do século XX se tornaram estranhos para nós. É difícil encontrar hoje quem defenda um determinismo histórico forte, a existência de uma correspondência necessária entre estrutura social e subjetivação política, ou uma fé irrestrita nos poderes demiúrgicos de um sujeito revolucionário. Por si só, isso não vem a ser um problema, e as noções que tomaram o lugar das crenças perdidas – tendência, composição, complexidade – são orientações vitais para o pensamento político hoje. No entanto, também é possível ver nas respostas contemporâneas à crise da ideia de revolução uma evasão sistemática da dimensão organizacional: a maioria dos discursos sobre transformação social hoje parece sofrer de uma incapacidade de afirmar ao mesmo tempo a possibilidade de uma mudança sistêmica e a questão da sua organização. Assim, ou o próprio termo "revolução" desaparece por completo, ou a palavra passa a ser associada a modificações em pequena escala que no passado seriam vistas, no máximo, como sendo *partes* de uma revolução. Quando pensadores ou movimentos levantam novamente a perspectiva de mudança sistêmica, por outro lado, parece ser às custas de tornar a organização impensável. O paradoxo, então, é que parecemos negar a nós mesmos os meios com os quais pensar a agência coletiva organizada justamente no momento em que, tendo perdido a fé na necessidade histórica e abraçado a contingência, mais precisaríamos dela.

Ou talvez não tenhamos abandonado o determinismo histórico por completo, mas apenas trocado sua forma positivista do século XIX por teleologias mais suaves, expressas em termos condicionais? Isso é o que o capítulo 4 sugere ao examinar a fundo dois conceitos geralmente mobilizados contra a questão da organização e qualquer tentativa de pensá-la: espontaneidade e auto-organização. É claro que é possível afirmar que eventos determinados *podem* ocorrer de maneira "espontânea" independentemente – e talvez até mesmo *apesar* – de qualquer esforço organizado para produzi-los. A pergunta que precisamos fazer, no entanto, é se é possível garantir que eles *necessariamente* o farão. Isso, eu afirmo, nem o conceito de "espontaneidade" nem o de "auto-organização" podem lograr sem recorrer a algum tipo de teleologia que projete os valores de quem os emprega sobre o mundo. Uma investigação mais detalhada das diferentes tentativas de incorporar a auto-organização ao pensamento político, de Hayek a Hardt e Negri, indica que esse gesto serve tanto para disfarçar a natureza política da própria intervenção (representando-a como uma necessidade) quanto para evitar o problema de como organizá-la de maneira efetiva (retratando-o como desnecessário). Não se trata, porém, de descartar a noção de auto-organização social, mas de reenquadrá-la a partir do único ponto de vista a partir do qual podemos experimentá-la: de dentro. Nessa perspectiva, ela não pode ser separada daquilo que nós e os outros fazemos e, portanto, não exclui, mas antes demanda uma política que se implique subjetivamente: uma política na primeira pessoa do plural ou *uma política com o sujeito dentro*.

Diante disso, os esforços para fazer a questão da organização desaparecer como que por decreto podem passar a ser vistos como uma reação exagerada aos traumas do século xx. O antídoto para as fantasias de onipotência que assombram a tradição revolucionária não pode ser simplesmente renunciar ao nosso poder de influenciar o curso dos acontecimentos na esperança de que a história ou a natureza estarão do nosso lado. Ele deve consistir, ao contrário, em situar os sujeitos políticos dentro de um mundo habitado por diferentes perspectivas e agentes conectados entre si através de complexos circuitos causais que ultrapassam suas capacidades de cálculo. Em outras palavras, deve consistir em conceber a ação política ecologicamente. O capítulo 5 começa, por isso, com uma discussão do conceito de ecologia organizacional. Entre outras coisas, ele aponta que não é possível aplicar a uma ecologia a mesma lógica que se aplica a um espaço organizacional com fronteiras definidas, como um partido ou uma assembleia; é na impossibilidade de dar esse salto que os limites do horizontalismo se tornam evidentes. Para explicar a lógica segundo a qual opera uma ecologia, apresento nos capítulos 5 e 6 os conceitos de liderança distribuída, funções-vanguarda (que não devem ser confundidas com seu equivalente na teoria marxista), plataformas e núcleos organizativos. Também discuto de que maneira uma ecologia pode, na ausência de quaisquer mecanismos de responsabilização formal, exercer algum grau de controle sobre os elementos que a compõem. Por fim, aplico essa abordagem ecológica à questão dos partidos (como devem eles se relacionar com uma ecologia e que papel podem desempenhar nela?) e da estratégia (como uma ecologia pode desenvolver suas próprias estratégias e o que está implicado na ideia de uma "diversidade de estratégias"?).

O capítulo 7 mergulha no debate corrente sobre o populismo para defender que o que há de mais relevante nessa discussão não é o populismo enquanto tal, mas um problema que ele ajudou a recolocar em pauta. Chamei-o de problema da aptidão [*fitness*]; ele se refere às qualidades que um projeto político deve ter para reunir apoio e produzir mudanças dentro de uma determinada conjuntura, em vez de simplesmente demarcar uma posição que não tem nem alcance amplo nem qualquer aplicabilidade imediata. Mesmo que se discorde da maneira como o chamado "populismo de esquerda" pretendeu resolvê-lo – e parte do problema é, sem dúvida, certa tendência a tratar tal solução como uma espécie de receita universal –, esse é um tipo de pergunta que segue sendo preciso fazer. Apoiando-me em Simondon, em Paulo Freire e na Teologia da Libertação, extraio algumas das consequências desse problema e defendo que ele não apenas é central para a compreensão do papel da liderança e da pedagogia na política, mas também o único ponto a partir do qual é possível atribuir um sentido concreto à noção de radicalidade.

A ideia deste projeto está comigo há algum tempo – e, durante grande parte desse tempo, amigos o conheceram pelo nome (parcialmente) jocoso de "leninismo em rede". Lembro-me de ter usado esse chiste pela primeira vez durante uma sessão da conferência Immaterial Labour, Multitudes and New Social Subjects, ocorrida em 2006 na Universidade de Cambridge. Ele despertou interesse imediato, embora ninguém soubesse exatamente o que queria dizer na prática.¹⁵ Eu também não sabia, mas a ideia básica era mais ou menos a seguinte. Os "horizontalistas" haviam vencido o argumento ontológico contra os "verticalistas": as redes estavam, de fato, por toda parte, inclusive dentro e ao redor dos velhos partidos de vanguarda, e muito da metafísica que justificava estes últimos agora parecia canhestra e obsoleta. E, no entanto, algo estava errado. As redes deveriam ser espaços libertadores, de abundância e produtividade sem fim, de cuja produção espontânea se podia esperar soluções para problemas de todos os tipos. Mas, naqueles dias finais do movimento altermundista, sua produtividade estava caindo a olhos vistos. Tornava-se cada vez mais claro que essas redes eram compostas de nós locais com uma capacidade cada vez mais limitada de se engajar em qualquer tipo de ação que não fossem os protestos contra reuniões de cúpula ou os Fóruns Sociais, nos quais recursos locais escassos de diferentes lugares podiam ser reunidos numa breve demonstração de força. Quando se chegava àqueles eventos, notava-se rapidamente que havia pouco mais a coordenar que não os próprios eventos, visto que a capacidade de executar qualquer coisa fora deles era muito pequena. Mudar a quantidade e a qualidade daquilo que os nós locais da rede podiam adicionar a ela (seu input) aparentava exigir modalidades de ação política – organização comunitária e laboral, construção de uma base local – que muitos no campo "horizontalista" haviam declarado ultrapassadas e rejeitado como "leninistas". Mas aquelas redes também haviam se mostrado zelosamente vigilantes contra quaisquer desvios em relação a uma certa identidade "horizontalista" e eram frequentemente hostis a ideias novas e à iniciativa política. "Leninismo em rede" foi o nome deliberadamente provocador que escolhi para designar o problema e aquilo que parecia então ser sua solução óbvia: essas redes só passariam a render o tanto que delas se esperava se os inputs locais crescessem em organização e capacidade de produzir efeitos.

Mesmo que, no fim das contas, eu tenha abandonado o nome "leninismo em rede" por temer que a provocação afastasse muitos

---

15 Nick Dyer-Witheford tem uma lembrança ligeiramente diferente dessa história de origem; ver N. Dyer-Witheford, "Networked Leninism? The Circulation of Capital, Crisis, Struggle, and the Common". *Upping the Anti*, n. 13, 2012.

daqueles com quem eu queria ter essa conversa, a ideia de falar da auto-organização vista de dentro já estava contida em germe ali. Assim como já estava a intenção de escapar do pensamento binário tanto na forma quanto no conteúdo. Eu queria mostrar que não só era possível ser crítico do horizontalismo sem ter que se tornar um verticalista, como era necessário pensar algumas das questões formuladas por esta segunda tradição no interior da ontologia pressuposta pela primeira. Ainda mais: que era possível levar a sério questões (às vezes aparentemente contraditórias) propostas por ambas as tradições sem precisar escolher entre elas, usando-as, em vez disso, para construir problemas mais ricos, em que oposições binárias de tipo ou/ou eram substituídas por díades de mais-ou-menos. Como o objeto dessas díades são as relações existentes entre forças reais, elas suspendem toda e qualquer promessa de soluções mágicas ou de que possamos resolver os problemas de uma vez por todas, e oferecem, em vez disso, a compreensão sem ilusões de que *fazer as coisas funcionarem exige trabalho*. Se existe algo para além da escolha entre horizontalismo e verticalismo, é isso.

CAPÍTULO 1

Para uma teoria da organização política

No fim das contas, recusar-se a agir por medo de tornar-se um burocrata parece-me tão absurdo quanto recusar-se a pensar por medo de estar errado.
Cornelius Castoriadis

Os sentidos da organização

Podemos falar de "organização" em ao menos quatro sentidos distintos. Um deles é inflexivelmente substantivo: *uma* organização é um agenciamento concreto de pessoas, estruturas, práticas, procedimentos, recursos, funções, identidades, análises, diretrizes, e assim por diante. Uma organização pode ser um partido, um sindicato, um conselho operário, uma campanha ou um movimento social mais ou menos estruturados; um coletivo, uma rede, um grupo de afinidade. Seus contornos e quadro de membros podem ser mais ou menos definidos e seu funcionamento interno, mais ou menos constante. Acima de certo limiar de estabilidade temporal, que em si mesmo depende da escala de análise, todos esses exemplos podem ser entendidos como constituindo "organizações".

Os outros três usos da palavra indicam uma atividade mais que o produto que dela resulta, e por isso são geralmente intercambiáveis, em inglês, com o gerúndio *organising* empregado não como verbo, mas como substantivo.[1] Podemos falar de "organização" para nos referirmos a agenciamentos concretos cujo objetivo imediato não é "político" no sentido arendtiano de aparecimento no espaço público, mas a gestão coletiva da reprodução da vida. É o caso, por exemplo, das clínicas e cozinhas comunitárias autogeridas que surgiram na Grécia ao longo da crise da década passada ou das redes de ajuda mútua que sempre existem em qualquer lugar onde as pessoas sentem suas condições de reprodução ameaçadas e têm de tomar as rédeas de sua própria existência. Também podemos falar de organização/*organising* para indicar o modo como elas, embora não pertençam a nenhuma organização claramente delimitada, convergem em um espaço de aparecimento como força social, seja através de campanhas online, manifestações, desobediência civil ou

---

1 Ver o prefácio a esta edição.

levantes. Por fim, organização/*organising* designa também o trabalho de indivíduos ou de grupos cuja atividade é fundamental para criar as condições dessa convergência ou para o estabelecimento de "organizações" nos dois primeiros sentidos delineados acima. Assim, os três primeiros sentidos da palavra pressupõem o último: para que qualquer um deles possa existir, é necessário que haja quem assuma o papel de iniciar e dar seguimento a ações que criem as condições no interior das quais outros possam participar, expandir e elaborar a partir daquilo que já foi feito.

Se entendemos "organização" como algo que pode acontecer na ausência de organizações, qualquer coisa que envolva mais do que um único indivíduo agindo isoladamente pode valer como algo "organizado", desde que contenha algum grau – ainda que pequeno, informal e *ad hoc* – de propósito comum e coordenação. Fica evidente, então, que uma crítica da confusão entre organização e partido demandará, inevitavelmente, uma crítica de noções simplistas de "espontaneidade". Com efeito, como pretendo mostrar no capítulo 4, estas últimas geralmente refletem a confusão entre organização e partido em vez de questioná-la. Por ora, podemos dizer que "espontâneo" não pode funcionar como o oposto de "organizado" porque mesmo aquilo que descrevemos como espontâneo está organizado de alguma maneira. É possível ir ainda mais longe, aliás, e dizer que não há nada de que possamos falar que não esteja de alguma forma organizado. Com efeito, esse foi exatamente o argumento proposto por Aleksandr Bogdanov, o visionário pensador sistêmico bolchevique, em seu tratado sobre a "ciência organizacional universal" que ele chamava de *tectologia*:

> A desorganização completa é um conceito sem sentido. Ela é, na verdade, o mesmo que o puro não ser. [...] [P]ensar a desconexão absoluta é possível apenas verbalmente: não é possível pôr nestes termos qualquer representação real e vivida, pois uma representação absolutamente incoerente não é representação nenhuma – propriamente falando, ela não é nada.[2]

---

[2] Aleksandr Bogdanov, *Essays in Tektology*, trad. George Gorelik. Seaside: Intersystems, 1980, p. 5.

A questão para Bogdanov aqui não é que as coisas existiriam apenas na medida em que existem em relação a nós, mas que pensar ou conhecer já é uma forma de relação. A concepção de algo inteiramente não relacionado reflete, portanto, ou a má compreensão de nossa relação com uma coisa particular (ou seja, ignora que já estamos em relação com ela) ou um pensamento desprovido de qualquer conteúdo (pois corresponde à fórmula paradoxal "uma relação com algo que não possui relações"). Aquilo que não tem conexões com nada estaria efetivamente "oculto" de qualquer outro ser, senciente ou não, no universo. Entre outras coisas, isso significa que também teria de estar isento das leis da física; não exerceria nenhuma atração gravitacional, por exemplo. Embora seja verdade que, exatamente por essas razões, nunca seríamos capazes de afirmar com certeza que algo assim não existe, tampouco poderíamos saber que existe. Considerando que conhecer é relacionar, o conceito de tal coisa pressupõe que ela jamais poderia ser convertida em um objeto de conhecimento.

Passar de "tudo está conectado" para "tudo está organizado" exige uma premissa adicional que o argumento de Bogdanov não torna explícita: estar conectado é já estar organizado. Isso pode ser entendido de duas formas. Por um lado, para algo ser identificável como estando em relação com alguma outra coisa, ele deve ser suficientemente estável em si mesmo para contar como *uma* coisa. Em outras palavras, caso não houvesse uma relação relativamente constante entre os elementos que compõem a coisa *x*, não poderíamos realmente dizer que é *x* que está em relação com *y*. Em vez disso, teríamos de dizer que são os elementos *a*, *b*, *c* etc., entre os quais não existe nenhuma relação estável, que estão em vias de relacionar-se com *y*. (Naturalmente, se esta última relação se tornasse suficientemente estável, aqueles elementos passariam por sua vez a ser descritos como pertencentes à própria organização de *y*, ou a um *z* entendido como a unidade composta por *y* mais essa relação.) Por outro lado, quanto mais constantes forem as relações em que uma coisa qualquer entra, tanto mais essas mesmas relações poderão ser descritas como constituindo uma entidade organizada. A organização implica, portanto, uma estrutura de relações aninhadas umas nas outras em permanente expansão, de modo que aquilo que conta como uma *organização* em um nível pode ser tomado como *elemento* em um nível superior: átomos se organizam como moléculas; moléculas, como proteínas; proteínas, como células; células, como organismos; organismos se organizam em ecossistemas, e assim por diante. Uma consequência importante dessa maneira de conceber a organização é que a análise que pode ser feita de qualquer realidade particular depende sempre da escala. Na verdade, como Bogdanov indica, o conceito de "elementos" é "inteiramente relativo e condicional", correspondendo simplesmente às "partes nas quais foi preciso decompor o objeto conforme o problema a ser investigado, sejam elas grandes ou pequenas, subdivididas ou não".[3] E, dado que o principal critério para falar de organização é a estabilidade das relações, a relatividade de escala se aplica igualmente ao tempo: aquilo que conta como estável depende da escala temporal de que nos ocupamos e, dependendo da duração, uma montanha ou um sistema solar são tão temporários quanto um organismo ou uma célula.

Dizer que tudo está conectado e organizado não é, portanto, dizer que tudo está conectado e organizado *da mesma maneira o tempo todo*. A conectividade universal não implica que cada coisa individual seja apenas um momento interno de uma grande totalidade orgânica que predetermina suas partes, nem exclui a desconexão e a desorganização locais.[4] À medida que novas relações aparecem e desaparecem, à medida que novas coisas entram e saem delas, cada coisa individual organizada está condenada a ser mais ou menos temporária, ou seja, está sujeita à desintegração. Dessa forma, ainda que a organização seja universal, cada coisa individual organizada é ao mesmo tempo uma ameaça potencial à organização de outras e constantemente ameaçada, por dentro e por fora, pela desorganização a que está fadada a retornar: "[...] a organização ideal, plena, não existe na natureza; a desorganização sempre está misturada a ela em algum grau. Assim, mesmo a melhor cooperação não está livre de obstáculos e desacordos, por menores que sejam; a melhor máquina não está livre de fricções internas etc.".[5]

---

3   Ibid., p. 42.
4   "Uma vez que para a tectologia uma separação completa e absoluta não existe, pode-se afirmar que, na medida em que a separação aparece ou se desenvolve, é a lei da divergência que está em operação." Ibid., p. 125.
5   Ibid., p. 26.

Isso nos permite ver por que, a partir do que Bogdanov chama de "o ponto de vista organizacional" – "a única compreensão monística do universo" –, *tudo está organizado*, e o próprio universo aparece como "uma estrutura de todos os tipos de formas e níveis de organização desdobrando-se infinitamente", desde a escala mais diminuta até sistemas estelares inteiros que, "em seu entrelaçamento e luta mútuos, em suas mudanças constantes, criam o processo organizacional universal, infinitamente dividido em suas partes, mas contínuo e ininterrupto no todo".[6]

Meu objetivo aqui é bem mais modesto que o de Bogdanov. Não pretendo construir uma teoria universal da organização, mas apenas mobilizar uma perspectiva mais ampla para pensar a questão da organização especificamente *política*. Se a ideia é acabar com a associação automática que se faz entre ela e a forma-partido ou a constituição de organizações, como podemos, então, definir essa questão?

O que podemos dizer de mais geral sobre a organização política é que ela diz respeito ao agenciamento e à canalização da capacidade coletiva de agir de forma a produzir efeitos políticos. Deixando de lado a pergunta sobre o que pode ou não contar como um efeito político, deve estar claro por que a capacidade coletiva de agir é uma questão para a política. Salvo em situações excepcionais, os poderosos sempre podem contar com aquilo que Baruch Spinoza chamava de *potestas* para garantir que, na hora da verdade, as pessoas cumprirão suas ordens: a polícia, o exército, a imprensa, a relação salarial, o medo acumulado e o consentimento passivo da maioria, toda sorte de coisas que poderiam ser descritas como "poder sobre" ou agrupadas sob a vaga expressão "os poderes constituídos". Os mais fracos, por sua vez, não têm nada além de sua capacidade de agir – seu poder de fazer coisas, de afetar e serem afetados uns pelos outros, que Spinoza chamava de *potentia*. No entanto, a *potentia* de cada indivíduo não é

---

6   Ibid., p. 6. Bogdanov encontra um companheiro de viagem inesperado em William James: "'O mundo é Um', portanto, tanto quanto o experimentamos ser concatenado, um pelas muitas conjunções definidas que aparecem. Porém, então, também *não* um, pelas muitas disjunções definidas que deparamos". Ver W. James, "Pragmatismo. Quarta conferência: Singular e plural", trad. Jorge Caetano da Silva, in *Pragmatismo e outros textos*, trad. Jorge Caetano da Silva e Pablo Rubén Mariconda. São Paulo: Abril Cultural, 1979, p. 52 (grifo no original).

tão grande, e certamente não é suficiente para fazer frente à *potestas*. É, nesse sentido, indispensável que os indivíduos se somem de tal modo que a capacidade de agir de cada um multiplique a capacidade de todos os outros. É por isso que o sujeito da política é sempre coletivo.[7]

A máxima maoísta segundo a qual são as massas que fazem a história é por vezes transformada em uma fórmula devota que funciona como uma espécie de compensação retórica pelas vicissitudes da história ou pela impotência que as pessoas experimentam regularmente: "apesar de tudo, vocês ainda estão no comando". Em outros casos, a máxima é levada ainda mais longe, ao ponto de se tornar quase um artigo de fé metafísica. É assim, por exemplo, que a famosa "inversão copernicana"[8] da dialética entre capital e trabalho associada ao *operaismo* italiano ocasionalmente acaba erigida em tentativa dogmática de mostrar que por trás de toda mudança nas relações produtivas ou estatais haveria sempre necessariamente uma iniciativa tomada pela classe trabalhadora.[9] Para os propósitos deste livro, a ideia de que "as massas fazem a história" não indica nem um esquema explicativo geral, nem um sujeito subjacente da história, mas algo mais simples e quase tautológico. A frase simplesmente nos diz que, para superar a resistência dos poderes constituídos, qualquer transformação histórica relevante exigirá sempre a confluência de um grande número de indivíduos – em outras palavras, um sujeito ou agente coletivo.

---

7   É porque "os indivíduos sozinhos têm pouco poder", observa Balibar, que "no centro da análise política de Spinoza está a multidão". Étienne Balibar, *Spinoza and Politics*, trad. Peter Snowdon. London/ New York: Verso, 2008, p. XVII. Como veremos, no entanto, isso não significa que a multidão, se mantivermos esse nome, deva necessariamente ser entendida nos termos propostos por Michael Hardt e Toni Negri.
8   Yann Moulier Boutang, "Introduction", in Antonio Negri, *The Politics of Subversion: A Manifesto for the Twenty-First Century*, trad. James Newell. Cambridge, MA: Polity Press, 2005, p. 19.
9   Para ser claro, acredito que há uma série de vantagens, tanto analíticas quanto políticas, em se ler o que quer que aconteça não apenas como prova da soberania da *potestas*, mas também como um produto das ações e dos desejos das pessoas comuns. Aquilo a que me oponho é a supervalorização dessa perspectiva "de baixo" no interior de um esquema maniqueísta que achata as múltiplas agências em dois grandes polos (trabalho e capital, massas e Estado, multidão e poder constituído), um dos quais supõe-se ser totalmente ativo, o outro, totalmente passivo, ambos sendo imaginados como livres de ambivalências e contradições. Embora isso possa às vezes ter um efeito retórico poderoso, dificilmente resulta numa análise conjuntural sóbria.

Agindo juntos

Quem diz "sujeito coletivo", no entanto, não diz necessariamente "sujeito *unificado*". Embora Spinoza fale em pessoas agindo "conduzid[as] como que por uma só mente",[10] é perfeitamente concebível que elas o façam sem se coordenar diretamente entre si, ou mesmo sem se conhecerem. É útil, na verdade, distinguirmos três maneiras diferentes como as pessoas podem agir juntas.

Mudanças sociais importantes podem ocorrer como resultado do acúmulo de múltiplas ações individuais descoordenadas e de mudanças de comportamento ao longo do tempo, muitas em escala bastante pequena (disposições físicas, modos de vestir, preferências e atitudes pessoais, e assim por diante). É o caso da revolução sexual, um bom exemplo do tipo de processo que Gilles Deleuze e Félix Guattari descreveram como "revoluções moleculares".[11] Uma transformação abrangente e contínua das relações de gênero e dos costumes sociais, ela produziu mudanças rápidas e fundamentais em um período relativamente curto de tempo, entre o final dos anos 1950, quando a pílula anticoncepcional começou a se tornar amplamente disponível, e meados dos anos 1970. As múltiplas modificações que constituíram essa mudança mais ampla, ocorridas simultaneamente em diversas escalas, geralmente não exigiram qualquer deliberação coletiva, planejamento ou convergência. Elas se espalharam por diferentes sociedades sem que ninguém pretendesse, ou mesmo pudesse, dirigi-las ou supervisioná-las. A revolução sexual pode, assim, ser descrita como, em grande medida, o resultado agregado dessas múltiplas pequenas mudanças e, portanto, como um exemplo da *ação agregada* de um grande número de indivíduos.

---

10 Baruch de Espinosa, *Tratado político*, trad. Diogo Pires Aurélio. São Paulo: WMF Martins Fontes, 2009, 3.5.
11 É o exemplo que Guattari emprega quando questionado: "Ao menos uma vez, você poderia ser mais concreto sobre o que entende por transformações moleculares?". Ver Félix Guattari, "The Unconscious Is Turned Toward the Future", trad. Jeanine Herman, *Soft Subversions*. Los Angeles: Semiotext(e), 2009, p. 178. Confrontado com a mesma questão em outro momento, ele remeteria às mudanças na "maneira de conceber a lei, a religião, o corpo, a filiação, a família, o tempo, a literatura" no fim do Antigo Regime. Ver id., "A New Alliance Is Possible", trad. Arthur Evans e John Johnston, in ibid., p. 115.

Por outro lado, a *ação coletiva* propriamente dita refere-se àqueles casos em que as pessoas não apenas percebem a si mesmas como participantes de uma identidade comum mais ampla – isto é, como pertencentes a um sujeito coletivo –, mas também convergem intencionalmente e se envolvem em processos de deliberação, planejamento, avaliação, intervenção, e assim por diante. O exemplo da revolução sexual evidencia, contudo, o caráter abstrato da distinção entre os dois tipos de ação ou o fato de que esta divisão decompõe em tendências opostas algo que é sempre dado de forma mista ou embaralhada. Pois, se é verdade que muito dela ocorreu "abaixo do radar", através de modificações moleculares incrementais, a revolução sexual também dependeu da contribuição de inúmeros grupos mais ou menos provisórios, incontáveis reuniões, abaixo-assinados, manifestações, ações judiciais, enfrentamentos nas ruas, e assim por diante. Evidentemente, nada disso teria acontecido se as coisas não estivessem se movendo no nível infinitesimal. Como Deleuze e Guattari observaram a partir de Gabriel Tarde, para acompanhar com precisão o avanço da Revolução Francesa, teria sido necessário saber "que camponeses, e em que regiões do Midi [sul da França], começaram a não mais cumprimentar os proprietários da vizinhança".[12] Sem embargo, esses movimentos infinitesimais não se desdobraram sem deparar-se regularmente com obstáculos. Conflitos molares abertos – e o esforço necessário para construir a capacidade coletiva de combatê-los – foram essenciais para superar tais obstáculos e expandir o espaço jurídico, político e cultural disponível para novas mudanças, infinitesimais ou não. Mesmo no nível mais básico de ampliar a visibilidade e publicidade das transformações moleculares, aumentando, assim, seu poder de contágio, a ação coletiva se apresenta como indispensável.

Isso demonstra que seria um erro falar de revolução molecular como sendo o *oposto* do que poderíamos chamar, por contraste, de revolução "molar". Toda mudança social em grande escala tem necessariamente um aspecto molar e um aspecto molecular, e depende da complementariedade e do reforço mútuo de ambos: "as

---

12   Gilles Deleuze e F. Guattari, *Mil platôs: Capitalismo e esquizofrenia*, v. 3, trad. Aurélio Guerra Neto et al. São Paulo: Ed. 34, 1996, pp. 94–95 (trad. modif.).

fugas e os movimentos moleculares não seriam nada se não repassassem pelas organizações molares e não remanejassem seus segmentos, suas distribuições binárias de sexos, de classes, de partidos".[13] Para que possa sequer ser reconhecida como revolução, uma revolução molecular deve inevitavelmente envolver a inscrição molar e macropolítica de transformações moleculares e micropolíticas. Por "inscrição", devemos entender aqui as mudanças que ocorrem nos corpos daqueles que, mais ou menos conscientemente, se subjetivam como seus participantes, bem como o contágio imitativo que espalha essas mudanças por uma população mais ampla; iniciativas de ação coletiva; luta aberta e a abolição, criação e transformação de formações molares (identidades, arranjos de poder, leis, estruturas econômicas...).[14] O que isso significa, portanto, é que uma combinação entre ação agregada e ação coletiva é sempre necessária. As duas andam obrigatoriamente juntas, interpenetram-se e retroalimentam-se reciprocamente.

Essa conclusão pode ser levada mais longe se seguirmos com nosso exemplo anterior. Enquanto muitas pessoas ainda associam ação coletiva com organizações totalmente estruturadas, com regras de filiação e estrutura de liderança perfeitamente estabelecidas, os "movimentos" a que normalmente nos referimos em

---

13   Ibid., p. 95. Às vezes é como se aqueles que reivindicam os direitos da micropolítica ao nos lembrar de que "toda política é ao mesmo tempo *macropolítica* e *micropolítica*" se esquecessem de que a frase também funciona ao contrário. Ibid., p. 90 (grifo no original).

14   De uma vez por todas: falar em termos de micro- e macropolítica ou processos molares e moleculares não é opor um nível ao outro, mas pensar o modo como os dois níveis se cruzam e agem um sobre o outro em cada situação. "[Se] não [há] um dispositivo para tentar analisar o que são os outros tipos de investimento, necessariamente em jogo na situação, a nível molecular [...], o que acontecerá, infalivelmente, é que as melhores intenções, as relações de força mais favoráveis, vão ter, mais cedo ou mais tarde, um encontro marcado com uma experiência de burocratização [...]. E, inversamente, se os processos de revolução molecular, não forem retomados a nível das relações de força reais (relações de força sociais, econômicas, materiais) pode acontecer de eles começarem a girar em torno de si mesmos como processos de subjetivação em implosão, provocando um desespero, que pode levar até ao suicídio, à loucura ou a algo do gênero." F. Guattari e S. Rolnik, *Micropolítica: Cartografias do desejo*. Petrópolis: Vozes, 1996, p. 132 (grifo meu).

associação com a revolução sexual (Movimento de Libertação das Mulheres, Movimento de Libertação Gay) eram algo inteiramente distinto: uma nebulosa de grupos muito diversos e de diferentes tamanhos, de indivíduos não afiliados, de espaços de encontro, e assim por diante. Dependendo do tempo, do lugar e das conexões, a experiência que cada pessoa podia ter daquilo que constituía "o movimento" variaria consideravelmente. Alguns setores eram mais estruturados e densamente conectados, outros mais desarticulados. Sob a identidade vaga com que seus nomes comuns acenavam, conviviam diferentes tons e matizes, alguns ocasional ou mesmo permanentemente em conflito uns com os outros. Isso não os impedia de interagir uns com os outros, mesmo que indiretamente: o fato de eu discordar de alguém não torna suas ações menos capazes de produzir efeitos com os quais eu não tenho outra escolha senão lidar. Embora seja improvável que quaisquer duas pessoas tomadas a esmo estivessem plenamente de acordo sobre quais contornos precisos tinha "o movimento", tanto seus participantes quanto os observadores externos não deixavam de ter a sensação de que havia algo de suficientemente organizado – cujas relações eram suficientemente constantes – para que se pudesse falar dele como uma só coisa.

A ação coletiva tem sempre uma nuvem de ação agregada a seu redor. Mas o inverso também é verdadeiro e, se examinarmos em detalhes aquilo que, à distância, parece ação agregada, sempre encontraremos nela pequenos agrupamentos de atividade coletiva. Assim, os indivíduos que não participavam diretamente de nenhuma das organizações mais ou menos permanentes da Libertação Gay ou das Mulheres ainda assim não estavam restritos a agir por conta própria. Além de ainda poderem se envolver na ação coletiva iniciada por outros (participando de manifestações, por exemplo), também poderiam eventualmente iniciar suas próprias (reunindo-se com amigos para produzir cartazes para protestos, mobilizando outras pessoas para enviar cartas a jornais e políticos, criando circunstâncias em que conhecidos pudessem se radicalizar, começando um tumulto ao jogar uma pedra...).

Para deixar claro, este não é um argumento histórico sobre a natureza dos movimentos sociais posteriores à década de 1960, em oposição aos quais se encontraria o sólido e monolítico "movimento operário" que os antecedeu. A memória desse monólito é, por um lado, um produto das narrativas contadas por aqueles que lograram hegemonizá-lo e, por outro, uma projeção retroativa construída após sua perda. Esse "movimento" era tão parecido com uma nebulosa como aqueles que vieram em sua esteira, com a importante diferença de que possuía um número relativamente pequeno de organizações com um número muito grande de seguidores reunidas em torno de seu centro: partidos, sindicatos, exércitos populares... A realidade imediata e em-si que correspondia à ideia de um para-si de abrangência global – o proletariado mundial consciente e organizado – sempre pareceu bem diferente dependendo de onde se olhava, além de incluir uma grande quantidade de agrupamentos menores, momentos de coordenação *ad hoc*, redes de parentes, vizinhos, colegas e amigos, bem como as iniciativas locais de inúmeros indivíduos. Movimentos são sempre nebulosas ou redes; o que varia é apenas seu *grau de centralização*.

O que esses exemplos provam é que, embora seja possível distinguir entre ação agregada e ação coletiva, a verdade é que sempre as encontraremos entrelaçadas. Precisamos, portanto, de um terceiro nome para descrever esse entrelaçamento, que é a composição real de toda luta ou processo de mudança social. Vamos chamá-lo de *ação distribuída*: o espaço comum no qual ação coletiva e ação agregada combinam-se, comunicam-se, relacionam-se e estabelecem entre si circuitos de feedback positivo e negativo. Ainda que possa se inclinar mais em direção ao coletivo ou ao agregado, qualquer processo político real existente é sempre uma mistura dos dois. "Distribuída" indica que, apesar de não ter um centro único em torno do qual a ação coletiva se aglutina, ela tampouco é inteiramente dispersa ou descentralizada; pelo contrário, tem muitos centros operando em múltiplas escalas e em durações distintas, desde os mais efêmeros e informais aos mais duradouros e rígidos. O distribuído escapa à oposição binária entre coletivo e individual, bem como àquela entre centralizado e descentralizado; ele é tudo isso a uma só vez. Dessa maneira, também ultrapassa a distinção proposta por W. Lance Bennett e Alexandra Segerberg entre ação *coletiva* e ação *conectiva*, em que a última seria "geralmente muito mais individualizada e tecnologicamente organizada [...] sem a exigência de um enquadramento de identidade coletiva ou dos níveis de recursos organizacionais necessários para responder efetivamente às oportunidades".[15] Nos termos que estou propondo aqui, o que eles chamam de ação conectiva é simplesmente um tipo de ação distribuída que tende mais em direção ao agregado do que ao coletivo.

Não se trata de minimizar a novidade da lógica conectiva nem as condições objetivas que a tornam em certa medida inevitável – respondendo, tal como ela o faz, tanto a *affordances*[16] tecnológicas generalizadas quanto a tendências sociais de "fragmentação e individualização estruturais", nas quais o engajamento político funciona como "uma expressão de esperanças, estilos de vida e queixas pessoais".[17] O que o contraste me permite esclarecer é antes um aspecto central do projeto deste livro e de sua aposta política mais geral. Se as insurreições da última década vieram e se foram, uma das principais razões organizacionais para isso talvez resida no fato de que elas combinaram ação agregada e ação coletiva de maneiras que tendiam muito mais para a primeira do que para a segunda; resultados diferentes poderiam ser obtidos a partir de formas diferentes de combiná-las. Ao mesmo tempo, precisamente porque estamos falando de lógicas distintas que se combinam de diferentes modos e em diferentes medidas, não há razão para crer que a tentativa de estabelecer um novo equilíbrio implicaria uma opção *exclusiva* pela ação coletiva em detrimento da ação

---

15 W. Lance Bennett e Alexandra Segerberg, "The Logic of Connective Action: Digital Media and the Personalization of Contentious Politics". *Information, Communication and Society*, v. 15, n. 5, 2012, p. 750.

16 Termo introduzido pela psicologia ambiental de James J. Gibson, teve tradução para o português proposta por Otávio Velho como "propiciação". Ver James J. Gibson, *The Ecological Approach to Visual Perception*. New York/London: Psychology Press, 2014; Otávio Velho, "De Bateson a Ingold: Passos na constituição de um paradigma ecológico". *Mana*, v. 7, n. 2, pp. 133-40. A dificuldade em traduzi-lo reside tanto na falta de um equivalente exato para o verbo *afford*, que lhe dá origem – embora "propiciar" seja uma boa aproximação – quanto pelo caráter relacional do conceito. Uma *affordance* não é nem apenas uma possibilidade (subjetiva), nem somente um recurso (objetivo), mas um uso ou ação possível que um objeto determinado oferece a um sujeito determinado, ou seja, algo que se estabelece em sua relação. (Nota à edição brasileira.)

17 Ibid., p. 743.

agregada – algo que, em todo caso, entendemos ser impossível –, e menos ainda pelo tipo específico de ação coletiva definido pela centralidade de um partido único.

O leitor notará como a forma desse argumento recapitula minha discussão anterior sobre a organização. Não se pode reduzir a questão da organização política à constituição de organizações porque simplesmente não é válido afirmar que tudo o que esteja fora de uma estrutura constituída seja desorganizado; uma teoria da organização deve partir, portanto, das maneiras pelas quais os indivíduos não afiliados coordenam suas ações fora de organizações, ou coordenam-nas com elas, além de considerar como estas se coordenam umas com as outras. "Organização" deve se referir primeiro a esse fenômeno e só então a organizações individuais. Estas últimas se delineiam contra um fundo mais amplo que é o da organização em sentido geral, e coisas como partidos são, assim, *parte* de uma teoria da organização, não seu objeto principal. Do mesmo modo, enquanto a ação agregada se refere às maneiras pelas quais as pessoas agem juntas fora das organizações, e a ação coletiva, a como elas o fazem com ou sem estas, a ação distribuída explica as maneiras pelas quais essas duas maneiras de agir conjuntamente se relacionam entre si. É a ação distribuída, portanto, e não as organizações, que deve ser o ponto de partida para uma teoria da organização política.

A consequência é que, em vez de ocupar-se do tipo de organização que se deve ter, o que pressupõe que a pergunta tem uma única resposta e que ela deve se aplicar indiscriminadamente, uma teoria da organização deve partir do fato irredutível da pluralidade. Há sempre mais do que apenas uma organização, não somente porque toda organização tem um fora com o qual se relaciona, mas porque a própria organização é decomponível em diferentes partes – uma nebulosa de ação coletiva e ação agregada, uma rede, uma ecologia.

Pense e aja global e localmente

Historicamente, os debates sobre organização política tenderam a ter uma orientação prescritiva: perguntava-se que tipo de organização era preciso ter para atingir certos objetivos, quaisquer que estes fossem. Isso também explica por que tais debates diziam respeito principalmente à questão da forma organizativa: qual era a melhor (o partido, o conselho, a rede, e assim por diante), que estruturas e procedimentos ela deveria ter, que tipo de relações deveria manter com as massas... Partir da ação distribuída significa romper com essa tradição de duas maneiras. Em primeiro lugar, a ação distribuída não é um modelo a ser realizado, mas o que já existe; é o que acontece queira-se ou não. Assim, em vez de começarmos com a pergunta "o que deveria ser?", partimos do que é e testamos constantemente a pergunta "o que queremos?" contra um problema mais básico: "dado o que é, o que *pode ser*?". Em segundo lugar, pensar em termos de ação distribuída é um modo de escapar da premissa oculta em cada vez que se reduz a questão da organização ao problema da forma organizativa: a ideia de que há uma forma única que deveria ser compartilhada por todas as organizações ou uma organização única a que todos tendencialmente deveriam pertencer. Em vez disso, admitimos uma pluralidade ecológica como ponto de partida, sem supor que ela poderia ou até mesmo deveria em algum momento se homogeneizar ou convergir numa só entidade.

O propósito dessa mudança não é, contudo, simplesmente o de afirmar a dispersão, a diversidade e a pluralidade por sobre a concentração, a homogeneidade e a unidade. Na verdade, o principal objetivo deste livro é encontrar uma saída para a oposição estéril entre esses dois polos, assim como para a ideia de que se deve necessariamente escolher entre eles. Desde ao menos a década de 1960, quando se tornou cada vez mais impossível se esquivar de reconhecer o vício inerente aos regimes socialistas realmente existentes e a seu modelo organizativo, existe uma forte tendência de responder aos males associados com a ação coletiva em grande escala com a apologia do pequeno, do múltiplo e do difuso. Embora o problema, tal como originalmente colocado, consistisse essencialmente em como produzir mudança em escala sistêmica sem construir um sujeito coletivo em uma escala correspondente, o fato é que, com o tempo, a valorização do "local" sobre o "global" se assemelharia cada vez mais a uma renúncia da dimensão sistêmica enquanto tal. Enquanto uma resposta ao problema original teria necessariamente que depender de uma combinação de ação coletiva e ação agregada, essa virada acabaria levando cada vez mais a uma dicotomia entre as duas e em uma opção pela ação agregada em vez da coletiva. Se existe certa solidariedade entre o liberalismo e o pensamento radical pós-1968, ela reside sobretudo neste ponto: a esperança de que o jogo espontâneo da ação agregada permitisse evitar os perigos da ação coletiva em grande escala sem deixar de produzir os mesmos efeitos que um dia se desejara desta. Como discuto no capítulo 3, essa é uma das formas mais importantes como os significados associados à palavra "revolução" se modificaram nos últimos cinquenta anos.

Se a fé nessa aposta ainda é forte em alguns setores apesar de continuar sem se demonstrar capaz de compensar o investimento, há uma dimensão de nossa conjuntura atual que torna impossível adiar o acerto de contas com ela. Refiro-me, evidentemente, à crise climática. A transformação do clima do planeta e a modificação de uma série de parâmetros-chave do sistema geobiofísico são predominantemente um efeito agregado: resultado de inúmeras ações ocorridas todos os dias ao longo dos últimos cinco séculos aproximadamente, muitas delas certamente coordenadas, mas a grande maioria sem nenhum outro elemento de coordenação fora as estruturas de escolha sistêmicas implícitas que as tornam mais prováveis do que as opções alternativas. No entanto, a mudança climática constitui um dilema que não pode ser resolvido dentro de um arcabouço que oponha ação agregada e ação coletiva e que coloque a primeira acima da segunda. Isso porque, por um lado, a escala global do problema torna implausíveis quaisquer soluções exclusivamente "locais". Esse é um argumento geralmente dirigido contra as tentativas de diluir o problema em uma simples questão de escolha do consumidor, como se o efeito agregado de sinais de mercado provocados pelo comportamento individual fosse suficiente para produzir o resultado esperado. Mas esse argumento pode ir além e se voltar contra soluções mais radicais e não baseadas no mercado. Mesmo que um milhão de comunas sustentáveis surgissem nos próximos anos, mesmo que muitos países mudassem sua base energética para fontes renováveis, se nada fosse feito para inviabilizar permanentemente a indústria global de combustíveis fósseis, isso ainda não seria suficiente para evitar aumentos dramáticos de temperatura neste século. Pode-se argumentar que nada garante que essas mudanças não seriam suficientes para ocasionar o abandono do petróleo, do gás e do carvão no longo prazo. Mas essa réplica esbarra em outro aspecto-chave do dilema climático: sua dimensão temporal finita. Embora seja possível que as consequências mais extremas da mudança climática pudessem ser evitadas pelo efeito agregado de inúmeras iniciativas locais, há como ter certeza de que isso poderia acontecer dentro da estreita janela de tempo para agir que temos à nossa disposição? Podemos nos dar ao luxo de apostar nisso? Estamos dispostos a tanto?

Dessa forma, a questão é inevitavelmente posta em um nível coletivo: o que *nós*, enquanto espécie que está cada vez mais consciente de como nossas decisões diárias solapam nossas próprias condições de existência, podemos fazer para evitar o pior? O problema é que não existe nenhum agente coletivo que poderia estar à altura do desafio em uma escala adequada – e é difícil imaginar, ao menos no futuro próximo, que algum possa. Não há nenhuma revolução planetária iminente para pôr um fim simultâneo e generalizado ao capitalismo baseado em combustíveis fósseis, nenhum governo mundial para legislar para todo o globo, nenhuma agência ou supercomputador para pôr em prática uma economia global planejada. A história da Convenção-Quadro das Nações Unidas sobre a Mudança do Clima, nominalmente encarregada de se tornar precisamente esse agente global, tem repetidamente demonstrado a impotência das intenções políticas diante dos incentivos de mercado, da concorrência internacional e das pressões da política interna. Por tudo isso, a única alternativa plausível – e chamá-la assim já exige uma dose razoável de esforço imaginativo – parece ser uma combinação de ação coletiva e ação agregada em diferentes escalas.

Na verdade, a desvalorização do coletivo em relação ao agregado está tão entranhada na oposição entre "local" e "global" que facilmente se esquece que as iniciativas locais, se forem algo mais do que escolhas de consumo ou comportamento individual, também requerem ação coletiva. Começar uma cooperativa de agricultores ou uma iniciativa local de produção de energia exige muita ação coletiva; ocorre apenas que, em termos relativos, isso se dá em pequena escala. No capítulo 4, discutirei mais detalhadamente como as tentativas de empregar discursos científicos sobre auto-organização para pensar a política são frequentemente prejudicadas pela projeção de desejos e premissas não examinadas. Por ora, limito-me a apontar que a apropriação de ideias como "ordem por flutuação"[18] e "ordem a partir do ruído"[19] tendeu ordinariamente a apontar na direção de minimizar o esforço e os recursos necessários para produzir efeitos em grande escala.

Por um lado, essa é inegavelmente uma leitura correta da opinião científica corrente. Uma física de sistemas mecânicos simples, em que o efeito é sempre diretamente proporcional à causa, produziu a ideia de que a organização política consistia essencialmente em igualar ou superar a força do adversário (um exército popular mais forte do que o exército regular, um Estado operário mais forte do que o inimigo de classe...). Por sua vez, as relações não lineares entre causa e efeito que caracterizam os sistemas complexos ofereciam a perspectiva de que, em circunstâncias especiais, uma causa relativamente pequena pudesse desencadear uma transformação radical dos padrões gerais de um sistema de organização – uma mudança global a partir de uma ação localmente circunscrita. O que as leituras políticas da não linearidade tendiam a negligenciar, no entanto, era não apenas o fato de que não estamos necessariamente sempre nas proximidades de um limiar crítico, mas também os dois conceitos essenciais de *nucleação* e *tamanho crítico*. Juntos, eles indicam que, para ser capaz de se propagar através de um sistema e de transformá-lo, uma flutuação deve não somente partir de certo ponto (ela não ocorre em todos os lugares ao

---

18   Ver Ilya Prigogine e Gregoire Nicolis, *Self-Organization in Nonequilibrium Systems*. London: Wiley, 1977; I. Prigogine e Isabelle Stengers, *Order out of Chaos: Man's New Dialogue with Nature*. New York: Bantam, 1984.
19   Ver Henri Atlan, *A organização biológica e a teoria da informação*. Lisboa: Instituto Piaget, 2006; id., "Do ruído como princípio de auto-organização", in *Entre o cristal e a fumaça: Ensaio sobre a organização do ser vivo*, trad. Vera Ribeiro. Rio de Janeiro: Jorge Zahar, 1992, pp. 36–53.

mesmo tempo), mas esse ponto de partida também deve ser *grande o suficiente* para resistir aos mecanismos de feedback negativo que irão atenuar as flutuações e inibir a mudança. Para Ilya Prigogine, esse era, com efeito, um fator essencial para entendermos por que, apesar de apresentar um número muito elevado de flutuações, sistemas extremamente complexos podem evitar a desordem permanente e se conservar estáveis ao longo do tempo.[20] Segundo ele, "a estabilização por meio da comunicação e a instabilidade por meio das flutuações" crescem conjuntamente à medida que aumenta a complexidade de um sistema; é, portanto, o fato de que o limiar de nucleação (e seu valor correspondente, o tamanho crítico) se eleva ao longo do tempo que assegura uma medida de estabilidade.[21] Se "nucleação" e "tamanho crítico" são termos tomados de Prigogine, maneiras equivalentes de expressar a ideia de que a mudança sistêmica sempre parte de um ponto e de que há limites para sua capacidade de propagação podem ser encontradas em diversos modelos de auto-organização, dos que descrevem o modo como osciladores se sincronizam àqueles que explicam comportamentos em cascata em redes, passando pela filosofia da individuação de Gilbert Simondon.[22]

---

20 "Quando uma nova estrutura resulta de uma perturbação finita, a flutuação que leva de um regime para outro não pode, naturalmente, superar o estado inundar o estado inicial em um único movimento. Ela precisa primeiro se estabelecer em uma região limitada, para então invadir o espaço como um todo: há um mecanismo de nucleação. Conforme o tamanho da região inicial da flutuação esteja acima ou abaixo de um certo valor crítico [...] a flutuação ou regride, ou se espalha para todo o sistema." I. Prigogine e I. Stengers, *Order out of Caos*, op. cit., p. 187.
21 Ibid.
22 Nos escritos de Simondon, os conceitos equivalentes seriam "germe estrutural" e "limiar quântico de ressonância". Ver Steven Strogatz, *Sync: The Emerging Science of Spontaneous Order*. New York: Penguin, 2003; Duncan J. Watts, "A Simple Model of Global Cascades on Random Networks". *Proceedings of the National Academy of Sciences of the United States of America*, v. 99, n. 9, 2002, pp. 5766–71; Gilbert Simondon, *A individuação à luz das noções de forma e de informação*, trad. Luís Eduardo Ponciano Aragon e Guilherme Ivo. São Paulo: Ed. 34, 2020. Para uma observação empírica que corrobora esses insights no que diz respeito aos movimentos sociais, ver Sandra González-Bailón, Javier Borge-Holthoefer, Alejandro Rivero e Yamir Moreno, "The Dynamics of Protest Recruitment Through an Online Network". *Scientific Reports*, n. 1, 2011.

Que ambos os conceitos tenham sido ignorados é sintomático do fato de que a recepção dos discursos científicos sobre auto-organização no pensamento político aconteceu em um momento em que as pessoas talvez estivessem menos preocupadas em reposicionar a agência coletiva do que em exorcizar uma certa concepção do sujeito revolucionário herdada da tradição marxista.[23] Corrigir esse desequilíbrio significa lembrar que, se o problema da organização não se define necessariamente pela constituição de uma força *absoluta* (como construir a força *mais poderosa*?), ele nunca deixa de envolver a constituição de uma força *relativa* (como ser *poderoso o suficiente* para produzir efeitos na devida escala?).

Portanto, não são iniciativas locais de *qualquer* tipo aquelas de que se necessita para se responder à mudança climática — mas as que são suficientemente consistentes para perdurar e crescer em escala, seja aumentando em tamanho e sendo replicadas em outros lugares, seja criando conexões mutuamente benéficas e sólidas umas com as outras. Sempre vale repetir que se "local" se opõe a "global", isso não o torna necessariamente sinônimo de "pequeno". Na verdade, o problema com o "local" é justamente que se trata de um conceito relativo à escala – uma célula e um planeta são locais em relação a um organismo e ao sistema solar, respectivamente – com o qual se costuma operar como se possuísse um sentido absoluto. Assim, mesmo que o quadro de referência naturalmente devesse se modificar conforme estejamos falando de uma briga de vizinhos, de alterar a política nacional, de derrotar uma indústria global ou de mudar o sistema mundial, parece que, para muitos, a palavra sempre irá evocar imagens de cooperativas de bairro e hortas comunitárias.

A ação coletiva é necessária, portanto, em dois níveis. Na ponta inferior da escala, ela é vital para o estabelecimento de inciativas locais fortes. Mas ela também é necessária em um nível que, se não

---

23 Tiqqun chegou perto de extrair as consequências desses conceitos em "A hipótese cibernética", citando inclusive a passagem em que Prigogine e Stengers os discutem. Eles parecem, no entanto, interpretá-los de maneira literal, enquanto necessidade de uma base espacial de certo tamanho, numa fusão do problema da nucleação com a problemática do "estabelecimento de um território". Tiqqun, "A hipótese cibernética", in *Tudo deu errado, viva o comunismo!*, trad. Vinícius Honesko. São Paulo: n-1 edições, 2020 (ebook).

for estritamente "global", tampouco é "local" em um sentido absoluto, mas apenas em relação a uma escala maior. Esse é o nível intermediário em que iniciativas locais constituem redes, essas redes constituem redes entre si, organizam-se campanhas nacionais, coalizões globais, e assim por diante. A ação coletiva é necessária em ambos os níveis e somente quando ela está amplamente presente é que podemos esperar efeitos agregados em uma escala apropriada. No entanto, essa construção seria, em última análise, ineficaz, e provavelmente também impraticável, se não viesse junto com o trabalho de dissolver as estruturas econômicas existentes: incapacitar a indústria de combustíveis fósseis, encurtar (e, em muitos casos, eliminar) cadeias produtivas longas, reduzir o alcance do lucro como motor da atividade social e, finalmente, erradicá-lo. Mais uma vez, dificilmente se pode esperar que isso ocorra espontaneamente, como resultado agregado de incontáveis ações pequenas e locais. Estas têm, sem dúvida, um papel importante a desempenhar, como se verifica pelas lutas de comunidades indígenas em todo o mundo contra a expansão da extração de combustíveis fósseis e da infraestrutura neles baseada. Mas, embora cada um desses pontos de conflito tenha o poder de provocar derrotas políticas e perdas econômicas, eles só são capazes de forçar uma mudança duradoura – em vez de um mero redirecionamento de fluxos econômicos – se coordenados em níveis mais altos e combinados com ações coletivas de todos os tipos: bloqueios, ações diretas, campanhas de desinvestimento, manifestações, esforços para induzir mudanças legislativas, disputas sobre taxação e recursos estatais. Em suma, não se trata nem de esperar que iniciativas locais dispersas venham de repente a produzir os resultados esperados, nem de construir uma única força global coletiva, poderosa o bastante para tomar as medidas necessárias; ambos são extremamente improváveis. Em vez disso, o desafio é ter focos de ação coletiva suficientemente fortes e coordenados nas escalas mais baixas e intermediárias a fim de produzir efeitos agregados globais.

Os traumas da organização

A ameaça posta pelo aquecimento global ajuda a focar a mente e torna mais palpáveis os problemas que um localismo irrefletido inevitavelmente encontra ao tentar pensar uma mudança propriamente *sistêmica*. Fica patente que a dispersão não pode ser, por si só, a resposta para um desafio de tal escala e complexidade. No entanto, a combinação entre iniciativas locais fortes, níveis distintos de coordenação e ação coletiva em escalas maiores não se aplica exclusivamente a problemas dessa magnitude. Afinal, o que estamos descrevendo quando usamos esses termos nada mais é do que uma ecologia distribuída; e o que estou afirmando aqui é que *processos bem-sucedidos de mudança social nunca são totalmente centralizados ou dispersos, mas são sempre distribuídos*, mesmo que possamos considerá-los como sendo mais centralizados ou dispersos em comparação uns com os outros ou com eles mesmos em diferentes momentos no tempo.

Há outra conclusão mais geral a ser tirada aqui. A política supõe a potência de agir ou, como vimos, é uma questão de força suficiente: de ter poder o bastante para produzir os efeitos que desejamos produzir em qualquer escala em que pretendamos intervir. Comprometer-se *apenas* com a dispersão, como resposta correta em todas as situações, equivaleria simplesmente a abandonar o problema, confiando toda a capacidade coletiva aos efeitos agregados de pequenas ações coletivas – ou, na verdade, para ser inteiramente coerente, a indivíduos isolados e não coordenados. Quem quer que alegue esse compromisso ou desistiu completamente da ação coletiva ou é presa de um equívoco essencial sobre sua própria prática: acredita ser contra a concentração *em todas as escalas*, quando, na verdade, rejeita apenas a concentração *acima de uma escala determinada*. Mesmo a crença no agir local não é o mesmo que crer na dispersão *enquanto tal*, visto que ela ainda acredita na necessidade de concentrar capacidade de agir suficiente para que se possa produzir os efeitos desejados naquele nível que se identificou como sendo "local".

Não devemos deixar que o nome latino nos faça concebê-la como algum tipo de substância etérea: a *potentia* é uma realidade material. A potência de agir dos indivíduos abrange recursos tais como tempo disponível, esforço físico, atenção e habilidades, bem como uma série de capacidades mentais e emocionais como empatia, paciência, engajamento, confiança, determinação, cuidado com os outros, disposição para correr riscos, e assim por diante.[24] Ainda que o quanto cada indivíduo tem dessas propriedades em qualquer momento dado seja sujeito a flutuações, ninguém jamais possui um estoque ilimitado delas; e como tampouco existe um estoque ilimitado de indivíduos, tais propriedades são, nesse sentido, recursos finitos. Tanto metafórica quanto literalmente, a capacidade de agir é *energia*: aquilo que pode ser transformado no trabalho de afetar outros corpos e mentes, produzindo efeitos neles. Dependendo do trabalho a ser feito, é necessário mais ou menos energia. Os indivíduos podem expandir suas capacidades por meio do uso de elementos não humanos ou da cooperação com outros humanos; "nada é mais útil ao homem do que o próprio homem".[25] Assim, qualquer tipo de cooperação pode ser descrito como uma combinação de recursos – uma concentração de energias individuais ou a acumulação de energia coletiva. É por isso que, se a política concerne essencialmente à potência coletiva de agir, ela também se define necessariamente pelo modo como esse poder é acumulado, concentrado, reproduzido e mantido (o problema da organização), pelo modo como ele pode ser convenientemente

---

[24] Ainda que as capacidades de cada indivíduo dependam, em última instância, de sua condição de ser vivo, seria equivocado conceber sua *potentia* como uma propriedade individual que carrega consigo e que pode ou não dispor em sociedade com os demais. De maneiras diferentes e em graus variados, todas essas capacidades dependem da trajetória evolutiva da espécie (e por isso também das circunstâncias externas em que ela evoluiu), das condições de socialização dos indivíduos e de suas interações entre si e com o ambiente mais geral. Em suma, não se trata de dizer que o poder individual é o fundamento do poder do grupo, mas, em vez disso, que o transindividual é o fundamento do poder individual, e que o grupo é uma maneira de estabelecer um limite (relativo) no interior do transindividual.

[25] Spinoza, *Ética*, trad. Tomaz Tadeu. Belo Horizonte: Autêntica, 2013, EIV18S. Essa afirmação não precisa ser entendida em termos estritamente antropocêntricos. Para começar, visto que o "homem" (isto é, o humano) é constituído por meio da interação com tudo o mais, seja humano ou não humano, "humano" só é humano por *aproximação*: não se trata de uma realidade separada, mas de uma realidade que carrega uma conexão íntima com aquilo que é diferente de si. Além disso, enfatizar a utilidade dos humanos uns para os outros não significa minimizar tudo o que extraímos de nosso ambiente não humano, mas indicar que a cooperação incrementa nossa própria capacidade de tirar proveito do que ele nos propicia.

empregado (estratégia e tática) e pelo modo como ele pode ser empregado a fim de atingir o maior efeito possível dados os objetivos, as circunstâncias e os recursos disponíveis (alavancagem [*leverage*]).[26]

Para que a energia de elementos distintos possa ser direcionada a uma operação que nenhum deles poderia realizar sozinho, esses elementos devem passar a atuar como parte de uma unidade maior, o que implica limites à sua liberdade. Apenas se os indivíduos não estiverem mais agindo de forma inteiramente independente uns dos outros, mas antes, pelo contrário, estiverem investindo ao menos uma pequena parte de sua energia individual em um projeto comum, por mais vagamente definido que esse seja, é que podemos dizer que eles estão combinando seus recursos, multiplicando suas capacidades individuais, acumulando uma potência de agir coletiva. Em termos físicos mais gerais: para que certa quantidade de trabalho possa ser realizada, é preciso que haja restrições [*constraints*].[27] Estas podem ser tão espontâneas (compartilhamento de informações, equipes *ad hoc*, padrões emergentes de colaboração e divisão do trabalho) ou formais (regras explícitas, organogramas, freios e contrapesos) quanto se queira; a exigência se mantém. Não é uma questão de escolha. Restrições não são algo de que se possa abrir mão, ainda que possamos fazer escolhas conscientes sobre quais ter ou não ter; a partir do momento em que as pessoas começam a trabalhar umas com as outras, restrições estão presentes,

---

26   "*Leverage*" tem, no interior do *organising model*, um sentido bastante específico: dado um universo total de trabalhadores numa determinada indústria, a palavra denota definição de uma quantidade mínima de trabalhadores que é necessário mobilizar para forçar as empresas dessa indústria a negociar. Embora esse conceito não seja desenvolvido como tal ao longo deste livro, ele deixou sua marca nos conceitos de força relativa e em seu corolário, força suficiente: trata-se sempre de determinar o quanto de força é preciso para produzir os efeitos que se deseja e de se indagar sobre as condições organizacionais que permitiriam chegar a tê-lo.

27   Na física e na biologia, *constraint* designa uma redução dos graus de liberdade dos elementos de um sistema exercida pelo próprio sistema; ao limitar as ações e comportamentos dos elementos, ela assegura que estes se mantenham compatíveis com o sistema, sem determinar como devem agir. A palavra costuma ser traduzida em português como "restrições" ou, mais raramente, "constrangimentos". Embora a segunda opção tenha a vantagem de sublinhar, por sua estranheza, que estamos lidando com um conceito determinado, optamos pela primeira; fica desde já avisado que, sempre que aparecer a palavra "restrições", é nesse sentido que se deve interpretá-la.

mesmo que isso signifique apenas que agora cada indivíduo dedica uma parte de seus recursos para o projeto compartilhado.[28] Contrariando uma confusão bastante elementar, a auto-organização não é a *ausência* de restrições, mas sua *emergência*.[29]

O problema, no entanto, é que *mais restrições* não necessariamente se traduzem em *mais potência coletiva*. Como a experiência teima em demonstrar, além de certo ponto, a *potentia* acumulada se transmuta em *potestas*, e esta pode, então, voltar-se contra a *potentia*.[30] Práticas e padrões de organização acabam por se solidificar em instituições, protocolos, figuras de autoridade, redes de influência, meios de aplicação que concentram e canalizam tanto poder que se torna cada vez mais difícil, para indivíduos ou grupos de indivíduos, desafiá-los ou evitá-los. Para aqueles que estão em condições de controlá-los, por outro lado, eles são formidáveis multiplicadores de sua própria *potentia*, tornando-os efetivamente capazes de governar os outros e minimizando, a ponto de quase eliminar, a necessidade de buscar soluções de compromisso ou de se sujeitar ao escrutínio alheio. Essa concentração de investimento coletivo em certos "pontos arquimedianos" lhes confere uma "desproporção entre esforços

---

28 As restrições podem estar presentes mesmo quando as pessoas não estão cientes de que estão cooperando umas com as outras e, portanto, podem existir também na ação agregada – por exemplo, quando pessoas sem relação entre si dedicam seu tempo nas mídias sociais para produzir conteúdo sobre um mesmo assunto. A principal diferença na passagem para a ação coletiva, por mais solta ou informal que seja, é o elemento do reconhecimento recíproco que permite a deliberação coletiva sobre essas restrições, e por isso também sua complexificação.
29 "Deparamo-nos, assim, com um ciclo vicioso: o trabalho estabelece restrições, mas restrições sobre a liberação de energia são necessárias para que possa haver trabalho. Eis o coração de um novo conceito de 'organização'". Stuart Kauffman, *Investigations*. Oxford: Oxford University Press, 2000, p. 4. Agradeço a Victor Marques por primeiro chamar minha atenção para essa passagem.
30 Segue-se da equivalência que Spinoza estabelece entre a soberania do Estado (*imperium*) e o poder da multidão (*potentia multitudinis*) que todo poder constituído emana, em última instância, da multidão, *incluindo aquele que é usado contra ela*. À medida que a *potentia* se cristaliza em hábitos, instituições, aparelhos, figuras de autoridade, armamentos e assim por diante, ela pode continuar a existir e a agir mesmo que as pessoas comecem a questionar aquilo que se cristalizou. O fato de a *potestas* derivar da *potentia* não torna a primeira menos real; o que é ilusório é apenas a crença de que a *potestas* viria de outra coisa que não da *potentia*. Ver B. de Espinosa, *Tratado político*, op. cit., 2.17.

e efeitos: o poder [*potestas*] é o fato de que uma palavra mal sussurrada pode começar uma guerra, trazer milhões de pessoas para as ruas, derrubar um governo".[31] Nesse caso, o que era um instrumento de emancipação se torna uma força que pode ser usada para deter e desviar, em vez de amplificar e canalizar, a capacidade de agir coletiva – uma camisa de força e uma nova fonte de opressão.

Tal é o dilema da organização, aquilo que nos atrai e repele nela: ela é tanto algo de que precisamos quanto algo que devemos temer, um meio e um obstáculo, aquilo que pode nos ajudar ou ferir. Se temos muito pouco dela, talvez não seja suficiente; se a temos em excesso, talvez já seja tarde demais. A um só tempo necessidade e ameaça, algo a se buscar e com que se deve ter cautela, ela é um exemplo perfeito do que poderíamos chamar, seguindo Derrida, de *pharmakon*. Remédio e veneno, e necessariamente as duas coisas ao mesmo tempo, ela é impossível de fixar como qualquer um dos polos de uma oposição (bom/mau, saudável/prejudicial, vantajoso/nocivo, e assim por diante).[32]

Não é de se admirar, portanto, que ela seja um espaço de trauma. De trauma cotidiano, no sentido de que pessoas em todas as partes constantemente vivenciam esse seu aspecto de veneno. Mas também de trauma histórico, sobretudo aquele associado aos regimes totalitários do século XX e ao legado manchado do socialismo real. A sombra deste último pairou sobre os movimentos antissistêmicos por tempo suficiente para incutir uma desconfiança em relação a todo tipo de estrutura, disciplina e coletividade – algo que, somado à atomização crescente da vida social e à naturalização ideológica desta, tornou-se um dado constante da atmosfera de nosso tempo.[33]

---

31   Frédéric Lordon, "Conatus et Institutions: Pour un Structuralisme Enérgetique". *L'Année de la Régulation*, n. 7, 2003, p. 128.
32   Ver Jacques Derrida, *A farmácia de Platão*, trad. Rogério da Costa. São Paulo: Iluminuras, 2005.
33   Como diz Jeremy Gilbert, "a suposição implícita da cultura neoliberal" é que "a democracia não pode funcionar, porque todas as coletividades são inerentemente impotentes. Ou, se não são, então deveriam ser, porque a outra suposição informadora da cultura individualista é esta: se as coletividades são capazes de exercer agência, é apenas na forma de uma massa monstruosa e homogeneizante, uma multidão fascista". J Gilbert, *Common Ground: Democracy and Collectivity in an Age of Individualism*. London: Pluto, 2014, p. IX.

Ativistas que chegaram à maioridade nas últimas quatro décadas tendiam a perceber restrições unicamente como obstáculos, não como condições para a ação, e a organização exclusivamente como ameaça, não como necessidade. Foi aqui que um consenso curioso entre "verticalistas" e "horizontalistas" se consolidou. Se a organização é associada somente ao "demasiado" e nunca ao "muito pouco", a palavra passa a ser identificada apenas com aquelas formas organizativas cujo resultado natural se supõe ser "em excesso". É assim que rejeitar o partido se torna sinônimo de rejeitar a organização, e vice-versa. No fim das contas, tanto "verticalistas" quanto "horizontalistas" presumem que esses dois termos são sinônimos, o que implicitamente pressupõe que tudo o que não é um partido ou não está em vias de se tornar um é "não organizado". *Qualquer* discussão sobre organização pode, assim, ser identificada com o início de uma inevitável deriva autoritária, e as pessoas se oporão ao partido mesmo quando explicitamente *não é* o partido que está em questão.[34]

Comparada com seu excesso, a ausência de *potentia* tem menos chance de ser experimentada como traumática, visto que se encontra em perfeita continuidade com nossas experiências cotidianas de impotência: se normalmente nos faltam os meios para fazer aquilo que acreditamos dever ser feito, essa falta dificilmente será registrada como um choque. A exceção é exatamente o tipo de situação em que nos encontramos nos últimos anos, depois que o refluxo das grandes ondas de mobilização do início da década de 2010 deixou uma sensação palpável de horizontes encolhidos; ou aquela em que nos encontrávamos imediatamente antes, após 2008, quando uma crise que abriu enormes oportunidades evidenciou a lamentável escassez de meios para explorá-las. Como sugiro no capítulo seguinte, o mal-estar que surge dessas duas experiências, por mais indistin-

---

34   Um bom exemplo foi o protesto de uma participante do Occupy Wall Street contra a criação de um conselho de porta-vozes sob a alegação de que "por meio do Conselho de Porta-vozes, os grupos de trabalho se tornam organizações e daí se tornam partidos [...] [Isso] evidencia um mal-entendido sobre o que exatamente estamos fazendo aqui. Occupy Wall Street não é, nem nunca será, uma organização". Ver Rosie Gray, "Occupy Wall Street Debuts the New Spokes Council". *Village Voice*, 8 nov. 2011.

tamente que tenha sido percebido, é a principal razão pela qual os debates sobre organização começaram a retornar.

O hábito de considerar a organização apenas como perigo, e não também como condição de possibilidade, produz uma reação instintiva que fica evidente em contextos ativistas sempre que tentativas de melhorar a coordenação entre diferentes partes são imediatamente tomadas como movidas por más intenções, propostas de ações concretas são automaticamente rejeitadas como manobras para ganhar o controle de processos, ideias apresentadas fora dos espaços designados para tanto são entendidas como inerentemente suspeitas, e o estabelecimento de algum tipo de estrutura é percebido como o primeiro passo num caminho que leva inexoravelmente ao gulag. Para alguns, "a 'questão da organização' é ainda e sempre o Leviatã".[35] Se qualquer iniciativa deliberada requer organização, e a organização é um perigo, é, em última análise, a própria iniciativa que é suspeita: é melhor não fazer absolutamente nada, pode-se concluir, do que correr o risco de que as coisas deem errado. A essa altura, o sentido de definir a organização tanto como *pharmakon* quanto como uma realidade capaz de abarcar muito mais do que estruturas formais como o partido já deve estar claro. Acreditar que existimos "fora" da organização não é mais que um sinal de incapacidade de reconhecer todo o trabalho e todas as condições que nossa própria prática supõe. Se tudo o que acontece é de alguma maneira organizado, não há como abrir mão da organização, e literalmente não faz sentido ser "contra" ela enquanto tal.

Seria possível objetar que, mesmo admitindo que irrupções "espontâneas" sejam de algum modo organizadas, a maneira como estão organizadas aparece naturalmente, sem que ninguém precise se ocupar com isso. No entanto, ainda que se aceite esse argumento,[36] a

---

35 The Invisible Committee, *Now*, trad. Robert Hurley. South Pasadena: Semiotext(e), 2017, p. 88.
36 E eu não aceitaria: da perspectiva que desenvolvo aqui, uma ecologia organizativa que emerge sem ter sido objeto da preocupação ou do esforço de ninguém pode ser mais bem descrita como o efeito agregado de inúmeros esforços organizacionais intencionais. Ela só surge como consequência de grupos e indivíduos que se preocupam e se esforçam com *suas próprias* ações, mesmo que não haja ninguém responsável pela ecologia *como um todo*.

questão da organização retornaria tão logo quiséssemos fazer mais do que esperar passivamente que essas ocasiões únicas se repitam – e tão logo começássemos a nos perguntar o que fazer para desencadeá-las, ou como evitar que o poder coletivo que elas acumulam se esgote antes de produzir os efeitos de que é capaz. Ser "contra a organização" equivale, então, a ou não entender o que está suposto na própria prática, ou efetivamente negligenciar o problema da *potentia* coletiva. É fixar-se de tal maneira no risco de seu excesso e perversão que nos tornamos insensíveis à tragédia de sua falta e dissipação.

Assim que começam a colaborar, as pessoas inevitavelmente se deparam com a dupla questão de como tirar o máximo proveito de uma potência coletiva de agir *e* de como evitar que essa potência se volte contra si mesma – não apenas com a segunda. É claro que as pessoas podem não levar a sério nenhuma das duas, ou levar a sério somente uma delas. A questão, no entanto, é que comprometer-se com uma não é desculpa para desconsiderar a outra; levar a sério a questão da organização é levar ambas em consideração ao mesmo tempo. Quem quer que faça isso irá – independentemente de se definir como "horizontal" ou "vertical", "libertário" ou "marxista", "movimentista" ou "organizado em partido" – reconhecer que as mesmas questões e desafios se aplicam a todos. Um adepto sincero do verticalismo pode estar disposto a arriscar uma perda de participação a fim de assegurar que será possível chegar rapidamente a decisões; um libertário honesto pode pensar que uma perda de efetividade é preferível a permitir que uma hierarquia informal tenha oportunidade de se estabelecer. E no entanto, será sempre com as mesmas restrições, os mesmos limites, os mesmos limiares, os mesmos perigos, os mesmos *trade-offs* – sobretudo os mesmos *trade-offs* – que eles estarão lidando. Uma das funções mais importantes que uma teoria da organização política pode cumprir é iluminar exatamente que restrições, limites, limiares, perigos e *trade-offs* são esses.

Dizer que as questões e os desafios são os mesmos é dizer que eles estão associados a tendências e mecanismos objetivos que são indiferentes à predileção pessoal ou à orientação política. Na verdade, outra ilusão que surge da confusão entre organização e partido é a ideia de que propriedades como "horizontalidade", "substitucionismo" ou "tendências burocráticas" adeririam necessariamente a algumas maneiras de se organizar e não a outras, de modo que bastaria escolher as maneiras "corretas" para delas se livrar. No entanto, já no início do século XX, Robert Michels advertia que sua "lei de bronze da oligarquia" se aplicava não somente aos partidos, mas a "toda organização, seja socialista ou mesmo anarquista".[37] Mais perto de nossa época, Jo Freeman argumentou de forma bastante convincente que grupos informais são tão propensos quanto grupos formais a desenvolver hierarquias.[38] Enunciados como "o centralismo democrático é a verdadeira democracia", como se ele também não estivesse obviamente exposto à manipulação e à acumulação de poder, ou "grandes multidões só são uma questão para quem pretende construir partidos", como se não existisse absolutamente nenhuma conexão entre quantidade e capacidade de agir, não são realmente juízos sobre o problema da organização, mas meras reiterações de preferências pré-estabelecidas. É claro que tais preferências têm um lugar nas discussões sobre organização; considerando que nenhuma forma ou solução organizativa está isenta de riscos e *trade-offs*, é tarefa de uma teoria da organização mapear estes últimos tão bem quanto possível e deixar que as pessoas decidam de acordo com as circunstâncias e os parâmetros com os quais se sentem confortáveis. Mas não se deve permitir que inclinações e predileções se façam passar por teoria ou se anunciem como soluções milagrosas.

Embora os problemas sejam os mesmos para todos, eles certamente não se apresentam sempre da mesma maneira. Não são dados em abstrato, mas apenas em relação a circunstâncias concretas; enquanto as equações permanecem essencialmente constantes, suas variáveis mudam o tempo todo e frequentemente serão objeto de discordâncias legítimas. É por isso que é um erro abordar o problema da organização como uma questão prescritiva a respeito da forma organizativa ideal que tendencialmente deveria subsumir todas as outras ou ser replicada em toda parte. É claro que formas distintas podem fazer coisas distintas e levar a resultados distintos; e que, portanto, a questão da forma é altamente relevante. No en-

---

37 Robert Michels, *Sociologia dos partidos políticos*, trad. Arthur Chaudon. Brasília: Ed. UnB, 1982, pp. 225, 238.
38 Jo Freeman, "A tirania das organizações sem estrutura", trad. Marco Túlio. *Jacobin Brasil*, 12 mar. 2020.

tanto, é exatamente porque formas distintas servem a propósitos distintos que a escolha de uma forma é inseparável de perguntas como "para quê?", "com que material?" e "sob quais condições?". Faz mais sentido, portanto, admitir uma pluralidade de formas, em vez de uma forma universal, e distribuí-las através de uma ecologia organizacional diversa, em vez de projetar todas as nossas expectativas em uma única forma ou organização.

O Um e/ou o Múltiplo

Em última análise, o problema com o localismo e a dispersão é idêntico àquele associado com o foco exclusivo no aparelho de Estado e na construção de organizações de massa: não a ideia em si, mas a unilateralidade de sua afirmação. Tratar a dispersão como um valor incondicional significa permanecer dentro da lógica prescritiva que reduz o problema da organização à busca de uma forma ideal. Substituir uma obsessão neurótica com o Um (unidade, uniformidade, identidade) por uma fuga paranoica em direção ao Múltiplo (dispersão, incomunicabilidade, diferenças enquanto absolutos) é meramente inverter a hierarquia dos termos sem questionar a premissa de que deve haver uma resposta única que se aplica em todos os casos e circunstâncias. O resultado é que um conjunto de problemas práticos (o que funciona? em quais circunstâncias? para qual finalidade? a que custo?) é transformado em uma questão abstrata com conotações moralizantes (o que é *certo*?).

A ação distribuída ultrapassa qualquer oposição simplista entre o Um e o Múltiplo ao nos lembrar que a unidade é sempre um arranjo temporário do diverso e que o múltiplo nunca é apenas uma coleção indiferenciada de indivíduos atomizados, mas contém áreas de maior unidade e seus próprios Uns locais (que, por sua vez, podem ser decompostos em Múltiplos, e assim por diante).[39] Para

---

39 Uma analogia com a teoria das redes ajuda a enfatizar o absurdo que é se ver obrigado a escolher entre o Um e os Muitos: equivaleria a escolher entre uma rede centralizada (onde tudo se conecta a um nó) e uma rede na qual os nós estão conectados aleatoriamente uns aos outros – enquanto a grande maioria das redes que podemos observar no mundo natural está em algum ponto entre esses dois.

ser mais preciso, nunca há apenas o Um (um todo perfeitamente autossuficiente, uma interioridade plenamente consistente consigo mesma) nem apenas o Múltiplo (uma pura exterioridade de elementos inteiramente desconexos). Há somente mais ou menos integração ou desconexão, mais ou menos centralização ou dispersão, e totalidades que tendem mais em direção a um ou outro polo. Para tomar emprestada a fórmula de Marisol de la Cadena, dando-lhe outro fim, cada totalidade é sempre mais do que um (porque nunca pode ser completamente reduzida a uma unidade) e menos do que dois (porque ainda é suficientemente estável para que possamos identificá-la como uma coisa só).[40]

Uma das maneiras como o problema mal colocado do Um e do Múltiplo se expressa é, sem dúvida, a oposição entre verticalidade e horizontalidade. Essa é uma questão que retornou nos últimos anos devido ao grande interesse pela teoria da hegemonia de Ernesto Laclau e Chantal Mouffe, que será discutida em mais detalhes no capítulo 7. Para alguns, a articulação das diferenças em uma identidade hegemônica que essa teoria propõe enfatiza a dimensão necessariamente vertical da política que os movimentos contemporâneos tendem a ignorar por sua própria conta e risco. Para outros, ela marca o momento exato em que a promessa de horizontalidade é traída, abrindo o caminho para uma dominação de cima para baixo. Tal como Toni Negri resumiu a questão após a morte de Laclau: "É possível – e desejável – que subjetividades sociais heterogêneas se organizem espontaneamente, ou devem elas, ao contrário, ser organizadas?".[41] E no entanto, a própria maneira de formular a pergunta já ilustra um dos principais problemas desse debate: a falta de separação adequada entre o ontológico e o normativo, entre o descritivo e o prescritivo, que resulta na elisão da indispensável distinção entre "possível" e "desejável", "o que é", "o que se quer" e "o que pode ser".

---

40 Ver Marisol de la Cadena, "Cosmopolítica indígena nos Andes: reflexões conceituais para além da 'política'", trad. Lucas da Costa Maciel e Fernanda Borges Henrique. *Maloca: Revista de Estudos Indígenas*, v. 2, 2019, pp. 1–37.
41 Antonio Negri, "Laclau e a dialética do social e do político; entre movimentos e hegemonia", trad. Bruno Cava. *Lugar Comum*, n. 45, 2015, pp. 107–16. [Conferência ministrada na Maison de l'Amérique Latine, em Paris, em 27 mai. 2015.]

Tal formulação também encerra implicitamente uma lógica binária segundo a qual essa seria uma decisão a ser tomada de uma vez por todas. Além de excluir a possibilidade de pensar a oposição entre as duas opções em termos de graus, essa lógica sugere que uma única resposta se aplicaria a todas as situações, independentemente das circunstâncias. Mas é sempre *igualmente* possível que subjetividades heterogêneas se organizem? Todas as maneiras supostamente "não espontâneas" de fazê-lo se equivalem e são igualmente indesejáveis? O defeito dessa abordagem se torna ainda mais evidente porque a pergunta supõe um conjunto de termos opostos ("espontâneo" e "não espontâneo", "de dentro" e "de fora") que são muito menos óbvios do que parecem à primeira vista.[42] Ficamos, assim, com dois modelos absolutos de formação de grupo – a "lógica Leviatã" e a "multidão não fascista", para tomar de empréstimo os epítetos propostos por Jeremy Gilbert[43] – e com a obrigação de decidir se ambos são possíveis ou apenas um deles. Caso escolhamos a primeira opção, qualquer um que negue a possibilidade de uma multidão não fascista será suspeito de nutrir uma preferência pessoal por formações verticais; caso nos inclinemos pela segunda, todos os grupos serão essencialmente hobbesianos, e desejar o contrário será não apenas utópico, mas equivalente a condenar-se a uma vida de irrelevância política.[44]

É bem verdade que esta segunda é a posição de Laclau. Ele nunca chega a duvidar da hipótese freudiana segundo a qual toda coletividade requer tanto um elemento de verticalidade na relação entre os membros de um grupo quanto um objeto comum a todos eles. Isso é ainda mais curioso considerando que sua leitura atenta de "Psicologia das massas e análise do eu" destaca as hesitações e alternativas inexploradas no texto – especialmente as reflexões de Freud sobre o tema das massas que não têm um líder, em que "uma ideia" ou "abstração" toma o lugar do líder, e sobre a questão de "se o líder é realmente

---

42 Esse é um ponto ao qual retornarei detalhadamente no capítulo 4.
43 Ver J. Gilbert, *Common Ground*, op. cit., especialmente os capítulos 3 e 5.
44 Sobre esse ponto, ver a admissão de Chantal Mouffe de que "em certo sentido, meu projeto é derivar consequências não hobbesianas de premissas hobbesianas". C. Mouffe, "On the Itineraries of Democracy: An Interview with Chantal Mouffe". *Studies in Political Economy*, v. 49, n. 1, 1996, pp. 131–48.

indispensável para a essência da massa".⁴⁵ Laclau acaba por importar essa tensão para seu próprio pensamento. Como discuto no capítulo 7, ele é incapaz de provar de modo conclusivo que a figura do líder é sempre necessária; no fim, é como se ele fizesse um argumento sobre a necessidade *simbólica* de líderes para a consolidação dos vínculos coletivos (algo que ele afirma sem demonstrar exaustivamente) passar por um argumento sobre a necessidade *organizacional* de posições de liderança (algo que ele nunca chega a elaborar).

Como se sabe, é em Spinoza que Negri encontra as bases de sua objeção às premissas hobbesianas de Laclau. Eu gostaria de sugerir, no entanto, que encontramos em Spinoza não a alternativa a Laclau, mas os meios com os quais podemos rejeitar a própria alternativa entre Laclau e Negri. A diferença de Spinoza em relação a Hobbes não reside exclusivamente em sua defesa da busca pela cooperação e pela vantagem mútua como alicerce racional da sociedade (em lugar do medo generalizado do estado de natureza)⁴⁶ ou em sua crença de que a sociedade civil não implica o cancelamento do direito natural.⁴⁷ Ainda mais importante para essa diferença é sua noção da imitação dos afetos como fundamento afetivo de todas as formas de associação.⁴⁸ É certo que nossa capacidade de sentir o que os outros sentem (ou o que imaginamos que sentem) nos lança no jogo ambivalente da emulação e da ambição: desejamos viver de acordo com os amores e ódios dos outros, mas também fazê-los viver de acordo com os nossos. Mas ela também permite relações laterais de identificação entre grandes grupos de indivíduos sem a mediação vertical

---

45 Sigmund Freud, 2001 apud Ernesto Laclau, *A razão populista*, trad. Carlos Eugênio Marcondes de Moura. São Paulo: Três Estrelas, 2013, pp. 107-08.
46 Não que Spinoza negue que o medo faça parte do pacote; "finalidade do estado civil", escreve ele, "não é nenhuma outra senão a paz e a segurança da vida". No entanto, isso não significa que o medo seja o único ou principal afeto conduzindo as pessoas a se associarem umas às outras. Ver B. de Espinosa, *Tratado político*, op. cit., 5.2.
47 Spinoza, "Carta 50", in *Spinoza: Obra completa 2. Correspondência completa e vida*, trad. J. Guinsburg e Newton Cunha. São Paulo: Perspectiva, 2014, pp. 218–20.
48 "Se imaginamos que uma coisa que habitualmente nos afeta de um afeto de tristeza tem algo de semelhante com outra que habitualmente nos afeta de um afeto de alegria igualmente grande, nós a odiaremos e, ao mesmo tempo, a amaremos." Spinoza, *Ética*, op. cit., EIIIP27.

de um objeto que seria comum a todos. As pessoas se atraem umas às outras através da imitação recíproca, o que significa não apenas que grupos podem se constituir mesmo na ausência de um líder reconhecido por todos, como também que as relações frequentemente são mais um processo bidirecional de imitar e ser imitado que um vínculo vertical e unilateral. Sempre haverá diversos processos imitativos acontecendo simultaneamente no interior de qualquer coletividade, o que a tornará sempre mais que uma, embora menos que duas. Isso significa que o coletivo não é apenas um agregado de indivíduos autossuficientes, nem um todo que determina unilateralmente suas partes. Em vez de reificar os indivíduos ou a coletividade, portanto, podemos ver ambos os termos como abertos e em processo, como sendo, de fato, *o mesmo processo* que se expressa em duas direções. Em qualquer momento que se queira considerar, *o coletivo nada mais é que (uma certa configuração envolvendo) os indivíduos que o compõem*. Mas esses indivíduos são constituídos pelas relações variáveis que têm uns com os outros e, assim, *cada mudança pela qual cada indivíduo passa é, ao mesmo tempo, uma mudança no coletivo como um todo*, seja ela grande ou infinitesimal. É a isso que Gilbert Simondon se referia quando falava de *transindividualidade*: "As duas individuações, psíquica e coletiva, são recíprocas uma relativamente à outra; elas permitem definir uma categoria do *transindividual* que tende a dar conta da unidade sistemática da individuação interior (psíquica) e da individuação exterior (coletiva)".[49]

O que essa perspectiva transindividual faz, no entanto, é complicar as distinções dentro/fora, espontâneo/não espontâneo, horizontal/vertical implícitas na pergunta de Negri. Afinal, se os indivíduos imitam espontaneamente uns aos outros, como a adesão a uma ideia ou pessoa pode ser descrita como algo "imposto de fora"? Seguir-se

---

49 G. Simondon, *A individuação à luz das noções de forma e de informação*, op. cit., p. 23 (grifo meu). O conceito de "transindividualidade", em suas linhagens spinozana e simondoniana, tem sido objeto de atenção crescente como uma abordagem para pensar a política e os laços sociais. Ver, por exemplo, É. Balibar, *Spinoza: From Individuality to Transindividuality*. Delft: Eburon, 1997; J. Gilbert, *Common Ground*, op. cit.; Vittorio Morfino, *Plural Temporality: Transindividuality and the Aleatory Between Spinoza and Althusser*. Chicago: Haymarket, 2015; Jason Read, *The Politics of Transindividuality*. Chicago: Haymarket, 2017.

uns aos outros, no sentido de identificação mimética, não é exatamente o que as pessoas fazem? Além disso, "imitação" supõe que tudo o que é imitado tenha começado em algum lugar. Uma nova tendência não aparece de repente em uma grande quantidade de pessoas; ela cresce e se desenvolve à medida que estas imitam umas às outras, o que significa que deve ter havido uma onda de primeiras imitações e, sob ela, um ato de invenção que trouxe essa tendência ao mundo. (Temos aí novamente a questão da nucleação.) Considerando que os indivíduos são constituídos por meio de suas relações com os outros, seria certamente contraditório procurar esse ato no cérebro solitário de algum visionário isolado. As próprias invenções são os encontros inéditos entre tendências imitativas que não haviam entrado previamente em relação, ao passo que cérebros individuais não são mais do que "interruptores em uma rede de forças cerebrais ou psíquicas que permitem que as correntes passem (imitação) ou que as fazem bifurcar (invenção)".[50] Ainda assim, isso quer dizer que "processos" espontâneos também necessariamente envolvem "líderes" – não no sentido de objetos de amor comum através dos quais os seguidores se identificam uns com os outros, mas de fontes de modulações de comportamento coletivo que outros incorporarão. Nos termos de Simondon, uma nova individuação coletiva depende de um "germe estrutural" introduzido em algum lugar.[51] Isso quer dizer que todo processo "auto-organizado" é o resultado de um entrecruzamento de tendências iniciadas em pontos diferentes por meio das quais os indivíduos "organizam" uns aos outros; isso é literalmente *tudo* em que consiste a auto-organização.[52] Segundo

---

50   Maurizio Lazzarato, *Puissances de l'invention: La Psychologie économique de Gabriel Tarde contre l'économie politique*. Paris: Les Empêcheurs de Penser en Rond, 2001, p. 27.
51   Um "germe estrutural" é, de acordo com Simondon, a "condição informacional" que desencadeia um processo de individuação. G. Simondon, *A individuação à luz das noções de forma e de informação*, op. cit., p. 104. Em outras palavras, é uma entrada de informação que, dada a disponibilidade de energia potencial, faz com que um indivíduo ou um sistema sofra mudanças.
52   Isso decorre da lógica transindividual que considera as individuações por que passam os indivíduos como individuações imediata e reciprocamente também do coletivo. Não há *ações de indivíduos entre si*, de um lado, e *ações do coletivo sobre si*, de outro; as ações do coletivo sobre si *nada mais são do que* as ações dos indivíduos entre si.

quais critérios poderíamos, então, traçar uma linha que nos permitisse distinguir entre tendências vindas de "dentro" (aquilo que seria "auto-organizado") e aquelas provenientes de "fora" (aquilo que seria "organizado" — leia-se, implicitamente, "organizado *por outrem*")?

Parte do problema aqui é uma confusão entre dois significados distintos de liderança. Laclau usa um argumento a respeito da *função* simbólica que os líderes desempenham na formação do grupo para sustentar a necessidade de uma *posição* de liderança à frente dos movimentos populares. Receoso com os riscos que tal posição implica, Negri deseja abolir a liderança, deixando de reconhecer a função que ela exerce na multidão.[53] Enquanto Laclau supõe que a posição pode ser justificada pela necessidade da função, Negri parece acreditar que, para que a posição seja descartada, a função também precisa ser rejeitada. Se separarmos as duas coisas adequadamente, no entanto, não é difícil reconciliá-las. É perfeitamente possível reconhecer que existe na política uma *função* ineliminável que pode ser identificada com a liderança: a iniciação do comportamento coletivo. Por si só, isso nada nos diz sobre se essa função deve necessariamente se traduzir em *posições* de liderança, que formas estas poderiam assumir em situações distintas, ou que mecanismos devem ser colocados em prática para controlá-las.[54] A posição pode, então, aparecer como a consolidação e a estabilização da função, a transformação progressiva da *potentia* em *potestas*; mas a função, tal como a *potentia*, não pode ser abolida. Por fim, isso também nos permite ver com maior clareza qual é a fonte da apreensão que cerca a própria ideia de liderança. Seguramente,

---

53 É verdade que o trabalho mais recente de Hardt e Negri matizou a posição deles neste ponto. Como discuto no capítulo 6, não estou convencido de que isso seja suficiente para resolver o problema.

54 Acredito que essa oposição entre liderança como função e como posição, que será desenvolvida mais amplamente no capítulo 5, não apenas é compatível com a crítica de Cedric Robinson ao "mito" da liderança, como se encontra, na verdade, suposta em sua análise da autoridade carismática. Ver C. Robinson, *The Terms of Order: Political Science and the Myth of Leadership*. Chapel Hill: University of North Carolina Press, 2016, pp. 149–54. Visto que, ao contrário dele, entendo o conceito de "liderança política" como algo que abrange mais do que apenas "coerção, violência, dominação" e o Estado, não tenho receio de chamar esses outros fenômenos de "liderança", nem qualquer necessidade do conceito de Robinson de "antipolítico". Ibid., p. 44.

ninguém poderia se opor a um tipo de liderança essencialmente baseado na *potentia* e na reciprocidade, em que um ou mais indivíduos de um grupo lideram porque têm a confiança dos demais, a capacidade de reuni-los em torno de um fim, de dar exemplo, de orientar, de empoderar, de imbuí-los com uma visão e um senso de propósito comum. Claramente, o problema reside num tipo de liderança fundado sobretudo na *potestas* – por meio da qual, por coerção ou artifício, um ou mais indivíduos podem fazer com que outros cumpram suas ordens sem se submeter ao escrutínio e controle deles. E qual é o problema disso? Se acreditássemos na possibilidade de um rei-filósofo que sempre conheceria o bem comum e empregaria sua *potestas* de acordo com ele, talvez nenhum. Podemos, contudo, confiar que um ou mais indivíduos com o poder de comandar os outros sempre buscarão o que é melhor para todos? Aqui está, portanto, a fonte perfeitamente razoável do receio acerca da *potestas*: que aqueles que a possuem irão usá-la para perseguir seus interesses particulares em vez do interesse comum.

Agora estamos, enfim, em condições de responder à pergunta de Negri. É justamente *porque* o transindividual é sempre mais do que um que não podemos tratá-lo como uma consciência capaz de se reconhecer e de se unificar espontaneamente ao redor de um único projeto comum. A multidão, se entendida como transindividual, não é nem pode tornar-se um sujeito universal: ela é e sempre será inconsistente, em tensão consigo mesma, presa entre a atração do universal e a do particular, a do todo e a de suas partes.[55] Sua unificação será sempre parcial; tomada como um todo no espaço e no tempo,

---

55 Para interpretações transindividuais de Spinoza e da multidão, que tendem a criticar Negri precisamente nesse ponto, ver É. Balibar, "*Potentia Multitudinis, quae una Veluti Mente Ducitur*: Spinoza on the Body Politic", in Stephen H. Daniel (org.), *Current Continental Theory and Modern Philosophy*. Evanston: Northwestern University Press, 2005, pp. 70–99; Warren Montag, "Who's Afraid of the Multitude? Between the Individual and the State". *South Atlantic Quarterly*, v. 104, n. 4, 2005, pp. 655–73; V. Morfino, "The *Multitudo* According to Negri: On the Disarticulation of Ontology and History". *Rethinking Marxism*, v. 26, n. 2, 2014, pp. 227–38; Rodrigo Nunes, "Entre Negri y Laclau: Los límites de la multitud". *Políticas de la Memoria*, n. 16, 2015, pp. 39–55.

ela nunca será realmente "guiada como que por uma mente única".[56] Além disso, se a individuação coletiva nada mais é do que as modulações que os indivíduos impõem uns aos outros, um projeto comum não pode ser algo que as pessoas simplesmente descobrem dentro de si mesmas, como se percebessem espontaneamente o destino que sempre foi delas. Ele só pode ser constituído através de um processo de invenções e imitações, bem como do esforço organizativo necessário para facilitar a difusão de ambos. Nesse sentido, Laclau está certo: "multidões nunca são espontaneamente multitudinárias; elas só se tornam assim por meio da ação política".[57] Dizer isso, no entanto, não significa dizer que "subjetividades sociais heterogêneas" não podem se organizar espontaneamente e que devem ser organizadas "de fora" ou "de cima". Significa rejeitar justamente a alternativa entre dentro e fora, acima e abaixo. Não há auto-organização da multidão sem (hetero-)organização dos indivíduos entre si, não há autoafecção da multidão sem indivíduos agindo "sobre as ações dos outros".[58] Portanto, faz tão pouco sentido forçar uma escolha entre auto e hetero-organização, entre relações "puramente" horizontais e "puramente" verticais, quanto escolher entre o Múltiplo e o Um.[59]

---

[56] Se Spinoza fala nesses termos sobre a multidão, é porque, ao contrário de Negri, ele nunca a concebeu como um sujeito universal. Para Spinoza, não há uma única multidão subjacente a toda a história humana, mas multidões plurais, históricas e localmente circunscritas.

[57] E. Laclau, "A imanência consegue explicar os conflitos sociais?". *Alea: Estudos Neolatinos*, v. 20, n. 2, 2018, p. 289.

[58] Michel Foucault, "O sujeito e o poder", in Hubert L. Dreyfus e Paul Rabinow, *Michel Foucault: Uma trajetória filosófica. Para além do estruturalismo e da hermenêutica*, trad. Vera Portocarrero e Gilda Gomes Carneiro. Rio de Janeiro: Forense Universitária, 2009, p. 244. Não esqueçamos que Foucault faz de sua definição madura de poder como "um modo de ação sobre as ações dos outros" um sinônimo de "conduta", entendida "ao mesmo tempo [como] o ato de 'conduzir' os outros [...] e a maneira de se comportar num campo mais ou menos aberto de possibilidades. O exercício do poder consiste em 'conduzir condutas' e em ordenar a probabilidade". Ibid., pp. 243-44.

[59] É também por isso que é equivocado, apesar do que ambos os lados afirmam, caracterizar a disputa entre Negri e Laclau como uma escolha entre imanência e transcendência. Por um lado, o desejo de Negri de tornar a transcendência totalmente incompatível com a multidão tem o efeito paradoxal de dar demasiada consistência a ela, tratando-a como uma substância externa, em vez do resultado de um processo imanente. Por outro lado, a "transcendência *falha*" de Laclau no-

As duas coisas estão sempre necessariamente entrelaçadas; nunca é uma questão de ou/ou, mas de *quanto*. Quanto as relações são governadas pela amplificação da *potentia*, quanto pela imposição da *potestas*? Quão recíprocos são os vínculos que conectam os grupos e os indivíduos? Quanto de unidade é incremento à nossa capacidade de agir e quanto pode ameaçá-la? Quanta pluralidade é necessária para nos proteger contra abusos, quanta simplesmente dissipa e desperdiça nosso poder? Como veremos no próximo capítulo, essas são questões que só podem ser decididas na prática.

O que tudo isso mostra, porém, é que partir de uma pluralidade irredutível – ou seja, pensar a organização ecologicamente – não é, de modo algum, o mesmo que afirmar a diversidade e a dispersão sem qualificações, respondendo mecanicamente com um plural sempre que alguém emprega o singular, ou denunciando instintivamente qualquer discussão sobre unidade, articulação, hegemonia, e assim por diante. Trata-se simplesmente de supor, primeiro, que a pluralidade é um dado, o que significa que a questão da organização nunca diz respeito a uma forma organizativa única ou a uma única organização. Pelo contrário, o que está em jogo é a composição de coisas diferentes, o trabalho de torná-las compatíveis, de fazê-las *compossíveis*. Isso implica, em segundo lugar, a crença de que a pluralidade tem um valor em si, na medida em que pode ser tanto uma fonte de novidade quanto uma garantia contra a concentração da *potestas*.[60] Nesse sentido, o problema da organização aparece como essencialmente igual àquele posto por Leibniz em relação ao

---

meia exatamente esse processo e, portanto, afirma não a consistência da transcendência como tal, mas apenas sua existência real *como uma ilusão imanente*. Ver E. Laclau, *A razão populista*, op. cit., p. 345; R. Nunes, "Entre Negri y Laclau", op. cit.

60 O problema com o desejo de restringir a agência organizada a uma determinada escala por motivos *a priori* é que isso toma o problema de trás para frente, por assim dizer. O importante não é permanecer pequeno, mas sim a pluralidade, e permanecer pequeno pode ser um meio para obtê-la. O fato é que a pluralidade não depende de nenhuma magnitude particular, mas das diferenças relativas de tamanho entre as diferentes coisas; assim, não se trata de assegurar que tudo permaneça pequeno, mas de não permitir que nada se torne *demasiado grande em relação a todo o resto*.

intelecto divino: "obter tanta variedade quanto possível, mas com a maior ordem".[61]

Um jovem ativista me disse certa vez: "O que precisamos fazer é dispersar o poder".[62] Ele ficou sem reação quando respondi: "O poder de quem? O nosso ou de nossos inimigos?". Ele obviamente estava certo ao dizer que seria tolice desmantelar os poderes constituídos apenas para substituí-los por outra forma de governo tão robusta que não poderíamos exercer qualquer controle sobre ela; embora, num primeiro momento, pudéssemos chamar esse governo de "nosso", dificilmente ele permaneceria assim por muito tempo. Mas ele imediatamente entendeu o sentido de minha objeção. Uma parte importante do problema não é justamente o fato de que nossa *potentia* já esteja bastante dispersa? Quão eficaz pode ser uma estratégia de dispersá-la diante de grandes concentrações de *potestas*? É plausível que possamos dispersar estas últimas sem concentrar nossa própria capacidade de agir em certos pontos estratégicos? Deveríamos simplesmente colocar toda nossa fé na crença de que o efeito agregado de incontáveis ações individuais será, enfim, suficiente para derrubar a ordem existente? Ou deveríamos, em vez disso, trabalhar coletivamente para identificar quais poderiam ser esses pontos estratégicos e expandir nossa capacidade de atacá-los – tomando cuidado, ao mesmo tempo, para não erguer estruturas que possam escapar inteiramente de nosso controle? Se optamos pela última resposta, simplesmente não podemos nos dar ao luxo de ignorar a questão da organização.

---

61 Gottfried Wilhelm Leibniz, "A Monadologia, ou princípios da filosofia", in *A Monadologia e outros textos*, trad. Fernando L. Barreto Gallas e Souza. São Paulo: Hedra, 2009, §58. p. 35.
62 Sobre isso, ver Raúl Zibechi, *Dispersing Power: Social Movements as Anti-State Forces*, trad. Ramor Ryan. Oakland: AK Press, 2010.

CAPÍTULO 2

Uma ou duas melancolias?

Acabamos por amar nossas paixões e razões de esquerda, nossas análises e convicções, mais do que amamos o mundo existente que presumivelmente pretendemos transformar com esses termos ou o futuro que estaria alinhado com eles... O que emerge é uma esquerda que opera na ausência tanto de uma crítica profunda e radical do status quo quanto de uma alternativa inspiradora à ordem existente. Mas talvez ainda mais problemático, esta é uma Esquerda que se tornou mais apegada à sua impossibilidade do que à sua potencial fecundidade, uma esquerda que se sente mais à vontade contemplando não a esperança, mas sua própria marginalidade e fracasso, uma esquerda presa numa estrutura de apego melancólico a certa vertente de seu passado morto, cujo ânimo é fantasmagórico, cuja estrutura de desejo é voltada ao passado e punitiva.

Wendy Brown

O teste de uma inteligência de primeira linha é a capacidade de manter duas ideias opostas na mente ao mesmo tempo e ainda assim reter a capacidade de funcionar.

F. Scott Fitzgerald

Quem são os melancólicos?

Em um conhecido artigo de 1999, Wendy Brown propôs o conceito benjaminiano de "melancolia de esquerda" como meio de elucidar a "crise da esquerda", que, à época, já se estendia por duas décadas – ou mais, dependendo de quem se indagasse. O termo se propunha a descrever "não apenas uma recusa em confrontar o caráter particular do presente", mas um "narcisismo em relação a compromissos e identidades políticas passadas que excede qualquer investimento contemporâneo em mobilização, construção de alianças ou transformação política".[1] Comprometidos "mais com uma análise política particular ou com um ideal – mesmo que seja com o fracasso dele – do que com o aproveitamento das possibilidades de mudança radical no presente",[2] os melancólicos de esquerda se protegem de

---

1 Wendy Brown, "Resisting Left Melancholy". *boundary 2*, v. 26, n. 3, 1999, p. 20.
2 Ibid.

enfrentar o fracasso ao substituir a identificação narcísica com o objeto perdido pelo ódio dirigido a outra coisa. Na conjuntura específica analisada por Brown, eram os estudos culturais, a política identitária e o "pós-modernismo" que geralmente desempenhavam o papel de vilões, vilipendiados como vetores da dispersão que havia solapado um projeto de esquerda que já não era mais viável.[3]

Mais recentemente, Jodi Dean revisitou o argumento de Brown a fim de propor um diagnóstico diferente. Embora elogie o ensaio de 1999 por fornecer "uma descrição de uma estrutura de desejo própria à esquerda"[4] e o veja como parte do processo de elaboração das derrotas do século xx, ela sugere que ele falhou em identificar corretamente "o que se perdeu e o que se reteve, o que foi deslocado e o que foi renegado".[5] Além dos quase quinze anos que separam os dois textos, o que é central na diferença entre eles é a ênfase do segundo no aspecto pulsional da compreensão freudiana de melancolia, por um lado, e sua interpretação do próprio conceito de "melancolia de esquerda", por outro. Para Dean, em vez "do epíteto sem ambiguidades que Benjamin dedica ao burocrata revolucionário"[6] incapaz de superar seus investimentos anteriores mesmo diante do fracasso, o termo deveria ser lido como uma descrição daquilo que é, em certo sentido, seu contrário. Assim, sua conclusão acaba sendo quase simetricamente oposta à de Brown:

> Em vez de uma esquerda apegada a uma ortodoxia não reconhecida, temos uma esquerda que desistiu de seu desejo por comunismo, traiu seu compromisso histórico com o proletariado e sublimou energias revolucionárias em práticas restauracionistas que fortalecem o domínio do capitalismo.[7]

A melancolia de esquerda diagnosticada por Dean é aquela na qual a experiência da derrota e o subsequente abandono do desejo revo-

---

3 Ibid., p. 23.
4 Jodi Dean, "Communist Desire", in Slavoj Žižek (org.), *The Idea of Communism*, v. 2. London/ New York: Verso, 2013. p. 81.
5 Ibid., p. 84.
6 W. Brown, "Resisting Left Melancholy", op. cit., p. 20.
7 J. Dean, "Communist Desire", op. cit., p. 87.

lucionário foram sublimados em uma pulsão cuja "atividade incessante" – "crítica e interpretação, pequenos projetos e ações locais, campanhas específicas e vitórias legislativas, arte, tecnologia, processos e normas procedimentais", "as práticas ramificantes e fragmentadas da micropolítica, do cuidado de si e da conscientização em torno de temas específicos"[8] – tem por objetivo não o sucesso, mas o fracasso. Para a esquerda melancólica, o gozo provém justamente de sua incapacidade de vencer, de seu "recuo diante da responsabilidade, de sua sublimação de objetivos e responsabilidades".[9] É isso que explica, em última análise, por que ela é incapaz de romper os padrões repetitivos de comportamento que asseguram sua impotência continuada: ela *deseja* essa impotência e dela extrai prazer.

Quem tem razão, então? Qual é o diagnóstico correto? Ou devemos, como sugere Dean, considerar a avaliação de Brown como um primeiro momento na elaboração da melancolia de esquerda, a ser completado no presente?[10]

A primeira coisa a notar é que nenhuma das duas leituras é inteiramente fiel ao uso que Walter Benjamin faz do conceito, ainda que isso não seja, naturalmente, um problema por si só.[11] Embora Dean esteja certamente mais próxima do original, tanto ela quanto Brown propõem extrapolações criativas do termo introduzido pela primeira vez em uma resenha de um livro de poemas de Erich Kästner publicada em 1931. Antes de mais nada, enquanto Brown e Dean entendem "melancolia" como um qualificador de "esquerda" – como uma "estrutura de desejo" própria à esquerda do espectro político, como quer que a definamos –, a relação em Benjamin funciona na direção contrária, e é "esquerda" que qualifica "melancolia". Kästner não é criticado por ser um velho burocrata de partido preso na mesma política de antigamente, nem um medíocre foliculário

---

8   Ibid.
9   Ibid.
10 Ibid., p. 88.
11 Elas também se afastam de um modo mais geral do gesto de Benjamin em relação à melancolia: como diz Jonathan Flatley, para o pensador alemão se trata menos de superar os investimentos melancólicos e mais de politizar a própria relação com eles. Ver J. Flatley, *Affective Mapping: Melancholia and the Politics of Modernism*. Cambridge, MA: Harvard University Press, 2008, pp. 64-ss.

que transformou suas antigas inclinações revolucionárias em mercadorias da moda, mas por construir um nicho de mercado que atende a uma melancolia disseminada, último estágio do mal-estar que devora a sociedade burguesa.[12] É o público, não o poeta, que é melancólico; ou melhor, melancólica é a burguesia.[13] É para um público burguês que adeptos da Nova Objetividade como Kästner erguem o espelho de uma "vacuidade abissal" em que a natureza oca da vida mercantilizada pode até chegar a suscitar alguns "reflexos revolucionários".[14] Mas o que isso faz é tão somente deslocar a repulsa que reage a um empobrecimento espiritual onipresente em direção a "objetos de distração, de divertimento, rapidamente canalizados para o consumo".[15] Cancela-se, assim, qualquer significância política que esses sentimentos ou as obras de arte que respondem a eles poderiam possuir. Essa arte nada faz para sugerir que as coisas poderiam ser diferentes, ou como; o que ela oferece tanto ao público quanto ao artista é, ao fim e ao cabo, nada mais do que a contemplação autoindulgente da própria vacuidade. É por isso que Benjamin conclui que "esse radicalismo de esquerda [...] não está à esquerda de uma ou outra corrente, mas simplesmente à esquerda do possível. Porque desde o início não tem outra coisa em mente senão sua autofruição, num estado de repouso negativista".[16] Ele é, em resumo, uma expressão superficialmente radical do niilismo burguês – mas, em última análise, nada mais do que sua variante de esquerda.

Nada disso, no entanto, nos deixa mais perto de compreender nosso próprio tempo. A segunda coisa a notar nos textos de Brown e Dean são, então, os tipos de comportamento observáveis

---

12 "Estupidez torturada: é a última metamorfose da melancolia, em sua história de dois mil anos." Walter Benjamin, "Melancolia de esquerda: A propósito do novo livro de poemas de Erich Kästner", in *Magia e técnica, arte e política: Ensaios sobre literatura e história da cultura*, trad. Sergio Paulo Rouanet. São Paulo: Brasiliense, 1987, p. 77.
13 "[As estrofes de Kästner] se dirigem à tristeza dos saturados, que não podem aplicar inteiramente o seu dinheiro para alimentar seu estômago. [...] Os poemas de Kästner pertencem às pessoas de alta renda, esses fantoches tristes e canhestros, cujo caminho passa pelo meio dos cadáveres." Ibid.
14 Ibid., p. 75.
15 Ibid.
16 Ibid., pp. 75-76.

que cada uma das autoras toma como evidência da melancolia, e qual setor da "esquerda" se supõe encarná-los em cada caso. Fica evidente, quando examinados dessa maneira, que os dois textos se espelham reciprocamente.

É fácil perceber que aquilo que Brown tinha em mente era uma tendência a pôr a culpa das derrotas das últimas décadas não na incapacidade de responder a um ambiente em mutação, mas nas "escolhas equivocadas" supostamente tomadas pelos defensores de um tipo de política que surgiu nos anos 1960. Para ela, o melancólico é o esquerdista "velha guarda" que prefere se regozijar com o fracasso das gerações mais novas de ativistas do que questionar suas próprias análises e prescrições mais arraigadas. Por sua vez, a referência de Dean ao abandono "do antagonismo, da classe, e do compromisso revolucionário" inicialmente sugere um argumento mais amplo. Afinal, a sublimação do desejo revolucionário em "práticas repetitivas apresentadas como democracia (seja representativa, deliberativa ou radical)"[17] é uma acusação que poderia se referir tanto à Terceira Via quanto ao anarquismo contemporâneo. Mas essa caracterização encobre algumas distinções importantes, por exemplo, se consideramos que essas escolhas são conscientes ou inconscientes (o abandono deliberado da revolução ou a opção deliberada por métodos contraproducentes para realizá-la), estratégicas ou táticas (a rejeição da própria ideia de ação revolucionária ou apenas de sua viabilidade no curto prazo), derivadas da aceitação de um "capitalismo inevitável" ou da elaboração de "equívocos práticos"[18] do passado. O que a referência genérica a "recuos e traições realmente existentes"[19] acaba fazendo é estabelecer uma equivalência entre os casos em que se poderia sem maiores controvérsias falar em traição (o New Labour no Reino Unido, por exemplo) e aqueles em que um recuo mais ou menos *inconsciente* é exatamente o que precisa ser demonstrado (o abandono do desejo revolucionário como fonte de melancolia e pulsão). Fica logo evidente que o verdadeiro alvo são estes últimos, não os primeiros. O que Dean de fato tem em mente não são os "traidores" ostensivamente conscientes, mas a

---

17 J. Dean, "Communist Desire", op. cit., pp. 87–88.
18 Ibid.
19 Ibid., p. 87.

traição daqueles que se dedicam a "atividades que *são experimentadas como* produtivas, importantes, radicais", mas, em última análise, não fazem mais do que reproduzir "uma ineficácia que irá garantir-lhes as pequenas doses de satisfação que a pulsão supre".[20] Conforme os exemplos escolhidos por Dean deixam claro – uma ênfase no pessoal, no local e na pequena escala, em campanhas focadas em um único tema, na micropolítica... –, tais melancólicos podem ser reconhecidos por seu apego aos tipos de práticas geralmente associadas não à "velha guarda", mas a uma esquerda pós-anos 1960.

Devemos concluir que isso significa que o diagnóstico de Dean nada mais é do que uma confirmação da atualidade do de Brown? Ou deveríamos aceitar a perspectiva histórica na qual Dean situa os dois e ver sua própria posição como um sinal da oscilação do pêndulo na direção oposta: o momento em que a crítica da nova à velha esquerda se tornou ela própria objeto de crítica, talvez a partir de uma terceira perspectiva que não é nem uma nem outra? Uma terceira opção seria, em vez de escolher entre elas, decidir que ambas estão corretas. Isso significaria que, na verdade, estamos lidando não com uma, mas com duas melancolias – e de certa maneira também, portanto, com duas esquerdas.[21]

---

20 Ibid. (grifo meu). A implicação aqui é que, se essas atividades são *experimentadas como* produtivas, aqueles que se dedicam a elas o fazem porque conscientemente procuram algo de efetivo para fazer, em vez de meramente fingir desejá-lo. Isso deveria ser suficiente para diferenciá-los dos traidores deliberados, ainda que, como argumenta Dean, seu desejo inconsciente na verdade aponte na direção oposta.

21 É geralmente o caso que qualquer tentativa de usar a psicanálise na crítica social ou cultural depende da constituição de um sujeito coletivo que possa ser tratado como análogo a uma psique individual (como alguém que perdeu um objeto de amor, falhou em fazer o luto, e assim por diante). Fazer isso, por sua vez, implica comprimir nesse sujeito uma série de indivíduos que podem ou não se identificar uns com os outros em diferentes momentos; uma rede de processos que têm suas próprias trajetórias; práticas cuja reprodução tem sua própria atração inercial; indivíduos que podem experimentar o que é predicado da psique coletiva de maneiras muito diversas; e assim por diante. Isso não quer dizer que tais operações não possam detectar verdadeiras e reveladoras "semelhanças de família" entre os elementos que reúnem. Em vez disso, é de se notar que, enquanto operações, estão abertas a questionamentos sobre se abstraem demasiado (se o que predicam do todo que compõem é, de fato, predicável de todos os seus componentes) ou muito pouco (se o comportamento que descrevem não tem, na verdade, um campo de aplicação mais amplo).

As duas esquerdas

A principal característica separando o luto da melancolia que Freud busca explicar é o fato de que o melancólico "descreve seu Eu como indigno, incapaz e desprezível; recrimina e insulta a si mesmo, espera rejeição e castigo".[22] Na melancolia, segundo Freud, a incapacidade de abrir mão do que foi perdido resulta em uma identificação com ele, de modo que "a perda do objeto se transform[a] numa perda do Eu", abrindo uma "cisão entre a crítica do Eu e o Eu modificado pela identificação".[23] O ódio dirigido ao objeto, que sempre esteve presente como ambivalência, mas que a perda permite vir à tona, é assim dirigido ao próprio eu. O "automartírio claramente prazeroso da melancolia significa [...] a satisfação de tendências sádicas e de ódio relativas a um objeto, que por essa via se voltaram contra a própria pessoa".[24]

Ao mesmo tempo, Freud observa que "[o]uvindo com paciência as várias autoacusações de um melancólico, não conseguimos, afinal, evitar a impressão de que frequentemente as mais fortes entre elas não se adequam muito a sua própria pessoa, e sim, com pequenas modificações, a uma outra, que o doente ama, amou ou devia amar".[25] O que é curioso nos diagnósticos de Brown e Dean a respeito da esquerda – e provavelmente na experiência direta que a maioria

---

22 Sigmund Freud, "Luto e melancolia", in *Introdução ao narcisismo, ensaios de metapsicologia e outros textos (1914–1916)*, trad. Paulo César de Souza. São Paulo: Companhia das Letras, 2010, p. 176. Embora Freud tenha começado a escrevê-lo dois anos antes, esse texto, que viria a dar o tom das reflexões sobre o estado da política de esquerda de maneira tão significativa, apareceu mais ou menos na mesma época da Revolução de 1917 na Rússia.
23 Ibid., p. 181.
24 Ibid., p. 184.
25 Ibid., p. 179. Essa frase é importante na economia geral do texto porque, ainda que a partir desse ponto Freud tenda a identificar o alvo indireto da recriminação com o objeto perdido (e, assim, com alguém "que o doente [...] amou"), ela implica outra possibilidade: que o alvo indireto que o melancólico tem em mente ao se reprender não seja o objeto perdido, mas um terceiro que talvez seja culpado pela perda. Ver S. Freud: "os doentes habitualmente conseguem, através do rodeio da autopunição, vingar-se dos objetos originais e torturar seus amores por intermédio da doença [...]. A pessoa que provocou o distúrbio afetivo do doente, e para a qual está orientada sua doença, normalmente se encontra no círculo imediato dele". Ibid., p. 184. Essa alternativa, como ficará claro, é relevante para a leitura que proponho aqui.

das pessoas tem dela – é que uma exegese tão atenta quanto a recomendada por Freud parece ser em grande parte desnecessária. Ainda que ambas identifiquem uma tendência da esquerda a tirar prazer de sua própria "impossibilidade, [...] marginalidade e fracasso",[26] elas também detectam uma tendência a transferir a responsabilidade por essa paralisia para outra pessoa. Permanecer ineficaz é uma escolha mais ou menos consciente; mas é sempre em resposta a um dano causado por um outro ("ativistas antirracistas, feministas e queer, pós-modernos, marxistas não reconstruídos")[27] ou à ameaça da política praticada pelo outro ("moralismo, dogmatismo, autoritarismo, utopianismo").[28] Por isso, assim como o melancólico descrito por Freud está, na verdade, recriminando o outro quando culpa ostensivamente a si mesmo, o melancólico de esquerda *culpa ostensivamente o outro*; isso é o que faz as análises de Brown e Dean se espelharem mutuamente. Na medida em que ambas enxergam um determinado setor da esquerda como tendendo a reagir à derrota compartilhada por meio da responsabilização do setor contrário, cada uma dessas análises poderia incluir a outra como evidência justamente do tipo de comportamento que criticam, qual seja: transferir a culpa para um outro, ou, nesse caso, para *o outro que sempre põe a culpa nos outros*.

Essa estrutura especular sugere que, apesar de a derrota histórica e os sentimentos de impossibilidade e fracasso serem compartilhados por todo um espectro político que podemos chamar de "esquerda", há no mínimo duas perspectivas diferentes a partir das quais essas condições são vivenciadas. Que existam duas perspectivas distintas significa que, ainda que a "perda renegada" seja, em ambos os casos, formalmente a mesma – "a promessa de que [uma análise e um compromisso determinados] confeririam a seus adeptos um caminho claro e seguro em direção ao bom, ao certo e ao verdadeiro"[29] –, o conteúdo é diferente em cada caso. Em outras palavras, os compromissos concretos cuja promessa de virtude e correção foi perdida não eram os mesmos para cada perspectiva. E se são distintos os conteúdos das perdas sendo lamentadas, é porque a diferença entre essas duas pers-

---

26 W. Brown, "Resisting Left Melancholy", op. cit., p. 26.
27 Ibid., p. 23.
28 J. Dean, "Communist Desire", op. cit., p. 87.
29 W. Brown, "Resisting Left Melancholy", op. cit., p. 22.

pectivas já estava suficientemente consolidada ou em processo de consolidação adiantado no momento em que a ascensão da hegemonia neoliberal trouxe os "anos de inverno" das décadas de 1980 e 1990.

As análises de Brown e Dean implicam uma estrutura cronológica: embora as duas esquerdas coexistam no presente, esse nem sempre foi o caso e uma delas é claramente mais recente que a outra. Isso sugere tanto que a divisão é irredutível a oposições mais antigas (como aquela entre marxistas e anarquistas) quanto que seria possível fazer a ruptura remontar a algum período ou acontecimento específico. Mesmo que Brown e Dean não sejam explícitas a esse respeito, as pistas textuais apontam na direção de uma ruptura situada em algum ponto entre os anos 1960 e 1970; poderíamos indicá-la, portanto, sem dúvida que de maneira apenas aproximada, pelo nome de "1968". E se podemos apontar para 1968 como um momento formativo de uma nova esquerda que surgiu da contestação daquela que a precedeu, não há melhor candidato para o papel de acontecimento que moldou essa esquerda mais antiga do que 1917.

Traçar a distinção em termos cronológicos tem a vantagem de enfatizar o quanto uma posição surge em reação à outra, seja tentando extrair-lhe as lições ou explorando seus pontos cegos. Depois que 1917 "deu no capitalismo mundial o pior susto que ele já havia tomado",[30] era inevitável que o enigma da revolução aparentasse, por algumas décadas pelo menos, haver sido essencialmente resolvido. Ainda que a Revolução Russa não fosse exatamente aquilo que a teoria previra, os bolcheviques haviam sido os primeiros a lograr fundir teoria e prática na forma de um partido vitorioso, demonstrando ser de fato possível aos comunistas tomar e manter o poder de forma bem-sucedida.[31] Por volta do fim dos anos 1960, no entanto,

---

30   Jean-Jacques Lecercle, "Lenin the Just, or Marxism Unrecycled", in Sebastian Budgen, Stathis Kouvelakis e Slavoj Žižek (orgs.), *Lenin Reloaded: Toward a Politics of Truth*. Durham, NC: Duke University Press, 2007, p. 270.

31   Mesmo um anarquista como Victor Serge poderia então dizer: "Eu tomara meu partido, não seria neutro e nem contra os bolcheviques, ficaria com eles [...]. Certainly on several essential points they were mistaken: in their intolerance, in their faith in statification, in their leaning towards centralism and administrative techniques. Mas, se era preciso combater seus erros com liberdade de espírito e espírito de liberdade, seria entre eles". Victor Serge, *Memórias de um revolucionário*, trad. Denise Bottmann. São Paulo: Companhia das Letras, 1987.

muitos viam a experiência do socialismo real se afastar cada vez mais de seus objetivos, enquanto a maioria de seus seguidores fora do bloco soviético parecia ter abandonado completamente a ideia de uma transformação revolucionária. Para os ativistas que chegaram à maioridade nessa época, parecia que o modelo havia dado errado onde não funcionara e ainda mais errado onde funcionara. Essa sensação de impasse encorajou muitos a buscar novos modelos em outros lugares ou a inventá-los eles próprios. Havia chegado a hora de uma "revolução na revolução" – uma fórmula que foi "chave para os políticos anos 1960", nas palavras de Chris Marker.[32]

É preciso levar em conta, porém, que muito do que associamos hoje a 1968 está fortemente impregnado de projeções retrospectivas sobre o período. Embora invariavelmente críticos ao socialismo real e aos partidos comunistas, muitos daqueles que estavam ativos em (ou em torno de) 1968 não estavam tão longe do imaginário e das práticas de 1917. É somente com o passar do tempo que o sentido de 1968 passaria a ser mais inequivocamente definido pelo que havia de novo no período: os chamados "novos movimentos sociais", a atenção a conflitos externos à esfera da produção, a ênfase nas questões de autonomia individual e autoexpressão, o olhar atento aos riscos das organizações hierárquicas e aos limites das intervenções institucionais. Nesse sentido, a cisão entre as duas maneiras de vivenciar a derrota histórica da política emancipatória ocorrida a partir do final

---

[32] Ver *O fundo do ar é vermelho* [*Le Fond de l'air est rouge*, 1977], de Chris Marker. Além do discurso de fevereiro de 1969 do líder estudantil alemão Rudi Dutschke que Marker cita no filme, a frase também aparece em um discurso de 1966 do general chinês Lin Piao e como título do best-seller de Régis Debray de 1967 sobre guerrilhas latino-americanas. Graças sobretudo a Debray e Carlos Marighella, o foco guerrilheiro cubano e as guerrilhas urbanas como as do Brasil e do Uruguai se tornaram, junto com a Revolução Cultural chinesa, referências organizativas importantes, embora nem sempre amplamente praticáveis, daquele período. Ver R. Debray, *Revolução na revolução*. Havana: Revista Casa de Las Americas, 1967; Carlos Marighella, *Minimanual do guerrilheiro urbano* (1969). Outro ícone do período, Daniel Cohn-Bendit, centrou-se menos na inovação do que na recuperação do que havia sido perdido. Para ele, "se o mês de maio [de 1968] viu abrir-se uma brecha na sociedade capitalista moderna e também na velha autoridade da esquerda, fez muito mais do que isso: representou um retorno a uma tradição revolucionária que esses partidos [haviam] traído". D. Cohn-Bendit, *Obsolete Communism: The Left-Wing Alternative*. London: Penguin, 1968, p. 16.

dos anos 1970 é, em boa medida, um produto dessa própria derrota. Tão logo a percepção do fracasso se tornou inescapável e as pessoas começaram a tirar dela lições variadas, os legados dos dois acontecimentos revolucionários do século XX que indiscutivelmente tiveram maior impacto na imaginação da esquerda mundial passaram gradualmente a se definir pelas maneiras em que divergiam e não pelo modo como se intercruzavam.[33] A divisão crescente opôs, assim, uma esquerda que enfatizava a ação política como motor da transformação social e tinha um forte investimento no aparelho de Estado contra uma esquerda que dava mais relevância para a iniciativa dos próprios atores sociais e tendia a se colocar ao lado dos movimentos e da sociedade civil; uma esquerda comprometida com valores como unidade, liderança, hegemonia e também com uma concepção bem restrita da classe trabalhadora e do partido como forma organizativa, contra uma esquerda que privilegiava a pluralidade, a autonomia e formas organizativas constituídas de baixo para cima.

Rastrear essa divisão até sua origem nos permite recordar algo que a história posterior de "recuos e traições" poderia nos fazer esquecer. Se os anos 1980 viram uma fração dos protagonistas de 1968 transformarem-se em apologistas da ordem capitalista e apontarem para sua antiga denúncia do socialismo soviético como prova de que sua mudança de lado continha, na verdade, uma continuidade biográfica, a oposição entre a esquerda de 1917 e a esquerda de 1968 não emergira inicialmente como uma dicotomia simplista entre totalitarismo e liberdade ou entre revolução e reforma. Ao contrário, ela era na sua origem uma disputa sobre *como fazer política revolucionária* – que é outra maneira de dizer que aquilo sobre o que versava não era outra coisa senão a natureza da revolução.

De todo modo, o fato de que as duas identidades tenham se definido ao longo do tempo por meio de sua oposição mútua ajuda a explicar a relutância de ambos os lados em aceitar ou mesmo reco-

---

33 Um bom exemplo é a maneira como a "política identitária", originalmente articulada enquanto uma postura interseccional revolucionária pelo Coletivo Combahee River, seria a partir da década de 1980 interpretada como excludente e às vezes em oposição à classe e ao movimento operário. Sobre isso, ver Asad Haider, *Armadilha da identidade: Raça e classe nos dias de hoje*, trad. Leo Vinicius Liberato. São Paulo: Veneta, 2019.

nhecer a perda de suas certezas. Quando tomamos o outro como negação de quem somos, questionar nossas convicções é praticamente o mesmo que ceder a ele, e ceder a ele é como negar a nós mesmos. Ao transferir a culpa, cada lado pode cobrar uma retribuição pelas falhas do outro ao mesmo tempo que exorciza as dúvidas que tem sobre si mesmo.[34] O que se ataca no outro – ao atacar exatamente as ideias que seria preciso levar em consideração caso um autoquestionamento viesse efetivamente a ter lugar – são também as próprias vacilações: o medo de estar errado, a suspeita de que talvez, no fim das contas, sejamos responsáveis por nosso próprio fracasso.

A recriminação recíproca tende geralmente a se desdobrar em um circuito de feedback positivo: quanto mais cada lado põe a culpa no outro, mais provável é que ambos se defendam transferindo a culpa. Isso também vale para os vínculos que definem a identidade de alguém; quanto mais estes são atacados, tanto mais a pessoa tenta reafirmá-los unilateralmente. O resultado é que ambos os lados da disputa acabam constantemente demarcando sua diferença recíproca por meio da reiteração de termos que funcionam como negação um do outro: unidade, centralização, concentração, identidade, fechamento, forma-partido; multiplicidade, conexão, dispersão, diferença, abertura, forma-rede (ou forma nenhuma). Isso certamente só torna a autocrítica mais improvável. O processo pode seguir mesmo que as análises de Brown e Dean o tornem reflexivo: cada lado pode ler os dois diagnósticos e concordar que "sim, o problema é o outro que sempre transfere a culpa para os outros" – sem perceber que, da perspectiva do outro a quem culpo, o outro que transfere a culpa para os outros sou eu.

Estamos lidando, portanto, não com uma "ortodoxia" cujos limites estão "protegidos do [...] reconhecimento",[35] mas com duas. A esquerda de 1968 pode ser tão inclinada a se defender de questões difíceis deslocando a responsabilidade sobre elas para a esquerda de

---

34 Ver a observação de Freud de que "[n]ão devemos nos admirar muito de que haja algumas autorrecriminações genuínas entre aquelas voltadas contra si mesmo; permite-se que elas apareçam porque ajudam a ocultar as demais e a impossibilitar o conhecimento da situação". S. Freud, "Luto e melancolia", op. cit., p. 179.
35 W. Brown, "Resisting Left Melancholy", op. cit., p. 23.

1917 quanto esta parece pronta a fazer o mesmo na direção oposta.[36] Se o trauma associado às práticas do bloco soviético inegavelmente desempenhou um papel relevante na conversão da organização em um objeto de repulsa e temor, esse padrão de se esquivar e transferir a responsabilidade, de entrincheirar identidades e de evitar o trabalho de luto contribuiu para manter a impossibilidade de discuti-la.

Os anos 1960 e 1970 foram, na verdade, um período de intensa experimentação organizativa: os grupos de conscientização das feministas, as comunidades eclesiais de base da Teologia da Libertação, os grupos de prisioneiros e de pacientes com transtornos mentais, os programas sociais dos Panteras Negras, a combinação de elementos "organizados" e "difusos" da Autonomia Operária na Itália. Quando essa era chegou ao fim, no entanto, e formas novas e antigas se depararam com seus limites, os debates na esquerda tenderam cada vez mais a se expressar em termos de disjunções exclusivas tais como hegemonia *ou* autonomia, macropolítica *ou* micropolítica, unidade *ou* diversidade... É verdade que, se questionado, dificilmente alguém diria que é realmente possível, ou mesmo desejável, ter apenas uma dessas coisas em qualquer momento dado. "É claro que é preciso algum equilíbrio", concordariam. Não deixa de ser curioso, então, que muito do que se entende por debate na esquerda se expresse em termos tão abstratos, como se realmente se tratasse de escolher entre uma coisa ou outra. Isso começa a fazer sentido, porém, quando vemos o problema no contexto de uma relação especular que tende a apagar o terreno comum no qual uma discussão real poderia ocorrer ("algum equilíbrio"), ainda que cada lado reconheça separadamente que é somente nesse terreno que problemas concretos podem ser formulados. É assim que, em vez de discutir diferenças que são claramente estabelecidas em relação a

---

36 Por exemplo, ver como Félix Guattari, que em geral confrontava questões difíceis com mais frequência do que outros, afirma que "cada vez" que os movimentos de prisioneiros, mulheres, imigrantes, pacientes com transtornos mentais, e assim por diante, não lograram alcançar seus objetivos "foi porque as velhas formas e estruturas de organização tomam o poder". F. Guattari, "Molecular Revolutions", in *Chaosophy: Texts and Interviews, 1972–1977*, trad. David L. Sweet, Jarred Becker e Taylor Adkins. Los Angeles: Semiotext(e), 2009, p. 276. O que nem sequer é considerado nessa passagem é a simples ideia de que esses movimentos também poderiam falhar por conta própria.

quadros de referência compartilhados, tais como análises concretas das situações em questão e hipóteses de como agir sobre ela, acabamos interminavelmente retomando disputas em torno de velhas oposições dificilmente capazes de produzir conclusões novas, para não falar em novas práticas.

Quanto mais cada lado se identifica com uma das duas respostas abstratas possíveis para um conjunto de perguntas igualmente abstratas formuladas em termos morais ("o que é *certo* fazer?" em vez de "o que é o melhor a fazer *nesta situação?*"), tanto menos visível se torna o fato de que problemas concretos sempre levantam questões pertinentes para ambos os lados. Como, aqui e agora, podemos equilibrar o máximo de autonomia com a capacidade de agir de maneira coordenada? Como, nesta situação, a capacidade de tomada de decisão pode ser conciliada com o máximo de democracia e participação? Quanto menos cada lado reconhece que o outro lida com um mesmo conjunto de problemas, tanto mais fácil é reduzi-lo a uma caricatura: stalinistas fanáticos por controle, burocratas que desconhecem a realidade, liberais bem-intencionados, anarquistas canhestros... Igualmente fácil é ver a própria prática não como ela realmente é, com suas limitações e desafios, mas como encarnação dos ideais que deveria cumprir ou possibilitar: eficiência, liderança, horizontalidade, abertura... Quaisquer limites que sejam encontrados podem, assim, ser desconsiderados ou renegados como contingentes, acidentais, temporários, *culpa de outrem*. Nossas crenças fundamentais, cujo questionamento nos obrigaria a redescobrir algum terreno comum com o outro, podem, assim, permanecer intactas.

Duas "melancolias de esquerda", portanto, demarcando duas esquerdas distintas. Uma melancolia própria à esquerda de 1917, outra pertencente à sua contraparte de 1968, cada uma delas respondendo ao mesmo tempo a uma experiência compartilhada de derrota (a ascensão do neoliberalismo nos anos 1980 e sua hegemonia duradoura) e às suas próprias perdas particulares (as ignomínias do bloco soviético e a dissipação do movimento altermundista, por exemplo). Entre as duas, finalmente, uma relação de reforço mútuo que corresponde perfeitamente ao que Gregory Bateson chamou de cismogênese simétrica: uma "interação cumulativa"[37] na qual os membros de dois grupos reagem uns aos outros com um padrão de comportamento idêntico e de mesma intensidade, mas em direções opostas, de modo que "cada grupo levará o outro a uma ênfase excessiva no padrão, em um processo que, se não for controlado, conduz apenas a uma rivalidade mais e mais extrema e, finalmente, à hostilidade e ao desmantelamento do sistema como um todo".[38]

É mais adequado, nesse caso, falar de "perspectivas" em vez de "grupos", visto que não há dois campos claramente delimitados e enumeráveis que poderíamos identificar com "1917" e "1968", ainda que geralmente não seja difícil situar indivíduos ou organizações de um lado ou de outro. As duas perspectivas precedem os campos que circunscrevem, na medida em que são o princípio de coesão em torno do qual estes se aglutinam e se reproduzem. Elas subsistem independentemente de quem seja incluído em qualquer lado em um dado momento e podem coexistir dentro da mesma coletividade ou até do mesmo indivíduo.[39] Ao contrário do que se passa nos exemplos de Bateson, no entanto, essa oposição não parece levar a uma ruptura completa ("o colapso de todo o sistema").[40] Há pelo menos três razões para isso. Primeiro, porque, além de as duas perspectivas compartilharem uma derrota comum, elas também se identificam diante dos demais como parte de um único campo ("a esquerda"); tal como um casal infeliz, elas continuam a viver sob o mesmo teto ainda que levem vidas quase inteiramente separadas. Em segundo

---

37 Gregory Bateson, "Bali: The Value System of a Steady State", in *Steps to an Ecology of Mind*. New York: Ballantine, 1981, p. 112.
38 Id., "Culture Contact and Schismogenesis", in *Steps to an Ecology of Mind*, op. cit., p. 68.
39 Talvez também pudéssemos falar de algo como uma "esquizofrenia de esquerda": consistiria em pensar algumas questões a partir de uma perspectiva e outras, de uma perspectiva distinta, sem nunca conciliar as duas.
40 Para exemplos tomados tanto da cultura ocidental quanto do povo Iatmul de Papua-Nova Guiné, ver id., *Naven: Um exame dos problemas sugeridos por um retrato compósito da cultura de uma tribo da Nova Guiné, desenhado a partir de três perspectivas*, trad. Magda Lopes. São Paulo: Edusp, 2006, pp. 219–27. Sobre a cismogênese como uma forma de feedback positivo, ver esta observação reveladora: "A escrita de *Naven* me trouxera à beira daquilo que depois se tornaria a cibernética, mas me faltava o conceito de feedback negativo". Id., *Steps to an Ecology of Mind*, op. cit., pp. XIX–XX.

lugar, porque a disputa por sua identidade comum (a posição de "verdadeira esquerda") as mantém ligadas entre si, ainda que em torno de um antagonismo; se continuam morando sob o mesmo teto, é porque estão permanentemente brigando para decidir quem deve ficar com a casa. Em terceiro lugar, elas efetivamente precisam uma da outra, não apenas porque suas identidades dependem dessa oposição mútua, mas porque a presença da outra permite que cada uma se isente de responsabilidade pelos próprios erros. Afinal, um conforto que a infelicidade conjugal oferece é o de não precisar se fazer responsável pela própria felicidade (ou infelicidade).

No sistema que se forma pela relação entre essas duas melancolias, discernimos, enfim, a estrutura pulsional descrita por Dean. Continuar fazendo a mesma coisa a fim de obter os mesmos resultados, optar reiteradamente por caminhos cujos limites já foram expostos no passado, tudo isso é uma maneira de se punir pela derrota e pela perda de convicção renegada, mas sem deixar de extrair algum gozo do fracasso. Tudo isso se dá, porém, ao mesmo tempo que se atribui ostensivamente ao outro a responsabilidade pelo fracasso, de modo que questionar a si mesmo nunca se torna necessário. Ao preferir seguir encontrando os mesmos impasses a revisar as próprias certezas – o que naturalmente implicaria reconhecer o terreno compartilhado com o outro –, ficamos livres para continuar falhando, muitas vezes sem sequer conseguir falhar *melhor*.

Para finalmente voltar à questão da organização

Se estiver correta a hipótese que relaciona o desaparecimento da questão da organização à consolidação desse mecanismo cismogênico, o retorno àquela necessariamente envolve a superação deste. Isso ajudaria a explicar por que esse "retorno" até agora soou mais como uma injunção para retomar o assunto do que um esforço efetivo para elaborar respostas. Mas também sugere implicitamente qual seria o limite com o qual inevitavelmente se depararia qualquer tentativa de reacender a questão que passasse apenas pela reafirmação de respostas anteriormente formuladas: toda intervenção que permaneça dentro do território mapeado pela cismogênese simétrica tenderá a reforçá-la em vez de romper com ela. Finalmente, porém, isso também nos dá uma indicação de onde devemos buscar os sinais de que o debate sobre organização pode, de fato, estar se movendo outra vez: em avaliações francas dos limites de processos reais, bem como em tentativas de pensar para além dos simplismos disjuntivos ("ou isso ou aquilo").

Por sorte, esses são sinais que podemos encontrar no presente. Por exemplo, em como uma nova geração de militantes treinados nas práticas horizontais do ciclo de protestos de 2011 se engajou em campanhas eleitorais sem representar o que estavam fazendo como um simples "retorno" à forma-partido ou uma retratação de "erros" anteriores, mas como um autêntico experimento político que colocava à prova, em outro terreno, convicções e táticas aprendidas alhures. Também podemos encontrar esses sinais nas inúmeras análises do ciclo de protestos da década passada que reconhecem abertamente suas limitações sem abandonar alguns de seus compromissos mais fundamentais.[41] Podemos encontrá-los, enfim, nas tentativas de boa-fé no sentido de incorporar práticas e valores que não se reconhecia previamente, sem supor que isso automaticamente significaria mudar de lado. Onde quer que haja gente que não se sinta constrangida a ser *ou* isso *ou* aquilo e que adote práticas e táticas não para sustentar uma identidade, mas *porque elas podem funcionar*, há esperança de escapar da força de atração da dupla melancolia de esquerda.

É evidente que a divisão entre a esquerda de 1917 e a esquerda de 1968 jamais esgotou de fato a variedade de posições política possíveis; tampouco é verdade que a comunicação e influência recíproca entre as duas perspectivas tenha algum dia deixado efetivamente de existir. A rigor, é justamente o contrário que estou sugerindo aqui:

---

41 Ver, por exemplo: Caio Martins e Leonardo Cordeiro, "Revolta popular: O limite da tática". Passa Palavra, 2014; Legume Lucas, "O Movimento Passe Livre acabou?". Passa Palavra, 2015; Yotam Marom, "What Really Caused the Implosion of the Occupy Movement: An Insider's View". AlterNet, 2015; Patrice Maniglier, "Nuit Debout: Une Expérience de pensée'. *Les Temps Modernes*, n. 691, 2016, pp. 199–259; Jonathan Matthew Smucker, *Hegemony How-To: A Roadmap for Radicals*. Oakland: AK Press, 2017; Paolo Gerbaudo, *Máscaras e bandeiras: populismo, cidadanismo e protesto global*, trad. Dafne Melo. São Paulo: Funilaria, 2022; Graham Jones, *The Shock Doctrine of the Left*. Cambridge, MA: Polity, 2018; e o excelente dossiê organizado pela revista espanhola *Alexia*, "De Tahrir a Nuit Debout: La resaca de las plazas".

uma prática que tentasse ser puramente uma coisa ou outra não poderia ir muito longe, pois a capacidade de adaptação é um pré-requisito para a viabilidade. A pureza não existe, ou existe apenas como compreensão equivocada da própria prática ou uma incapacidade de reconhecer o espaço que realmente se ocupa. (Voltarei a esse ponto no capítulo 5.) Sem embargo, há razões para imaginar que o esforço para apresentar os problemas de maneira concreta, fora da oposição estéril entre identidades ossificadas, possa crescer num futuro próximo. Em primeiro lugar, há que se considerar a própria disseminação dos diagnósticos de melancolia, inclusive aqueles que a identificam com uma condição potencialmente positiva.[42] Além disso, há um senso de urgência (mas também de possibilidade) amplamente compartilhado que provém da circunstância de habitarmos uma conjuntura em que diferentes crises se sobrepõem. Embora a urgência nem sempre seja a melhor conselheira, não há como negar que ela ajuda a nos concentrarmos no que realmente importa – fazer aquilo que precisa ser feito. Por fim, talvez haja algo no próprio refluxo do ciclo de protestos da década que estimule respostas que sejam, ao mesmo tempo, mais críticas e mais abertas.

É interessante notar que Wendy Brown publicou "Resisting Left Melancholy" em 1999, ano em que a "Batalha de Seattle" simultanea-

---

42 Em sua abordagem da melancolia de esquerda, Enzo Traverso a interpreta de uma forma mais positiva do que Brown e Dean. Inevitável em um contexto em que as expectativas utópicas foram substituídas por "ameaças globais sem um resultado previsível", ele argumenta que a melancolia não é "[n]em regressiva nem impotente", mas mantém aberto um espaço em que "a busca por novas ideias e projetos pode coexistir com o pesar e o luto após o fim das experiências revolucionárias". E. Traverso, *Melancolia de esquerda: Marxismo, história e memória*, trad. André Bezamat. Belo Horizonte: Âyiné, 2021, p. 17. A "tendência conservadora" identificada por Brown, sugere Traverso, poderia igualmente ser interpretada como "uma forma de resistência contra a renúncia e a traição". Ibid., p. 93. Ele parece hesitar, no entanto, quanto a asseverar se isso é uma realidade ou um projeto ainda a ser realizado: "para que essa melancolia seja fecunda, ela precisa se tornar reconhecível". Ibid., pp. 17–18. Por fim, Traverso identifica três campos de memória e luto que correspondem aos três "setores" da revolução mundial, tal como era entendida nas décadas de 1960 e 1970: os movimentos anticapitalistas no Ocidente, os antiburocráticos no interior do socialismo realmente existente e os anticoloniais do Terceiro Mundo. Acredito que seria possível mostrar que a cisão entre as duas esquerdas passa pela memória de cada uma.

mente relativizou a fragilidade que ela descrevia e, ao menos em parte, propôs uma revisão do próprio conteúdo da palavra "esquerda". O "altermundismo" dos anos seguintes seria, de certa forma, a vingança tardia de 1968 contra o "tradicionalismo" reativo que Brown criticava.[43] A nova geração de ativistas não apenas reivindicava aquele legado libertário, mas se apresentava como finalmente capaz de atualizar potencialidades que pareciam até então condenadas ao fracasso e à traição. Na combinação inebriante de determinismo tecnológico e teoria radical dos anos 1960 característica da virada do século, a internet figurava como promessa de superação dos obstáculos materiais que no passado haviam impedido que formas de organização horizontais e constituídas de baixo para cima crescessem em escala. Nesse sentido, ela parecia a um só tempo tornar formas de organização mais antigas obsoletas e nos aproximar do sonho de uma comunidade global descentrada e auto-organizada.

Muito dessa sensibilidade e desse imaginário ressurgiria em 2011, apesar de haver pouca continuidade organizativa ou mesmo memória a conectar os dois momentos.[44] E, no entanto, ao menos para aqueles que estiveram presentes em ambos, o acerto de contas que seguiu ao mais recente parece bem mais sincero e profundo. Poderíamos conjecturar que isso decorre de duas diferenças entre eles.

A primeira diz respeito às circunstâncias históricas. Enquanto o movimento altermundista surgiu de forma inesperada em meio a um momento de expansão capitalista, os protestos de 2011 foram a resposta longamente adiada a um acontecimento, a crise de 2008, que criara grandes expectativas para as lutas emancipatórias. Contudo, se o primeiro foi se esgotando ao longo de meia década, varrido da agenda global pela Guerra ao Terror e sua própria incapacidade de ir além de um tipo específico de ação (os protestos contra reuniões de cúpula), o segundo desapareceu ainda mais rápido, sem saber tirar proveito de seu sucesso inicial ou se defender da reação repressiva que encontrou. Como sugeri no capítulo anterior, a sensação

---

43 W. Brown, "Resisting Left Melancholy", op. cit., p. 25.
44 Uma exceção digna de nota foi a Espanha, onde os veteranos do ciclo altermundialista desempenharam um papel importante no movimento 15M e no ciclo eleitoral subsequente.

de horizontes subitamente encolhidos e oportunidades perdidas é um poderoso intensificador da experiência de impotência coletiva.

A segunda diferença é uma questão de composição política. O movimento altermundista sempre foi uma colcha de retalhos de identidades estabelecidas, em que partidos e sindicatos ainda desempenhavam um papel significativo, mesmo que o protagonismo pertencesse a um ativismo autônomo juvenil. Tendo sido sempre uma aliança instável entre elementos "verticais" e "horizontais", ele ainda permitia que ambos os lados lidassem com os impasses culpando um ao outro. Em 2011, porém, a presença do elemento "vertical" era pouco significativa e a direção dos protestos estava muito mais claramente em mãos "horizontais". Os limites com que aquelas lutas se depararam não eram necessariamente novos e muitos deles já haviam se manifestado em 1968 e no início dos anos 2000; mas a combinação de apostas elevadas, grandes esperanças e uma queda acentuada – além da ausência de alguém para culpar – fez com que se tornasse mais difícil ignorá-los.

Poderíamos forçar um paralelo aqui. Também é o caso que nada daquilo que foi "revelado" quando o Muro de Berlim caiu em 1989 já não era sabido há muito tempo. Contudo, embora o colapso do bloco soviético possa ter sido apenas "o evento da morte do que já estava morto",[45] o fato é que ela não deixou de significar para muitos que era *finalmente* impossível continuar como antes. Se a analogia é válida, talvez possamos entender a profundidade da autocrítica que encontramos hoje como um sinal de que 2011 foi, sob muitos aspectos, o 1989 de 1968.[46]

---

45 Alain Badiou, "Of an Obscure Disaster: On the End of the Truth of State", trad. Barbara Fulks. *Lacanian Ink*, n. 22, 2003, p. 59.

46 É nesse contexto que podemos ver dois dos pensadores mais influentes na formação da perspectiva geral do altermundismo afirmarem que não estão "entre aqueles que alegam serem suficientes os movimentos horizontais da atualidade, que não há problema nenhum e que a questão da liderança foi superada. Frequentemente, oculta-se sob a crítica à liderança uma posição que não recebe o nosso endosso e que resiste a toda e qualquer tentativa de criação de formas organizacionais e institucionais nos movimentos que possam garantir sua continuidade e eficácia". Michael Hardt e Antonio Negri, *Assembly: A organização multitudinária do comum*, trad. Lucas Carpinelli e Jefferson Viel. São Paulo: Politeia, 2018, p. 11.

Se há um retorno à questão da organização hoje, ou no mínimo uma discussão crescente sobre a necessidade de empreendê-lo, isto se dá sobretudo porque as experiências recentes deixaram muitas pessoas com a sensação de que a organização era algo que lhes poderia ser útil. Como espero mostrar a seguir, no entanto, a organização também possui o perfil ideal para desempenhar o papel de um objeto capaz de nos ajudar a escapar do circuito da pulsão no qual nossa dupla melancolia nos detém – contanto que estejamos dispostos a mudar a forma como a concebemos.

Organização como mediação

No auge da discussão em torno da *Organisationsfrage*, que poderíamos situar aproximadamente entre o "debate sobre o revisionismo" no final do século XIX e o V Congresso da Terceira Internacional em 1924,[47] a organização aparece como uma figura de *mediação*. Na conhecida fórmula de Georg Lukács, a organização é "a forma de mediação entre teoria e práxis" e, "como em toda relação dialética, aqui também os membros da relação dialética tornam-se concretos e reais somente na mediação e por meio dela".[48] Teoria e prática não eram, contudo, os únicos termos que cabia à organização mediar. O próprio Lukács via no partido a "mediação concreta entre o homem e a história"[49] e, na subordinação consciente à disciplina partidária, a mediação entre vontade individual e vontade coletiva. Mesmo uma leitura rápida do clássico panfleto leninista sobre o tema, *O que fazer?*, mostrará que os capítulos são governados já desde seus títulos por uma série de dualismos (espontaneidade e intencionalidade, lutas econômicas e lutas políticas, organização "artesanal" e "revolucionários profissionais") que se expandem em outras tantas oposições

---

47 Foi nessa reunião da Internacional Comunista, também conhecida como "Congresso da Bolchevização", que uma versão rígida do modelo organizacional bolchevique foi imposta a todos os filiados.
48 Georg Lukács, "Observações metodológicas sobre a questão da organização", in *História e consciência de classe: Estudos sobre a dialética marxista*, trad. Rodnei Nascimento. São Paulo: Martins Fontes, 2003, p. 529.
49 Ibid., p. 560.

(massas e líderes, "de dentro" e "de fora", e assim por diante). Em todas essas oposições, é evidente que Lênin está argumentando a favor de um dos termos contra o outro. É igualmente evidente, porém, que essa defesa nunca é unilateral ou disjuntiva, mas supõe justamente que haja alguma mediação entre os dois. Afinal, se não fosse assim, Lênin se encontraria na posição no mínimo incômoda de ter de argumentar *contra a prática proletária* ou *contra as massas*.[50] Mesmo que o objetivo de Lênin fosse reforçar um dos lados de cada equação às custas do outro, nunca foi uma questão de escolher um termo ou outro, mas de instituir uma mediação entre eles – uma tarefa que cumpria justamente à organização realizar. Como veremos, o ato de enfatizar um termo em detrimento de outro não deve ser entendido como *negação* da mediação, mas como parte do próprio trabalho que ela faz: enfatizar um dos polos do dualismo é uma maneira de propor um certo equilíbrio entre eles. Mesmo a ênfase *exagerada*, como é frequentemente o caso em Lênin, se justifica se for para compensar o que se percebe – com ou sem razão, conforme o caso – como um equilíbrio indevidamente inclinado na direção oposta.[51]

Como vimos, um dos mecanismos que mantém as "duas esquerdas" encerradas em sua relação especular é a transformação de uma série de pares conceituais em disjunções exclusivas: micropolítica *ou* macropolítica, diversidade *ou* unidade, horizontalidade *ou* verticali-

---

[50] Em vez disso, sabe-se que ele costumava se entusiasmar tanto com os organizadores (*praktiki*) da Social-Democracia Russa quanto com o levante espontâneo das massas: "E *saberemos* fazê-lo precisamente porque o despertar espontâneo [*stikhiinyi*] das massas *destacará também do seu meio* um número cada vez maior de 'revolucionários profissionais' (desde que não nos ocorra convidar os operários, em todos os tons, a continuar a marcar passo)". V. I. Lênine, "Que fazer?: Problemas candentes de nosso movimento", in *Obras escolhidas*, v. 1. São Paulo: Alfa-Ômega, 1986, p. 157. (grifo no original). Trad. modif. segundo a nova tradução do russo feita por Lars T. Lih em: L. Lih, *Lenin Rediscovered:* What Is to Be Done? *in Context.* Chicago: Haymarket, 2008.
[51] Ver L. Lih, ibid., pp. 26–27, a respeito da conhecida observação de Lênin em defesa de *O que fazer?* no Segundo Congresso do Partido Operário Social-Democrata Russo em 1903, em que o líder bolchevique afirma explicitamente: "Evidentemente, um episódio na luta contra o economicismo foi aqui confundido com uma apresentação bem fundamentada de uma questão teórica de monta. [...] Todos sabemos que os 'economicistas' entortaram demais a vara numa direção. Para deixara a vara reta, era preciso entortá-la na direção oposta, e foi isso o que eu fiz".

dade, hegemonia *ou* autonomia, e assim por diante. Ora, disjunções exclusivas nada mais são do que oposições não mediadas, ou oposições entre as quais não se admite nenhuma mediação. O que temos aqui, portanto, é uma causalidade circular: se esses termos podem aparecer como se excluindo mutuamente, é porque aquilo que deveria estabelecer a mediação entre eles desapareceu; e, na condição de elemento mediador, a organização não poderia senão desaparecer, visto que aquilo que ela deveria mediar se apresenta como não mediável. Esse desaparecimento, diga-se, é simultaneamente teórico e prático, e a relação entre esses dois aspectos também se reforça mutuamente: a abstração excessiva inibe a prática, a ausência de prática estimula a abstração. É, contudo, precisamente por conta dessa circularidade que a organização pode passar de objeto perdido a objeto transicional e, assim, tornar-se o meio pelo qual pode recuperar a si mesma.

Pensar a organização de forma concreta é pensar em termos de problemas específicos em vez de meras relações conceituais. Quanto mais pensamos concretamente, mais evidente é que os desafios envolvidos no agenciamento e direcionamento da capacidade coletiva de agir são os mesmos para todos, independentemente de lealdades teóricas ou preferências políticas. Deparamo-nos sempre com o mesmo tipo de dificuldades, restrições, limiares, perigos. Por outro lado, reconhecer esse terreno comum é uma condição para responder a situações reais em vez de apenas reiterar princípios abstratos ou censurar a realidade por não corresponder a nosso modelo. É nesse terreno comum que um partidário da autonomia pode aceitar que as circunstâncias exigem um fortalecimento da coordenação, ou um "verticalista" pode admitir que, sob certas condições, tentar impor uma unidade só servirá para criar divisões desnecessárias. Em vez de cada um ser capaz de interpretar apenas seu tipo característico (o stalinista, o autonomista, o insurrecionista...) e de martelar monotonamente sua única ideia característica (centralização, autonomia, ação direta...), aqueles que assumem que são interpelados pelo mesmo conjunto de problemas e se reconhecem mutuamente como colaborando em torno de um objetivo comum podem explorar uma gama de soluções elaboradas especificamente para a ocasião em que se encontram, simultaneamente mais complexas e mais precisas do que qualquer modelo geral. Trata-se de inverter o procedimento usual: em vez de partir das grandes diferenças e reconhecer aquilo que há em comum apenas em retrospecto ("claro, algum equilíbrio é necessário..."), partimos daquilo que é comum e situamos as diferenças em relação a um problema compartilhado. Isso permite que estas apareçam não como absolutos, mas relativamente umas às outras: graus distintos em uma escala de respostas possíveis a uma condição comum.

Tal postura, no entanto, depende decisivamente do que queremos dizer quando falamos de organização como um elemento mediador – e, em última análise, de como entendemos a própria mediação.

Força *versus* forma

Existem basicamente duas maneiras de pensar a mediação. A primeira consiste em conceber a relação entre os termos a serem mediados como uma oposição lógica: eles se negam mutuamente e, portanto, não podem ser predicados do mesmo sujeito ao mesmo tempo sem contradição. O que a mediação deve fazer nesse caso é reunir os dois predicados em um terceiro termo que seria sua síntese. Considerando que se trata de uma contradição lógica, o problema (a contradição) está, em princípio, resolvido assim que a solução (a síntese) aparece. Por meio de um terceiro termo que simultaneamente os cancela e conserva em uma unidade superior, é possível, a partir desse momento, predicar os dois termos anteriormente incompatíveis de um mesmo sujeito. É por isso que Lukács não diz que a organização estabelece uma mediação entre teoria e prática, mas que é a *forma* dessa mediação. Para ele, um partido comunista nos moldes bolcheviques, em franca ruptura com as organizações social-democratas entregues ao "oportunismo" reformista, era a "forma finalmente descoberta" no interior da qual poderiam, enfim, ser resolvidas, no contexto de uma revolução iminente, as contradições lógicas entre teoria e prática, massa e líderes, história e existência, vontade individual e vontade coletiva, lutas econômicas e lutas políticas.

Pensar a mediação como uma contradição lógica nos leva, portanto, a considerar o problema da organização como se referindo à *forma* que o resolveria: um tipo determinado de forma organizativa na qual já estaria contida, ao menos em princípio, sua solução.[52] Isso ajuda a explicar por que, até hoje, falar de *organização* logo deriva, ou é efetivamente tratado como um atalho, para uma discussão sobre o *partido*.[53] Certamente nada pode evitar que "desvios" práticos corrompam essa forma, impedindo-a de atuar como a mediação que é por direito. Contudo, como o próprio emprego do termo "desvios" sugere, estes não passam de modificações acidentais daquilo que, *em essência*, seria a resposta acabada para o problema.

Chegamos a uma outra maneira de entender a mediação entre dois termos se concebemos a oposição entre eles diferentemente. Kant chamou esse outro tipo de relação de *oposição real*; nela, os dois termos se opõem, mas sem contradição lógica. Em vez de um predicado ser a negação de outro (A e não A), ambos são afirmativos por si próprios e, ainda que se cancelem mutuamente, nem por isso deixam de ser predicáveis simultaneamente de um mesmo sujeito ao mesmo tempo. Na verdade, o cancelamento de um pelo outro pode ser completo e o "nada" que dele resulta ainda assim será uma existência positiva. Por exemplo, se duas forças mecânicas de mesma intensidade e direções opostas atuam ao mesmo tempo sobre o mesmo corpo, ele permanece em repouso: "os dois predicados A e B são afirmativos; apenas, como as consequências de cada um em particular seriam a e b, então a consequência de ambos juntos em um

---

52 É verdade que as teses sobre a estrutura organizacional dos partidos comunistas aprovadas no Congresso da Terceira Internacional em 1921 afirmam, logo de saída, que "não existe uma forma absoluta de organização que seja correta para os partidos comunistas em todos os momentos". É, contudo, inquestionável que a forma dominante de organização era o partido, ainda que sua forma pudesse mudar. O corolário era que, quanto mais bem-sucedido ele fosse [o partido], tanto mais a participação em sua estrutura se tornaria sinônimo de participação política como tal – até o ponto em que, como afirmou Yuri Pyatakov ao explicar sua capitulação ao stalinismo, simplesmente "não havia vida [política] fora do partido".
53 Por exemplo: "Hoje, a real questão de organização [*Organisationsfrage*] não é tanto a afirmação ou a negação do partido, concebido abstratamente, mas a questão relativa ao tipo particular de forma-partido que pode ajudar esses movimentos a crescer". Peter D. Thomas, "A hipótese comunista e a questão da organização", trad. Alex Calheiros, Lucas Vieira, Mathias Möller e Rocco Lacorte. *Crítica Marxista*, n. 45, 2017, p. 58.

sujeito não é nem uma, nem outra, mas zero."⁵⁴ No entanto, esse repouso não é um não ser ou a negação do movimento: ele é ainda *alguma coisa*, um estado físico real produzido pela interação de duas forças reais. Disso também se segue que, se A ou B aumenta, o resultado será diferente de zero: a predominância da consequência *a* será mitigada pela presença de *b*, ou vice-versa. Sob essas condições, o desafio de F. Scott Fitzgerald não apresenta maiores dificuldades: é perfeitamente possível manter duas ideias opostas na mente ao mesmo tempo; basta que as consideremos como estando em oposição real entre si.

Em suma, a oposição real não é uma oposição entre conceitos, mas entre forças ou tendências reais. E ao passo que dois conceitos que se negam logicamente não produzem nenhuma realidade, mas somente entidades impossíveis como "círculo quadrado", forças opostas podem se misturar dos mais variados modos e nas mais variadas proporções. Para dizê-lo de outra maneira, a oposição real não é uma oposição entre qualidades determinadas, mas entre quantidades: quantidades *vetoriais*, que apresentam magnitude e direção (como no exemplo de Kant das duas forças agindo sobre um corpo); ou

---

54 Immanuel Kant, "Ensaio para introduzir a noção de grandezas negativas em filosofia", trad. Vinicius de Figueiredo e Jair Barboza, in *Escritos pré-críticos*, trad. Jair Barboza et al. São Paulo: Ed. Unesp, 2005, p. 59. Essa distinção pré-crítica seria central para o ataque de Kant à escola de Leibniz-Wolff na *Crítica da razão pura* e, mais tarde, para a dedução das forças atrativas e repulsivas nos *Primeiros princípios metafísicos da ciência da natureza*. O marxista italiano Lucio Colletti mobilizou essa distinção contra a influência hegeliana sobre o materialismo dialético, encontrando na afirmação de uma "heterogeneidade entre pensamento e ser" a razão para ver Kant como "o único filósofo alemão clássico em quem é possível detectar ao menos um mínimo de materialismo". L. Colletti, *Marxism and Hegel*, trad. Lawrence Garner. London: New Left Books, 1973, pp. 104–05. Sem saber, Colletti estava seguindo os passos de Bogdanov, que, embora não se refira a Kant, havia proposto a mesma revisão da dialética marxista no início do século XX. Ver Aleksandr Bogdanov, *The Philosophy of Living Experience*, trad. David J. Rowley. Chicago: Haymarket, 2016, p. 182-ss. Após sua prisão pela NKVD em 1937, Nikolai Bukharin culparia exatamente esse aspecto do pensamento de Bogdanov por tê-lo levado à "substituição da dialética marxista pela chamada teoria do equilíbrio". Grover Furr e Vladimir Bobrov, "Nikolai Bukharin's First Statement of Confession in the Lubianka". *Cultural Logic*, v. 14, 2007, p. 19.

quantidades *intensivas*, isto é, não aditivas (que não são compostas por quantidades menores do mesmo tipo).[55]

Quando chamamos um objeto de "quente" ou "frio", estamos registrando a sensação física de uma mudança de estado em nosso corpo causada pelo contato com esse objeto. No entanto, o fato de que a linguagem que usamos para expressar esse fenômeno nos faça atribuir uma determinada qualidade a ele ("quente", "frio") não deve nos impedir de notar que o que estamos fazendo é descrever uma diferença intensiva entre o objeto e nosso corpo: ele está mais quente ou mais frio do que nós. Muitas das qualidades que geralmente atribuímos às coisas ("pesado", "leve", "úmido", "seco") funcionam dessa maneira: o que elas nomeiam é um *quantum* de alguma propriedade (temperatura, peso, umidade) que é resultado de uma relação intensiva ou vetorial; elas correspondem a *quantidades determinadas* produzidas por uma oposição real. Por exemplo, a qualidade de "pesado" com que predicamos um objeto denota o excesso da atração para baixo que a gravidade exerce sobre sua massa em relação à tração para cima que exercemos sobre ele.

Que tais relações diferenciais se distingam de estados determinados, e que aquelas sejam a origem destes, são ideias cuja origem podemos fazer remontar ao filósofo pré-socrático Anaximandro. Assim, por exemplo, escreve Platão que

> onde quer que esse par [uma oposição real ou relação diferencial] esteja, não permite que cada coisa tenha uma quantidade determinada; pelo contrário, ao introduzir sempre em todas as ações o mais intenso que o mais suave, ou vice-versa, o par produz o mais e o menos e faz desaparecer a quantidade determinada. [...] Uma vez que recebessem a quantidade determinada, não mais haveria o mais quente nem o mais frio, pois o mais quente assim como o mais frio estão sempre indo adiante e nunca permanecem, ao passo que a quantidade determinada fica estável e interrompe a progressão.

---

55   Por exemplo: enquanto a massa total de três corpos é a soma de suas massas (a massa sendo uma quantidade extensiva), a temperatura total de um sistema composto de dois corpos não é a soma de suas respectivas temperaturas antes de serem postos em contato.

Assim, por esse argumento, o mais quente, juntamente com o seu contrário, vêm a ser ilimitados.[56]

O que Platão salienta aqui é uma assimetria fundamental entre dois regimes. Corpos específicos podem ser ditos quentes ou frios uma vez que a qualidade de frio ou calor que atribuímos a eles corresponda a um determinado *quantum* de temperatura estabelecido pela oposição real entre a temperatura deles e a nossa. Mas a relação "mais quente e mais frio" não é a relação entre esse e aquele corpo específico, essa e aquela quantidade determinada, mas a diferença intensiva considerada em si mesma. Quando se expressa em corpos específicos, essa diferença é evidentemente a condição para qualquer quantidade determinada; nesse sentido, trata-se de um princípio de mudança, capaz de impedir que qualquer coisa "assuma uma quantidade definida" de forma permanente. Considerada em si mesma, no entanto, ela não é uma relação entre duas coisas ou entre *quanta*, mas uma relação "ilimitada", ou seja, uma pura relação de "mais ou menos" – uma díade intensiva que se estende indefinidamente em duas direções. Nas palavras de Gilbert Simondon: "como Platão observou, toda qualidade realizada aparece como que inserida, segundo uma medida, numa díade indefinida de qualidades contrárias e absolutas; as qualidades vão em pares de opostos, e essa bipolaridade de toda relação qualitativa se constitui como uma permanente possibilidade de orientação".[57]

A distinção entre oposição lógica e oposição real, contradição e díade indefinida, ajuda a explicar por que eu disse anteriormente que pensar as oposições como disjunções exclusivas significava pensá-las "abstratamente". Mais especificamente, a abstração consiste em tratar "qualidades absolutas", que indicam apenas as duas direções opostas

---

56 • Platão, *Filebo*, trad. Fernando Muniz. Rio de Janeiro: Ed. PUC-Rio; São Paulo: Loyola, 2015, p. 65.
57   Gilbert Simondon, *A individuação à luz das noções de forma e de informação*, trad. Luís Eduardo Ponciano Aragon e Guilherme Ivo. São Paulo: Ed. 34, 2020, p. 237. A distinção entre coisas determinadas que possuem qualidades opostas e a díade como o meio a partir do qual elas surgem também é central para a interpretação de Derrida do *pharmakon* como "o meio anterior no qual se produz a diferenciação em geral". Jacques Derrida, *A farmácia de Platão*, trad. Rogério da Costa. São Paulo: Iluminuras, 2005, p. 73.

nas quais uma díade indefinida se estende ("mais ou menos"), como se fossem entidades reais entre as quais se poderia (ou mesmo deveria) escolher. Optar pela "horizontalidade" ou pela "verticalidade" em termos absolutos é como escolher entre "o frio em si" e "o quente em si" – sendo que realidades como "frio" e "quente" existem somente como quantidades determinadas que decorrem de diferenças em vetores ou intensidades, e as qualidades que descrevem um objeto qualquer em qualquer momento dado são apenas o equilíbrio das relações diferenciais que agem sobre ele. O que existe "não é jamais este ou aquele elemento isolado [ou qualidade], mas sempre mistos; [...] o ente não é mais unidade absoluta, mas estabilidade de uma relação".[58]

O que, então, quer dizer "mediação" nesse caso? Enquanto a oposição lógica exige uma solução lógica – a construção de um terceiro termo que seja a síntese em que os dois primeiros de algum modo se compatibilizem –, o que temos aqui é algo distinto. Se cada "qualidade realizada" (nossas sensações de quente ou frio, leve ou pesado) é a individuação de uma quantidade determinada que se individua a partir de uma díade indefinida (mais quente e mais frio, mais leve e mais pesado) através da interação de forças realmente existentes, a mediação não é um problema que possa ser resolvido de uma vez por todas, nem mesmo em princípio. Se as formas nada mais são do que a estabilidade temporária e mais ou menos frágil das relações que as compõem, o equilíbrio entre forças é o problema mais fundamental. E considerando que esse equilíbrio muda ao longo do tempo, tanto sob a ação de tendências internas quanto de fatores externos, as forças, não a forma, devem ser o objeto da mediação. Nenhuma forma poderia, por si só, ser uma solução universal, ainda que algumas sejam preferíveis a outras em razão do tipo particular de equilíbrio que oferecem. Cada situação exige uma resposta adequada àquela situação, ao equilíbrio presente *naquele momento*. Nem uma escolha entre essa e aquela qualidade em absoluto, nem uma forma "finalmente descoberta", uma resposta é um *quantum* determinado de força que inclina o equilíbrio existente na direção

---

[58] G. Simondon, "Histoire de la notion d'individu", in *L'Individuation à la lumière des notions de forme et d'information*. Grenoble: Jerôme Millon, 2005, p. 374 (modificado).

desejada. Não é só que toda forma organizativa só possa ser dita boa *para um determinado fim, em determinadas circunstâncias*, não havendo nenhuma forma que seria boa em absoluto.[59] Em sua existência ao longo do tempo, à medida que mudam as forças que agem sobre ela, toda forma necessariamente enfrenta questões do tipo "quanto de?": quanto de autonomia? quanto de coordenação? quanto de planejamento? quanto de espontaneidade?

Isso deve deixar claro por que, embora se diga aqui que a mediação ocorre entre "qualidades absolutas", não estamos de modo algum tratando de uma doutrina do meio-termo. O "equilíbrio" que cada intervenção procura é definido de acordo com objetivos que variam caso a caso, de situação em situação. (Assim, por exemplo, a ideia marxista de revolução enfatizava a centralização em um primeiro momento e a descentralização posteriormente.) Como o efeito desejado e o equilíbrio de forças sobre o qual se atua são sujeitos a mudanças, não pode haver um meio-termo absoluto.[60] Em algumas condições, mesmo o excesso pode ser a medida certa.[61] Essa é, aliás, a ideia por trás da imagem de Lênin sobre "entortar a vara", e é igualmente o insight que ajuda Maquiavel a efetivamente romper com a

---

59 Nesse sentido, poderíamos seguir o argumento de Žižek e dizer que o objeto que o melancólico de esquerda experimenta como perdido nunca esteve realmente lá: nunca houve qualquer garantia e a superação da melancolia exige o reconhecimento dessa falta fundamental. Ver Slavoj Žižek, "A melancolia e o ato", in *Alguém disse totalitarismo?: Cinco intervenções no (mau) uso de uma noção*, trad. Rogério Bettoni. São Paulo: Boitempo, 2013, pp. 101-32.

60 Poderíamos ir além e dizer que tampouco existe uma "medida certa" propriamente dita, se o que entendemos por isso é uma conduta que os agentes podem ter a convicção de ser a mais adequada para uma determinada situação. Os agentes sempre agem com base em informações limitadas e sua ação está sempre sujeita à interferência de fatores que eles não poderiam anteciper.

61 Encontramos um exemplo particularmente espantoso em *O príncipe* de Maquiavel. Depois de estabelecer o controle militar sobre a Romanha seguindo as ordens de César Bórgia e tendo amplamente demonstrado ser um sujeito que se poderia caracterizar como um "homem cruel e expedito" no cumprimento dessa tarefa, Ramiro de Lorqua foi executado publicamente assim que a região foi pacificada, seu corpo cortado em duas metades e sua cabeça espetada numa estaca, de modo que o duque Valentino pudesse se dissociar da brutalidade de seu mercenário. Nicolau Maquiavel, *O príncipe*, trad. Maurício Santana Dias. São Paulo: Penguin Classics Companhia das Letras, 2010, p. 69.

concepção de política dos antigos.⁶² Se este ensinava que o príncipe deve aprender a não ser bom, não era apenas por ser "o primeiro a visualizar o surgimento de um âmbito exclusivamente secular, cujas leis e princípios de ação eram independentes das doutrinas, da Igreja em particular, e dos critérios morais".⁶³ Esse domínio, como mostram os exemplos que Maquiavel toma da Antiguidade, sempre esteve presente, mesmo que renegado. Era sobretudo porque ele entendia que se perguntar acerca da "conduta correta" em termos absolutos não somente era uma questão moral (e teológica), e não política, mas uma maneira potencialmente desastrosa de pensar a prática. Por se tratar de relações de forças, na política não há espaço para o *sempre certo* ou o *correto em termos absolutos*; se as circunstâncias mudam e os métodos permanecem os mesmos, o resultado mais provável é a ruína.⁶⁴ É por isso que a *virtù*, para Maquiavel, não se situava no mesmo plano das virtudes (misericórdia, generosidade), mas antes devia ser entendida como a faculdade encarregada de moderar seu uso: a capacidade de determinar como, quando e em que proporção empregá-las. "O momento, a medida e os meios"⁶⁵ são cruciais; pois "basta dar um pequeno passo além – mesmo que pareça um passo dado na mesma direção – para que [a] verdade se transforme em erro".⁶⁶

Assim entendida, a mediação não pode, em absoluto, ser reduzida a uma forma; ela existe como atividade, exercício constante, *equilíbrio dinâmico entre forças*. Visto que se trata de mediar qualida-

---

62 Ver a nota 51.
63 Hannah Arendt, *Sobre a revolução*, trad. Denise Bottmann. São Paulo: Companhia das Letras, 2011, p. 66.
64 N. Maquiavel, *O príncipe*, op. cit., pp. 132–33. Lênin, um maquiaveliano rigoroso, faz uma observação semelhante sobre seus antigos camaradas da Segunda Internacional: "compreendiam perfeitamente a necessidade de uma tática flexível, haviam aprendido e ensinavam aos demais a dialética de Marx [...]; mas [...] 'fixaram sua atenção' numa determinada forma de crescimento do movimento operário e do socialismo, esquecendo o caráter unilateral dessa fixação; tiveram medo de ver a brusca ruptura, inevitável em virtude das circunstâncias objetivas, e continuaram repetindo as verdades simples memorizadas e à primeira vista indiscutíveis". V. I. Lênin, *Esquerdismo: Doença infantil do comunismo*, trad. Edições Avante!. São Paulo: Expressão Popular, 2014, pp. 151–52.
65 Clodovis Boff, *Como trabalhar com o povo: Metodologia do trabalho popular*. Petrópolis: Vozes, 1988, p. 20.
66 V. I. Lênin, *Esquerdismo*, op. cit., p. 153.

des absolutas que são a negação uma da outra, ela também necessariamente se apresenta na forma de *trade-offs*. Um incremento na autonomia das partes implica uma perda na coordenação para o todo; a centralização pode acelerar a tomada de decisão, mas enfraquece o controle democrático; a ênfase em uma identidade de grupo aumenta a coesão, mas afasta aliados potenciais; e assim por diante. Podemos dizer que essas qualidades, todas até certo ponto desejáveis, são mutuamente excludentes. Mas justamente *não* como contradições lógicas, o que nos obrigaria a encontrar sua síntese ou a escolher entre uma e o seu oposto, mas como oposições reais, o que significa que devem ser dosadas ou balanceadas. Dizer que as qualidades se cancelam mutuamente, nesse caso, é dizer que elas sempre coexistem *em alguma medida*, em mistos que contêm uma e outra em maior ou menor proporção. E se é impossível ter tudo ao mesmo tempo (máxima identidade e máxima abertura, máxima centralização e máxima democracia, máxima autonomia e máxima coordenação...), é necessário tê-las em diferentes graus em momentos diferentes, equilibradas conforme a exigência da ocasião.

Passamos, assim, da *organização enquanto forma* para o *organizar enquanto mediar*. Acontece que, assim como "organizar", "mediar" tem uma certa má reputação. Para muitos, a expressão sugere a imagem de negociadores pressionando uma base radicalizada a aceitar recuos e soluções de compromisso em vez de lutar por seus objetivos até o fim. Em geral, ela tende a ser associada com uma relação vertical: aquilo que os líderes fazem para administrar as divisões no interior de sua base ou entre sua base e as demais forças. É por conta disso que costuma trazer à mente uma combinação de autoritarismo e pragmatismo reformista, algo como a arte de conciliar desde cima interesses que são, em última instância, contraditórios.

Pensar assim equivale, contudo, a reverter àquele tipo de pensamento associativo que, como na confusão entre organização e partido, toma a forma particular que uma coisa qualquer assume como sinônimo da coisa mesma. O conceito de mediação tem uma extensão muito mais ampla que os casos listados acima. Com efeito, se organizar supõe mediar, o campo de aplicação do segundo termo deve ser tão amplo quanto o do primeiro: existe mediação em toda parte em que existe "um processo organizativo que procede por meio da luta de forças opostas".[67] Não se trata apenas de dizer que há um estado de coisas organizado que é a mediação entre determinismo e indeterminismo, abertura e fechamento, caos (total) e necessidade (absoluta). Cada coisa existente medeia forças opostas, ela é essa mediação enquanto dura. As coisas se organizam ao estabelecer continuamente uma mediação entre o exterior (as forças que as afetam) e o interior (o complexo de elementos que se combinam em determinada organização). Estar e permanecer organizado é uma questão de "relação entre as atividades que estão sendo organizadas e as resistências a elas dirigidas".[68] Na medida em que cada coisa é produto e portadora de forças, as interações entre ela e aquelas que estão a seu redor podem levá-la a estabelecer novas mediações entre interior e exterior; se cada coisa é uma relação de forças, cada relação entre as coisas é uma "relação entre duas relações",[69] e é em razão disso que elas podem se modificar mutuamente. Poderíamos dizer que as coisas se medeiam umas às outras o tempo inteiro: ao fazer com que alguma outra coisa mude, elas medeiam dois estados diferentes desta outra coisa ao mesmo tempo em que sofrem elas mesmas alguma modificação por sua vez. A mediação "vertical" é, portanto, mais a exceção do que a regra. Simplesmente não é o caso que as pessoas só mudam e se adaptam quando levadas a isso "de cima para baixo"; consciente e inconscientemente, elas estão sempre se ajustando, encontrando terrenos comuns, aprendendo a lidar com as diferenças ou a ver as coisas das perspectivas umas das outras. Essas mediações laterais são, na verdade, um pré-requisito para qualquer processo bem-sucedido de composição política. E só são possíveis com a condição de que algum grau de vulnerabilidade e abertura para a mudança exista de todos os lados – mesmo que, como com os porcos-espinhos da parábola de

---

67   É assim que, para desgosto de contemporâneos como Plekhanov, Bogdanov definia a dialética. A. Bogdanov, *Philosophy of Living Experience*, op. cit., p. 189.
68   A. Bogdanov, *Essays in Tektology*, trad. George Gorelik. Seaside: Intersystems, 1980, p. 41.
69   G. Simondon, *A individuação à luz das noções de forma e de informação*, p. 111. A "verdadeira mediação", escreve Simondon, institui "um sistema energético", ou seja, um intercâmbio entre forças que resulta em uma nova individuação. Ibid., p. 50. Ver também Bogdanov: "Nosso mundo é, de modo geral, um *mundo de variedade*; apenas diferenças de tensão energética são reveladas na ação e apenas elas têm um sentido prático". Id., *Essays in Tektology*, op. cit., p. 41 (grifo no original).

Schopenhauer, as pessoas tenham que continuar "se movendo juntas e separadas... até [descobrirem] a distância certa para se preservarem" dos males gêmeos de perder sua autonomia para os outros e de falhar em expandir a própria *potentia* na cooperação com eles.⁷⁰

A rejeição da mediação com base no juízo equivocado de que se trataria exclusivamente de uma relação vertical está no centro de um paradoxo notável do pensamento radical contemporâneo: o fato de que o desejo de afirmar a primazia das relações (a ideia de que "tudo está conectado" e é constituído por suas conexões) exista lado a lado com uma robusta demanda pelo imediato (a ideia de que toda mediação deve ser eliminada e as diferenças devem se expressar tal como existem "em si"). Espero que já esteja claro a essa altura que esses desejos estão em contradição. Como vimos no capítulo anterior, seria sem sentido (e contraproducente) esperar que as pessoas não afetem umas às outras em grande ou pequena escala, assim como é impossível garantir que todos terão o mesmo poder de influência que os demais. O que resta fazer, por outro lado, é se esforçar para garantir que as relações permaneçam tão recíprocas quanto possível – conciliando autonomia e composição, variedade e ordem, a *potentia* do todo e de suas partes.

Por fim, dizer que organização supõe mediação não é dizer que ela requer *qualquer* mediação. Interesses logicamente contraditórios existem realmente, e embora isso não signifique que essas contradições não possam ser administradas ao longo do tempo, sua resolução no longo prazo só pode implicar a vitória de um lado sobre o outro. É por isso que aprender a estabelecer uma fronteira – definir quais interesses e desejos podem ou não ser compatibilizados, quem deve ser tratado como companheiro e quem como adversário, quais os limites absolutos de seus esforços composicionais – é uma questão central para os movimentos, mesmo quando concebidos ecologicamente.

---

70 Arthur Schopenhauer, *Parerga and Paralipomena*, vol. 2, trad. E. F. J. Payne. Oxford: Oxford University Press, 1974, pp. 651–52. A parábola é retomada em S. Freud, "Psicologia das massas e análise do eu", in *Psicologia das massas e análise do eu e outros textos (1920-1923)*, trad. Paulo César de Souza. São Paulo: Companhia das Letras, 2011, p. 56; F. Guattari, "A transversalidade", in *Psicanálise e transversalidade: Ensaios de análise institucional*, trad. Adail Ubirajara Sobral e Maria Stela Gonçalves. Aparecida: Ideias e Letras, 2004, p. 110.

CAPÍTULO 3

Revolução em crise

Hoje, tudo pretende ser prática e, ao mesmo tempo, não há conceito de prática.
Theodor Adorno

Tempo de revolução

A questão da organização revolucionária, Lukács disse certa vez, "só pode ser desenvolvida organicamente a partir da própria teoria da revolução".[1] Mas talvez seja o caso de dizer, como sugeriu Alain Badiou, que a própria ideia de revolução se encontra em crise há algum tempo.[2] Não que ela tenha algum dia sido uma ideia simples cujo conteúdo pudesse ser explicitado por completo. Em vez disso, "revolução" sempre foi uma constelação de suposições, crenças, experiências vividas, imagens e associações afetivas historicamente acumuladas, algumas em tensão entre si, no interior das quais certos elementos se fizeram dominantes ao longo do tempo. Este capítulo traça a história dessa constelação desde o início da modernidade até o presente, a fim de argumentar que a crise da revolução em nosso tempo decorre do abandono de ao menos três desses elementos: uma concepção teleológica e determinística da história; a projeção de uma relação transitiva entre objetividade social e subjetividade política; e a expectativa de um corte claro e preciso por meio do qual o sujeito revolucionário seria capaz de remodelar o mundo de acordo com uma ideia. É difícil encontrar hoje quem ainda espere que a revolução se realize por necessidade histórica, que uma subjetividade revolucionária se desenvolva naturalmente entre esse ou aquele grupo social, ou que um único agente político seja capaz de impor unilateralmente uma forma sobre a matéria do mundo. No entanto, também é verdade que, sem a garantia oferecida por essas três crenças, a perspectiva de revolução se tornou mais incerta, mesmo que, paralelamente, a palavra talvez tenha se tornado cada vez mais ubíqua retoricamente.

---

1 Georg Lukács, "Observações metodológicas sobre a questão da organização", in *História e consciência de classe: Estudos sobre a dialética marxista*, op. cit., p. 526.
2 Alain Badiou e John van Houdt, "The Crisis of Negation: An Interview with Alain Badiou". *continent*, v. 1, n. 4, 2011, p. 234.

A ideia de revolução como a conhecemos é bem recente. Começou a se constituir no século XVIII, quando a própria palavra "revolução" foi arrancada de seu significado original e posta no centro de uma concepção de tempo que se opunha aos dois modelos temporais que haviam sido dominantes na Antiguidade e na Idade Média: o físico (temporalidade cíclica) e o teológico (temporalidade escatológica). A escatologia cristã foi o pano de fundo em que o tempo fora vivido ao longo da Idade Média, e a sombra deixada pela expectativa de um fim dos tempos iminente era tão longa que ofuscava a política terrena e tornava-a o palco em que um drama de dimensões muito maiores se desenrolava com lenta inevitabilidade. A temporalidade cíclica, por outro lado, foi o pano de fundo para o sentido original de *revolutio*, que não aparece no latim clássico, mas já estava em circulação a partir do século V. Como seu sinônimo *conversio*, o termo se referia à rotação, ao movimento circular ou em torno de um eixo – como o das estrelas, das estações, da Roda da Fortuna ou da transmigração das almas (metempsicose). A noção segundo a qual os assuntos da política são passíveis de ser pensados em termos de ciclos de desenvolvimento e degeneração remonta à Grécia Antiga, mas ressurgiu de forma significativa na Renascença com a descoberta, tradução e publicação do capítulo 6 das *Histórias* de Políbio.[3] Nesse texto, que estivera por muito tempo perdido, o historiador grego discutia a doutrina da *anakyklosis politeion*, segundo a qual toda comunidade política está destinada a passar por uma sequência circular de sistemas políticos em suas formas alternadamente virtuosas e pervertidas: a monarquia é seguida pela tirania, que é seguida pela aristocracia, que é seguida pela oligarquia, e assim por diante. Embora as origens dessa ideia possam ser encontradas em Platão e Aristóteles, Políbio a elevou à posição de lei natural. Ao mesmo tempo, no entanto, ele destacou a República Romana como exemplo de um Estado que lograra interromper a roda do tempo ao combinar em uma constituição mista as três formas não corrompidas da monarquia (os cônsules), da aristocracia (o senado) e da democracia (as assembleias).

---

3   Arnaldo Momigliano, "Polybius' Reappearance in Western Europe", in *Essays in Ancient and Modern Historiography*. Chicago: University of Chicago Press, 2012, pp. 79–98.

Esses dois modelos temporais eram tanto a estrutura por meio da qual as pessoas organizavam e interpretavam sua experiência ordinária do tempo quanto aquilo que essa experiência sustentava e reforçava. Para dizê-lo nos termos de Reinhart Koselleck, o *horizonte de expectativa* do mundo medieval nunca prometia nada que excedesse o *espaço de experiência* das gerações presentes e passadas. Embora obviamente não deixasse de acontecer, a mudança se dava tão lentamente que ninguém jamais podia antecipar grandes agitações ou surpresas. A temporalidade cíclica e a temporalidade escatológica eram, assim, em última análise compatíveis, na medida em que tinham domínios de aplicação distintos (o mundano e o extramundano) e compartilhavam a mesma atitude em relação ao futuro. Fosse o fim dos tempos ou apenas a repetição, o que estava por vir não aportava nenhuma novidade ou desvio em relação àquilo que já era conhecido.

Isso começou a mudar no alvorecer da modernidade, quando uma sequência de acontecimentos imprevisíveis e transformações em cascata – a Reforma Protestante, a conquista das Américas, a revolução científica, o surgimento do capitalismo, o colapso do sistema feudal, a ascensão das cidades e da burguesia – conspirou para abrir um intervalo entre experiência e expectativa. Como observa Koselleck, é exatamente essa mudança na relação com o tempo que dá origem à própria ideia de modernidade como um novo período em que a humanidade havia entrado. "[S]ó se pode conceber a *modernidade* [*Neuzeit*] como um *tempo novo* [*neue Zeit*] a partir do momento em que as expectativas passam a distanciar-se cada vez mais das experiências feitas até então."[4] O futuro já não estava mais contido no passado; ele já não podia ser antevisto por um conhecimento prévio. Dali em diante, o futuro seria portador não somente do novo, mas de uma novidade potencialmente além de qualquer coisa que o presente podia razoavelmente antecipar.

---

4 Reinhart Koselleck, *Futuro passado: Contribuição à semântica dos tempos históricos*, trad. Wilma Patrícia Maas e Carlos Almeida Pereira. Rio de Janeiro: Contraponto/ Ed. PUC-Rio, 2006, p. 314 (grifo meu). Ver também Hans Blumenberg, *The Legitimacy of the Modern Age* (Cambridge, MA: MIT Press, 1999, p. 116): "A era moderna [*Neuzeit*] foi a primeira e única a se entender como uma época e, ao fazê-lo, criou ao mesmo tempo as outras épocas".

É nesse contexto que "revolução" começa a assumir um novo significado. Os primeiros usos modernos do termo são duplamente ambíguos, já que muitas vezes não fica claro se os acontecimentos aos quais se referem são entendidos como um novo desenvolvimento ou um retorno a um estado anterior, nem se suas causas são estritamente humanas ou envolvem um poder ou lei superior.[5] No decorrer do século XVIII, no entanto, a ideia de revolução como uma mudança repentina de regime político se tornaria cada vez mais independente em relação ao antigo sentido astronômico da palavra, mesmo que ambos ainda coexistissem. Até o fim do século, a separação estaria completa, e seria sem qualquer associação a movimentos cíclicos que "revolução" passaria a designar acontecimentos políticos (a Revolução Americana, a Revolução Francesa) e um certo tipo de atitude (ser um revolucionário). A essa altura, a palavra havia sido definitivamente incorporada à ideia de um tempo histórico aberto com uma "direção irreversível"[6] – um tempo que avança não só de modo gradual, mas também por meio de cortes radicais com o passado que inauguram novas eras.

Essa mudança indica que um novo esquema temporal já havia suplantado aqueles anteriormente dominantes. Tratava-se de uma quebra que havia estado em preparação desde o início da modernidade, e que rompia simultaneamente com o movimento circular do modelo físico e com uma escatologia cuja temporalidade linear se resolvia num além-mundo celestial. A circularidade passava a se subordinar à linha reta, mas a uma linha reta que se desdobrava neste mundo e não no próximo. Nascia, assim, a ideia moderna de Progresso.

---

5 Arthur Hatto sugere que Maquiavel pode ter evitado o termo justamente em razão de suas associações sobrenaturais com a astrologia e a Roda da Fortuna, preferindo falar em *mutazione di stato* (mudança de estado). Hatto registra o primeiro uso da palavra de acordo com o novo sentido na *Cronica* de Matteo Villani, em que a substituição de um regime oligárquico por um regime democrático em 1355 é descrita como uma "revolução repentina feita pelos cidadãos de Siena", e, assim, é inequivocamente associada a causas humanas em vez de causas físicas ou espirituais. Ver A. Hatto, "'Revolution': An Inquiry into the Usefulness of an Historical Term". *Mind*, v. 58, n. 232, 1949, p. 502.
6 R. Koselleck, *Futuro passado*, op. cit., p. 37.

O objetivo de uma perfeição possível, que antes só podia ser alcançado no além, foi posto a serviço de um melhoramento da existência terrena, que permitiu que a doutrina dos últimos fins fosse ultrapassada, assumindo-se o risco de um futuro aberto. [...] Desde então toda a história pôde ser concebida como um processo de contínuo e crescente aperfeiçoamento; apesar das recaídas e rodeios, ele teria que ser planejado e posto em prática pelos homens. Desde então os fins continuam a ser estabelecidos de geração em geração, e os efeitos previstos no plano ou no prognóstico se transformam em elementos de legitimação da ação política.[7]

As revoluções, e a Francesa em particular, desempenharam um papel importante tanto na constituição desse modelo quanto no estabelecimento de sua primazia. Alinhar-se com elas em meados do século XVIII significava entender a história humana como uma só narrativa, unificada e animada por um projeto comum subjacente, e a revolução como o instrumento por meio do qual ela avançava. Além de fornecer à ideia de revolução um valor prognóstico e programático, isso também lançava luz sobre acontecimentos passados como a Revolução Gloriosa de 1688 na Inglaterra e a revolução científica dos séculos XVI e XVII.[8] Por outro lado, a nova concepção de revolução e o modelo temporal do qual ela fazia parte não poderiam ter se fortalecido se as agitações políticas do fim do século XVIII não tivessem parecido oferecer provas sólidas de sua realidade. Ao emprestar "unidade épica ao todo"[9]

---

[7] Ibid., pp. 316–17. "Não imanentize o eschaton", foi, é claro, o modo como o líder conservador William F. Buckley Jr. transformou em slogan a tese de Eric Voegelin sobre o impulso gnóstico tão central ao pensamento político moderno.
[8] A ideia de "revolução científica" como uma maneira de descrever os desenvolvimentos científicos dos séculos XVI e XVII ganhou força na segunda metade do século XVIII. É o que ocorre na década de 1750, com a *Enciclopédia* de Diderot e D'Alembert, por exemplo, e aparece também com destaque nos escritos da década de 1780 do marquês de Condorcet e de Jean-Sylvain Bailly, ambos os quais tomariam parte – e morreriam – na Revolução Francesa. Ver I. Bernard Cohen, "The Eighteenth-Century Origins of the Concept of Scientific Revolution". *Journal of the History of Ideas*, v. 37, n. 2, 1976, pp. 257–88.
[9] A frase é de Barthold Georg Niebuhr, em seu livro *Geschichte des Zeitalters der Revolution* [História da Era da Revolução], de 1845, citado em R. Koselleck, *Futuro passado*, op. cit., p. 52.

da história até então existente, a Revolução Francesa criou retrospectivamente a história da qual ela própria era o ponto culminante provisório, ao mesmo tempo que mostrava que a marcha do Progresso seria pontuada por momentos de ruptura tais como ela.

Koselleck chama a atenção para o fato de que, à medida que as diferenças sociais e políticas foram condensadas em uma oposição binária contra o Antigo Regime, ocorreu um movimento paralelo de "singularização" e "simplificação" lexical: a pluralidade infinita de acontecimentos históricos foi reunida em uma única História, "das liberdades fez-se a Liberdade, das justiças fez-se a Justiça, dos progressos o Progresso, das muitas revoluções '*La Révolution*'".[10] Simultaneamente singular e plural, "a Revolução" designava tanto o tipo de ruptura com o passado de que a Revolução Francesa era o caso paradigmático quanto o processo histórico-mundial mais amplo que incluía esses momentos. Com isso, o destino de acontecimentos específicos no presente ou no futuro poderia ser imediatamente relacionado ao destino da humanidade como um todo; a Revolução estava em jogo em cada ato revolucionário e era, por isso mesmo, uma fonte de legitimação para eles.

Embora essa caracterização da temporalidade moderna e do papel da revolução esteja correta em seus traços mais gerais, faltam ainda alguns detalhes. Uma série de nuances se desenvolveriam a partir do final do século XVIII no que diz respeito à direção geral da marcha do Progresso, ao lugar que a mudança revolucionária ocupa nela e à estrutura temporal que essa relação supunha. Esses matizes ajudariam a definir algumas das mais importantes linhas de fratura dos séculos XIX e XX.

A revolução que havia sido antecipada pelos iluministas do século XVIII tinha um conteúdo bastante preciso: ela denotava uma ruptura com o absolutismo e os privilégios aristocráticos, a constitucionalização, a separação de poderes e um sistema de freios e contrapesos, a garantia das liberdades individuais e da participação política (para alguns). "Revolução", portanto, tinha como referente uma mudança essencialmente *política*, em consonância com o significado das expressões mais antigas que a palavra viera a substituir

---

10 R. Koselleck, *Futuro passado*, op. cit., p. 52.

(*mutatio res publicae, mutazione di stato*). "A Revolução", por sua vez, era o processo por meio do qual essa mudança, repetindo-se em diferentes nações, se espalharia por todo o mundo. Isso significa, no entanto, que quando a Revolução Americana e a Revolução Francesa confirmaram essas expectativas, a revolução já era, em certo sentido, algo que pertencia ao passado. Em vez de grandes avanços ou inovações, o que se podia projetar a partir daquele momento era a disseminação de uma forma política que permaneceria fundamentalmente a mesma: o Estado constitucional moderno. No que dizia respeito à esfera política, o excesso radical de expectativa sobre a experiência já não era mais relevante; a forma da política por vir estava em princípio contida na experiência do passado recente. A estabilidade relativa dessas formas políticas "finalmente descobertas" certamente não impedia sua perfectibilidade indefinida, ou a da sociedade que elas sustentavam: seu bem-estar material, a liberdade individual e a realização de seus cidadãos, e assim por diante. A humanidade ainda avançava em direção a uma plenitude da qual se aproximava permanentemente de maneira assintótica; mas os trilhos institucionais de seu progresso já haviam sido assentados em definitivo. O resultado é que a expectativa de novidades radicais foi gradualmente deslocada do campo da política para áreas como o comércio, a indústria e a tecnologia; apenas deles se poderia esperar o novo e o imprevisto. As revoluções futuras seriam tecnológicas, econômicas, financeiras, culturais, mas produziriam para sempre apenas o mesmo tipo de instituições – qualquer outra coisa passaria a ser vista com suspeita, como um desvio potencial ou uma recaída para um momento anterior do progresso da Revolução.[11] Nessa resposta aos acontecimentos do final do século XVIII, encontramos uma visão liberal da história que é familiar – aliás, dominante – até hoje.

A ideia de "revolução social" surgiu para se opor a essa redução da revolução à arena política. Ainda que se apresentasse em continuidade com a era de mudança política inaugurada pelos aconteci-

---

[11] Uma exceção digna de nota a esse respeito é o argumento de Thomas Jefferson em defesa de uma reabertura cíclica do momento constituinte, seja por meios constitucionais (uma cláusula que prescreva revisões regulares), seja através da rebelião, como um meio de manter viva a virtude cívica. Ver T. Jefferson, *The Declaration of Independence*, ed. Michael Hardt. London: Verso, 2007.

mentos na França, ela procurava estender o ímpeto revolucionário à reorganização da economia e da vida social como um todo. Somente assim se poderia levar a cabo um processo que aquelas revoluções cujas ideias "eram apenas de política"[12] não poderiam senão deixar incompleto. É nesse sentido que, quando os membros da Conspiração dos Iguais espalharam cartazes pelas ruas de Paris com uma "Análise da Doutrina de Babeuf, Tribuno do Povo", em 11 de abril de 1796, lia-se que:

> x. O objetivo da revolução é destruir a desigualdade e restabelecer o bem-estar de todos.
>
> xi. A revolução não acabou porque os ricos absorvem toda a riqueza e governam sozinhos, enquanto os pobres trabalham como verdadeiros escravos, definham na pobreza e não são levados em conta no Estado.[13]

A caracterização da revolução social como uma secularização da escatologia religiosa é um lugar-comum já bastante estabelecido.[14] Embora isso seja um componente inegável da tradição revolucionária, o quadro é um pouco mais complexo e talvez menos distinto da "historicidade aberta" e da "governamentalidade indefinida" do

---

12 Pierre-Joseph Proudhon, *General Idea of the Revolution in the Nineteenth Century*, trad. John Beverly Robinson. New York: Haskell, 1969, p. 44.
13 Anônimo, *Analyse de la doctrine de Babeuf, tribun du peuple: Proscrit par le Directoire Exécutif pour avoir dit la vérité*. Paris: Ed. do autor, 1796, p. 3. Aqui, o uso de um vocabulário que sugere um retorno ou uma restauração (um "restabelecimento") se deve menos talvez a uma concepção cíclica da história do que a um recurso retórico à escatologia (a promessa de redenção de uma Idade de Ouro perdida). A passagem também sugere que, ao menos na França, a noção de "Revolução" como um processo "transcendental" abrangente acima das revoluções "empíricas" pode em parte ter se desenvolvido como consequência das disputas internas da Revolução Francesa e da ambiguidade de declarações como "a revolução não acabou" – em que o referente pode ser considerado como sendo especificamente a Revolução Francesa, ou um destino histórico mais amplo.
14 Ver, por exemplo, Eric Voegelin, *A nova ciência da política*, trad. José Viegas Filho. Brasília: Ed. UnB, 1982; Raymond Aron, *O ópio dos intelectuais*, trad. Yvonne Jean. Brasília: Ed. UnB, 1980.

liberalismo.¹⁵ É verdade que essa tradição tende a imaginar o mundo pós-revolucionário como *politicamente* estável e imutável, onde as contradições perdem seu caráter antagônico e qualquer risco de recaída nos modos pré-revolucionários cessa de existir depois de um tempo. Isso, contudo, não é incompatível com a fé no Progresso contínuo. Assim, por exemplo, o livro *Olhando para trás*, de Edward Bellamy, publicado em 1888, associa o futuro socialista a uma época de desenvolvimentos tecnológicos fabulosos que só poderia ser desencadeada pela revolução social. A mesma confiança poderia ser dirigida para o próprio material humano, como no famoso comentário de Trotski de que, sob o comunismo,

> [o] homem irá se tornar incomparavelmente mais forte, mais sábio e mais sutil. Seu corpo será mais harmonioso, seus movimentos mais rítmicos, sua voz mais melodiosa. [...] A espécie humana, na sua generalidade, atingirá o talhe de um Aristóteles, de um Goethe, de um Marx. E sobre ela se levantarão novos cumes.¹⁶

Naturalmente, algumas visões do mundo após a revolução social – desde as de Charles Fourier e William Morris até, mais sombriamente, a do Khmer Vermelho – estiveram mais próximas de idílios agrários antediluvianos do que de utopias mecanizadas. No entanto, o que encontramos na maior parte da tradição revolucionária dos séculos XIX e XX não é uma capitulação à escatologia medieval, mas o compromisso totalmente moderno com uma historicidade aberta, em que a política, e não outras áreas, atinge uma condição estável após a revolução. A necessidade de mudança política, e em certo sentido a própria política, pode desaparecer à medida que "os homens se habituam a observar as regras de convivência que lhes são necessárias"¹⁷ e o "governo sobre as pessoas é substituído pela administração

---

15   Michel Foucault, *Segurança, território, população: Curso dado no Collège de France (1977–1978)*, trad. Eduardo Brandão. São Paulo: Martins Fontes, 2008, pp. 347–48.
16   Leon Trotski, *Literatura e revolução*, trad. Luiz Alberto Moniz Bandeira. Rio de Janeiro: Jorge Zahar, 2007, p. 196.
17   V. I. Lênine, "O Estado e a revolução: A doutrina do marxismo sobre o Estado e as tarefas do proletariado na revolução", in *Obras escolhidas*, v. 2. São Paulo: Alfa--Ômega, 1980, p. 282.

das coisas e pela direção dos processos de produção".[18] Mas as forças irrefreáveis do Progresso continuariam seu trabalho em outros lugares, na cultura, na tecnologia, e assim por diante – exatamente como na concepção liberal descrita acima, portanto, exceto por uma importante diferença. Se, na visão liberal, a revolução que inaugurava uma era de maravilhas imprevisíveis já estava de certo modo no passado, para os revolucionários sociais, a revolução era algo que ainda estava por vir.[19]

Depois da separação entre revolução política e revolução social, duas outras questões cindiriam a tradição que assumiu a bandeira desta última. A primeira consistia em saber se a revolução social poderia ser alcançada por meios graduais e evolutivos ou se dependia de uma ruptura revolucionária para ser produzida. Essa alternativa opunha "utopistas" como Pierre-Joseph Proudhon, Robert Owen, Charles Fourier e Étienne Cabet tanto a socialistas insurrecionistas, como Louis Auguste Blanqui, quanto a marxistas e anarquistas.[20] A segunda divisão, que em geral explica o cisma entre marxistas e anarquistas, opunha aqueles para quem uma ruptura revolucionária necessariamente envolvia uma revolução política e, portanto, algum tipo de passagem pelo aparelho de Estado, àqueles para quem esse aparelho deveria ser abolido imediatamente a fim de exorcizar qualquer possibilidade de um retorno da dominação.

---

18   Friedrich Engels, *Do socialismo utópico ao socialismo científico*, trad. Roberto Goldkorn. São Paulo: Global, 1984, p. 73. Essa frase, que geralmente se afirma ter sido tomada por Marx e Engels de Saint-Simon, foi na verdade escrita por Auguste Comte em um ensaio publicado na revista *Catéchisme des Industriels* [Catecismo dos Industriais], editada por Saint-Simon. Para uma história da expressão, ver Ben Kafka, "The Administration of Things: A Genealogy". *West 86th*, 2012. Ao contrário de Marx e Engels, é claro, Saint-Simon e Comte esperavam que seus planos de reforma social *impedissem* revoluções que eles acreditavam que, de outra forma, se tornariam inevitáveis.

19   Uma exceção notável foi Fourier, cuja *Teoria dos quatro movimentos e dos destinos gerais* adiantou um esquema histórico constituído por quatro fases, nas quais, após 70 mil anos de verdadeira harmonia, haveria 5 mil anos de degeneração humana, culminando com a extinção física do planeta.

20   Embora, como observa Keith Taylor, os movimentos reais que se aglutinaram em torno das ideias desses utopistas às vezes mudassem de posição de acordo com o tempo, o lugar e a disposição dos próprios trabalhadores. Ver K. Taylor, *The Political Ideas of the Utopian Socialists*. London: Frank Cass, 1982, p. 15.

Quando considerados em detalhe, vários elementos da ideia de revolução (social e política) tal como esta evoluiu do século XVIII ao XX são, hoje, fonte de estranhamento. Submetidos ao julgamento das esperanças frustradas e das consequências destrutivas que inspiraram, criticados em termos tanto teóricos quanto práticos, eles se tornaram distantes para nós: pouco convincentes, implausíveis, improváveis. Nas próximas seções, me concentrarei naqueles que acredito serem os três mais importantes entre esses elementos. Ainda que possamos encontrá-los em sua forma mais clara e pura na teoria marxista-leninista da revolução, que se tornaria a mais influente do século XX, eles também estão presentes em alguma medida na maioria das teorias que têm a ideia moderna de revolução como uma matriz comum – ou que ainda não chegaram a examinar reflexivamente o que retiram desse fundamento compartilhado.

Da necessidade à contingência

Talvez ninguém jamais tenha tido uma relação tão intensa com o horizonte moderno de expectativa quanto a dos revolucionários dos séculos XIX e XX. Ser um revolucionário naquele período significava perceber a si mesmo quase constantemente como "vivendo às vésperas de grandes acontecimentos";[21] e embora esse sentimento tenha conhecido sua cota de altos e baixos, talvez seja apenas a partir de meados da década de 1970 que ele começaria efetivamente a esmaecer. A crença na marcha irreversível do Progresso humano, como vimos, era parte integral do modo como a modernidade vivia e apreendia o tempo histórico – e também, portanto, da tradição revolucionária dos séculos XVIII e XIX. O marxismo, com sua pretensão de possuir um poder preditivo baseado no conhecimento das leis do desenvolvimento histórico – fundamentando a Providência do século XVIII com a Ciência do século XIX, por assim dizer –, foi, em muitos aspectos, a culminação dessa linhagem. Dado que o discurso político

---

21   P. Kropotkin et al., "The Coming Revolution". *Freedom: A Journal of Anarchist Socialism*, n. 1, v. 1, 1886, p. 1. O texto continua: "Antes de chegarmos ao fim deste século, veremos grandes movimentos revolucionários transformando nossas condições sociais na Europa e provavelmente também nos Estados Unidos da América".

é sempre um híbrido instável de análise e persuasão, é impossível dizer o quanto dessa confiança era genuíno e o quanto era um fervor autoinduzido com o propósito de sustentar o compromisso da vida militante.[22] (Naturalmente, essa distinção seria ela mesma sem sentido para um militante de verdade.) Ainda assim, é difícil não ter a sensação de que no passado acreditava-se mais do que hoje.[23] Uma noção forte de necessidade histórica se tornou algo tão estranho para a maioria das pessoas que acreditar nela beira o incompreensível.

Georges Canguilhem sugeriu em 1987 que a ideia de Progresso começara a esmorecer quando a segunda lei da termodinâmica, ao identificar que a entropia total de um sistema isolado tende a aumentar ao longo do tempo, acenou com a ideia de um movimento universal e espontâneo em direção à decadência e à desorganização.[24] De Condorcet e Kant a Hegel e Comte, vários pensadores haviam fundado suas previsões de um avanço ininterrupto da humanidade sobre a estabilidade sem fim do cosmos newtoniano, concebendo o progresso como o desenvolvimento da própria ordem eterna. Qualquer movimento retrógrado seria, assim, explicável em princípio como um retrocesso temporário ou um desvio astucioso que permitiria à Razão lançar-se ainda mais adiante. Com Carnot, Clausius e Kelvin, o século XIX descobriu na própria fonte de seu dinamismo técnico – a máquina a vapor – uma propensão irreversível à perda, ao declínio, à estase e à morte.

Ainda assim, levaria algum tempo para que essa ideia se infiltrasse na cultura como um todo. Mesmo pensadores versados na ciência de sua época, como Marx, Herbert Spencer e Henri Bergson, não conseguiram perceber suas implicações. Apesar da breve eufo-

---

22   Na mesma linha, Deleuze e Guattari sugerem que "as grandes utopias socialistas do século XIX" deveriam ser entendidas "não como modelos ideais, mas como fantasmas de grupo", permitindo às pessoas "um desinvestimento ou uma 'desinstituição' do campo social atual, em proveito de uma instituição revolucionária do próprio desejo". Gilles Deleuze e Félix Guattari, *O anti-Édipo: Capitalismo e esquizofrenia 1*, trad. Luiz B. L. Orlandi. São Paulo: Ed. 34, 2010, p. 48.
23   Embora devamos talvez ser cautelosos com tais impressões; ver o capítulo 2 de Robert Pfaller, *On the Pleasure Principle in Culture: Illusions without Owners*, trad. Lisa Rosenblatt. London/ New York: Verso, 2014.
24   Georges Canguilhem, "La Décadence de l'idée de progrès". *Revue de Métaphysique et de Morale*, v. 92, n. 4, 1987, pp. 437–54.

ria que, por razões muito diferentes, animou capitalistas e socialistas nos anos 1920, a primeira metade do século XX definitivamente viu as coisas tomarem um rumo mais pessimista. Por mais diferentes que sejam entre si, as obras de Spengler, Heidegger e Freud – para quem as crescentes tensões sociais, agitações revolucionárias e traumas militares da época eram um importante material – são indicativos dessa inflexão. Ao trazer de volta para casa a violência cujo deslocamento para as colônias havia sido a condição para o florescimento da Europa, a ascensão do fascismo, a Segunda Guerra Mundial e o Holocausto ofereceram provas contundentes de que a história poderia andar para trás tanto quanto para frente, e que era perfeitamente possível perder o que se pensava já estar definitivamente ganho. Essa percepção, combinada com a convicção de que a oportunidade para uma revolução mundial havia sido perdida para sempre, seria central para o pensamento de alguém como Adorno.[25]

Nos anos do pós-guerra, começou a tomar forma um divórcio lento, mas gradual, entre Progresso e Revolução. Apesar do impasse nuclear entre as duas superpotências globais, as décadas de 1950 e 1960 foram, de maneira geral, um período otimista, impulsionado pelo crescimento econômico, por mudanças sociais modernizadoras, por avanços tecnológicos e pela disseminação do consumo de massa. Não por coincidência, essa foi a era de ouro da futurologia, quando as previsões de nomes como Alvin Toffler, Buckminster Fuller e Marshall McLuhan chegavam a um público massivo. A crença na revolução, por outro lado, sobreviveu principalmente mediante seu deslocamento geográfico para fora do centro capitalista. À medida que o bloco soviético se tornava uma fonte crescente de desilusão, especialmente depois da repressão ao levante húngaro de 1956, e que os partidos comunistas do ocidente se tornavam cada vez menos ousados, as esperanças revolucionárias ou reformistas radicais encontravam um novo lar na periferia: nos movimentos de inde-

---

25 Curiosamente, Adorno disse do autor de *O declínio do Ocidente* que "Spengler faz parte daqueles teóricos do conservadorismo reacionário cuja crítica do liberalismo mostra-se em muitos pontos superior à crítica progressista". Theodor Adorno, "Spengler após o declínio", in *Prismas: Crítica cultural e sociedade*, trad. Augustin Wernet e Jorge Mattos Brito de Almeida. São Paulo: Ática, 1998, p. 58.

pendência africanos e asiáticos, em Cuba e no Vietnã, na Revolução Cultural Chinesa, e mesmo "no Terceiro Mundo interno", como no caso dos Panteras Negras nos Estados Unidos. Não eram apenas os futurologistas, com seus vaticínios sobre as revoluções tecnológica, gerencial e pós-industrial, que acreditavam que, no Norte global, o conflito social havia se tornado uma coisa do passado; muitos na esquerda pensavam o mesmo.

A onda de mobilização militante que se espalhou pelo globo de meados dos anos 1960 até meados dos anos 1970 permitiu, por um breve e agitado momento, um vislumbre de outras possibilidades. Seu refluxo e derrota, contudo, seguidos pela ascensão triunfante do neoliberalismo e, finalmente, pelo colapso do bloco soviético, contribuíram não apenas para retirar a revolução da agenda, mas para tornar a ideia de sua inevitabilidade histórica quase impossível de sustentar seriamente. A ideia de Progresso indefinido, por outro lado, continuou se arrastando como um zumbi: até hoje ela ainda goza de algum tipo de existência residual, apesar do acúmulo de evidências contrárias, especialmente a perspectiva de um colapso ecológico e os limites que este impõe ao crescimento econômico tal como o conhecemos. Novamente posta em circulação por políticos e ideólogos de tempos em tempos, ela se assemelha cada vez mais a algo em que as pessoas precisam se convencer de que acreditam pela pura falta de alguma outra coisa – para nem sequer dizer: de uma revolução – que possam pôr em seu lugar.

Não se pode dizer, no entanto, que a necessidade histórica da revolução jamais tenha sido contestada, mesmo dentro do campo marxista. Já na década de 1890, observando que algumas das principais previsões de Marx não haviam se concretizado, Eduard Bernstein argumentava que uma teoria com aspirações ao status de ciência não poderia legitimamente sustentar, à luz das evidências disponíveis, que o colapso capitalista e a revolução eram inevitáveis e iminentes. Os elementos que Bernstein denunciava como não científicos no marxismo eram nada menos que um pilar do materialismo histórico (a dialética) e uma das bases de suas pretensões científicas (o determinismo). Ele considerava ambos como simplificações externas e aprioristicas da complexidade empírica que não podiam resultar em outra coisa senão "construções arbitrárias" e "deduções improváveis".²⁶ Se "só se pode ter certeza de um efeito que resulta da operação de diversas forças quando todas essas forças são conhecidas com exatidão e consideradas em seu peso integral",²⁷ uma postura verdadeiramente científica deve reconhecer que as chamadas "leis" do desenvolvimento econômico são, na verdade, apenas tendências sujeitas à ação de forças que as contrariam e compensam. Elas podem ser as mais importantes, mas não são os únicos fatores a determinar o curso da história. Essa rejeição da determinação unilateral da história e da superestrutura pela base econômica se tornaria uma das características proeminentes do chamado "marxismo ocidental", sendo Althusser um de seus proponentes mais notáveis: "a dialética econômica nunca joga *no estado puro* [...]. Nem no primeiro nem no último instante, a hora solitária da 'última instância' jamais chega".²⁸

O que sobressai na crítica de Bernstein, contudo, é o quanto ela ainda opera no interior da historicidade moderna. Seu antideterminismo tropeça na tensão entre negar a necessidade do colapso e afirmar a necessidade do progresso. A crença na possibilidade de uma transição gradual e pacífica para o socialismo se cristaliza, no fim das contas, numa fé tão imune ao contraditório dos dados empíricos quanto a "teoria da catástrofe" por ele criticada. A direção do processo é "inconfundível",²⁹ mesmo que "o curso geral do desenvolvimento não impeça contratempos periódicos"³⁰ e "convulsões reacionárias temporárias".³¹ Ao fim e ao cabo, o que Bernstein faz ao abandonar a teleologia marxista é recuar em direção à teleologia liberal: a emancipação resulta da infinita perfectibilidade tanto do Estado quanto da economia dentro do quadro estabelecido pelas revoluções burguesas dos séculos XVIII e XIX. Não é de se admirar, por-

---

26   Eduard Bernstein, Henry Tudor (org.),*The Preconditions of Socialism*. Cambridge, MA: Cambridge University Press, 1993, p. 31.
27   Ibid., 15. Em passagens como esta, Bernstein se aproxima do uso que Colletti faria da distinção kantiana entre oposição real e oposição lógica mais de meio século depois.
28   Louis Althusser, *Por Marx*, trad. Maria Leonor F. R. Loureiro. Campinas: Ed. Unicamp, 2015, p. 89 (grifo no original).
29   E. Bernstein, *The Preconditions of Socialism*, op. cit., p. 144.
30   Ibid., p. 6.
31   Ibid., p. 84. [N.T.]

tanto, que ele proclamasse o socialismo como "herdeiro legítimo" do liberalismo.[32]

Em meados do século XX, contudo, seria a possibilidade de sustentar a teleologia em geral que entraria em questão. Mais do que as lições históricas listadas acima, ou a segunda lei da termodinâmica, dois grandes desenvolvimentos científicos do século XIX foram decisivos nesse processo. A revolução iniciada por Ludwig Boltzmann com a criação da mecânica estatística na década de 1870 substituíra o cosmos determinístico de Newton e Laplace, em que o futuro seria perfeitamente calculável para um intelecto ciente da posição atual de cada partícula, pela imagem de um universo probabilístico que deixava uma margem considerável para a contingência. Charles Darwin, por sua vez, desferira um golpe mortal no último refúgio da teleologia (o argumento do design inteligente) ao especificar um princípio (a seleção natural) que explicava como formas cada vez mais complexas e variadamente adaptadas poderiam se desenvolver a partir de outras mais simples sem a intervenção de um criador.

Como se não bastasse, o século XX também testemunharia um coro crescente de antropólogos e de vozes do mundo pós-colonial criticando a noção unilinear de Progresso que rebaixava alguns humanos ao passado da humanidade enquanto fazia de outros um padrão universal.[33] Claude Lévi-Strauss já falava de dentro de um espaço constituído por essas transformações quando escreveu em 1962 que

> [o] homem dito de esquerda aferra-se ainda a um período da história contemporânea que lhe dispensava o privilégio de uma con-

---

32 Ibid., p. 147.
33 Ver Aimé Césaire, "Discurso sobre o colonialismo", in *Aimé Césaire, textos escolhidos*, trad. Sebastião Nascimento. Rio de Janeiro: Cobogó, 2022. Ver também Franz Boas, *A mente do ser humano primitivo*, trad. José Carlos Pereira. Petrópolis: Vozes, 2011. Mais perto do fim de sua vida, Marx contestou abertamente as interpretações unilineares de sua obra, queixando-se ao editor de uma revista russa sobre um artigo que o apresentava como o proponente de "teoria histórico-filosófica da *marche generale* [marcha geral] que o destino impõe a todos os povos, quaisquer que sejam as circunstâncias históricas em que eles se encontram". K. Marx, "Letter to the Editor of *Otechestvenniye Zapiski*, November 1877", in *Collected Works*, v. 24. New York: Progress Publishers, 1989, p. 200. Ver também Massimiliano Tomba, "Historical Temporalities of Capital: An Anti-Historicist Perspective". *Historical Materialism*, v. 17, n. 4, 2009, pp. 44–46.

gruência entre os imperativos práticos e os esquemas de interpretação. Talvez essa idade de ouro da consciência histórica já esteja terminada; e que se possa pelo menos conceber essa eventualidade prova que se trata apenas de uma situação contingente [...].[34]

"Fatos" históricos, ele argumentaria, não são autoevidentes, mas o resultado de seleção e constituição. História é sempre "história-para",[35] história vista de certa perspectiva. Consequentemente, a consciência histórica *da Humanidade*, a partir da qual seria possível totalizar o conjunto da história, nunca é mais do que uma perspectiva situada se elevando à condição de ponto de vista de Deus – fazendo passar sua autoconsciência parcial pela autoconsciência do Todo.

[C]ada uma das dezenas ou das centenas de milhares de sociedades que coexistiram sobre a terra ou que se sucederam desde que o homem nela apareceu prevaleceu-se de uma certeza moral, semelhante àquela que nós mesmos podemos invocar, para proclamar que nela [...] estão condensados todo o sentido e a dignidade de que a vida humana é suscetível. Mas seja entre elas ou entre nós, é preciso muito egocentrismo e ingenuidade para crer que o homem está todo inteiro refugiado num só dos modos históricos ou geográficos de seu ser [...].[36]

Mais de quinze anos depois, ao defender a irredutibilidade da revolta diante da história, da lei e da escolha racional, Foucault também se referiria a uma "época da 'revolução'" no passado: por duzentos anos essa ideia "se projetou sobre a história, organizou nossa percepção do tempo, polarizou as esperanças".[37] Sua defesa da irredutibilidade da revolta, no entanto, sugeria que essa era já havia chegado ao fim. A essa altura, a crise do marxismo já havia definiti-

---

34 Claude Lévi-Strauss, *O pensamento selvagem*, trad. Tânia Pellegrini. Campinas: Papirus, 1989, pp. 282–83.
35 Ibid., p. 286.
36 Ibid., p. 277.
37 M. Foucault, "É inútil revoltar-se?", in *Ética, sexualidade, política*, trad. Elisa Monteiro e Inês Barbosa. Rio de Janeiro: Forense Universitária, 2006, p. 78. (Ditos e Escritos, v. 5).

vamente explodido; como Althusser se lembrava de ter ouvido de um grupo de trabalhadores de um antigo reduto autonomista na Itália, "alguma coisa 'se partiu' na história do movimento operário", tornando impossível integrar passado e presente, e convertendo o futuro em algo incerto.[38] Para muitos, assim como para Bernstein anteriormente, perder a promessa formidável da revolução significava retornar à esperança de perfectibilidade indefinida oferecida pelo humanismo liberal, que encontraria em Francis Fukuyama seu garoto-propaganda mais articulado do pós-Guerra Fria. Outros extrairiam consequências mais audaciosas, ao notar que o problema não estava nesse ou naquele fundamento teleológico, mas em uma concepção de história que tornava tais fundamentos possíveis.

Poucos foram tão contundentes quanto Alain Badiou quando escreveu em 1982: "a história não existe".[39] Como Bernstein antes dele, Badiou descartou dois dogmas do marxismo com um só golpe: a história entendida como uma totalidade que pode ser apreendida pela razão e a própria ideia de totalidade. Dizer que qualquer coleção de "fatos" históricos não tem um significado fora da operação simbólica que a organiza desse ou daquele modo era uma maneira, conforme Badiou deixaria claro mais tarde, de "combater" a confusão entre o simbólico e o real que havia permitido aos marxistas acreditar na possibilidade de uma fusão real entre a ideia de comunismo e a verdade histórica: um momento futuro de plena realização capaz de justificar qualquer excesso ou recuo aqui e agora.[40] Abandonar a ideia de uma História cujo arco completo nós poderíamos conhecer e dominar significava, portanto, proteger o pensamento e a prática políticas contra os perigos de se aspirar à perspectiva onisciente de um "Tribunal da História".[41]

---

38   L. Althusser, "The Crisis of Marxism". *Theoretical Review*, n. 7, 1978, p. 11.
39   A. Badiou, *Theory of the Subject*, trad. Bruno Bosteels. London: Continuum, 2009, p. 92.
40   Id., *A hipótese comunista*, trad. Mariana Echalar. São Paulo: Boitempo, 2012, p. 137.
41   Sobre a noção profundamente moderna da história como um tribunal, ver R. Koselleck, *Futuro passado*, op. cit., p. 56. A ideia, que se tornaria lugar-comum no discurso marxiano, é evocada pelo próprio Marx: "A História é o juiz – o seu executor, o proletário". K. Marx, "Discurso no aniversário de 'The People's Paper'", trad. José Barata-Moura, in id. e F. Engels, *Obras escolhidas em três tomos*, t. 1, trad. José Barata-Moura et al. Lisboa: Edições Avante!, 1982, p. 528.

Dizer que não podemos afirmar a inevitabilidade da revolução obviamente não equivale a dizer que ela não possa acontecer. (Não equivale nem mesmo, aliás, a dizer que ela *não* é inevitável: mesmo que ela o fosse, nós não teríamos como saber.) Contudo, assumir a contingência da história e os limites de nossa capacidade de prever o futuro é certamente a opção mais consistente que nos resta se levamos em conta a ciência contemporânea e as experiências dos últimos dois séculos. Além disso, a ameaça atual da mudança climática sugere a possibilidade de que, mesmo que a revolução mundial *fosse* inevitável, a humanidade poderia ver seu tempo se esgotar antes que a hora chegasse.[42]

Da transitividade à composição

A maioria das pessoas concordaria que existe alguma relação transitiva entre as posições que os indivíduos ocupam dentro da estrutura social (classe, idade, raça, gênero etc.) e as ideias que eles formam: as primeiras implicam as últimas de alguma maneira. Poderíamos interpretar essa relação em termos probabilísticos e dizer que, uma vez que a posição social pressupõe circunstâncias materiais que tornam algumas experiências mais prováveis do que outras, os indivíduos tendem a desenvolver as crenças, as disposições e os valores que essas experiências tendem a suscitar e reforçar. No entanto, o que estou chamando de "transitividade" aqui é uma tese mais forte, e não surpreende que seja anterior à revolução probabilística introduzida pela mecânica estatística. Trata-se da ideia de que existe uma conexão determinística entre a estrutura social e a subjetividade revolucionária, no sentido de que alguns grupos sociais, em virtude de sua posição estrutural, *possuem uma capacidade única de transformar essa estrutura e estão determinados a se tornar politicamente conscientes e ativos.*

---

42   Já em 1983, Stuart Hall observava que "vivemos em um mundo em que o socialismo não é inevitável. Vivemos em um mundo em que existem socialismos que são caricaturas do socialismo e o que há de mais inevitável em nosso mundo, em um cálculo lógico, é seu fim. A barbárie, que é a outra alternativa que Marx nos ofereceu, está muito mais próxima". S. Hall, "For a Marxism without Guarantees". *Australian Left Review*, n. 84, 1983, p. 41.

Obviamente, socialistas e anarquistas sempre buscaram uma base social para suas ideias. Alguns, como Owen, Fourier e Saint--Simon, dirigiam-se a empresários e líderes políticos, identificando aqueles com maior acesso às alavancas do poder como sendo quem melhor poderia ajudá-los a concretizar seus projetos. O sansimonismo, em particular, teve um forte apoio entre a classe média em certo momento. Por outro lado, como artesãos e trabalhadores qualificados foram os primeiros a se sentir ameaçados pelo capitalismo industrial, foi entre eles que Owen, Fourier, Proudhon, Étienne Cabet, Wilhelm Weitling, Mikhail Bakunin e Marx encontraram seu primeiro público entusiasmado. O fato, porém, é que a transitividade transforma a questão da conveniência política imediata ("onde nossas ideias podem encontrar uma base para mobilizar?") em um problema de ordem diferente. Se a conveniência pode flutuar, a transitividade tem por problema estabelecer o referente de uma necessidade histórica: não se trata de "quem devemos tentar organizar?", mas de "que classe, por sua própria natureza, é a classe revolucionária? Quem são as pessoas que, podemos saber, *farão* a revolução?".

Marx chegou à conclusão de que o proletariado industrial seria o agente da emancipação universal a partir de três deduções. A mais antiga delas, de natureza lógico-conceitual, remonta à introdução à "Crítica da filosofia do direito de Hegel", de 1844, momento em que o filósofo de 25 anos descobriu o proletariado. Esse ainda era um Marx que argumentava como Jovem Hegeliano, mesmo que já tivesse começado a acertar suas contas com o idealismo: o que orienta o argumento é o movimento lógico dos conceitos em vez da referência à realidade empírica. É a própria privação do proletariado que o torna universal, na medida em que, destituído de toda propriedade e reduzido à mera capacidade de trabalho, não possui qualquer particularidade a defender contra os interesses das outras classes. Uma revolução liderada pelo proletariado não é, portanto, uma revolução para substituir um poder de classe por outro, mas para abolir todas as classes, e para emancipar não um grupo particular, mas toda a humanidade. Somente aqueles que não têm nenhuma propriedade podem acabar com a propriedade privada; somente aqueles sem parte no mundo existente podem eliminar sua partição.

Isso, no entanto, apenas nos diz que o proletariado é por direito a única força que poderia produzir a emancipação universal; não garante que ele tenha o poder para fazê-lo. Esse é o trabalho de uma segunda dedução, essa histórico-materialista, que segue das tendências imanentes do próprio capitalismo:

> com o desenvolvimento da indústria, o proletariado não apenas se multiplica; comprime-se em massas cada vez maiores, sua força cresce e ele adquire maior consciência dela. [...] De todas as classes que hoje em dia se opõem à burguesia, só o proletariado é uma classe verdadeiramente revolucionária. As outras classes degeneram e perecem com o desenvolvimento da grande indústria; o proletariado, pelo contrário, é seu produto mais autêntico.[43]

Não basta, porém, saber que o proletariado *pode* fazer a revolução; é preciso saber que ele *irá* fazê-la. É essa tarefa final que a transitividade é chamada a cumprir. Fazer do desenvolvimento da consciência revolucionária do proletariado uma parte do desdobramento necessário das próprias coisas assegurava que os trabalhadores se tornariam gradualmente conscientes de seu papel histórico e estariam prontos para desempenhá-lo quando chegasse a hora do colapso final do capitalismo. A transitividade fornecia a garantia de que a consciência coletiva do proletariado não apenas se acumularia e se desenvolveria ao longo do tempo, mas o faria em uma direção necessária. Esses três momentos – uma posição de universalidade determinada pela estrutura social, uma capacidade determinada pelo desenvolvimento histórico, uma consciência determinada pela experiência coletiva acumulada – nos apresentam o arco completo da noção de transitividade. É verdade que, assim como com o determinismo histórico, essa não foi necessariamente a última palavra para o marxismo; como veremos na próxima seção, havia uma ambivalência em torno dessas duas crenças que derivava de uma tensão no cerne mesmo da doutrina marxista. Contudo, como discuto no próximo capítulo, até hoje, e mesmo quando a vemos ser conscien-

---

[43] K. Marx e F. Engels, *Manifesto comunista*, trad. Álvaro Pina e Ivana Jinkings. São Paulo: Boitempo, 2010, pp. 47, 49.

temente criticada, frequentemente ainda encontramos a transitividade implicitamente em ação como fonte de análise e força retórica, não apenas no interior da tradição marxista, mas inclusive além dela.

Era inevitável que, à medida que a teleologia entrava em questão, o mesmo acontecesse com a transitividade. Esse processo se deu em duas etapas. A primeira, iniciada na década de 1960, estava baseada em evidências empíricas. Muitos haviam passado a identificar um conservadorismo crescente entre a classe trabalhadora tradicional, seus sindicatos e partidos; ao mesmo tempo, novos atores sociais despontavam trazendo seus próprios desafios à ordem existente: estudantes, mulheres, negros, a contracultura... Deveriam estes ser vistos, na melhor das hipóteses, como auxiliares e, na pior, como prejudiciais à missão revolucionária do proletariado industrial, mesmo quando este parecia dela se esquivar? Ainda se devia esperar que os proletários cumprissem sua missão histórica? Herbert Marcuse, por exemplo, ecoava objeções levantadas por Bakunin contra Marx e Engels um século antes ao escrever que

> por baixo da base conservadora popular está o substrato dos párias e estranhos, dos explorados e perseguidos de outras raças e de outras cores, os desempregados e os não empregáveis. Eles existem fora do processo democrático; sua existência é a mais imediata e a mais real necessidade de pôr fim às condições e instituições intoleráveis. Assim, sua oposição é revolucionária ainda que sua consciência não o seja.[44]

Na mesma época, Frantz Fanon se valia da experiência pós-colonial para lidar com o mesmo tipo de problema.[45] Os acontecimentos de 1968 e suas ramificações pelo mundo reforçaram essa contestação. Em 1972, Michel Foucault ainda imaginava uma divisão de trabalho

---

[44] Herbert Marcuse, *A ideologia da sociedade industrial: O homem unidimensional*, trad. Giasone Rebuá. Rio de Janeiro: Zahar, 1973, p. 235. Ver Mikhail Bakunin, *Escritos contra Marx*, trad. Plínio Augusto Coêlho. São Paulo: Nu-Sol, 2001, p. 61.

[45] Frantz Fanon, *Os condenados da terra*, trad. Ligia Fonseca Ferreira e Regina Salgado Campos. Rio de Janeiro: Zahar, 2022; Immanuel Wallerstein, "Fanon and the Revolutionary Class", in *The Essential Wallerstein*. New York: New Press, 2000, pp. 14–32.

em que todos aqueles que lutavam contra o poder "onde se encontra[va]m", de acordo com seus próprios métodos e objetivos – "[a]s mulheres, os prisioneiros, os soldados, os doentes nos hospitais, os homossexuais" –, seriam aliados naturais na luta liderada pelo proletariado contra a exploração, "pois, se o poder se exerce como ele se exerce, é para manter a exploração capitalista".[46] Oito anos mais tarde, porém, Deleuze e Guattari anunciavam: "Nossa era torna-se a era das minorias".[47] Enquanto o proletariado industrial em vias de encolher correspondia a certo padrão – "o Trabalhador nacional, qualificado, macho e com mais de trinta e cinco anos"[48] –, era dos excessos inclassificáveis que o capitalismo produzia à medida mesmo que tentava incorporá-los à sua axiomática que se poderia esperar uma força capaz de perturbar as estruturas de poder existentes, talvez até o equilíbrio geopolítico.[49] No mesmo ano, André Gorz se referia a uma "'não classe' de 'não trabalhadores'" como a "camada que vive o trabalho como uma obrigação exterior pela qual 'perde-se a vida ganhando-a'".[50] O objetivo destes era a abolição do trabalho em vez de sua apropriação, e era nesse sentido que ela era "portadora do futuro".[51]

Temas semelhantes vinham se desenvolvendo no interior do *operaismo* italiano, que usava as ferramentas do marxismo para interpretar o fato de que, mesmo na Itália militante da década de 1970, o protagonismo parecia estar se afastando do "operário massa" da

---

46 M. Foucault e G. Deleuze, "Os intelectuais e o poder", in *Microfísica do poder*, trad. Roberto Machado. Rio de Janeiro: Graal, 1979, pp. 77-78.
47 G. Deleuze e F. Guattari, *Mil platôs: Capitalismo e esquizofrenia*, v. 5, trad. Peter Pál Pelbart e Janice Caiafa. São Paulo: Ed. 34, 1997, p. 173
48 Ibid.
49 "A potência de minoria, de particularidade, encontra sua figura ou sua consciência universal no proletário. Mas, enquanto a classe trabalhadora se define por um estatuto adquirido ou mesmo por um Estado teoricamente conquistado, ela aparece somente como 'capital', parte do capital (capital variável) e não sai do *plano do capital*. Quando muito o plano se torna burocrático. Em compensação, é saindo do plano do capital, não parando de sair dele, que uma massa se torna sem cessar revolucionária e destrói o equilíbrio dominante dos conjuntos numeráveis." Ibid., p. 176 (grifo no original).
50 André Gorz, *Adeus ao proletariado: Para além do socialismo*, trad. Angela Ramalho Vianna e Sérgio Góes de Paula. Rio de Janeiro: Forense Universitária, 1982, p. 16.
51 Ibid.

indústria. Desde o início da década de 1960, os *operaisti* usavam o termo "fábrica social" para indicar que a subsunção de todas as áreas da vida ao capital significava cada vez mais que "a sociedade inteira se torna[va] uma *articulação* da produção".[52] Mas essa promessa de uma concepção da valorização capitalista e do proletariado que expandia seu olhar para além do processo imediato de produção era contrariada por um foco de análise restrito ao trabalho fabril e, mais especificamente ainda, à indústria avançada.[53] Em meados da década de 1970, no entanto, Toni Negri passaria a afirmar que a reestruturação capitalista, em sua tentativa de diminuir o poder de uma classe trabalhadora cada vez mais mobilizada, lograra tão somente aumentar a socialização do trabalho fora da fábrica, constituindo um corpo de "operários sociais" que envolvia o operário massa em um proletariado mais amplo e mais diverso. Embora essa formulação tenha sido quase que imediatamente criticada por assumir uma identidade comum que ainda estava por ser construída – e por achatar a diferença entre os setores heterogêneos que agrupava (trabalhadores em fábricas pequenas e grandes, nos setores de circulação e de serviços, em empregos de colarinho azul e branco; os desempregados, os jovens, as feministas) –, alguns a veriam como parcialmente confirmada pelo "Movimento de 1977" na Itália. As avaliações mais sóbrias daquele período, como a de Sergio Bologna, por exemplo, também reconheciam que a mudança no terreno da composição de classe produzira novos atores políticos e novos comportamentos, mesmo que lamentassem o desaparecimento dos tipos de organização coletiva especificamente associados ao operário massa em favor de

> tudo, desde o absentismo à libertação dos desejos pessoais, do trabalhador que se assume gay ao trabalhador que senta e fuma maconha. O fato é que as formas organizadas de rejeição do trabalho se fragmentaram e essa rejeição do trabalho passou a ser exercida em um nível *individual* [...], mas esses indivíduos já não têm mais a fábrica como base organizacional de sua prática política e de sua

---

52 Mario Tronti, *Workers and Capital*, trad. David Broder. London/ New York: Verso, 2019, p. 26 (grifo no original).
53 Ver Steve Wright, *Storming Heaven: Class Composition and Struggle in Italian Autonomist Marxism*. London: Pluto, 2017, pp. 40–41.

existência "cultural": em vez disso, eles operam dentro do Movimento (ou da soma dos movimentos) da juventude proletária, das mulheres, dos homossexuais etc.[54]

Ainda hoje, no entanto, tais descentramentos do proletariado industrial frequentemente revelam um apego residual (ou nem tão residual) às garantias da transitividade – na medida em que facilmente assumem, ou ao menos imitam, a forma de uma busca pelo "novo sujeito revolucionário". Para deixar claro, o problema não está em tentar identificar os pontos politicamente mais sensíveis da estrutura social, nem no esforço para entender como os comportamentos e as demandas políticas são condicionados pela posição que os atores têm nela – ambos são ferramentas fundamentais da análise política. Mas eles o são justamente porque oferecem indicações de onde é provável que o trabalho de organização produza mais resultados; ou seja, porque são indicadores de um cálculo de probabilidade. O que é problemático é confundir potencial com necessidade, ou se valer de uma ideia de quem o sujeito revolucionário deveria ser como parâmetro para descartar processos de subjetivação política em curso.

Foi somente na década de 1980 que se passou a formular a crítica da transitividade enquanto tal explicitamente. Um ataque sistemático e abrangente se daria em 1985 com o livro de Ernesto Laclau e Chantal Mouffe, *Hegemonia e estratégia socialista*, cuja abertura era um diagnóstico franco:

> O que ora está em crise é toda uma concepção de socialismo que repousa sobre a centralidade ontológica da classe trabalhadora; sobre o papel da Revolução [...] como momento fundante na transição de um tipo de sociedade para outro; e sobre a perspectiva ilusória de uma vontade coletiva homogênea e absolutamente unitária, que

---

54 Sergio Bologna, "An Overview", in *Italy 1977–8: Living with an Earthquake*. London: Red Notes, 1978, p. 121 (grifo no original). Esse lamento se dá puramente por razões táticas (perder o que os *operaisti* consideravam como a principal arma no arsenal do proletariado), não por razões nostálgicas. Bologna defende enfaticamente: "Devemos nos desfazer dessa ideia de uma cultura 'separada' da classe trabalhadora; devemos nos desfazer de falsas ideias de 'hegemonia'; devemos nos desfazer da ideia da fábrica como uma instituição política separada!". Ibid., p. 122.

tornaria inútil o momento da política. O caráter plural e multifacetado das lutas sociais contemporâneas finalmente dissolveu o último fundamento deste imaginário político. Povoado de sujeitos "universais" e construído conceitualmente em torno da História, no singular, esse imaginário concebia a "sociedade" como uma estrutura inteligível, passível de ser intelectualmente controlada a parir de certas posições de classe, e reconstituída, como ordem racional e transparente, por meio de um ato fundante de natureza política. Hoje, a esquerda está assistindo ao ato final de dissolução desse imaginário jacobino.[55]

A categoria de "articulação hegemônica", tão central às formulações de Laclau e Mouffe, se destinava justamente a ocupar o espaço deixado vago pelo desaparecimento da transitividade: "não há relação lógica e necessária entre os objetivos socialistas e as posições dos agentes sociais nas relações de produção; [...] a articulação entre eles é externa e não provém de qualquer movimento *natural*".[56] Sem as garantias oferecidas pela necessidade teleológica, a política se tornaria integralmente uma questão de contingência. Nenhum grupo social estava destinado a se constituir como sujeito político, nenhuma determinação objetiva era inerentemente mais política do que qualquer outra. Não se podia esperar que os sujeitos políticos surgissem da "necessidade natural" de sua posição na estrutura social, era preciso construí-los.[57] Não era outra a tarefa que, no esquema de Laclau e Mouffe, a articulação hegemônica era chamada a realizar por meio dos "significantes vazios".

Era exatamente a mesma perda que Badiou estava elaborando por volta da mesma época; com efeito, é dele que tomo emprestada

---

55 Ernesto Laclau e Chantal Mouffe, *Hegemonia e estratégia socialista: Por uma política democrática radical*, trad. Joanildo A. Burity, Josias de Paula Jr. e Aécio Amaral. São Paulo: Intermeios /Brasília: CNPq, 2015, p. 52.
56 Ibid., p. 156 (grifo no original).
57 Sobre a predileção de Karl Kautsky pela expressão "necessidade natural" (*Naturnotwendigkeit*) e a relação entre seu determinismo e a concepção bolchevique do partido, ver L. Lih, *Lenin Rediscovered:* What Is to Be Done? *in Context*. Chicago: Haymarket, 2008, pp. 74–82.

a designação de "transitividade" para a ideia aqui criticada.[58] Como observou Alberto Toscano, o conceito de "acontecimento" que ele começara a desenvolver então desempenhava um papel inequívoco nessa elaboração, "permitindo-nos pensar a disfunção da representação, a interrupção da dominação, sem a compulsão de postular uma antecedência do sujeito (político) a si mesmo".[59] A subjetividade política, diria Badiou daí em diante, não é a formulação consciente e para-si de um conteúdo já dado de forma latente dentro ou por debaixo da estrutura social. Não há nada que determine onde ela deve ocorrer, ou mesmo se deve. Sua irrupção não é um *télos* inscrito nas coisas mesmas, nem revela nada sobre o destino humano salvo a arbitrariedade e inconsistência fundamental por trás de cada ordem existente.

Quer o sujeito seja o resultado de uma articulação hegemônica ou de uma resposta militante a um acontecimento imprevisível, o que importa nesses dois exemplos é que fica excluída a possibilidade de uma passagem automática do objetivo ao subjetivo; é por essa razão que ambos ilustram bem o que pode ser uma política sem o pressuposto da transitividade. A subjetivação política e as formas concretas que ela pode assumir não decorrem necessariamente de uma posição na estrutura. Elas são contingentes e precisam ser compostas; *elas precisam ser organizadas.* Da mesma maneira, nenhum grupo possui, em virtude apenas de sua posição, a capacidade de

---

58 Ver, por exemplo: "Podemos certamente partir de processos políticos, de oposições políticas, de conflitos e contradições. Mas não é mais possível codificar esses fenômenos em termos de representações de classes. Em outras palavras, pode existir uma política emancipatória ou uma política reacionária, mas estas não podem ser tornadas transitivas a um estado científico objetivo de como a classe funciona numa sociedade". Alain Badiou, *Ethics. An Essay on the Understanding of Evil*, tr. Peter Hallward. London: Verso, 2001, p. 97 (grifo no original).

59 Alberto Toscano, "Communism as Separation", in Peter Hallward (org.), *Think Again: Alain Badiou and the Future of Philosophy.* London: Bloomsbury, 2004, pp. 142–43. Para Badiou, segundo ele, "o comunismo deve encontrar uma revitalização ao atravessar certo niilismo, ao desistir da ideia de que seu movimento está inscrito na estrutura da representação [...] ou de que pode se referir à consistência de um representante – ainda que transitório – do irrepresentável (a hipótese de uma ditadura do proletariado)". Ibid., p. 144. Bosteels sugere que uma crítica da transitividade já era perceptível no maoísmo de Badiou antes de seu momento de autocrítica em meados da década de 1980. Ver Bruno Bosteels, *Badiou and Politics.* Durham: Duke University Press, 2011, pp. 150–53.

subverter a ordem existente. O que não quer necessariamente dizer que um grupo não poderia desenvolvê-la; mas isso, novamente, não é algo dado, e sim uma coisa a ser construída. Isso implica, por fim, que nenhum grupo ou indivíduo é mais "legítimo" do que outro para agir politicamente, e não se pode dizer que exista alguma composição social específica que um processo *deva* ter para ser radical ou revolucionário. Não, claro, que não se possa levantar questões a respeito do alcance do processo, do conteúdo de suas demandas e de seus compromissos não particularistas. A questão é antes que as respostas a tais questões não podem ser deduzidas de meras previsões históricas ou análises sociológicas, visto que aquilo que está em jogo na subjetivação política é justamente um *excesso* contingente por sobre as determinações históricas e sociológicas.

Do hilemorfismo à complexidade

Exceção feita à acusação de que seria um retorno ao pensamento escatológico, a crítica mais comum à ideia de revolução em suas formas dominantes nos séculos XIX e XX se refere à sua aspiração a uma novidade radical. "O conceito moderno de revolução", observou Hannah Arendt, está "indissociavelmente ligado à ideia de que o curso da história de repente se inicia de novo, de que está para se desenrolar uma história totalmente nova".[60] Essa crença, por sua vez, contanto que não dependa unicamente da ideia de que as pessoas saberão espontaneamente o que fazer quando chegar a hora, supõe a constituição de um sujeito revolucionário capaz de realizar a ruptura e iniciar uma nova ordem. Isso pode facilmente se transformar na suposição de que um sujeito coletivo com um conhecimento adequado do que fazer e com o poder de fazê-lo não deve se esquivar de impor uma nova forma às relações sociais existentes e ao "material humano" que elas constituem, como se estes fossem uma matéria infinitamente maleável. É esta última ideia, por fim, que pode ser descrita como parte de um imaginário hilemórfico que

---

60   Hannah Arendt, *Sobre a revolução*, trad. Denise Bottmann. São Paulo: Companhia das Letras, 2011, p. 56.

opõe uma matéria puramente inerte (*hyle*, em grego) a uma forma (*morphē*) imposta a ela unilateralmente a partir de fora.

Essa acusação é, sem dúvida, tão velha quanto as próprias revoluções. Edmund Burke já repreendia os franceses em 1790 pela pretensão de "agir como se nunca tivessem sido moldados pela sociedade civil e tivessem de começar tudo de novo".[61] Era o marxismo, no entanto, que estava destinado a se tornar o principal acusado nesse processo, começando já na década de 1860, quando Bakunin passou a denunciar aquilo que via como seu autoritarismo intrínseco. A principal objeção de Bakunin era à ideia, que Marx e Engels haviam tomado de Blanqui, de uma ditadura revolucionária na qual o proletariado se apodera do aparelho de Estado e o utiliza para impedir uma contrarrevolução e implementar as etapas necessárias à passagem rumo ao socialismo. Seu primeiro argumento em contrário remetia ao descompasso entre a complexidade da tarefa e o instrumento encarregado de executá-la: "quais são os cérebros, por potentes que sejam, bastante amplos como para contemplar a infinita multiplicidade e diversidade dos interesses reais, das aspirações, das vontades, das necessidades cuja soma constitui a vontade coletiva de um povo[...]?".[62] No fim das contas, Bakunin parece sugerir que Marx e Engels não estavam tão distantes dos sansimonistas em sua intenção de "teoricamente, *a priori*, construir um paraíso social, onde se poderia deitar toda a humanidade futura".[63] Como seus precursores, eles não conseguiam perceber que "podemos muito bem enunciar os grandes princípios de seu desenvolvimento futuro, mas que devemos deixar às experiências do futuro a realização prática destes princípios".[64] O segundo argumento dizia respeito ao que ele via como o resultado inevitável de tal tentativa. A ambição de "inventar uma organização social" como essa – que "faria, de certa forma, o trabalho de um en-

---

61 Edmund Burke, *Reflexões sobre a revolução em França*, trad. Ivone Moreira. Lisboa: Fundação Calouste Gulbenkian, 2015, p. 87.
62 M. Bakunin, "A comuna de Paris e a noção de Estado", trad. Natalia Montebello. *Verve*, n. 10, 2006, p. 86.
63 Id., *Federalismo, socialismo e antiteologismo,* , trad. Plínio Augusto Coêlho. São Paulo: Intermezzo/ Imaginário, 2014, p. 38.
64 Ibid.

genheiro-chefe da revolução mundial"⁶⁵ – só poderia fazer com que a nova ordem se tornasse "um leito de Procusto sobre o qual a violência mais ou menos marcada do Estado forçará a desgraçada sociedade a se estender".⁶⁶ Por fim, ele relacionava esses dois argumentos a uma condição comum: o idealismo. Foi "a posição [...] de que o pensamento precede a vida, de que a teoria abstrata precede a prática social" que fez os marxistas acreditarem que "se pensamento, teoria e ciência são, pelo menos por enquanto, propriedade de poucos indivíduos, esses poucos devem ser os dirigentes da vida social" – uma "minoria de homens de ciência, que exprimem *pretensamente* a vontade do povo".⁶⁷

Deixemos de lado a questão sobre a justeza (ou não) do ataque de Bakunin; o que não se pode deixar de notar é o quanto ele ecoa as críticas que Marx e Engels haviam feito aos socialistas que os precederam. Quando se tratava de pensadores como Saint-Simon, Fourier e Proudhon, Marx e Engels rejeitavam a ideia de que a revolução social poderia se desenvolver gradualmente a partir da proliferação de comunidades constituídas de acordo com os esquemas abstratos de um visionário. Em vez disso, defendiam uma revolução política que pusesse em prática a revolução social.⁶⁸ No entanto, também se distinguiam de outros, como Buonarroti e Blanqui, cujo modelo de ação política era aquele de sociedades secretas como a dos jacobinos. A emancipação dos trabalhadores não poderia vir de um golpe que instalasse a ditadura de uma elite revolucionária; tinha de ser obra dos próprios trabalhadores. Além disso, Marx e Engels acreditavam que sua concepção materialista da história lhes permitia contextualizar os equívocos idealistas dos socialistas que os precederam. Estes, por

---

65   Id., "Carta ao jornal La Liberté, de Bruxelas", in *Escritos contra Marx*, op. cit, p. 21.
66   Id., "A comuna de Paris e a noção de Estado", op. cit., p. 86.
67   Id., *Estatismo e anarquia*, trad. Plínio Augusto Coêlho. São Paulo: Nu-Sol/Imaginário, 2003, p. 169 (grifo no original). Curiosamente, Bakunin admitia que o Estado tivesse um papel revolucionário possível: "A única coisa que, em nossa opinião, o Estado poderá e deverá fazer, será modificar, inicialmente, pouco a pouco, o direito de herança, para chegar tão logo seja possível à sua completa abolição". Id., *Federalismo, socialismo e antiteologismo*, op. cit., pp. 50–51.
68   Ver K. Marx, "Glosas críticas marginais ao artigo 'O rei da Prússia e a reforma social'. De um prussiano", trad. Ivo Tonet. *Germinal: Marxismo e Educação em Debate*, v. 3, n. 1, 2011, pp. 154–55.

atuarem numa época em que o capitalismo industrial ainda estava em suas fases iniciais, não podiam discernir claramente as leis de seu desenvolvimento ou a direção que iria tomar, e por isso se comprazziam em brincar com fantasias regressivas e quimeras extravagantes. Enquanto o proletariado continuasse a ser uma classe sem "nenhuma iniciativa histórica, nenhum movimento político que lhes [fosse] peculiar",[69] só lhes restaria fazer as vezes dos trabalhadores, substituindo a organização "gradual e espontânea"[70] destes por planos fantásticos de reestruturação total da sociedade ou projetos conspiratórios de tomada do poder. De um ponto de vista do qual já podiam observar a expansão da indústria e os primeiros passos do movimento operário, Marx e Engels, por sua vez, teriam visto o que seus antecessores não puderam ver: que a expansão do capitalismo apenas intensificaria suas contradições internas, e que o proletariado estava se constituindo como uma poderosa força histórica capaz de tomar para si sua própria emancipação. Com o tempo, o desenvolvimento reflexivo da consciência proletária descobriria, por sua própria "atividade prático-crítica", a necessidade de uma ditadura revolucionária e do programa que ela teria. Nada disso poderia ser uma imposição unilateral de uma elite iluminada: tratava-se da elaboração consciente daquilo que estava latente na própria história.

A acusação de idealismo feita por Bakunin não era, porém, apenas uma crítica externa de alguém que não conseguiu entender ou aceitar as premissas de Marx e Engels; ela explorava uma tensão interna ao pensamento marxista. Pois se o materialismo histórico deveria ser um *produto da experiência proletária*, ele deveria, ao mesmo tempo, ser *um conhecimento científico da história* capaz de antecipar – até mesmo de ditar – a direção futura dessa experiência.[71] Com ele, a consciência, que até então seguia atrás da prática, poderia saltar por sobre a própria sombra e se tornar seu guia. Foi nesse gesto, e

---

69 K. Marx e F. Engels, *Manifesto comunista*, op. cit., p. 66.
70 Ibid.
71 Desnecessário dizer que essa convergência (e coincidência final) entre consciência e ciência só é possível quando se supõe a transitividade: é porque o proletariado está estruturalmente determinado a ocupar uma posição de universalidade que sua consciência subjetiva corresponde automaticamente a um conhecimento objetivo da própria estrutura.

nas aspirações que dele decorriam, que Bakunin identificou uma recaída idealista com consequências políticas funestas.

A história do marxismo carregaria para sempre a marca dessa tensão entre o comunismo como "o movimento real que supera o estado de coisas atual"[72] e o recurso à cientificidade como maneira de legitimar decisões concretas; ou, em outras palavras, entre a consciência reflexiva e a ciência. Quando Bernstein rejeitou as ideias ortodoxas de como alcançar o socialismo com a afirmação de que "o movimento é tudo", ele podia apontar para a respeitável linhagem marxiana dessa ideia. A afirmação de que "teorias preconcebidas [...] sempre serão impelidas para o utopismo e [...] ficarão no caminho do real progresso teórico e prático do movimento, obstruindo-o e restringindo-o" é perfeitamente defensável do ponto de vista da consciência reflexiva.[73] O mesmo vale para Rosa Luxemburgo repreendendo Lênin e Trotski por acreditarem que "a transformação socialista seria uma coisa para a qual o partido revolucionário tem no bolso uma receita pronta, que só precisa de energia para ser realizada".[74]

A ironia, claro, é que os bolcheviques não tinham uma fórmula quando chegaram ao poder, nem sequer teriam muitas oportunidades de implementá-la de saída. Sob condições iniciais extremas, a supressão de outras forças políticas resultou mais do instinto de sobrevivência do que do desejo de impor uma agenda predeterminada, e grande parte de sua política foi definida mais por conveniência e necessidade do que por convicção.[75] Após a introdução da Nova Política Econômica (NEP), Lênin condenou o revolucionarismo exagerado daqueles que ignoravam "os limites e as condições da aplicação adequada e eficaz dos métodos revolucionários"[76] e advertiu que qualquer um que "imagine que pode resolver todos os seus problemas expedindo decretos comunistas é culpado de presunção co-

---

72 K. Marx e F. Engels, *A ideologia alemã*, trad. Rubens et al. São Paulo: Boitempo, 2007, p. 38.
73 E. Bernstein, *The Preconditions of Socialism*, op. cit., p. 192.
74 Rosa Luxemburgo, *A Revolução Russa*, trad. Isabel Loureiro. São Paulo: Fundação Rosa Luxemburgo, 2017, p. 93.
75 A própria Rosa Luxemburgo reconhece isso em relação à política fundiária. Ibid., pp. 56–57.
76 V. I. Lênine, "Sobre a importância do ouro agora e depois da vitória completa do socialismo", in *Obras escolhidas*, v. 3. São Paulo: Alfa-Ômega, 1980, p. 552.

munista".⁷⁷ Em vez disso, ele acreditava que a nova situação exigia uma "abordagem reformista" que "transforme [a ordem existente] com prudência, lenta e gradualmente, procurando demolir o menos possível".⁷⁸ Nikolai Bukharin levaria essa posição ainda mais longe ao defender um "caminho evolucionário" de "passagem para o socialismo", em que a luta de classes seria travada não em um confronto aberto, mas por meio da "concorrência [pacífica] de mercado entre a economia socialista e a economia privada e pelos campos ideológico e cultural".⁷⁹

Seria somente com a coletivização forçada e a ascensão de Stalin no final da década de 1920 que a Revolução Russa passaria a preencher plena e voluntariamente os requisitos do hilemorfismo.⁸⁰ Foi então que a tradição "heroico-revolucionária" no interior do bolchevismo derrotou definitivamente a tendência cautelosa e gradualista que surgira com a NEP e com os textos tardios de Lênin.⁸¹ Tirando legitimidade do sucesso do partido na insurreição de outubro e na Guerra Civil, essa tradição naturalizou a militarização das mais variadas esferas da vida e o fechamento crescente do regime ao transformar o que fora questão de necessidade em alta virtude revolucionária. "Ser um revolucionário" passaria a ser o mesmo que adotar um heroísmo marcial que glorificava a capacidade de impor ao mundo a própria vontade e substituía o diálogo e a persuasão por demandas incondicionais de sacrifício feitas aos quadros do partido e à população. Assim, "aquilo que eram a princípio 'medidas extraordinárias', temporárias, adquiriu [...] um caráter permanente e legítimo"; não havia, segundo Stalin, nenhuma fortaleza "que a classe trabalhadora, os bolchevi-

---

77 Id., "The New Economic Policy and the Tasks of the Political Education Departments. Report to The Second All-Russia Congress of Political Education Departments, October 17, 1921", in *Collected Works*, v. 33, op. cit., p. 77.
78 Id., "Sobre a importância do ouro agora e depois da vitória completa do socialismo", op. cit., p. 552.
79 Stephen F. Cohen, *Bukharin: Uma biografia política, 1888-1938*, trad. Maria Inês Rolim. Rio de Janeiro: Paz e Terra, 1990, pp. 172–73.
80 O que não quer dizer que essa tendência não tenha sido pressagiada pelo "comunismo de guerra" dos anos da Guerra Civil e por propostas como a militarização do trabalho (Trotski) e uma "acumulação primitiva socialista" (Preobrazhensky).
81 Ibid., p. 154.

ques, não possam tomar".[82] À medida que a negociação de condições objetivas ou subjetivas ficava manchada pela suspeita de reformismo, a afirmação unilateral do comando do partido se tornava sinônimo de comprometimento, e a revolução desde cima passava a ser, para todos os efeitos, sinônimo da própria revolução. Esse, e não as outras alternativas que haviam sido possíveis até então, foi o modelo que a União Soviética acabaria por irradiar para o resto do mundo; e foi assim também, então, que a trajetória contingente assumida por um processo revolucionário particular seria reificada como uma fórmula a ser aplicada indistintamente em todos os lugares.

Em parte, o questionamento do hilemorfismo seria inevitável tão logo a transitividade passasse a ser examinada com mais cuidado. Quanto mais difícil se tornasse sustentar a centralidade do proletariado industrial como agente político e parâmetro capaz de medir a universalidade de todas as outras demandas, mais a política teria de aparecer como uma negociação de interesses e identidades, e seu sujeito, como um composto internamente diferenciado, impossível de homogeneizar. Tanto mais difícil, portanto, era conceber a revolução como um processo que poderia ser efetiva ou justificadamente levado a cabo de maneira unilateral. Além disso, uma compreensão mais completa das diferentes temporalidades (e inércias) sobrepostas das relações sociais havia levantado sérias dúvidas quanto à real capacidade do aparelho de Estado de "pôr a política no comando".[83]

Como se não bastasse, a experiência histórica demonstrou que mesmo que alguém tivesse o poder de agir unilateralmente, como os bolcheviques mostraram ter, o resultado só poderia ser uma per-

---

82 Apud ibid., pp. 355–56.
83 Ver, por exemplo: "Eu não estou querendo dizer que o aparelho de Estado não seja importante, mas me parece que [...] uma das primeiras coisas a compreender é que o poder não está localizado no aparelho de Estado e que nada mudará na sociedade se os mecanismos de poder que funcionam fora, abaixo, ao lado dos aparelhos de Estado a um nível muito mais elementar, quotidiano, não forem modificados". M. Foucault, "Poder-corpo", in *Microfísica do poder*, op. cit., pp. 149–50. Em outro lugar, Foucault afirma que "se não conseguimos identificar esses pontos de apoio do poder de classe, corremos o risco de permitir que eles continuem existindo e observar esse poder de classe se reconstituir mesmo após um aparente processo revolucionário". Id. e Noam Chomsky, *Natureza humana: Justiça vs. poder*, trad. Fernando Santos. São Paulo: WMF Martins Fontes, 2014, p. 52.

versão do objetivo original. É possível produzir uma industrialização veloz dessa maneira, mas nunca a emancipação. O uso indiscriminado da força, ainda que se destinasse a acelerar o ritmo de desenvolvimento da consciência revolucionária, não poderia deixar de produzir o seu contrário: o fortalecimento e a normalização da *potestas*, o florescimento do oportunismo e da subserviência à autoridade, o desenvolvimento de uma classe burocrática empenhada em garantir seus privilégios e em reproduzir seu poder. Por fim, como a decadência do socialismo real demonstrou, apesar de seus feitos impressionantes em melhorar rapidamente o bem-estar de grandes populações, nem mesmo a base econômica do que foi assim construído era realmente segura.

Finalmente, a crescente interdependência gerada pela globalização capitalista tornou ainda menos plausível a noção hilemórfica de revolução. Apesar do fato de que a revolução sempre foi, em última análise, concebida como revolução *mundial*, transformar o Estado-nação no horizonte da ação política foi a solução prática que se encontrou para reduzir o amplo panorama da estratégia a um tamanho mais manejável. Embora o "socialismo em um só país" tenha sido apenas um paliativo teórico com o qual os bolcheviques tentaram racionalizar sua situação quando a revolução deixou de se concretizar em outros lugares, a "revolução mundial" era essencialmente concebida como uma sucessão de revoluções nacionais. Hoje, dado o modo como o capitalismo transformou o mundo em uma rede cada vez mais complexa de entrelaçamentos – no nível das finanças, do comércio, da infraestrutura, do meio ambiente, da logística, da governança, das identidades, dos atores políticos –, é muito mais difícil considerar o nível nacional de modo isolado. Mesmo que houvesse uma força revolucionária suficientemente robusta para refazer um país inteiro à sua imagem, ela seria obrigada a negociar seu curso de ação com múltiplos poderes e interesses internacionais; mesmo o destino de um intento reformista moderado como o do Syriza na Grécia é instrutivo a esse respeito.

Depois da revolução

O que resta da ideia de revolução que alimentou os sonhos dos séculos XIX e XX quando abandonamos a necessidade histórica, a transitividade e o hilemorfismo?

Por um lado, não é difícil preencher a lacuna deixada por essas crenças com outras noções que poderiam ajudar a tornar a revolução uma ideia mais verossímil em nosso tempo. Em vez de necessidade histórica, poderíamos falar do reconhecimento de tendências de longo e curto prazo que são, em qualquer momento dado, amplificadas ou atenuadas por forças que atuam em outras direções, sobre as quais podemos intervir a fim de aumentar ou diminuir a probabilidade de certos efeitos. Em vez de transitividade, poderíamos falar da composição de sujeitos políticos, do fato de que eles só são pensáveis como compostos, o que também quer dizer: *ativamente* compostos. Por fim, o lugar antes ocupado pela confiança no hilemorfismo poderia ser assumido pela complexidade, entendida como uma característica inelimínavel da vida social e, portanto, também da ação política. Isso nos leva a conceber um sujeito político que não está fora daquilo sobre o qual atua, mas que atua *dentro* de um ambiente que, por sua vez, atua sobre ele.

Por outro lado, a direção na qual essas mudanças apontam é inequivocamente uma em que há menos certeza; e aqui a crise da ideia de revolução converge com a crise das perspectivas revolucionárias. Não se trata apenas de dizer que não há mais garantia de que a revolução aconteça, visto que ela passou a depender de uma série de fatores contingentes. À medida que esses fatores deixaram eles mesmos de estar presentes, tornou-se mais difícil acreditar na possibilidade de revolução *tout court*, ainda mais na de um tipo novo e indeterminado para o qual não existia nenhum precedente histórico.[84] Esse é tanto mais o caso porque a crise da revolução é também uma crise do sujeito da revolução: não apenas daquele que fora tido

---

[84] Em última análise, como argumenta Paulo Arantes em chave kosselleckiana, a crise da revolução é inseparável de uma mudança em nossa experiência da temporalidade: um encolhimento do moderno horizonte de expectativa e sua transformação em um horizonte de riscos a serem administrados. Ver P. Arantes, *O novo tempo do mundo e outros estudos sobre a Era da Emergência*. São Paulo: Boitempo, 2014.

por muito tempo como seu sujeito de direito (o proletariado), mas da própria ideia de um sujeito de direito (a transitividade), de seu sujeito organizado de fato (o partido) e da ideia de que algo como um sujeito coletivo organizado era desejável. Não tinha a história demonstrado que a organização necessária para fazer a revolução era, em última análise, a mesma coisa que a impedia de atingir seus objetivos? É aí que entra o trauma da organização.

Esse impasse nos ajuda a entender o modo como as respostas práticas e teóricas à crise da revolução tendem a lidar com duas variáveis. No que se refere ao escopo da revolução (seu alcance, profundidade e durabilidade) e ao papel que a agência coletiva organizada desempenha nela, o pensamento contemporâneo parece ter dificuldade de conceder plena extensão a ambos ao mesmo tempo. Às vezes os dois serão limitados; às vezes se concederá importância à agência coletiva, mas ao preço de circunscrever a possibilidade de transformação política espacial e temporalmente. Por outro lado, sempre que se tenta dar à revolução toda a extensão sistêmica que o conceito possuía anteriormente, isso parece vir às custas de um apagamento da agência coletiva organizada, cujo papel é minimizado, suprimido ou ofuscado. É como se só pudéssemos continuar a sustentar a velha ideia de revolução em toda sua ambição se suspendemos a questão a respeito de quem poderia realizá-la, e como; e se colocamos esse problema, os efeitos da agência organizada precisam então ser claramente delineados e limitados desde o início.

A Zona Autônoma Temporária (TAZ) de Hakim Bey é um exemplo de controle simultâneo de ambas as variáveis. Popular em círculos radicais na década de 1990, o autor mais tarde admitiria que ela se tratara de um experimento para pensar "como poderíamos ter um gostinho da vida revolucionária sem a revolução, porque ela aparentemente não iria acontecer".[85] Em razão de sua escala espaço-temporal

---

[85] "[...] por volta dos anos 1980, esperar pela revolução durante trinta anos tinha ficado cansativo. Quando éramos muito jovens e estávamos cheios de entusiasmo, nos anos 1960, realmente, verdadeiramente, sinceramente acreditávamos que uma grande transformação era iminente [...]. Vivemos hoje no mundo do triunfo do capital. E nesse mundo, a Zona Autônoma Temporária poderia ser talvez a última forma revolucionária possível. Espero que não seja verdade, mas pode ser que sim." Hakim Bey e Hans Ulrich Obrist, "Hakim Bey", trad. Daniela

restrita, ainda que não necessariamente pequena, a TAZ podia se dar ao luxo de conceder pouca ou nenhuma atenção a questões de organização e sustentabilidade ao longo do tempo. Essa dupla restrição também pode ser vista no conceito de ação política de Jacques Rancière. A ideia de que a política é rara, que Rancière compartilha com Badiou, permite que ambos reinscrevam, num horizonte de expectativas mais modestas, a oposição entre continuidade histórica e ruptura radical que é intrínseca à ideia moderna de revolução. Isso aparece como uma heterogeneidade radical entre a política como administração (que Rancière chama de "polícia" e Badiou, de "estado") e a "verdadeira" política que se dá no evento ou na irrupção da "parte dos sem-parte". Esse gesto permite que se pensem até mesmo experiências muito pequenas e pontuais como formalmente análogas a uma ruptura revolucionária; essa semelhança puramente formal é o mais perto que se poderia chegar da revolução hoje. Em sua singularidade, em sua própria circunscrição a um momento e a um grupo de militantes que são sempre finitos (ainda que potencialmente infinitos em número), esses processos raros oferecem a única experiência de universalidade e igualdade a que se pode aspirar.[86] Eles definitivamente não prometem inscrever a igualdade e a universalidade em uma nova ordem, pois a ordem necessariamente supõe a exclusão, e nem polícia nem estado podem ser abolidos.

Mesmo que aceitemos que a igualdade absoluta ou uma ordem social perfeita são objetivos impossíveis, a ênfase de Badiou e Rancière em uma heterogeneidade radical entre política "de verdade" e polícia/estado faz com que se torne difícil distinguir entre situações com *mais* ou *menos* igualdade, entre ordens *melhores* ou *piores*.[87]

Cerdeira, in *Entrevistas: volume 4*. Rio de Janeiro: Cobogó; Belo Horizonte: Instituto Cultural Inhotim, 2011, pp. 149-50. Ver H. Bey, *TAZ: Zona Autônoma Temporária*, trad. Alexandre Barbosa de Souza. São Paulo: Veneta, 2018.

86   Para Rancière, a política é "a arte da construção local e singular dos casos de universalidade", enquanto para Badiou "todo universal é singular ou é uma singularidade". Ver Jacques Rancière, *O desentendimento: Política e filosofia*, trad. Ângela Leite Lopes. São Paulo: Ed. 34, 1996, p. 137; A. Badiou, "Oito teses sobre o universal", trad. Norman R. Madarasz. *Ethica*, v. 15, n. 2, 2008, p. 42.

87   Badiou e Rancière costumam se defender das críticas dizendo que a heterogeneidade não é tão radical quanto parece. No entanto, essa relativização geralmente aparece como uma reflexão tardia, tal como no procedimento criticado no

A natureza circunscrita da "verdadeira" política oferece alguma compensação para a impossibilidade da revolução, mas também diminui a capacidade de diferenciar reformas radicais e cosméticas, úteis e contraproducentes; o risco é que ela estabeleça um padrão de política que é radical na mesma medida em que é inoperante. Essencialmente de acordo, apesar de suas diferenças retóricas, em relação ao escopo limitado das esperanças revolucionárias, Badiou e Rancière divergem precisamente no que tange à questão da agência coletiva organizada. Para Badiou, "Rancière não chega a dizer que todo processo político [...] se manifesta como um processo organizado. Ele tem uma tendência de situar massas fantasmas contra um Estado inominado".[88]

Amplamente tidos como apologistas do reformismo, Laclau e Mouffe parecem conceder maior latitude à mudança revolucionária do que contemporâneos com reputações mais radicais.[89] Eles nem sequer se opõem a manter o nome "revolução", desde que esta seja entendida não como um ato fundacional capaz de instituir uma sociedade plenamente reconciliada, mas apenas como "a sobredeterminação de um conjunto de lutas num ponto de ruptura política, a partir do qual se seguiria uma série de efeitos espalhando-se por todo o tecido do social".[90] No entanto, apesar de se concentrarem na dimensão contingente, artificial, "fabricada" da política, eles têm surpreendentemente pouco a dizer sobre como essa fabricação se dá em termos organizacionais. Mesmo considerando seu conceito expandido de "discurso", a atenção quase exclusiva de Laclau e Mouffe à construção linguística de identidades políticas deixa pouco espaço

---

capítulo anterior: começa-se estabelecendo uma oposição teórica marcada apenas para reconhecer que, na prática, as coisas nunca são tão simples. Ver B. Bosteels, *Badiou and Politics*, op. cit., pp. 172–73, 283–86; J. Rancière, "The Use of Distinctions", in *Dissensus: On Politics and Aesthetics*, org. e trad. Steve Corcoran. London: Continuum, 2010, pp. 205–07.

88   Ele continua: "Mas a situação real exige, em vez disso, que alguns raros militantes políticos meçam forças contra a hegemonia 'democrática' do Estado parlamentar". A. Badiou, "Rancière and Apolitics", in *Metapolitics*, trad. Jason Barker. London/ New York: Verso, 2005, pp. 121–22.

89   Sobre a acusação de "gradualismo", ver E. Laclau, *A razão populista*, trad. Carlos Eugênio Marcondes de Moura. São Paulo: Três Estrelas, 2013, pp. 58–63, 331–32.

90   E. Laclau e C. Mouffe, *Hegemonia e estratégia socialista*, op. cit., p. 265.

para práticas e estruturas que possam ser as portadoras e o suporte de significantes vazios.[91]

A mesma equação – quanto maior o escopo, menos discernível o agente – aparece ainda mais claramente na noção de "messiânico sem messianismo" elaborada por Derrida. Uma "espera sem horizonte de espera" pela promessa de justiça que a ideia de revolução outrora continha, ela renuncia a qualquer esperança de verificar o cumprimento dessa promessa nas condições existentes, seja traçando estratégias para alcançá-la, seja organizando-a: "se se pudesse *contar* com o que vem, a esperança não seria senão o cálculo de um programa".[92] Deleuze e Guattari, por sua vez, nunca deixaram de falar de revolução, mas deslocaram as coordenadas do termo: em vez de uma questão de ser, ele tornou-se questão de devir. Assim concebida, a revolução jamais poderia se deter em um estado de coisas acabado, uma sociedade que finalmente estaria livre de conflitos e isenta de mudanças; mas o fato de que as revoluções, no fim das contas, "dão errado" não priva as pessoas de devirem revolucionárias, isto é, de se depararem com situações que irão disparar novos devires-revolucionários.[93] Esses devires não são, em princípio, limitados em tamanho e, portanto, a perspectiva de uma mudança sistêmica abrangente nunca está fora de questão. Em certo sentido comparável às formulações de Badiou e Rancière, contudo, a revolução "real" é aquela que acontece no movimento que interrompe a reprodução das coisas como elas são: é a linha de fuga que desterritorializa os estratos existentes e, por essa razão, se opõe a qualquer novo território que venha a ser produzido, assim como o devir se opõe à história. Naquela que talvez seja a crítica mais abrangente da concepção humanista e hilemórfica de revolução, esses movimentos são entendidos como abertos a agências não humanas, inovações técnicas, encontros inesperados de todo tipo; eles carregam os indivíduos consigo muito além do que qualquer sujeito coletivo poderia deliberar ou executar. Assim, o fato

---

91   Esse é um ponto a que voltarei no último capítulo.
92   Jacques Derrida, *Espectros de Marx: O Estado da dívida, o trabalho do luto e a nova Internacional*, trad. Anamaria Skinner. Rio de Janeiro: Relume-Dumará, 1994, pp. 224-25 (grifo no original).
93   G. Deleuze, "G de Gauche [esquerda]", in *O abecedário de Gilles Deleuze*, trad. Raccord (adaptado).

de a ideia de revolução preservar boa parte de seu escopo global é mais uma vez contrabalançado pelo apagamento relativo do sujeito que a realiza: ela pode *acontecer*, mas é menos claro como (se é que ainda) pode *ser feita*. Depois do *Anti-Édipo*, em que ainda se observa a influência da distinção de Sartre entre grupos-sujeitos e grupos-asssujeitados, Deleuze e Guattari parecem cada vez mais pensar a agência em termos de ação agregada em vez de ação coletiva, e esta recebe cada vez menos atenção.[94]

As intervenções de John Holloway e Hardt e Negri por volta da virada do século romperam com o clima teórico dominante ao marcar uma recusa em abandonar a ideia de revolução ou em lhe dar um novo significado. O retorno ao escopo global, no entanto, veio acompanhado de uma forte reticência em relação à ação coletiva acima de certa escala, especialmente no caso de Holloway, e do desejo de descartar de antemão certos tipos de intervenção política. Isso fez com que se tornasse particularmente difícil pensar a respeito do nível intermediário em que as lutas locais e os *commons* deveriam se combinar para produzir alternativas sistêmicas e zonas de antagonismo.[95] Para preencher esse vácuo, foi necessário recorrer a uma simplificação extrema do terreno de luta,[96] o que, por sua vez,

---

94 Podemos contrastar a ênfase de Laclau e Mouffe na necessidade de construir sujeitos políticos ativamente com a seguinte afirmação: "'como conquistar a maioria' é um problema inteiramente secundário em relação aos caminhos do imperceptível". G. Deleuze e F. Guattari, *Mil platôs*, v. 4, trad. Suely Rolnik. São Paulo: Ed. 34, 1997, p. 94. Ver também: "Já não tenho muita fé na especificidade do grupo, e diria mesmo que acredito cada vez menos na existência do grupo como uma entidade [...]. Prefiro partir de uma noção muito mais inclusiva, e talvez mais vaga, de agenciamento". F. Guattari, "Institutional Intervention", trad. Emily Wittman, in *Soft Subversions*. Los Angeles: Semiotext(e), 2009, p. 48 (citado no capítulo 1).
95 É verdade que Michael Hardt e Antonio Negri deram mais atenção a essas questões a partir do livro *Bem-estar comum*. Discutirei esses desenvolvimentos posteriores nos capítulos 4 e 6.
96 "Pode não ser mais útil insistir na velha distinção entre estratégia e tática. Na constituição do Império talvez não haja mais um 'lado de fora' do poder, e, por conseguinte, já não existam elos fracos [...]. Ao contrário, a construção do Império e a globalização das relações econômicas e culturais significam que o seu centro virtual pode ser atacado de qualquer parte." M. Hardt e A. Negri, *Império*, trad. Berilo Vargas. Rio de Janeiro: Record, 2001, p. 77.

tornava uma fé teleológica fraca no efeito agregado e na combinação espontânea de iniciativas locais mais fácil de sustentar. Menos que uma afirmação confiante, essa teleologia tinha, no entanto, um tom mais hesitante e circunspecto: *pode ser* que a proliferação de iniciativas locais seja em algum momento suficiente para produzir uma mudança qualitativa. Para que a esperança revolucionária possa se manter acesa em paralelo com uma desvalorização da agência coletiva organizada, a verdade é que algum apelo à necessidade objetiva parece se tornar inevitável. Podemos encontrar a mesma tendência em certas vertentes da teoria da comunização, exceto que, nesse caso, ela está formulada em uma narrativa marxista muito mais ortodoxa sobre a iminência do colapso capitalista e de agitações revolucionárias – que, como alguns ao menos prontamente admitirão, podem dar certo ou não.[97]

Finalmente, podemos usar a mesma chave para ler as respostas obtidas pelas duas experiências que talvez sejam as mais significativas em termos de transformação social desde a década de 1990: o território autônomo zapatista em Chiapas e a Federação Democrática do Norte da Síria em Rojava. Não há qualquer dúvida quanto à importância de forças coletivas organizadas na criação das condições para esses experimentos. Aparatos partidários e militares inicialmente bastante tradicionais cumpriram e ainda cumprem um papel importante na defesa, tanto literal quanto simbólica, das fronteiras dentro das quais essas experiências podem se desenvolver. No entanto, eles não parecem causar nos ativistas que assistem a esses processos de longe o mesmo desconforto que essas estruturas provocariam se estivessem mais perto de casa. As razões para isso parecem ser, em primeiro lugar, as circunstâncias extremas em que operam (pobreza, infraestrutura reduzida, distância de instituições estatais operantes, conflito armado) e, em segundo lugar, seu sucesso, até aqui, em resistir a tendências de verticalização. Esse

---

[97] Sobre esse curioso apego dos discursos sobre a comunização a alguns dos aspectos mais antiquados do materialismo histórico hoje (uma forte dependência da periodização, transitividade, um determinismo residual), ver Gilles Dauvé, *From Crisis to Communisation*. Oakland: AK Press, 2018, pp. 148–61; Bue Rübner Hansen, "Surplus Population, Social Reproduction, and the Problem of Class Formation". *Viewpoint*, 2015; A. Toscano, "Limits to Periodization". *Viewpoint*, 2016.

sucesso é ao menos parcialmente explicado pela ausência de uma perspectiva expansionista, pelo foco em um território restrito e em se manterem com um tamanho (relativamente) reduzido. Sua radicalidade *intensiva*, por assim dizer – a abrangência de sua aspiração de mudar as relações sociais dentro de um determinado território –, é compensada por uma limitada ambição *extensiva* – seu caráter localmente circunscrito. Isso certamente contribuiu tanto para suas conquistas internas quanto para seu apelo externo.

O objetivo desse panorama, que está longe de ser exaustivo, não é lamentar a tibieza política do pensamento e da prática contemporâneos, nem propor um retorno ao determinismo histórico, ao proletariado como sujeito da história ou ao partido de vanguarda. Não teria sentido afirmar que, a menos que acreditemos nessas ideias, perdemos a capacidade de pensar uma mudança radical, como se as crenças fossem coisas que pudéssemos ou devêssemos escolher conforme as considerássemos adequadas, em vez de algo que surge e se sustenta diante do teste de realidade. Não é possível recuperar a fé perdida por decreto, especialmente quando não se pode fazer com que as razões mais gerais para essa perda desapareçam por um simples ato de vontade. Pensar a ação política hoje exige que se tome a tendência, a composição e a complexidade como pontos de partida inescapáveis. O que essa perspectiva mais desencantada pode perder em garantias, ela certamente ganha em sobriedade e consciência dos desafios e dos riscos; e ser um materialista, como Althusser disse certa vez, significa antes de tudo evitar contar-se histórias.[98] Dito isso, é importante que consideremos as implicações dessa tendência de reduzir o escopo da revolução e minimizar o papel da agência coletiva organizada, bem como a aparente impossibilidade de afirmar ambos ao mesmo tempo.

No que diz respeito ao escopo, vimos que, por muito tempo, "a Revolução" foi um horizonte maximamente abrangente. O que estava em jogo nunca era apenas uma mudança de regime, um levante, uma revolta, uma reforma radical ou uma experiência local e temporalmente restrita, mas uma transformação completa e du-

---

[98] Ver L. Althusser, *O futuro dura muito tempo; seguido de Os fatos: Autobiografias*, trad. Rosa Freire d'Aguiar. São Paulo: Companhia das Letras, 1992, p. 188.

radoura das relações sociais que, em última instância, se estendia a toda humanidade. Embora levantes, revoltas e reformas pudessem certamente ser parte dessa transformação, a possibilidade de distingui-los da revolução residia na dimensão não local e sistêmica desta. A revolução não era um ajuste parcial, uma modificação temporária ou uma mudança que ocorria em um lugar enquanto todo o resto permanecia inalterado; por mais dilatado que fosse o processo, tratava-se da substituição total de um sistema de relações sociais por outro. E, ainda que o nome da substituição tenha variado ao longo do tempo (socialismo, comunismo, comunalismo, anarquia...), o nome mais comum do sistema a ser substituído sempre foi "capitalismo". Ter um alcance sistêmico significava, portanto, ser anticapitalista; e, considerando que o capitalismo era entendido como um sistema global, o horizonte final da mudança sistêmica era o mundo.

Vale atentar a isso por dois motivos. O primeiro é terminológico. Desde que se iniciou a crise da ideia moderna de revolução, foram várias as tentativas de ressignificar a palavra de maneiras que ainda poderiam soar verossímeis nas atuais circunstâncias. Do ponto de vista do escopo, porém, esses novos usos frequentemente aparecem como extensões metafóricas do significado original. Eles se aplicam a coisas que no passado poderiam ter sido consideradas como *partes* necessárias de uma revolução, mas nunca uma revolução enquanto tal. Ouvimos, assim, que as revoluções de hoje ocorrem no cotidiano, na sensibilidade, nas vidas individuais ou que só podem ser pensadas como locais, como experimentação momentânea de uma nova sociabilidade; que são o instante de insurreição ou a experiência vivida das comunas; ou que são micropolíticas, afetivas, estéticas. Insistir no alcance sistêmico que o conceito originalmente implicava não significa opor esses tipos de mudança à mudança do próprio sistema, como se esta não os supusesse necessariamente, tampouco significa defender um conceito "verdadeiro" de revolução contra os falsos pretendentes. O objetivo é antes indicar que essa metaforização da revolução nos priva da linguagem com a qual é possível distinguir entre *mais* e *menos* mudança, entre modificação parcial e transformação em larga escala ou, tomando emprestados os termos da física, entre *flutuações* maiores ou menores e *mudanças de fase*. Se qualquer coisa pode ser uma "revolução", então revolução já não quer dizer mais nada e não há como falar sobre mudança sistêmica. Se, por outro lado, a "revolução" é predicada de todos esses fenômenos porque se supõe que eles levem a uma mudança em tal escala, então parece razoável perguntar por meio de qual mecanismo se espera que eles o façam e como se pode saber que eles o farão.

O segundo motivo para insistir nessa questão é que, mesmo que decidamos que a mudança sistêmica já não é mais possível, ainda precisamos da capacidade de distingui-la da mudança parcial, local e temporária. Se não por outros motivos, ao menos pelos problemas que nos são postos pela mudança climática. Afinal, milhares de "revoluções" que sejam incapazes de derrubar um sistema global que segue bombeando carbono na atmosfera podem gerar comunidades fortes para lidar com um ambiente cada vez mais hostil, mas nada fariam para controlar a amplitude e a velocidade da transformação ambiental. É justamente porque estamos potencialmente enfrentando uma mudança de fase fatal do clima global que precisamos ser capazes de pensar além das flutuações localizadas e nos perguntarmos quais flutuações do sistema social global – se é que elas existem – poderiam conduzi-lo a um estado radicalmente diferente.

A tendência a minimizar o papel que a agência coletiva organizada desempenha na mudança social também merece ser ressaltada por duas razões. A primeira tem a ver com o que esta tem de resposta ao trauma da organização e à dupla melancolia de 1917 e 1968. A segunda é sua contradição evidente com um entendimento da ação política cada vez mais baseado na contingência. Se não há necessidade histórica, se não há passagem automática das condições objetivas para a subjetivação política, se não há motivos para supor que nem a agência coletiva nem os resultados da ação agregada ocorrerão por si só, se os sujeitos políticos deveriam, portanto, ser compostos e a capacidade de agir, organizada – não deveríamos estar nos concentrando mais, e não menos, na questão da organização? Renunciar a toda esperança de mudança sistêmica ou retroceder a uma confiança velada, ainda que hipotética, na teleologia não são justamente as condições a que se precisa recorrer para que seja possível subdimensionar o papel da organização? Se a concepção mais usual de como esse tipo de mudança poderia acontecer hoje envolve uma proliferação de lutas locais que de algum modo conseguem se conectar de maneiras estrategicamente decisivas, não estão delineados aí ao menos dois níveis em que a organização precisa ser pensada – a produção das lutas locais e sua conexão estratégica?

CAPÍTULO 4

Crítica da auto-organização

Acho que ainda se deve ser leninista, pelo menos no sentido específico de que não podemos esperar que a espontaneidade e a criatividade das massas bastem para estabelecer grupos analíticos de uma forma duradoura – ainda que "leninista" seja talvez uma palavra estranha a ser usada quando se leva em consideração que a questão no momento é fomentar não um partido altamente centralizado, mas meios pelos quais as massas possam tomar o controle de suas próprias vidas.

Félix Guattari

Para nós, o poder é, em primeiro lugar, a capacidade de definir fenômenos e, em segundo, a capacidade de fazer com que esses fenômenos atuem da maneira desejada.

Huey P. Newton

"Não existem sistemas auto-organizados"

Ainda seria possível objetar que as conclusões a que chegamos no último capítulo pressupõem o que deve ser provado: que a ação política exige a intervenção de sujeitos coletivos organizados. Seria necessário, além de tudo o que foi dito, demonstrar que a auto-organização não é capaz de produzir os mesmos efeitos espontaneamente.

Minha primeira resposta consistiria em chamar atenção novamente para a noção de organização com que estou trabalhando aqui. Por "sujeito coletivo organizado", não entendo necessariamente uma organização de massa formalmente estruturada ou um partido, mas agenciamentos sociotécnicos, operando em qualquer escala, que assumam o papel de coordenar o esforço coletivo e orientá-lo em direções determinadas. Podem ser pessoas que abrem um centro comunitário ou iniciam uma campanha de sindicalização, que montam um acampamento de protesto ou lançam um chamado à ação contra um determinado alvo (um mau patrão, uma obra de infraestrutura, um governo ou uma agência multilateral); no limite, pode até ser um único indivíduo nas redes sociais. Assim, tudo que estou dizendo é, em primeiro lugar, que nada acontece sem que tais estruturas estejam operantes, não importa quão informais elas sejam. Por mais improvisados e impulsivos que sejam uma manifestação ou um levante, eles nunca correspondem realmente ao mito de uma multidão de indivíduos desconectados convergindo no mesmo lugar ao mesmo tempo, como um bando de pessoas em um musical que magicamente se põem a cantar todas juntas. Além disso, estou dizendo que a menos que essas estruturas tenham uma capacidade de agir proporcional aos efeitos que se espera delas, a probabilidade de que esses efeitos ocorram é significativamente reduzida. Essas são duas coisas com as quais acredito que a maioria das pessoas poderia, em princípio, concordar.

Contudo, a gramática que está pressuposta nessa objeção merece ela mesma um exame mais atento. Ela opõe "organização" e "auto-organização" e chama de "espontâneo" tudo aquilo que não é "organizado"; com isso, implicitamente supõe que a "organização" é sempre imposta "de fora" e não reconhece que aquilo que é espontâneo também é organizado à sua própria maneira. Neste capítulo, proponho uma crítica da ideia de auto-organização que questiona os fundamentos em que essa gramática se baseia: uma escolha entre uma noção problemática de autonomia e um determinismo forte, uma transformação de juízos de valor em constatações de fato, uma tentativa de "naturalizar" certos ideais políticos projetando-os no mundo. O que desejo mostrar é que, para defender que a organização intencional é supérflua e redundante, seria necessário demonstrar que a auto-organização e a espontaneidade não apenas *podem* cumprir sua função, mas que *necessariamente o fazem* ou *farão*. Isso, por sua vez, é impossível a menos que se suponha uma teoria transitiva da consciência ou algum tipo de providencialismo. A questão aqui não é rejeitar a noção de auto-organização, mas argumentar que, em vez de ser incompatível com uma política baseada em iniciativa subjetiva e organização, ela, na verdade, a implica. Trata-se também de identificar uma escolha: se renunciamos à teleologia verdadeiramente e por completo, em vez de nos mantermos apegados a ela em versões mais fracas e veladas, devemos abraçar a necessidade da organização.

Num primeiro momento, poderia parecer que defender a necessidade de nos darmos ativamente os meios para alcançar aquilo em que acreditamos seria perfeitamente redundante – algo de que ninguém poderia discordar. Mas a discussão sobre organização é frequentemente recebida com a suspeita de ser apenas uma fachada para uma vontade de poder disfarçada ou uma condescendência elitista com os outros: uma descrença em sua capacidade de autodeterminação aliada a uma pretensão de estar habilitado a educá-los e liderá-los. Na gramática subjacente a essa maneira de pensar, aquilo que é "espontâneo" e "auto-organizado" se desenvolve organicamente, a partir de si mesmo, sem hierarquia ou manipulação, e expressa verdadeiramente os interesses e os desejos das pessoas. Já "organizar" significa introduzir algo de fora e, desse modo, também se colocar acima daquilo que é organizado. É agir como uma autoridade, como uma vanguarda iluminada, como alguém imune à "indignidade de falar pelos outros",[1] que distorce ou falsifica o que os outros pensam ou querem. Não é difícil perceber o quanto essa associação parece nefasta desde uma perspectiva segundo a qual tudo é organizado: ela mancha a "organização" e o "organizar" [*organising*] com conotações inequivocamente negativas e, pior ainda, obscurece os modos como aquilo que é chamado de auto-organizado é, *em si mesmo, organizado*. Com isso, perpetua-se a ilusão de que poderia existir algo como uma ausência de organização e que isso seria algo a que almejar.

Para todos os efeitos práticos, essa maneira de falar faz de "organização" um sinônimo de *hetero*-organização: organização imposta *por um outro, desde fora*. A possibilidade de distinguir organização de auto-organização passa a depender, assim, da possibilidade de se estabelecer um limite que separa o "dentro" (o que um conjunto circunscrito de pessoas pensa e quer) do "fora" (a influência externa daqueles que não pertencem ao mesmo grupo). Acrescenta-se a isso um juízo de valor implícito: tudo o que vem de dentro da fronteira é preferível ao que vem de fora.

É evidente, portanto, que a possibilidade de isolar um sistema de seu ambiente é essencial para identificá-lo como auto-organizado. A ironia é que a impossibilidade de fazer isso em termos absolutos foi o que levou alguns pioneiros da auto-organização a alertar que, em certo sentido, tais sistemas não existem. "Sistemas auto-organizados não existem!" foi como o físico e ciberneticista Heinz von Foerster escolheu abrir o Simpósio Interdisciplinar sobre Sistemas

---

[1] Michel Foucault e Gilles Deleuze, "Os intelectuais e o poder", in *Microfísica do poder*, trad. Roberto Machado. Rio de Janeiro: Graal, 1979, p. 72.

Auto-Organizados que ocorreu em 5 de maio de 1959, em Chicago – o primeiro evento acadêmico sobre o tema.[2] Em uma continuação desse evento alguns anos depois, o psiquiatra e pioneiro da cibernética W. Ross Ashby concluiu igualmente que, uma vez que "nenhum sistema pode ser corretamente considerado como auto-organizado e o uso da expressão 'auto-organizado' tende a perpetuar uma forma fundamentalmente confusa e inconsistente de olhar para o assunto, é provavelmente melhor deixar que a expressão desapareça".[3]

Embora o abordassem desde ângulos distintos, energia e informação, Von Foerster e Ashby tinham o mesmo problema em mente. No caso de Von Foerster, era a entropia que estava em questão. Um sistema é considerado auto-organizado quando sua organização aumenta ao longo do tempo, o que equivale a dizer que sua entropia interna diminui. À luz da segunda lei da termodinâmica, que afirma que a entropia de um sistema isolado tende sempre a aumentar, isso só pode significar duas coisas. Primeiro, que o sistema não é isolado; segundo, que sua organização só pode provir do consumo de energia do ambiente – cuja entropia, por sua vez, aumentará. Em outras palavras, a auto-organização de um sistema somente é possível se ele estiver acoplado a um ambiente dotado de energia e ordem disponíveis, do qual o sistema auto-organizado se alimenta e que ele desorganiza ao longo do tempo. Para todos os sistemas finitos que encontramos no mundo, portanto, a expressão "sistema auto-organizado" faz sentido não em termos absolutos, mas apenas conforme se refira "àquela parte de um sistema que consome energia e ordem de seu ambiente" para criar sua própria ordem interna.[4] Para Ashby, por outro lado, a questão se apresentava da seguinte maneira: se admitimos que um sistema auto-organizado é aquele que é capaz de mudar seu estado interno de acordo com a informação que re-

---

2   Heinz von Foerster, "On Self-Organizing Systems and Their Environments", in Marshall Clinton Yovits e Scott Cameron (orgs.), *Self-Organizing Systems*. London: Pergamon Press, 1960, p. 31.
3   W. Ross Ashby, "Principles of the Self-Organizing System", in H. von Foerster e G. W. Zopf Jr. (org.), *Principles of Self-Organization*. London: Pergamon Press, 1962, p. 269.
4   H. von Foerster, "On Self-Organizing Systems and Their Environments", op. cit., p. 36.

cebe *do ambiente*, tal sistema é, por definição, apenas um subsistema desse ambiente e não é auto-organizado em um sentido literal. Sua auto-organização é ela mesma uma modulação – e, portanto, dependente – da hetero-organização que causas externas lhe impõem.

Vale notar que Ashby e Von Foerster perderam a oportunidade de tirar uma conclusão adicional das mesmas premissas. Se ser completamente auto-organizado implica não ter nenhum *input* do ambiente, somente um sistema *total*, sem nada que lhe seja externo, poderia ser adequado a essa descrição. Em termos absolutos, só pode haver um único sistema auto-organizado: o universo em sua totalidade. Foi justamente o que Spinoza deduziu no século XVII através de uma inferência semelhante à de Von Foerster e Ashby, com a diferença de que seu ponto de partida era o conceito cartesiano de substância. Descartes definira a substância fundamentalmente em termos de sua autossubsistência: "uma coisa que existe de tal maneira que só tem necessidade de si própria para existir".[5] De certo modo, tudo o que Spinoza fez foi seguir as implicações do raciocínio; o resultado era perfeitamente lógico, ainda que extravagante. Em vez de aceitar a solução improvisada pela qual Descartes distinguia entre uma substância propriamente dita – Deus – e uma pluralidade de substâncias inferiores, por ele criadas, que interagem entre si, Spinoza encarou o problema de frente e concluiu que só poderia haver uma única substância, que, por sua vez, não interage com nada porque não há nada de externo a ela. Toda e qualquer coisa existente deve, portanto, ser uma afecção ou modificação dessa substância única, que Spinoza chamou de *Deus sive Natura*, "Deus ou Natureza".[6] As coisas singulares – ou "modos finitos", na terminologia de

---

5   René Descartes, *Princípios da filosofia*, trad. João Gama. Lisboa: Edições 70, [1997], p. 45.
6   Que essa tenha sido uma conclusão que o próprio Descartes omitiu fica claro pelo que imediatamente se segue a essa definição: "Falando com propriedade, só Deus é assim e não há nenhuma coisa criada que por um só momento possa existir sem ser apoiada e conservada pelo seu poder. Por isso temos razão quando na Escola dizemos que o nome de substância não é *unívoco* relativamente a Deus e às criaturas, isto é, não concebemos distintamente nenhuma significação desta palavra que convenha a ambos com o mesmo sentido". Ibid. (grifo meu).
É importante observar que, por Natureza, Spinoza não entendia apenas o universo físico (ela inclui o pensamento e outros atributos desconhecidos para nós),

Spinoza – existem, por sua vez, em várias escalas e em múltiplos níveis de integração vertical. Indivíduos de um determinado nível são componentes de indivíduos de um nível superior, de modo que se "continuamos assim, até o infinito, conceberemos facilmente que a natureza inteira é um só indivíduo, cujas partes, isto é, todos os corpos, variam de infinitas maneiras, sem qualquer mudança do indivíduo inteiro".[7]

A noção de uma estrutura hierárquica é, com efeito, central para a ideia da natureza como auto-organizada.[8] Não, é claro, no sentido de uma ordem de comando, como se os níveis superiores controlassem unilateralmente o comportamento dos inferiores. Pelo contrário, o que encontramos aqui é mais uma vez a lógica da transindividualidade introduzida no capítulo 1. Por um lado, dizer que um sistema apresenta um comportamento é dizer que ele constrange o comportamento de seus elementos a fim de manter um certo padrão funcional (uma proporção constante de movimento e repouso, nos termos de Spinoza). De outro, o sistema *nada mais é do que* esses elementos e suas interações e está, portanto, permanentemente aberto à modificação ou mesmo à destruição caso o comportamento desses elementos mude para além de certos parâmetros. "Hierarquia" se refere antes ao fato de que sistemas estão contidos dentro de sistemas: um organismo é parte de uma população que é parte de um ecossistema, mas também é um nicho para bactérias, e assim por diante.[9] Como vimos no primeiro capítulo, isolar um sistema dentro dessa hierarquia ver-

---

muito menos apenas o que é "natural" em sentido estrito (ela inclui todas as coisas artificialmente produzidas) e tampouco apenas coisas atualmente existentes (*Natura naturata*), mas também a atividade causal pela qual elas vêm a ser (*Natura naturans*).

7   Spinoza, *Ética*, trad. T. Tadeu. Belo Horizonte: Autêntica, 2009, EIIP13S.
8   Ver Herbert A. Simon, "The Architecture of Complexity". *Proceedings of the American Philosophical Society*, v. 106, n. 6, 1962, pp. 467–82; Timothy F. H. Allen e Thomas B. Starr, *Hierarchy: Perspectives for Ecological Complexity*, 2ª ed. Chicago: University of Chicago Press, 2007.
9   Como diz Kevin Kelly, não se trata de uma "hierarquia de posições", em que "informação e autoridade viajam [...] de cima para baixo", mas de uma "subsunção ou hierarquia em rede", em que "informação e autoridade viajam de baixo para cima e de um lado para o outro". K. Kelly, *Out of Control: The New Biology of Machines, Social Systems and the Economic World*. Menlo Park: Addison-Wesley, 1994, p. 45.

tical depende de uma escolha em relação à escala dos fenômenos em análise. Dessa maneira, algo que pode ser dito auto-organizado em um nível (um sistema) também pode ser descrito como hetero-organizado em um nível superior (um elemento), e é ele mesmo composto de partes que se organizam entre si em um nível inferior. Mas as questões relativas à individuação de um sistema também surgem quando assumimos uma perspectiva horizontal. Primeiro, como vimos, um sistema finito existe apenas *em relação a* um ambiente. Segundo, dependendo do grau de autonomia que seus componentes possuam, eles podem entrar em relação com outros sistemas de maneiras que são relativamente independentes do sistema ao qual pertencem. Por exemplo, quando membros de duas organizações diferentes começam a cooperar de modo autônomo, podemos dizer que estamos diante de dois ou três sistemas, conforme desejemos considerar a zona de indiscernibilidade entre os dois sistemas maiores apenas como uma interface ou como um sistema em si mesmo.

Estabelecer uma fronteira é, assim, algo sempre relativo a um ponto de vista, a certos critérios sobre o que é ou não relevante para a análise. Trata-se de uma decisão tomada por um observador. Isso não significa que as distinções estão apenas nos olhos de quem vê; não é arbitrário identificar conexões que realmente existem. Mas a maneira como separamos essas relações em unidades individuadas depende de uma seleção feita segundo a escala espacial (o que é muito pequeno ou muito amplo para ser de interesse), o intervalo de tempo (quais interações têm frequência muito alta ou muito baixa, quais dinâmicas são de muito curto ou de muito longo prazo para serem levadas em conta) e a saliência (o que é muito singular ou muito geral para ser útil).[10] A maioria das pessoas provavelmente não diria que são menos "espontâneas" as ações de alguém que participou de uma reunião a pedido de outra pessoa, que escreveu em um cartaz uma palavra de ordem que ouviu outra pessoa dizer ou que se sentiu incentivado pela valentia de um terceiro a jogar uma pedra na polícia. Talvez muitos mudassem de opinião se ficassem

---

10   Sobre as razões pelas quais os limites dependem de uma perspectiva sem ser arbitrários, ver Lars Vogt, Peter Grobe, Björn Quast e Thomas Bartolomaeus, "*Fiat* or *Bona Fide* Boundary: A Matter of Granular Perspective". PLOS ONE, v. 7, n. 12, 2012.

sabendo que o convite para a reunião veio de um organizador pago, que a palavra de ordem foi dita por um político ou que as primeiras pedras foram jogadas por pessoas de fora da comunidade onde o tumulto aconteceu. Caso depois se confirme que agitadores externos haviam planejado desde o início um confronto com a polícia, isso significaria que o tumulto não foi espontâneo (mesmo que muitos moradores locais tenham participado)? E se os agitadores forem ativistas que enfrentam as mesmas questões em seu próprio bairro? Consideremos também a escala temporal: e se a pessoa contratada para organizar a reunião era alguém que morava naquela comunidade havia dez anos, ainda que se tratasse de um agente externo? Podemos imaginar inúmeras variações desses cenários em que nosso julgamento sobre o que está "dentro" ou "fora" mudaria; em cada situação sempre haverá diversas fronteiras a serem estabelecidas segundo critérios variados.[11] A distinção entre dentro e fora está longe de ser autoevidente; escolhemos como a demarcamos conforme o argumento que queremos defender. E como "fora" normalmente tem uma conotação negativa, o próprio ato de estabelecer um limite já supõe um juízo de valor.[12] Na verdade, se esses limites são relativos a um observador, poderíamos dizer que nossa avaliação *precede* a distinção: opomos dentro e fora ou auto e hetero-organização porque somos críticos de uma relação existente, não somos críticos dessa relação porque a oposição existe.[13]

---

11 Podemos pensar, por exemplo, na maneira como muitos na liderança do Partido dos Panteras Negras se adequavam (enquanto negros em sua maioria criados em áreas pobres) e não se adequavam (enquanto trabalhadores qualificados e profissionais com ensino superior) ao perfil social associado ao partido. Ver Charles E. Jones e Judson L. Jeffries, "'Don't Believe the Hype': Debunking the Panther Mythology", in C. E. Jones (org.), *The Black Panther Party (Reconsidered)*. Baltimore: Black Classic Press, 1998, pp. 44–46.

12 Embora seja menos comum, é certamente possível inverter esses valores – o exemplo mais famoso é o famoso (ou infame) argumento de Lênin segundo o qual a consciência trazida "de fora" pelo partido desviaria as tendências espontaneamente reformistas dos trabalhadores na direção do socialismo.

13 Isso se torna muito claro quando a fronteira se desloca para baixo, traçando uma linha divisória onde antes não havia nenhuma: o que até então era visto como um processo auto-organizado passa, de repente, a ser percebido como dividido entre uma conspiração de líderes autonomeados e um entorno de seguidores. Por ser um julgamento sobre a qualidade e as tendências de uma relação,

Mais uma vez, essa não é uma questão simplesmente arbitrária. Só porque sempre podemos descrever a auto-organização como envolvendo hetero-organização, isso não significa que algumas relações não sejam mais hetero-organizadas do que outras. O indicador-chave é a falta de reciprocidade: um lado tem uma capacidade muito maior de impor restrições, de limitar o campo de ações possíveis do outro. Vemos exemplos disso quando um partido subordina as demandas expressas por sua base social às táticas eleitorais, quando um sindicato coloca sua sobrevivência organizacional acima dos interesses de seus membros, quando uma ONG faz acordos pelas costas do grupo que afirma representar, quando alguém com muitos seguidores nas redes sociais usa informações falsas para incitar indignação – ou mesmo quando organizadores bem-intencionados agem sistematicamente para promover a dependência em vez da autonomia e constantemente se posicionam como intermediários e protagonistas. É claro que é perfeitamente concebível que esse tipo de poder possa ser usado em benefício daqueles que ele representa. Como vimos no capítulo 1, no entanto, o motivo pelo qual a reciprocidade importa é que ela é única maneira de minimizar o risco de que ele seja usado para os piores fins.

O fato é, no entanto, que toda iniciativa de organização começa altamente dependente de reciprocidade: ela só pode funcionar se for capaz de angariar apoio voluntário e está, portanto, limitada pela contribuição de quem quer que nela participe. Rejeitar a organização, nesse caso, parece absurdo. Afinal, como criticar um grupo ou um indivíduo apenas por promover uma iniciativa que outros

---

a distinção entre hetero e auto-organização tende a ser um artifício retórico fundamental na disputa pela orientação de processos sociais. Grupos com diferentes linhas políticas normalmente afirmam representar a posição para a qual esse ou aquele grupo social tenderiam "espontaneamente" ao defenderem um suposto radicalismo "natural" ou um conservadorismo da classe trabalhadora, por exemplo. Também vale notar que as queixas dos ativistas sobre a repressão da espontaneidade pelas lideranças têm exatamente a mesma estrutura que o discurso governamental sobre "agitadores externos", invertendo apenas os sinais. Enquanto no primeiro caso se espera que o comportamento espontâneo seja mais radical (as pessoas *fariam* certas coisas se não fossem as influências inibidoras externas), no segundo caso se espera que seja menos (as pessoas *não* fariam o que estão fazendo sem um incentivo vindo de fora).

acolhem como sua? Por que alguém seria culpado por propor um caminho que outros acham que vale a pena seguir? Obviamente, é perfeitamente razoável, saudável inclusive, preocupar-se com os riscos de permitir que o poder se concentre. Mas fazê-lo em situações em que se beira a impotência, ou chegar ao ponto de nada fazer ou não deixar que nada seja feito, não tem sentido. A resposta adequada às preocupações relativas à *potestas* é a criação de mecanismos internos e externos que possam mantê-la sob controle, não a renúncia à possibilidade de expandir a *potentia* coletiva ou a recusa de qualquer tipo de organização sob o pretexto de que ela poderia acumular demasiado poder – que é um pouco como se recusar a fazer algo por temer ser bom demais naquilo que se faz.

As associações negativas em torno da organização limitam não apenas nossa iniciativa, mas nossa imaginação. Para muitos, "organização" evoca automaticamente a imagem cinzenta de soldadinhos do partido realizando alguma tarefa robótica e sem sentido na chuva. Da mesma maneira, tudo o que o organizar [*organising*] traz à mente é pura manipulação ou um paternalismo do tipo "sabemos o que é melhor para você", enquanto "trabalho de base" é ridicularizado como sinônimo de jovens socialistas que se levam excessivamente a sério "levando consciência" às massas que os olham meio perplexas, meio achando graça. O que isso faz é invisibilizar os programas de bem-estar comunitário dos Panteras Negras nos Estados Unidos, as comunidades eclesiais de base da Teologia da Libertação na América Latina, a Plataforma de Afetados pela Hipoteca (PAH) na Espanha, os movimentos de libertação de gays e de mulheres em todo o mundo e inúmeros exemplos de outros tipos de organização. Além disso, deixa passar sem questionamento o hábito de conceber a organização apenas como ameaça e não como condição de possibilidade – sempre como um problema de "demasiado", nunca de "muito pouco". A reciprocidade se torna, assim, um valor que se busca *em detrimento* da capacidade de realizar mudanças, e não possuir a *potentia* necessária passa a ser visto como virtude: ser impotente prova que ao menos não queremos nenhum poder para nós mesmos.

Seria, contudo, muito mais difícil escolher ativamente a impotência se isso implicasse abrir mão de toda esperança de que as coisas pudessem mudar na direção que desejamos. Para minimizar o custo dessa escolha, precisamos do suplemento da fé: a crença de que a mudança pode ocorrer mesmo que nos abstenhamos deliberadamente de fazer tudo o que estiver ao nosso alcance para que algo mude. Essa me parece ser uma das principais funções que o apelo aos discursos científicos sobre auto-organização cumpre desde a década de 1960. As razões que levaram a auto-organização, enquanto ideia e campo de estudo, a crescer continuamente em importância ao longo do século XX são obviamente múltiplas e não podem ser reduzidas à política.[14] Não é coincidência, contudo, que a crescente apropriação política da auto-organização coincida com o declínio triplo do determinismo histórico, do sujeito revolucionário e da própria revolução. O que a virada para a auto-organização ofereceu, como espero mostrar, foi algo como uma *teleologia sem sujeito revolucionário*. Não abertamente proclamada como tal e, em última instância, talvez apenas condicionalmente pressuposta, essa teleologia foi, não obstante, *suficientemente* afirmada para que pudesse oferecer esperança em face da derrota, do recuo e da paralisia autoinduzida.

Espontaneidade: interioridade ou exterioridade?

Vimos que a gramática que opõe organização e auto-organização supõe uma distinção entre dentro (aquilo que alguma coletividade espontaneamente pensa e quer) e fora (o que os outros esperam que ela pense e queira). É evidente, no entanto, que ela também contém uma afirmação implícita sobre o observador que estabelece essa distinção: que ele *sabe* aquilo que quem está dentro pensa e quer. Deixando de lado o fato de que essa crença, se não está escorada em evidências empíricas, não é menos paternalista do que a ideia de que se sabe o que as outras *deveriam* pensar e querer, a pergunta a ser feita é: existe algo como aquilo que elas "espontaneamente" pensam ou querem? Ou: o que devemos pressupor para acreditar que isso exista?

14 Para uma breve história do conceito, ver Evelyn Fox Keller, "Organisms, Machines, and Thunderstorms: A History of Self-Organization, Part One". *Historical Studies in the Natural Sciences*, v. 38, n. 1, 2008, pp. 45–75; id., "Organisms, Machines, and Thunderstorms: A History of Self-Organization, Part Two". *Historical Studies in the Natural Sciences*, v. 39, n. 1, 2009, pp. 1–31.

Uma opção é fazer com que a espontaneidade dependa da interioridade. Aristóteles utilizava dois termos distintos para falar sobre comportamento espontâneo, um para se referir a seu âmbito ético (*hekousion*) e outro, a seu âmbito natural (*automatos*, literalmente "automovente").[15] Segundo ele, uma ação é espontânea se encontra "seu princípio motor" no agente em vez de ter um "princípio motor [que] se encontra fora de nós e para o qual em nada contribui a pessoa que age e que sente a paixão – por exemplo, se tal pessoa fosse levada a alguma parte pelo vento ou por homens que dela se houvessem apoderado".[16] Assim, *hekousion* abrange tanto as ações que decorrem da deliberação racional (*prohairesis*) quanto aquelas que não envolvem escolha ou cálculo, que podemos descrever como instintivas ou automáticas. Quer decorra da escolha racional ou do automatismo, da vontade ou do instinto, uma ação é espontânea na medida em que o agente age sem ser coagido ou enganado. Um cachorro latindo para um estranho e uma pessoa jogando uma pedra são exemplos de comportamento espontâneo, mesmo que apenas o segundo tenha o elemento adicional da ponderação.

As coisas se complicam quando consideramos aqueles comportamentos espontâneos que não são deliberadamente escolhidos, tal como um reflexo – uma resposta involuntária a um estímulo que não requer pensamento consciente. Não há como negar que o corpo é aí autocausado ou automovente, dado que a resposta está inscrita em sua "natureza". Na medida em que é "programado" para responder dessa maneira sempre que receber o estímulo apropriado, ele tem o "princípio motor" da ação em si. É evidente, no entanto, que o organismo é autocausado apenas no que diz respeito à *natureza* da resposta, não à *ocorrência* desta; observaríamos a mesma ação com qualquer outro estímulo do mesmo tipo, mas nenhuma ação ocorre-

---

15   *Hekousion* é geralmente traduzido como "voluntário", mas escolhi empregá-lo como "espontâneo" justamente porque o termo abrange tanto os comportamentos que envolvem deliberação racional (que a maioria das pessoas entenderia como "voluntários") e aqueles que não a envolvem (e poderiam, assim, ser chamados de "involuntários"). Ver Aristóteles, *Ética a Nicômaco*, trad. Leonel Vallandro e Gerd Bornheim, in *Tópicos; Dos argumentos sofísticos; Metafísica; Ética a Nicômaco; Poética*. São Paulo: Abril, 1973, pp. 283–84.
16   Ibid., p. 281.

ria sem um estímulo externo prévio. Além disso, o movimento involuntário mostra que aquilo que é, em certo sentido, mais íntimo – o corpo e o que ele faz sem pensamento ou decisão conscientes –, é, em geral, externo ao controle do indivíduo. Ele se apresenta não como uma parte de nossa subjetividade, mas como uma espécie de objetividade estranha em nosso interior; para usar o neologismo inspirado de Jacques Lacan, temos aí um tipo de *extimidade* (*extimité*), algo simultaneamente íntimo e externo. A questão se torna ainda mais complicada quando pensamos que os comportamentos involuntários não são necessariamente inatos, no sentido literal, mas também podem ser adquiridos. Nesse caso, a "natureza" inscrita no corpo é realmente uma "segunda natureza", construída ou assimilada, de modo que aquilo que é mais espontâneo e irrefletido é ele mesmo produto de causas externas operando em uma escala de tempo mais longa.[17]

Poderíamos, então, pretender restringir a espontaneidade a ações que envolvam uma escolha consciente e deliberada, mas esse gesto também se mostra incerto. A própria deliberação não está livre de causas externas: critérios racionais e valores são aprendidos através da socialização; a informação à nossa disposição é obtida "no mundo"; não apenas as circunstâncias em que somos chamados a tomar decisões não são criadas por nós, como essas escolhas nunca estão isentas da pressão exercida por afetos como medo, esperança, vergonha, orgulho, amor ou ódio. Esses afetos são desencadeados por causas externas em nosso ambiente imediato e os gatilhos podem ser algo condicionado em nós por alguma experiência passada ou por influências do meio sujeitas a manipulação deliberada, tal como o medo do terrorismo alimenta a islamofobia, por exemplo.

Tudo isso serve para mostrar que, mesmo quando reduzimos o campo de análise àquele que intuitivamente pareceria ser o candidato mais elementar à condição de "eu" – o indivíduo (humano) –, ainda é muito difícil isolar nele uma parcela de interioridade que estaria protegida de influências externas. Se estamos dispostos a

---

17 "Mais longa" aqui ainda se refere à duração da vida do indivíduo. Evidentemente, mesmo aquilo que é literalmente inato em um indivíduo pode ser descrito, em uma escala de tempo evolutiva, como o produto de causas externas na medida em que envolve traços que foram desenvolvidos pela espécie sob a influência de pressões evolutivas.

mobilizar uma crítica da soberania subjetiva contra noções como o "self-made man", o "empreendedor de si" e a "responsabilidade individual", devemos ser cautelosos para não reproduzir essa ilusão em outro lugar. Não é possível ter as duas coisas: se queremos uma ontologia relacional, não podemos deixar de contestar a interioridade.

Outra opção seria fazer a espontaneidade depender de causas externas. Ao identificar um complexo causal que age sobre um indivíduo ou um conjunto de indivíduos de maneira constante, pode-se dizer que eles são "espontaneamente" levados por essas causas a certas crenças, desejos e ações. Em certa medida, é claro, é exatamente isso o que deve fazer qualquer teoria que reconheça a dimensão social do conhecimento, do pensamento e do comportamento. Para funcionar como um argumento definitivo contra a organização, porém, não basta que a espontaneidade se baseie apenas em probabilidade. Afirmar que as pessoas *podem* (ou não) desenvolver certas crenças e ações por conta própria parece um argumento *a favor* da organização (como meio de tentar assegurar que elas o façam), e não o contrário. É necessário um determinismo forte para dizer que as pessoas *necessariamente* chegarão a essas crenças e ações. Isso, como vimos, é o que a teoria transitiva da consciência fornece em sua versão mais forte.

Que a espontaneidade no sentido marxista suponha não a liberdade, mas o determinismo, fica claro na observação de Gramsci de que "não existe na história a espontaneidade 'pura': ela coincidiria com a mecanicidade 'pura'".[18] Isso significa que uma ação que não envolve a menor quantidade que seja de reflexão ou deliberação, isto é, contingência, seria indistinguível da conduta de uma bola de bilhar impulsionada por um impacto externo. Trabalhadores "puramente" espontâneos seriam como autômatos, executando cegamente uma mesma resposta a alguma causa externa. À luz disso, podemos ver como a defesa da espontaneidade feita por Rosa Luxemburgo estava inteiramente baseada no determinismo histórico e na teoria transitiva da consciência: o despertar espontâneo da consciência proletária se fazia necessário em virtude da posição dessa classe na estrutura

---

18   Antonio Gramsci, *Cadernos do cárcere*, v. 3, trad. Luiz Sérgio Henriques, Marco Aurélio Nogueira e Carlos Nelson Coutinho. Rio de Janeiro: Civilização Brasileira, 2000, p. 194.

social e no próprio movimento da história. Em vez de romper com o espaço teórico definido por esses dois pressupostos, o que Luxemburgo fez foi acrescentar a ele um elemento de não linearidade. A Revolução Russa de 1905 havia sido um levante muito parecido com aqueles que vimos no início da última década: uma eclosão abrupta e acelerada de uma radicalização de massa que desenvolveu táticas de luta, formas de organização e mecanismos de tomada de decisão próprios, com pouca ou nenhuma intervenção de "líderes" políticos já estabelecidos. Ela obrigara os socialdemocratas a correr atrás dos acontecimentos, desacreditando espetacularmente suas ideias presunçosas a respeito de seu papel histórico. A lição que Luxemburgo tirou daí foi que se o caminho para a revolução não era linear e contínuo, mas sujeito a mudanças de ritmo e às vezes ao avanço em passos largos, o mesmo valia para a consciência proletária.

Luxemburgo não tinha dúvidas de que, em períodos não excepcionais, o partido e os sindicatos desempenhavam um papel essencial em fornecer toda a educação e a formação políticas que lutas operárias fragmentárias e campanhas eleitorais podem oferecer. Na falta de oportunidades para se efetivar em uma ação de massas, no entanto, "a consciência de classe plantada pela social-democracia" permanecia uma consciência "*teórica, latente*".[19] Por outro lado, a experiência da "ação de massas direta" proporcionada pelas condições extraordinárias da greve de massa fazia com que a consciência de classe se tornasse "prática, ativa", e fora assim que o proletariado russo adquirira mais "instrução" em um ano do que os trabalhadores alemães em trinta.[20] Para Luxemburgo, as pessoas não sabem *sempre* aquilo que devem saber; mas algumas ocasiões oferecem um tal "despertar do sentimento de classe"[21] que elas podem aprendê-lo vertiginosamente rápido sem a necessidade de ninguém que banque seu mestre.[22]

---

19   Rosa Luxemburgo, "Greve de massas, partido e sindicatos", trad. Stefan Fornos Klein, in *Rosa Luxemburgo: Textos escolhidos. Volume 1 (1899-1914)*, trad. S. F. Klein et al. São Paulo: Ed. Unesp, 2018, p. 321 (grifo no original).
20   Ibid., pp. 321-22.
21   Ibid., p. 285.
22   Ibid., p. 308.

Na Revolução de 1905, Luxemburgo encontrou as provas para o argumento que havia levantado contra Bernstein alguns anos antes: não apenas a perspectiva de revolução não estava retrocedendo no horizonte, mas, tal como nas profecias escatológicas da Idade Média, o tempo estava se acelerando em sua direção. Era inteiramente inútil que partidos e sindicatos quisessem convocar ou planejar uma greve de massas, visto que tal explosão não era "um produto artificial de uma tática proposital da social-democracia"[23] e não poderia ser "'feita' artificialmente [nem] 'decidida' e nem 'propagada' a partir do nada".[24] Mas isso não importava: as greves eram "como uma necessidade histórica, da situação social",[25] "um *fenômeno histórico natural* gerado no terreno da atual revolução".[26] Por força da necessidade, a era das greves de massas estava chegando – e, com isso, o desenvolvimento acelerado da consciência proletária. Sua crítica do "entendimento rígido e mecânico-burocrático" de organização que "só admite a luta como produto da organização que atinja uma certa força" não era, portanto, simplesmente um *cri de cœur* moral contra a arrogância social-democrata, embora também fosse isso.[27] Foi inteiramente dentro do contexto de uma previsão sobre a aceleração iminente da história, e a partir dessa premissa, que ela exortou os socialdemocratas a aceitar "o desenvolvimento dialético, vivo" que "faz nascer a organização como produto da luta".[28]

---

23 Ibid., p. 323.
24 Ibid., p. 271.
25 Ibid.
26 Ibid., p. 323 (grifo meu).
27 Ibid., p. 318.
28 Ibid. Outra prova de que a posição de Luxemburgo está totalmente dentro do espaço lógico da teoria marxista é o fato de sua defesa da espontaneidade ser inteiramente compatível com a compreensão da socialdemocracia como vanguarda: "A social-democracia é a vanguarda mais esclarecida, mais consciente do proletariado. Ela não pode e nem deve esperar, de modo fatalista e de braços cruzados, pela chegada da 'situação revolucionária' [...]. Pelo contrário, ela precisa, como sempre, *preceder* o desenvolvimento das coisas, procurar *acelerá-las*. Não o conseguirá lançando de repente a torto e a direito a 'palavra de ordem' de greve de massas, mas antes explicando às mais amplas camadas do proletariado a inevitável *chegada* deste período revolucionário, os *fatores sociais* internos que a ele conduzem, e suas *consequências políticas*". Ibid., p. 323 (grifo no original).

Na disputa entre Luxemburgo e Lênin, é ela e não ele, na verdade, a mais determinista dos dois.[29] Lênin justificava suas dúvidas a propósito da possibilidade de um "despertar da consciência de classe" automático com o argumento de que "a ideologia burguesa é muito mais antiga pela sua origem do que a ideologia socialista, de que mais completamente elaborada e possui meios de difusão *incomparavelmente* mais numerosos".[30] Em termos contemporâneos, poderíamos dizer que ele entendia a classe como um fenômeno molar que engloba diferentes processos moleculares (o sentimento nacionalista, "diferentes matizes econômicos" como "o surgimento de uma aristocracia operária"),[31] além de ter uma compreensão mais materialista (portanto, menos otimista) de como a ideologia funcionava. Isso, claro, contanto que ignoremos a tão citada frase que mancharia sua reputação para sempre: "a história de todos os países testemunha que a classe operária, exclusivamente com as suas próprias forças, só é capaz de desenvolver uma consciência tred-iunionista", ou, em outras palavras, uma consciência exclusivamente focada em lutas econômicas e ativamente oposta à organização política independente.[32] Na medida em que parece sugerir

---

29 Como Lukács observou, embora ela tivesse criticado a fundo a noção de Bernstein de "uma 'transição' pacífica para o socialismo", Luxemburgo não rompeu com a ideia de uma *"transição ideológica para o socialismo"*. Georg Lukács, "Notas críticas sobre a 'Crítica da Revolução Russa', de Rosa Luxemburgo", in *História e consciência de classe: Estudos sobre a dialética marxista*, trad. Rodnei Nascimento. São Paulo: Martins Fontes, 2003, pp. 497, 499 (grifo no original).
30 Vladímir Ilitch Lênine, "Que fazer?: Problemas candentes de nosso movimento", in *Obras escolhidas*, v. 1. São Paulo: Alfa-Ômega, 1986, p. 109 (grifo no original).
31 György Lukács, *Lenin: Um estudo sobre a unidade de seu pensamento*, trad. Rubens Enderle. São Paulo: Boitempo, 2012, p. 48.
32 V. I. Lênine, "Que fazer" op. cit., p. 101. Sigo aqui a escolha de Lars Lih na tradução para o inglês de manter a expressão *tred-iunionist*, usada por Lênin no original, em vez de traduzi-la como "sindical", conforme se costuma fazer. Para o tradutor e comentarista, é importante entender que, ao empregar essa versão russianizada do inglês *trade unionism*, Lênin estava comunicando que sua crítica não era dirigida aos sindicatos em geral, mas ao trabalhismo britânico, no qual a influência do marxismo era diminuta e a perspectiva revolucionária, bastante enfraquecida. Lih propõe uma reconstrução minuciosa desta e de outras passagens para argumentar que Lênin estava fazendo uma observação *histórica* perfeitamente trivial (e, na época, amplamente aceita) sobre as origens da doutrina socialista e as tarefas da Social-Democracia. Era um fato que o "socialismo científico moderno"

uma lei universal, essa passagem sem dúvida equivale a "entortar a vara" demais contra alguém como Luxemburgo. Em ambos os casos, o problema está em passar do possível (a consciência socialista *pode ou não* se desenvolver entre os trabalhadores dependendo das condições externas) para o necessário (*nunca* irá, *sempre* irá).

Colocar a questão como uma escolha entre possibilidade e necessidade nos permite evitar uma armadilha comum. Como vimos no capítulo 1, os registros normativo e descritivo facilmente se confundem nos debates sobre organização. Se eu acredito que a consciência sempre pode (e, dada a oportunidade, irá) surgir espontaneamente, quem não compartilha minha crença me parecerá suspeito. Eles realmente pensam que não é *possível* ou eles acham que não é *desejável*? Eles estão expressando uma dúvida legítima ou uma desconfiança nas capacidades das pessoas – ou pior, uma preferência pessoal por uma organização de cima para baixo e uma vontade ardilosa de poder? O problema muda, porém, quando o argumento se move para o nível cognitivo. Agora, a questão deixa de ser se a consciência sempre se desenvolve ou não espontaneamente, mas se é sequer possível saber a resposta para essa pergunta. Podemos ter *certeza* de que a consciência *sempre* irá se desenvolver espontaneamente? Podemos *saber*

---

havia sido elaborado por dois intelectuais burgueses, Marx e Engels; nesse sentido, ele veio de fora do movimento operário. Agora que essa doutrina existia, porém, a tarefa dos social-democratas era levar sua mensagem aos trabalhadores para garantir que ela se incorporasse a seu movimento cada vez mais completamente, em vez de esperar que eles próprios a formulassem. Se eles falhassem, a ideologia burguesa dominante levaria o proletariado na direção do *tred-iunionizm*, isto é, na direção de "uma *ideologia* explicitamente antissocialista que impele os trabalhadores a restringirem sua atividade de classe à luta econômica". L. T. Lih, *Lenin Rediscovered:* What Is to Be Done? *in Context*. Chicago: Haymarket, 2008, p. 660 (grifo no original). No entanto, Lênin parece sugerir que os trabalhadores se desenvolverão *necessariamente* em uma direção *trade-unionista* se deixados à própria sorte, o que acaba sendo tão exagerado quanto afirmar que sempre irão progredir em direção ao socialismo, mesmo que isso não pressuponha nem teleologia nem interioridade, mas apenas a força material superior da ideologia burguesa. A resposta de Lênin à Revolução de 1905 foi, em todo caso, bem parecida com a de Luxemburgo: ela mostrara que "ainda tendemos a subestimar a atividade revolucionária das massas" e provara, com a insurreição de dezembro de 1905 em Moscou, que os trabalhadores intuitivamente compreendiam a necessidade de ir além da greve geral e tomar o poder. V. I. Lênine, "As lições da insurreição de Moscovo", in *Obras escolhidas*, v. 1. São Paulo: Alfa-Ômega, 1986, pp. 473–78.

com certeza que o desenvolvimento espontâneo é, *mais do que possível, necessário*? Se pudermos concordar que é efetivamente impossível ter tal conhecimento sem recorrer ao determinismo histórico ou a uma noção problemática de interioridade, e que essas são duas coisas que gostaríamos de evitar, a questão então se torna: visto que não podemos saber se a espontaneidade é necessária, qual é a melhor coisa a fazer? Agir como se ela fosse e correr o risco de que não seja? Ou agir como se ela não fosse e estar disposto e preparado para ajudar a alimentá-la e desenvolvê-la? Certamente, uma das consequências que se poderia tirar de escolher a segunda opção é que relações de cima para baixo e não recíprocas são sempre justificadas e, de fato, necessárias. Espero, porém, que esteja claro por tudo que vimos até aqui que essa não é a única – e que não é preciso acreditar na interioridade ou no determinismo para não ser partidário do autoritarismo.

"Providencialismo ateu"

A crença na espontaneidade era obviamente ainda mais importante para os anarquistas do que para os marxistas, já que aquilo que rejeitavam no marxismo era justamente a ideia de que seria preciso tomar e empregar o poder estatal ("político") em vez de incentivar o "desenvolvimento e [a] organização da *potência não política, mas social, e, portanto, antipolítica* das massas operárias tanto da cidade como do campo".[33] A recusa em utilizar o Estado como um meio pelo qual se pode impor mudanças nas relações sociais, imprimir os valores da nova sociedade ou reprimir agitações contrarrevolucionárias não deixava outra opção aos anarquistas senão confiar que, deixadas por elas mesmas, as pessoas se empenhariam instintivamente na direção correta e acabariam chegando a seu destino. Em resposta às críticas de que os membros da Comuna em Paris teriam sido derrotados por sua timidez política, Bakunin afirmava que, ao contrário de críticos como Marx, eles haviam entendido que:

---

33   Mikhail Bakunin, "A comuna de Paris e a noção de Estado", trad. Natalia Montebello. *Verve*, n. 10, 2006, p. 78. (grifo meu).

na revolução social, diametralmente oposta nisso como em todo o resto à revolução política, a ação dos indivíduos deve ser quase nula e *a ação espontânea das massas devia ser tudo*. O que os indivíduos podem fazer é elaborar, esclarecer e propagar as ideias que correspondem ao *instinto popular* e também contribuir com seus esforços incessantes à organização revolucionária da potência natural das massas, mas nada além; e o resto não pode nem deve se fazer mais do que pelo próprio povo. De outra maneira, chegar-se-ia à ditadura política, isto é, à reconstituição do Estado, dos privilégios, das desigualdades, de todas as opressões do Estado, e chegar-se-ia, por um caminho desviado mas lógico, ao restabelecimento da escravidão política, social e econômica das massas populares.[34]

De modo semelhante, Kropotkin descreve a revolução social "não como uma ditadura de estilo jacobino", mas como "um movimento popular amplo" no qual

> em cada cidade ou vilarejo da região da revolta, as massas terão de assumir a tarefa de reconstruir a sociedade [...] *a partir de bases comunistas*, sem esperar ordens e instruções de cima. Ou seja, antes de mais nada, elas terão de organizar, de uma maneira ou de outra, os meios para fornecer comida e moradia a todos e, então, produzir o que for necessário para alimentar, vestir e abrigar todo mundo.[35]

O problema é que, sem recorrer a uma teoria transitiva da consciência, os anarquistas parecem não ter nada a oferecer como garantia de que as pessoas serão capazes de reorganizar, mais ou menos pron-

---

[34] Ibid. (grifo meu). Em uma carta escrita em abril de 1871, Marx lamentava que os membros da Comuna tivessem sucumbido por "escrupulosidade excessivamente 'honesta'", porque, em primeiro lugar, não marcharam imediatamente sobre Versalhes para derrubar o governo de Thiers e, em segundo, o Comitê Central da Guarda Nacional entregara o poder ao Conselho da Comuna cedo demais. Karl Marx, "Marx a Ludwig Kugelmann (em Hannover)", trad. José Barata-Moura e João Pedro Gomes, in id. e F. Engels, *Obras escolhidas em três tomos*, t. 2, trad. José Barata-Moura et al. Moscovo: Edições Progresso; Lisboa: Edições Avante!, 1983, p. 457.
[35] Peter Kropotkin, "Modern Science and Anarchism", in Emile Capouya e Keitha Tompkins (orgs.), *The Essential Kropotkin*, . Basingstoke: Palgrave Macmillan, 1975, pp. 88–89 (grifo no original).

tamente, todas as esferas da vida (em vez de enfrentarem o colapso social, a fome, e assim por diante), que o farão a partir de bases comunistas (e não através de meios autoritários ou pela reintrodução da propriedade privada) e que reunirão as forças necessárias para combater a contrarrevolução (em vez de serem derrotadas, como foi a Comuna de Paris). Nada sustenta a fé senão a própria fé: é um "providencialismo ateu"[36] velado que cauciona a esperança de que, dadas as condições certas (convulsão social, a suspensão de estruturas opressivas etc.), as massas farão o que é melhor porque elas "estão sempre prontas a estes sacrifícios".[37]

É claro que nada tampouco nos diz que uma ditadura do proletariado seja capaz de assegurar qualquer uma dessas coisas.[38] Nem poderia, visto que o que está em jogo é uma questão de força relativa e não de forma: seriam os revolucionários e a população em geral capazes de estabelecer uma nova ordem mais rápido do que a antiga conseguiria se reafirmar ou antes de a disrupção da vida social se tornar insuportável? É difícil não desconfiar que os anarquistas e Marx estavam, na verdade, falando de coisas diferentes. Não se trata apenas de dizer que um estava mais interessado em como fazer uso da *potentia* enquanto os outros estavam mais preocupados em limitar os perigos da *potestas*; eles estavam efetivamente respondendo a perguntas distintas. Se Bakunin e Kropotkin estão explicando qual o cenário ideal para uma revolução, aquilo que Marx está tentando descobrir é o que os revolucionários podem fazer para se certificar de que terão a melhor chance de vencer. Ele não se questionava se a ditadura do proletariado era *desejável*, mas se ela *dava conta do recado*. Enquanto um lado abordava o problema de um ponto de vista descritivo e contemplativo ("como deveria acontecer?"), o outro se implicava como agente: "como pode ser feito?" quer dizer "como *nós*

---

36 Foi assim que Malatesta ridicularizou o "otimismo kropotkiniano". Ver Errico Malatesta, "On 'Anarchist Revisionism'", in Vernon Richards (orgs.) *Polemical Articles*, 1924. London: Freedom Press, 1995, p. 87.
37 M. Bakunin, *Estatismo e anarquia*, trad. Plínio Augusto Coêlho. São Paulo: Nu-Sol Imaginário, 2003, p. 52.
38 E, embora haja evidências que sugerem que seja, as mesmas evidências poderiam ser usadas para corroborar a afirmação de Bakunin de que o resultado daí não pode ser considerado comunismo.

podemos fazê-lo?". É possível discordar do conteúdo da resposta de Marx e ainda assim julgar que é mais razoável cultivar essa atitude do que apenas confiar que as coisas sairão como devem. Mesmo se for para dar um salto no escuro, é melhor fazê-lo apoiando-se o mínimo possível na sorte; se for para lidar com variáveis que não estão sob nosso controle, é melhor estar seguro de usar toda *potentia* disponível para inclinar a probabilidade em nosso favor.

Revolucionário experiente, Bakunin estava consciente desse intervalo entre o possível e sua realização. Sua controversa noção de uma "ditadura coletiva invisível", às vezes denunciada como inconsistência ou prova de tendências autoritárias ocultas, deveria ser vista, ao contrário, como a conclusão lógica a que alguém pode chegar quando, partindo das mesmas premissas que ele, coloca-se a pergunta "como podemos fazê-lo?". Afinal, Bakunin acreditava estar demonstrado que uma revolução pacífica – "uma transformação [...] sistemática e lenta, mas ao mesmo tempo radical, de suas condições de existência" – era categoricamente impossível sob as condições então existentes.[39] Restava a opção de um caminho "puramente revolucionário" que levasse "direto à organização de uma insurreição geral do povo" – mas não de maneira que resultasse na introdução de uma nova elite dirigente e na sobrevivência do poder do Estado.[40] A alternativa, então, era ter quadros revolucionários "previamente preparados e organizados" para "despertar e fomentar todas as paixões dinâmicas do povo", mas que nunca seriam mais que "pilotos invisíveis que guiam a Revolução, não através de um poder manifesto" senão por seu prestígio e sua capacidade de contribuir com influência técnica e política para um "formidável despertar da vida espontânea em toda parte".[41] Exceto pela questão (certamente não

---

39 Ibid., pp. 239–40.
40 Ibid., p. 239.
41 Id., "Letter to Albert Richard", in *Bakunin on Anarchy*, org. e trad. Sam Dolgoff. New York: Vintage, 1971, pp. 180–81: "Nosso objetivo é a criação de uma associação revolucionária poderosa, mas sempre invisível, para preparar e dirigir a revolução. Mas nunca, mesmo durante o período de luta aberta, esta associação como um todo ou qualquer um de seus membros irá assumir qualquer tipo de cargo ou posto público, pois seu objetivo é tão somente destruir todo governo e tornar o governo impossível em toda parte. Ela dará rédea solta ao movimento revolucionário das massas e à sua construção de baixo para cima mediante a federação voluntária

menor) da ditadura do proletariado, a concepção de Bakunin do papel dos quadros organizados na revolução não estava, portanto, tão distante da visão de Lênin para o Partido Social-Democrata Russo sob o regime tsarista: uma estrutura oculta e bem enraizada para fornecer orientação, treinamento e coesão política para o crescente movimento contra a autocracia, agindo como uma espécie de "andaime" em torno do qual a *potentia* popular poderia ser erguida.[42]

Curiosamente, Bakunin emprega o condicional para dizer que enquanto "os comunistas autoritários" gostariam de "impor a ciência pela força", os anarquistas "*tentariam* propagá-la para as pessoas, que, *uma vez convencidas, se organizariam e se federalizariam* espontânea e livremente, de baixo para cima, por iniciativa própria e em conformidade com seus interesses".[43] É como se ponderar as contingências do trabalho político concreto forçasse sua linguagem a assumir um tom menos triunfante, mais inseguro. Pode ser que ele preferisse ver a revolução derrotada de fora para dentro a vê-la internamente traída por uma elite autonomeada. Mas mesmo que Bakunin estivesse disposto a deixar mais ao sabor da sorte do que Marx jamais estaria, isso não o impedia de pensar que nem tudo poderia ser confiado ao acaso e que algum grau de organização deliberada e planejamento prévio era inevitável.

---

e a liberdade incondicional, mas ao mesmo tempo ela estará permanentemente em guarda para que autoridades, governos e estados não possam jamais ser erigidos novamente". M. Bakunin apud Eugene Pyziur, *The Doctrine of Anarchism of Michael A. Bakunin*. Milwaukee: University of Marquette Press, 1955, p. 129.

42 Em vários sentidos, o "Partido Imaginário" do Comitê Invisível/Tiqqun é o herdeiro mais fiel desse aspecto do pensamento de Bakunin. Ver Tiqqun, *Theses on the Imaginary Party*, trad. Chicago Imaginary Party. Chicago: n.d.; Comitê Invisível, *Aos nossos amigos: Crise e insurreição*, trad. Edições Antipáticas. São Paulo: n-1 edições, 2016. A metáfora do andaime ocorre pela primeira vez em "Por onde começar?", em referência ao papel que um jornal social-democrata russo poderia desempenhar em termos de estruturação das redes locais existentes em um partido. Ver V. I. Lenin, "Where to Begin?", in *Collected Works*, v. 5. Moscow: Progress Publishers, 1977, pp. 23–24. É retomado em V. I. Lênin, "*Que fazer?*" op. cit., pp. 199-200. O jornal, aliás, também é descrito por Lênine como um "organizador coletivo".

43 Essa passagem também é notável por associar "espontaneamente" a "ser convencido". Ibid. (grifo meu).

Não faltam provas de que, nas circunstâncias certas, as pessoas podem se radicalizar e passar à ação muito rapidamente. A crença de que elas *necessariamente* o farão, por outro lado, e de que é possível prevermos o conteúdo de suas ideias e ações, é insustentável a menos que complementada por um determinismo forte ou por uma noção essencialista da natureza humana. Sem dúvida, tais previsões não são, por definição, suscetíveis à verificação ou à falsificação definitivas: o fato de que possam parecer se confirmar hoje não prova que também o serão amanhã, e não podemos concluir que não irão se confirmar amanhã pelo fato de que não se verificam hoje. Mapeamos aqui, então, uma escolha que é filosófica e não moral: é melhor contar com elas do que agir como se elas não fossem verdadeiras? Será que devemos deixar hipóteses que não podem ser provadas limitar nossa imaginação e campo de ações possíveis?[44]

Malatesta lamentou certa vez que "uma espécie de providencialismo natural" havia feito os anarquistas acreditarem que as coisas poderiam "acontecer automaticamente, naturalmente, sem preparação, sem organização, sem planos preconcebidos" e que, assim como a revolução "viria por si mesma, na hora certa, pela ação espontânea das massas", também "depois da revolução bastaria a espontaneidade popular para lidar com tudo o que viesse".[45] Como vimos no capítulo anterior, certa fé "espontânea" no progresso foi uma parte constituinte da historicidade moderna e os primeiros anarquistas certamente não estavam imunes a ela. Mas também é verdade que necessidade objetiva e iniciativa subjetiva são dois polos de uma díade; quanto mais temos de um, menos precisamos do outro. Há poucos intensificadores do engajamento subjetivo mais poderosos

---

44 Podemos pensar aqui na maneira como o utopismo tecnológico – um elemento fundamental da futuridade moderna em suas versões liberal e revolucionária, como vimos no capítulo anterior – funciona como obstáculo à ação no que diz respeito às mudanças climáticas. A fé de que uma "solução técnica" está sempre ao alcance das mãos permite, ao mesmo tempo, o adiamento indefinido de uma resposta e a marginalização de propostas mais radicais e abrangentes. Ver Max Oelschlager, "The Myth of a Technical Fix". *The Southwestern Journal of Philosophy*, v. 10, n. 1, 1979, pp. 43–53; Imre Szeman, "System Failure: Oil, Futurity, and the Anticipation of Disaster". *South Atlantic Quarterly*, v. 106, n. 4, 2007, pp. 805–23.
45 E. Malatesta, "Note to the Article 'Individualism and Anarchism' by Adamas". *Marxists Internet Archive* (modificado).

do que a crença na inevitabilidade de um objetivo e, no entanto, aqueles que vivem um momento de intensa mobilização provavelmente são os que menos precisam dela. O que está em jogo para eles não é alimentar vagas esperanças distantes, mas cumprir com as tarefas que estão imediatamente postas. Em tempos de derrota, por outro lado, ou de impotência e paralisia causadas por medos legítimos, porém mal calibrados, as narrativas que nos tranquilizam quanto à realização de nossos desejos não obstante nossa falta de condições para tal atendem uma evidente necessidade compensatória.

Teleologia: com e/ou sem sujeito

Marxismo e anarquismo ainda compartilhavam a ideia de que a revolução era uma questão de ação coletiva em escala massiva. Para os marxistas, toda ação coletiva no mundo podia, em última instância, ser subsumida em um único sujeito histórico cuja posição no interior das relações sociais existentes fazia dele um ponto de vista privilegiado para apreender a totalidade destas, bem como o protagonista necessário de sua transformação. Embora resistentes a uma unificação conceitual ou política, anarquistas como Bakunin, Kropotkin e Malatesta não tinham dúvidas de que a revolução era uma questão que envolvia grandes massas agindo em torno de objetivos comuns. O que fazer, porém, quando a própria ação coletiva em grande escala entra em questão, seja em virtude de suas perspectivas cada vez mais exíguas de futuro, seja das memórias traumáticas que pesam contra seu passado? O que fazer se o antagonismo, em vez de ser "a parteira de toda sociedade velha que está prenhe de uma sociedade nova", passa a ser visto como parte do problema?[46] A crise da ideia moderna de revolução impôs um conjunto totalmente novo de parâmetros sobre como conceber a mudança social em larga escala: sem grandes rupturas ou com pouco uso de força ou de conflito, com ações coletivas massivas apenas pontuais e "espontâneas", preferencialmente pacíficas, com o mínimo pos-

---

[46] K. Marx, *O capital: Crítica da economia política*, v. 1. trad. Rubens Enderle. São Paulo: Boitempo, 2013, p. 821.

sível de estratégia e organização consciente. Uma transformação social ocasionada pela ação agregada de indivíduos e por pequenas iniciativas locais, cuja sinergia espontânea tornava perigosa e supérflua qualquer tentativa de dirigir, organizar ou mesmo pensar o processo como um todo. Foi por oferecerem maneiras de pensar segundo esses parâmetros que os discursos científicos sobre a auto--organização se converteram em objeto de diferentes apropriações políticas a partir de meados do século xx. O que eles prometiam era a possibilidade de uma revolução que, embora "sem revolução" no sentido moderno do termo, ainda assim entregava o esperado.

O que conta como "esperado" – o estado de coisas resultante da mudança – depende evidentemente de quem está falando em cada caso. Como consequência, posições políticas de todos os tipos têm o direito de reivindicar a auto-organização para si e a ideia foi, com efeito, utilizada por todo o espectro político. Seu emprego mais influente está em uma teoria interessada não em mudar o governo ou as relações sociais, mas em defender um modelo ideal do mercado. Uma de suas formulações canônicas pode ser encontrada nos escritos de Friedrich von Hayek, cuja renovação das noções oitocentistas de ordem espontânea à luz da teoria contemporânea da informação e da complexidade moldou não apenas a tendência dominante da economia neoliberal, como o modo de pensar de formuladores de políticas, agentes de mercado e analistas midiáticos em todo o mundo. A única outra corrente cujo impacto se aproxima dessa foi aquele elemento do pensamento contracultural dos anos 1960 que Fred Turner rotulou de "Novo Comunalismo" – que, da combinação de pequenas comunidades rurais e cibernética, evoluiu em direção a tornar-se um ingrediente fundamental da "Ideologia Californiana" que anima o Vale do Silício desde os tempos da bolha das empresas "pontocom" até os dias atuais.[47]

Sem dúvida, a auto-organização também era um tema importante para a "esquerda 1968". No início, a questão assumia principal-

---

47 Ver Fred Turner, *From Counterculture to Cyberculture: Stewart Brand, the Whole Earth Network and the Rise of Digital Utopianism*. Chicago: University of Chicago Press, 2006, pp. 33–39; Richard Barbrook e Andy Cameron, *A ideologia californiana: Uma crítica ao livre mercado nascido no Vale do Silício*, trad. Marcelo Träsel. União da Vitória: Monstro dos Mares; Porto Alegre: BaixaCultura, 2018.

mente a forma de um interesse mais imediato na auto*gestão*, ou seja, no controle direto dos trabalhadores sobre sua atividade produtiva e política. Isso era visível, por exemplo, na redescoberta do comunismo de conselhos da década de 1920 por grupos como Socialismo ou Barbárie e a Internacional Situacionista. A associação entre "auto-organização" e "autogestão" é, na verdade, fonte de confusão até hoje, por levar à falsa conclusão de que a auto-organização social (no sentido amplo de que nos fala a ciência) só poderia se instanciar através de formas sociais específicas (a autogestão no sentido estrito). De todo modo, paralelamente à redescoberta da autogestão, o *boom* de áreas como a biologia molecular, a teoria da informação e a cibernética estimulou esforços no sentido de se pensar a sociedade a partir de noções como feedback, informação e código. Um primeiro indício desse movimento nas humanidades foi a onda estruturalista das décadas de 1950 e 1960.[48] Não demoraria muito para que ele também passasse a permear a política, especialmente ao inspirar esforços para pensar a auto-organização além da autogestão, como as tentativas de combinar anarquismo e cibernética e o malfadado Projeto Cybersyn no Chile.[49] Com o aprofundamento da crise do marxismo, a autoridade crescente do pensamento pós-estruturalista a partir da década de 1970 preparou o terreno para a recepção de ideias extraídas de vários campos científicos em que a auto-organização era uma questão central (a termodinâmica de não

---

48 Ver Céline Lafontaine, *O império cibernético: Das máquinas de pensar ao pensamento máquina*, trad. Pedro Filipe Henriques. Lisboa: Instituto Piaget, 2007; Bernard Dionysius Geoghegan, "From Information Theory to French Theory: Jakobson, Lévi-Strauss, and the Cybernetic Apparatus". *Critical Inquiry*, v. 38, n, 1, 2011, pp. 96–126. À parte do estruturalismo, mas como um precursor sob diversos aspectos, estava Gilbert Simondon.

49 Ver William Grey Walter, "The Development and Significance of Cybernetics". *Anarchy*, n. 25, 1963, pp. 75–89; John McEwan, "Anarchism and the Cybernetics of Self-Organizing Systems". *Anarchy*, n. 31, 1963, pp. 270–83; Colin Ward, *Anarchy in Action*. New York: Harper and Row, 1973; Sam Dolgoff, *A relevância do anarquismo para a sociedade moderna*, trad. Felipe Corrêa. São Paulo: Faísca Publicações Libertárias, 2005; Eden Medina, *Cybernetic Revolutionaries: Technology and Politics in Allende's Chile*. Cambridge, MA: MIT Press, 2011; John Duda, *Cibernética, anarquismo e auto-organização*, trad. Felipe Drago. Ponta Grossa: Monstro dos Mares, 2022; Thomas Swann, "Towards an Anarchist Cybernetics: Stafford Beer, Self-Organisation and Radical Social Movements". *ephemera*, v. 18, n. 3, 2018, pp. 427–56.

equilíbrio, a embriologia, a teoria dos sistemas dinâmicos, a inteligência artificial e as ciências cognitivas, entre outros). Associado ao surgimento da internet e dos "novos novos"[50] ou "mais novos"[51] movimentos sociais do final da década de 1990, isso resultaria no projeto de sintetizar os discursos científico, filosófico e político sobre auto-organização em algo que pudesse servir como uma teoria da revolução para os novos tempos. O livro *Império*, de Michael Hardt e Antonio Negri, publicado na virada do século, foi o exemplo mais eminente dessa tendência, mas certamente não o único.[52]

O que importa aqui não é se deixar levar por um jogo pueril de "culpa por associação" e concluir que, se a auto-organização molda a visão de mundo e a retórica de banqueiros e magnatas das empresas de tecnologia, ela deve ser algo ruim. O que esse breve levantamento demonstra é, antes, a neutralidade axiológica fundamental do conceito, que permite que ele seja associado com posições políticas muito diversas. Dizer que um sistema é auto-organizado não é senão afirmar que ele exibe ao longo do tempo padrões de organização decorrentes da interação de seus elementos, bem como alguma capacidade de autorregulação, talvez até de evolução adaptativa (o desenvolvimento de novos padrões de comportamento sistêmico). Em outras palavras, significa dizer que ele é mais do que uma coleção aleatória de partes soltas e que mantém uma certa coerência diante de tendências internas à desorganização e das flutuações do ambiente. A auto-organização é *neutra em termos de valor* porque, para um sistema, o que conta como valor é, em última instância, sua própria estabilidade: o objetivo "de manter um conjunto determinado de variáveis [...] dentro de limites determinados" à medida que

---

50 Carles Feixa, Inês Pereira e Jeffrey Juris, "Global Citizenship and the 'New, New' Social Movements: Iberian Connections". *Nordic Journal of Youth Research*, v. 17, n. 4, 2009, pp. 421–42.
51 Richard F. Day, *Gramsci Is Dead: Anarchist Currents in the Newest Social Movements*. London: Pluto, 2005.
52 Ver também Arturo Escobar, "Other Worlds Are Already Possible: Self-Organisation, Complexity and Post-Capitalist Cultures", in Jai Sen, Anita Anand, A. Escobar e Peter Waterman (orgs.), *World Social Forum: Challenging Empires*. New Delhi: Viveka Foundation, 2004, pp. 349–58; Graham Chesters e Ian Welsh, *Complexity and Social Movements: Multitudes at the Edge of Chaos*. Oxford: Routledge, 2006.

ele passa por diferentes estados e se desenvolve.[53] No que diz respeito ao sistema, "bom" é qualquer padrão organizacional que funcione, enquanto funcionar. "Para si, sua própria organização será, por definição, *sempre* boa"; mas disso não resulta "nenhuma implicação de que a organização desenvolvida seja 'boa' em sentido absoluto ou de acordo com o critério de qualquer corpo externo, tal como nós."[54]

Isso também quer dizer que o comportamento do sistema não é dirigido pela pergunta sobre se sua organização atual é ótima (a mais eficiente ou funcional segundo algum conjunto de critérios). Pelo contrário, é perfeitamente possível que um sistema se depare com padrões estáveis de organização que são, no entanto, altamente disfuncionais em outros sentidos, como Bateson mostrou, com grande engenhosidade, em relação ao alcoolismo e às patologias familiares.[55] Do mesmo modo, não há razões para supor que um sistema auto-organizado seja garantia de justiça ou igualdade, como quer que as definamos, para os elementos que o compõem ou para seu ambiente. Que as colônias de formigas sejam auto-organizadas não quer dizer que muitos de nós fôssemos gostar de viver em uma, e o capitalismo se desenvolveu sem nunca ter tido um centro único de comando, mas não dá sinais de estar evoluindo para se tornar um sistema igualitário a qualquer momento.[56] Vemos, com isso, que identificar uma forma específica de organização social como sendo o *télos* em direção ao qual a sociedade tende naturalmente é uma operação envolvendo três etapas igualmente inválidas. Primeiro, supomos que critérios de justiça façam parte daquilo que é considerado o comportamento ótimo de um sistema. Em seguida, estabelecemos uma correspon-

---

53   W. R. Ashby, "Principles of the Self-Organizing System", op. cit., p. 263.
54   Ibid., p. 273 (grifo no original).
55   Ver parte 3 de Gregory Bateson, *Steps to an Ecology of Mind*. New York: Ballantine, 1981.
56   Para Hayek, claro, essa desigualdade é uma marca de sua auto-organização: "a ordem de mercado não produz uma correspondência estrita entre os méritos subjetivos ou as necessidades individuais e as recompensas. Essa ordem funciona com base no princípio de um jogo combinado de habilidade e acaso em que os resultados que cada indivíduo obtém podem, em parte, depender de circunstâncias totalmente alheias a seu controle e, em parte, de sua habilidade ou esforço". Friedrich A. Hayek, "The Principles of a Liberal Social Order", in *Studies in Philosophy, Politics and Economics*. London: Routledge, 1967, p. 172.

dência entre nossas ideias de justiça e uma organização ótima da sociedade, e daí passamos à conclusão de que, se um sistema busca um funcionamento ótimo, ele deve necessariamente chegar àquela noção de organização ideal que subscrevemos. A auto-organização se converte, assim, em algo que faz as vezes de uma teoria da justiça; isso, porém, não passa de uma projeção de nossos desejos nas coisas. Em última análise, o percurso evolutivo de um sistema, mesmo um composto de seres conscientes, não é determinado por mais que seu próprio estado interno em um dado momento, o que pode incluir uma memória de estados prévios, a contribuição aleatória do ambiente e a exploração contingente de respostas potenciais desencadeadas pelo encontro das duas. Questões sobre justiça e pontos ótimos ocorrem apenas para um observador "externo", ou seja, para alguém cujo propósito e ponto de vista não podem ser confundidos com os do próprio sistema – mesmo quando esse observador esteja *dentro* do sistema, como é o caso entre nós e o capitalismo.

Podemos encontrar essa tendência de projetar valores e propósitos em um sistema dito auto-organizado – um sistema cujo objetivo seria não apenas a própria persistência no tempo, mas a realização de algum ideal de justiça mantido pelo observador – na maioria das apropriações políticas dos discursos científicos sobre auto-organização.[57] Essa projeção geralmente assume uma de duas formas:

---

[57] Hayek talvez seja o único entre os autores em discussão aqui que poderia alegar não estar fazendo isso quando defendeu a desigualdade "natural" da ordem espontânea do mercado contra a desigualdade "artificial" decorrente daquilo que ele considerava como critérios arbitrários e particularistas de justiça. Mas mesmo ele ainda sustentaria que, sendo a melhor alocação possível dos recursos, a desigualdade "natural" era a coisa mais próxima possível da justiça. Evidentemente, Hayek não conseguiu manter essa perspectiva neutra e "sistêmica" o tempo todo e, ocasionalmente, recaía em juízos "particularistas" como este: "Isso não significa que não se possa defender, com base na justiça, a correção de posições que foram determinadas por atos ou instituições anteriores injustos. Mas, a menos que essa injustiça seja clara e recente, em geral será impraticável corrigi-la. No conjunto, parecerá preferível aceitar a posição dada como devida ao acaso e simplesmente procurar evitar, a partir do presente, quaisquer medidas destinadas a beneficiar indivíduos ou grupos específicos". Id., *Direito, legislação e liberdade: Uma nova formulação dos princípios liberais de justiça e economia política*, v. 2, trad. Maria Luiza Borges. São Paulo: Visão, 1985, p. 155. Deixando de lado o conteúdo dessa proposta, fica claro que ela introduz critérios de julgamento que só fazem sentido a partir de uma

a ordem social espontânea que é tida como sendo a melhor (mais justa, mais eficiente, mais sustentável, mais robusta) é apresentada ou como uma realidade subjacente que deve ser protegida daquilo que desvirtua a tendência natural que leva a ela, ou como uma tendência evolutiva que se desdobra de modo imanente. Em outras palavras, o *télos* pode ser colocado tanto na origem (uma possibilidade oculta por sob as distorções existentes) quanto no fim (uma forma aperfeiçoada que surge da superação gradual dos obstáculos). No primeiro campo está o neoliberalismo, no segundo, encontramos o utopismo do Vale do Silício, o anarquismo cibernético e Hardt e Negri; o comunalismo contracultural oscila entre os dois. Em todos eles, a analogia com os poderes auto-organizativos da natureza é invocada para legitimar os ideais políticos em questão, sejam eles a emancipação da multidão, o progresso tecnológico ilimitado, a ordem autógena resultante das interações econômicas ou mesmo a própria natureza. De maneira semelhante ao que se observa no apelo à história entre o século XVIII e meados do XX, essa analogia empresta a esses ideais a autoridade da necessidade, eleva-os a um plano distinto da mera competição entre interesses particulares e perspectivas parciais, e faz com que outras alternativas apareçam como desvios do bom caminho. A diferença é que, em todos esses casos – exceto um, como veremos –, não está em questão o desenvolvimento de um sujeito coletivo que se organiza para produzir uma ruptura revolucionária, mas um processo evolutivo decorrente do efeito agregado da ação individual ou de bolsões relativamente pequenos de iniciativa coletiva local.

Para os Novos Comunalistas, "o ativismo político era, na melhor das hipóteses, irrelevante e, na pior, parte do problema"; o objetivo era antes mudar a consciência e o comportamento individuais.[58] Ecoando os esquemas evolutivos dos socialistas utópicos, eles confiavam no poder das comunidades intencionais de servir de exemplo para o mundo: "ao conseguirem, primeiro, mudar suas mentes e, depois, construir novas comunidades tomando como

---

perspectiva particular: "claro e recente" será tudo o que os encarregados de decidir tal coisa disserem que é, não algo que, se considerado a partir de uma perspectiva sistêmica, poderíamos identificar como tendo um significado fixo.

58 F. Turner, *From Counterculture to Cyberculture*, op. cit., pp. 35–36.

base essas novas mentes, a máquina tecnocrática finalmente seria interrompida".[59] Considerando que essa lógica era inseparável de uma visão da natureza enquanto algo harmonioso e que tende ao equilíbrio, o papel dos agentes poderia ser interpretado fosse como histórico, fosse como natural, na medida em que eles eram veículos conscientes através dos quais a natureza reafirmaria um equilíbrio anteriormente perturbado pela atividade humana. De todo modo, do que poucos deles duvidavam é que "uma era de empreitadas tribais e consciência cósmica" era iminente.[60] Anarquistas como Sam Dolgoff e Colin Ward, por sua vez, imaginaram iniciativas locais que se conectavam "em uma rede sem centro ou agência diretiva, que se separa em novas células conforme as originais crescem",[61] e apostavam no desenvolvimento tecnológico e na complexidade crescente da sociedade contemporânea para tornar o anarquismo mais necessário e mais fácil de implementar.[62] Em ambos os casos, a auto-organização servia para teorizar porque certos tipos ou níveis de agência seriam desnecessários: agia-se localmente e deixava-se que o global cuidasse de si mesmo.[63] Sem dúvida, isso também significava que, se o global não conseguisse se cuidar sozinho, restaria apenas "uma espécie de política revolucionária sem a necessidade de fazer a revolução, valorizando e prescrevendo o que se chamará de estratégias prefigurativas [...], projetos alternativos de pequena escala incorporados na vida cotidiana".[64]

Mas a auto-organização também pode ser usada para renegar a própria agência, que fica assim encoberta com as cores da pura necessidade: somos apenas um instrumento daquilo que deve acon-

---

59 Ibid., p. 37.
60 Stewart Brand apud ibid., p. 59.
61 "A anarquia é uma função não da simplicidade e da falta de organização social de uma sociedade, mas de sua complexidade e multiplicidade de organizações sociais." C. Ward, *Anarchy in Action*, op. cit., p. 50.
62 Ibid.
63 Duda, aliás, sugere que foi o erro produtivo de Dolgoff ao converter "organização livre" em "auto-organização livre" na tradução de Bakunin para a coleção *Bakunin on Anarchy* que primeiro estabeleceu uma conexão entre o anarquismo e os discursos de auto-organização. J. Duda, *Cibernética, anarquismo e auto-organização*, op. cit., p. 13.
64 Ibid., p. 33.

tecer de qualquer maneira.⁶⁵ Essa é a postura que os neoliberais assumem em relação à incompatibilidade radical entre o papel ativo que reservam para si mesmos e os limites que sua teoria prescreve para os agentes em geral.⁶⁶ Do mesmo modo, quando os ex-Novos Comunalistas se tornaram profetas da Nova Economia na década de 1990, o papel pioneiro antes atribuído às comunas foi transferido para empreendedores visionários cuja capacidade de aproveitar a *potentia* coletiva da informação e da cooperação permitia que eles se apresentassem como veículos da mudança sistêmica, e seus interesses privados, "como os de uma revolução".⁶⁷ Naturalmente, isso só fazia sentido como noção de mudança sistêmica para quem acreditava nas grandes histórias de emancipação humana que a Nova Economia contava a seu próprio respeito.

O caso de Hardt e Negri é notável pela maneira como eles tentam estabelecer uma ponte (ou equilibrar-se milagrosamente) entre os dois polos de uma teleologia com ou sem o sujeito. Isso os torna suscetíveis a acusações tanto de negar o papel da agência quanto de renegar e esconder a sua própria. Por um lado, e em grande medida contra seus interlocutores pós-estruturalistas, eles propõem um "humanismo depois da morte do Homem"⁶⁸ que deixa claro "quem ou o que impele o sistema": o trabalho vivo, ou seja, a multidão.⁶⁹ Em vez do fluxo contingente de um sistema em que os elementos entram em novas relações e coevoluem respondendo uns aos outros, a história é, para eles, o desenvolvimento do poder constituinte da multidão, que constantemente força o poder constituído a estabelecer mecanismos

---

65   Ver os escritos de Koselleck a respeito do esforço do Iluminismo em renegar sua própria natureza política através do uso da "fatalidade cega" da filosofia da história como uma maneira "de negar [...] a facticidade histórica, de 'recalcar' o político". Reinhart Koselleck, *Crítica e crise: Uma contribuição à patogênese do mundo burguês*, trad. Luciana Castelo-Branco. Rio de Janeiro: EdUERJ/ Contraponto, 1999, p. 16.

66   Sobre a "dupla verdade" do neoliberalismo, ver a nota 14 da introdução. Deve-se notar que, embora todas as posições consideradas nesta seção possam ser amplamente descritas como "anti-Estado", o neoliberalismo é, na verdade, o único que não contempla o fim do Estado nem mesmo como uma possibilidade.

67   F. Turner, *From Counterculture to Cyberculture*, op. cit., p. 91.

68   Michael Hardt e Antonio Negri, *Império*, trad. Berilo Vargas. Rio de Janeiro: Record, 2001, p. 109.

69   Ibid., p. 47.

de contenção que acabam criando novas condições para que a multidão afirme sua autonomia. Nesse sentido, a multidão é um sujeito universal muito parecido com o proletariado ou, talvez ainda mais, com o Espírito hegeliano.[70] Por outro lado, a crescente autonomia da multidão se expressa como uma potência de cooperação auto-organizada como aquela da própria natureza. Esse é um processo que, talvez não surpreendentemente, eles veem como culminando no presente: "Hoje começam a surgir as condições que dão à multidão a capacidade de tomada de decisão democrática, com isto tornando desnecessária a soberania [o poder constituído]".[71]

É para um modelo biológico, o cérebro, que Hardt e Negri primeiro se voltam a fim de explicar como essa capacidade poderia funcionar.[72] "Do ponto de vista dos neurobiologistas", eles escrevem, "o uno [o soberano] nunca decide."[73] É certamente verdade que "não há um [soberano] que toma as decisões no cérebro",[74] se com isso entendermos que este não possui um centro permanente de controle. A atividade cerebral se caracteriza pelo que Warren McCulloch chamou de "redundância de comando potencial", o que significa que diferentes agrupamentos de neurônios assumem a tarefa

---

70 Apesar de seu reconhecido spinozismo, Hardt e Negri tem um curioso apreço pelo ataque velado que Hegel dirige ao filósofo holandês quando diz que "tudo decorre de entender e exprimir o verdadeiro *não como substância, mas também, precisamente, como sujeito*". M. Hardt e A. Negri, *Assembly: A organização multitudinária do comum*, trad. Lucas Carpinelli e Jefferson Viel. São Paulo: Politeia, 2018, pp. XIII–XIV (grifo meu).
71 Id., *Multidão: Guerra e democracia na era do Império*, trad. Clóvis Marques. Rio de Janeiro: Record, 2005, p. 442.
72 Outros modelos são a "inovação econômica nas redes", a linguagem e o movimento do software de código aberto (*open source movement*). Ibid., pp. 424–25.
73 Ibid., p. 422 (modificado).
74 Ibid. (modificado). A frase ressoa a que o neurofisiologista Grey Walter escreveu em sua tentativa pioneira de aproximar a cibernética e o anarquismo: "não encontramos nenhum chefe no cérebro, nenhum gânglio oligárquico ou Big Brother glandular". Isso o levaria a concluir: "Se se trata de equiparar os sistemas biológico e político, nossos próprios cérebros parecem ilustrar a capacidade e as limitações de uma comunidade anarco-sindicalista". W. G. Walter, "The Development and Significance of Cybernetics", op. cit., p. 89. Ainda que "a política radical pareça ter pulado uma geração" no que diz respeito a ele, o pai e o filho de Walter eram anarquistas; sua neta é a escritora feminista e ativista Natasha Walter. T. Swann, "Towards an Anarchist Cybernetics", op. cit.

de responder aos estímulos e coordenar as ações uns dos outros em diferentes momentos.[75] No entanto, se considerarmos o exemplo na escala que Hardt e Negri pretendem pensá-lo – a multidão como um fenômeno planetário ou de toda a humanidade –, não estaríamos apenas diante de uma descrição daquilo que sempre foi o caso de um jeito ou de outro? Nessa escala, afinal, a soberania nunca passou de um fenômeno local; nunca houve um centro de comando da humanidade como um todo, e a história humana em sua totalidade pode ser descrita como nada mais do que um processo produzido por diferentes centros locais que interagem e se sucedem uns aos outros ao longo do tempo. Nesse caso, dizer que uma decisão foi tomada "pela multidão" equivaleria simplesmente a uma substituição metonímica da parte que efetivamente realiza uma ação (esta ou aquela sociedade, este ou aquele grupo ou indivíduo) pelo todo ao qual ela pertence. Embora seja perfeitamente possível afirmar que toda decisão é tomada pela multidão nesse sentido, isso seria equivalente a um spinozista tentando explicar que um evento ocorreu porque foi determinado pela essência de Deus: tecnicamente verdade, mas pobre em termos informacionais, já que não nos diz nada sobre as causas imediatamente envolvidas em sua produção.[76]

Hardt e Negri claramente acreditam que sua explicação não é trivial; em que condições isso seria possível? Evidentemente, no caso de uma decisão tomada por um grupo ou indivíduo não pertencer à multidão simplesmente no sentido de que aqueles que a tomam são *parte* dela, mas pertencer à multidão *enquanto tal*. Em outras pala-

---

75 É assim que McCulloch resume a redundância de comando potencial: "a posse das informações necessárias constitui a autoridade naquela parte que possui as informações". Warren McCulloch, *Embodiments of Mind*. Cambridge, MA: MIT Press, 2016, p. 408. Sobre o funcionamento do cérebro, ver Francisco Varela, "Resonant Cell Assemblies: A New Approach to Cognitive Functions and Neuronal Synchrony". *Biological Research*, n. 28, 1995, pp. 81–95; Alicia Juarrero, *Dynamics in Action: Intentional Behavior as Complex System*. Cambridge, MA: MIT Press, 1999.

76 Dado que "nenhuma coisa singular [...] pode existir nem ser determinada a operar, a não ser que seja determinada a existir e a operar por outra causa que também é finita e tem uma existência determinada", o conhecimento dessa coisa é incompleto a menos que, além de sua causa "remota" (Deus ou, neste caso, a multidão), também entendamos as causas próximas que o produziram. Spinoza, *Ética*, EIP28 e EIP28S.

vras, no sentido de que a decisão expressa os objetivos e os interesses concretos da multidão como uma totalidade ou sujeito. O problema é que aqui a analogia com o cérebro deixa de funcionar. O cérebro não tem outros interesses senão responder a estímulos externos de maneira oportuna e adequada, nem os neurônios que o compõem têm interesses ou um ideal de justiça pelos quais lutar. A ideia de que, por poder ser "como o cérebro", a multidão não poderia produzir decisões que levassem à privatização dos *commons*, ao fortalecimento da soberania ou ao esgotamento de recursos só faz sentido se confundimos a auto-organização com uma teoria da justiça.

Em última análise, parece que o modelo de Hardt e Negri só poderia ser menos trivial sob uma de duas condições. Ou os indivíduos e os grupos tomam decisões descentralizadas cujo efeito agregado é sempre o melhor resultado possível para todos, em uma espécie de providencialismo da "mão invisível", ou eles identificam corretamente e escolhem intencionalmente o bem universal, mesmo quando ele entra em conflito com seus interesses particulares, o que supõe que sua particularidade é supersumida pela participação consciente em um sujeito universal. Em resumo: Hayek ou Hegel.[77] Relutantes em endossar abertamente qualquer uma dessas opções, Hardt e Negri se apegam secretamente a ambas, e também, portanto, aos diferentes tipos de teleologia que elas oferecem. Embora eles tenham observado, com certa perplexidade, que os críticos os acusavam a um só tempo de anarquismo e vanguardismo, essas duas acusações aparentemente contraditórias capturam bem, na verdade, a oscilação no centro de seu pensamento.[78]

Na medida em que defendem uma teleologia com um sujeito universal, Hardt e Negri serão vistos como vanguardistas. Como Marx e Engels no *Manifesto*, eles se encontram suspensos entre o "sempre-já" e o "não-ainda": "Se a multidão já não estivesse latente e implícita em nosso ser social, não poderíamos sequer imaginá-la como projeto político; da mesma forma, só podemos esperar realizá-la hoje porque

---

77 A comparação com Hayek não é totalmente exata porque, assim como o Deus de Leibniz, ele prometia apenas que a ordem espontânea do mercado produziria o melhor resultado possível, o que não excluía um resíduo de desigualdade. Hardt e Negri certamente achariam isso insuficiente.
78 M. Hardt e A. Negri, *Multidão*, op. cit., p. 286.

ela já existe como potencial real.⁷⁹ A realização dessa potencialidade depende, portanto, de as pessoas se tornarem conscientes desta latência, mas isso, por sua vez, requer um "projeto político para torná-la uma realidade com base [nas] condições que surgem".⁸⁰ Isso, finalmente, só pode provir da iniciativa daqueles que já estão conscientes dessa oportunidade histórica: "o momento oportuno [...] precisa ser capturado por um sujeito político".⁸¹ Uma transição que "desenvolva as capacidades da multidão para o processo decisório democrático" não é, portanto, "espontânea", mas deve ser "governada".⁸²

Hardt e Negri reconhecem que essas conclusões "nos conduzem de volta aos dilemas das vanguardas, da liderança e da representação",⁸³ cujo histórico nada glorioso os autores de *Império* nunca deixaram de criticar. Justiça seja feita, eles tentam esboçar as linhas gerais de um novo tipo de instituição – aberta, baseada no conflito, capaz de consolidar novas formas de vida – que pudesse assegurar que o processo se desenvolveria inequivocamente na direção do bem comum, sem recaídas particularistas ou autoritárias. Mas há algo que realmente possa garantir que dessa vez será diferente, e que a vanguarda da multidão não seguirá o mesmo caminho que a do proletariado? A solução de Hardt e Negri para o impasse posto por uma teleologia com sujeito é recuar em direção à teleologia "anarquista" sem sujeito que lhe serve de alternativa: aquilo que assegura que a história não se repetirá é o avanço (supostamente inevitável) dos poderes auto-organizativos da multidão. "[N]a trama comum do diagrama biopolítico encontram-se latentes, potenciais, tal como crisálidas, as capacidades da multidão de determinar de maneira autônoma a diagonal política da transição."⁸⁴ Logo, a mesma coisa cujo subdesenvolvimento atual torna necessário um governo de transição é a que nos assegura que, pelo menos dessa vez, o processo não sofrerá desvios. Coisas como "vanguardas, liderança e representação"

---

79   Ibid.
80   Ibid. (modificado).
81   Id., *Bem-estar comum*, trad. Clóvis Marques. Rio de Janeiro: Record, 2016, p. 190.
82   Ibid., pp. 397-98.
83   Ibid., p. 398.
84   Ibid., p. 399.

são necessárias porque a "formação da multidão" não foi "alcançada"[85] e, no entanto, o "poder estratégico da multidão é a única garantia" de que "os líderes não permaneçam para além de sua utilidade".[86]

Em certo sentido, isso talvez seja tudo o que efetivamente se pode dizer; se a história é contingente, não há garantias definitivas, e tudo o que se pode fazer é trabalhar com os potenciais disponíveis. O problema é que Hardt e Negri frequentemente parecem sugerir uma afirmação mais forte: que ambos os processos são, de fato, irrefreáveis, e que à multidão não cabe senão a vitória final. "Já podemos reconhecer que hoje o tempo se divide entre um presente que já está morto e um futuro que já nasceu [...]. Com o tempo, algum evento haverá de nos propulsionar como uma flecha para esse futuro vivo."[87] Infelizmente, isso só é possível se contarmos ou com um providencialismo normativamente carregado ou com a teoria transitiva da consciência.

No fim, o problema com o plano de imanência de Hardt e Negri é que ele não é imanente o suficiente: em vez de um sistema constituído pela interação contingente dos elementos que o compõem, ele consiste em uma totalidade que precede esses elementos e suas interações e determina a direção na qual estas se desdobram.[88] Mas e se a multidão, como a Natureza, não tiver "nenhum fim que lhe tenha sido prefixado e [...] todas as causas finais não pass[em] de ficções humanas"?[89] E se toda totalidade for somente "um todo *dessas* partes, mas que não as totaliza", "uma unidade *de* todas essas partes, mas que não as unifica", e que antes "se junta a elas como uma nova parte composta à parte", um efeito da interação dessas partes em vez de ser a causa que as impele?[90] Como vimos no início deste capítulo, a posição propriamente spinozana não é dizer que tudo deveria ser

---

85   Ibid., p. 395.
86   Id., *Assembly*, op. cit. p. 370.
87   Id., *Multidão*, op. cit., p. 447.
88   Ou, antes, talvez seja novamente o caso em que seu discurso ocupa duas posições diferentes: se, por um lado, eles podem apresentar sua reinvenção de uma "teleologia materialista" como um ato de criação imanente e contingente, de outro, ocupar a "função profética" que essa teleologia exige os obriga a falar a língua da necessidade e da transcendência. Ver id., *Império*, op. cit., p. 84.
89   Spinoza, *Ética*, op. cit., eiap.
90   G. Deleuze e Félix Guattari, *O anti-Édipo: Capitalismo e esquizofrenia 1*, trad. Luiz Orlandi. São Paulo: Ed. 34, 2010, p. 62 (grifo no original).

auto-organizado – menos ainda, dada a crítica de Spinoza às causas finais, que *será* –, mas reconhecer que tudo já o *é*. Esse entendimento tem a consequência imediata e desalentadora de mostrar que a auto-organização, como a Natureza, não está "do nosso lado": nem boa nem má, ela simplesmente é. Isso também significa, porém, que há espaço para agirmos nela. Se o mundo é auto-organizado, nós existimos dentro dele e possuímos eficácia causal sobre outras coisas; ainda que os poderes deste mundo excedam amplamente os nossos, somos capazes de induzir mudanças nele se tivermos força suficiente e soubermos onde e quando aplicá-la.

Política com o sujeito dentro

Não é difícil entender por que, depois das experiências do século XX, a oposição entre "auto-organização" e "organização" seria tão sedutora: ela fornece essencialmente a garantia de que a organização pode se encarregar de si mesma sem que precisemos nos ocupar ativamente dela. Infelizmente, como vimos, isso só é possível se transferirmos a responsabilidade de fazer as coisas acontecerem para um processo objetivo que avança independentemente de nossa contribuição; isto é, para algum tipo de teleologia. Mesmo que essa perspectiva se coloque apenas em termos condicionais – "*pode ser que acabemos chegando lá*" –, ela ainda assim nos livra de colocar as questões na primeira pessoa do plural: o que *nós* precisamos fazer? *Nós* devemos ampliar aquilo que já estamos fazendo? De que outro modo e onde mais *nós* podemos intervir? De que recursos *nós* precisamos para isso? Esse gesto oferece a vantagem compensatória adicional de tornar nossa impotência mais fácil de tolerar, tranquilizando-nos diante do contraste entre a pobreza de nossos meios e a vastidão de nossos fins e nos desobrigando de correr riscos e assumir responsabilidade por iniciativas que podem dar errado.

A teleologia não precisa ser *conscientemente* presumida. Ela está implicitamente presente sempre que nos referimos a iniciativas ou propostas concretas como uma ameaça ao processo "espontâneo", que seria de alguma maneira desfigurado ou pervertido se fossem feitas quaisquer tentativas deliberadas para ajustar seu curso. O que fazemos nesses casos é efetivamente postular o processo como algo distinto das ações das pessoas que o compõem. Transformamos as ideias (verdadeiras) de que o todo é maior do que a soma de suas partes e de que ninguém pode em última instância controlar todos os efeitos de suas ações na conclusão (falsa) de que, deixadas à própria sorte, as coisas irão "simplesmente acontecer" – de maneira que tentar influenciar seu curso só pode impedi-las de acontecer como acreditamos que deveriam. Por certo, muito disso é uma resposta ao reconhecimento tardio de que a fé moderna e antropocêntrica nos poderes demiúrgicos da humanidade produziu uma infinidade de monstros não planejados, sendo a crise ambiental apenas o mais difícil de ignorar entre eles. Mas é exagero responder à ilusão de uma transcendência do agente em relação aos processos instituindo uma transcendência dos processos em relação aos agentes que os compõem, como se os processos fossem algo distinto daquilo que é produzido pela interação dos agentes. O mesmo vale para quando se tenta contestar uma noção mecanicista e hilemórfica de agência erigindo uma complexidade tão inescrutável quanto a de um plano divino. Novamente, trata-se de uma questão de calibragem: a resposta adequada à concepção de uma ação desprovida de complexidade não é quietismo ou inação, e sim mais complexidade. Em um universo contingente e probabilístico, é preciso assumir a responsabilidade pelo que se deseja que aconteça; ou, para ser mais exato, é preciso se assegurar de elevar o máximo possível a probabilidade de que isso aconteça. Entre os dois extremos igualmente danosos que são o fatalismo e o voluntarismo, a resposta é sempre a mesma: *aumentar nossa capacidade de agir*, o que necessariamente envolve aumentar nossa capacidade de processar e aprender com a complexidade que nos cerca.

No campo da esquerda, a recepção dos discursos científicos sobre complexidade e auto-organização ocorreu essencialmente sob a influência do que chamei anteriormente de "trauma da organização". O resultado foi uma recepção um tanto seletiva, com omissões como aquelas indicadas no capítulo 1. Ao negligenciar conceitos como nucleação e tamanho crítico, e simplesmente assumir que quaisquer sistemas que se queira influenciar estão permanentemente perto de um limiar crítico, é possível construir uma teoria da mudança em que a magnitude, a intensidade, a durabilidade e a consistência da ação sejam praticamente irrelevantes. Pode-se então concluir que, se o bater de asas de uma borboleta no Brasil é capaz de desencadear um tornado no Texas, não é preciso – nem tampouco talvez *desejável* – tentar agir em uma escala muito maior que essa. A auto-organização foi, assim, instrumentalizada por um medo legítimo das coisas de que precisamos (a iniciativa, o agenciamento e o direcionamento da *potentia*) e das consequências que elas podem implicar (vanguardas, representação, instituições, *potestas*), a fim de se tornar um argumento sobre por que definitivamente não precisamos delas.

A crítica dessa interpretação equivocada da auto-organização nos faz retornar a algumas observações feitas anteriormente neste livro. Se é possível afirmar que "tudo (já) está auto-organizado", é porque a diferença entre "organização" e "auto-organização" é, no fim das contas, uma questão de escala. "Organização" e "auto-organização" designam o mesmo processo visto de perspectivas diferentes: uma coisa é observá-lo de fora, como um cientista examinando o cérebro, e outra é vê-lo de dentro, como um neurônio. Mas isso também significa que para seres finitos como nós, que existimos no interior do processo que descrevemos como auto-organizado, a "auto-organização" não é algo que possamos investigar do início ao fim, como que de cima, nem que possamos tratar como um fenômeno separado do que nós e os demais seres finitos fazemos. Quando falamos sobre organizar coisas, estamos falando da mesma realidade que, de outro modo, poderia ser descrita como auto-organizada; a única diferença é que estamos fazendo isso desde uma perspectiva de primeira pessoa. Confundir organização com oportunismo, autoritarismo, paternalismo ou falta de reciprocidade não é somente desnecessário: é algo que nos priva de uma linguagem de que precisamos para expandir nossa capacidade coletiva de agir. Do mesmo modo, se não é possível opor "organização" e "espontaneidade", é porque elas são, ao fim e ao cabo, dois lados de uma mesma moeda, cada uma não sendo senão um momento ou aspecto da outra. É apenas ao se organizar de alguma maneira, por mais que seja improvisada, que uma iniciativa espontânea qualquer pode produzir efeitos; mas é apenas porque já existe uma inclinação para fazer algo que há alguma coisa para organizar.

Não obstante todas suas outras diferenças, Luxemburgo e Lênin sempre estiveram do mesmo lado quando se tratou de criticar severamente seus contemporâneos que agiam como se, uma vez que a revolução era inevitável, a história não precisasse ainda ser *feita*. Os dois atacavam uma interpretação fatalista, mecanicista e não dialética de Marx que tratava suas palavras como uma profecia objetiva que se realizaria por si mesma, em um processo simultaneamente independente das decisões dos agentes individuais e coletivos e que dirigia suas ações como que desde cima. A crença entusiasmada que ambos dedicavam ao movimento inexorável da história e ao despertar "espontâneo" das massas proletárias tinha como premissa a ideia de que a revolução aconteceria *justamente porque as pessoas tomariam medidas deliberadas para assegurá-la*.[91] Não havia contradição entre o desdobramento imanente do processo e a presença de agentes que decidem agir; o desdobramento imanente nada mais era do que a conjunção entre tendências existentes e as ações dos agentes, e não um destino transcendente a governar todas as coisas como autômatos. Não havia para eles um desenvolvimento histórico "natural" que fosse, de alguma maneira, posto a perder por pessoas agindo conforme seus desejos e crenças, ainda que atos precipitados e voluntaristas certamente pudessem provocar contratempos. O desenvolvimento histórico era tanto a *causa* dessas crenças e desejos quanto o *resultado* das ações deles decorrentes; era por isso que era preciso não só agir de acordo com esses desejos e crenças, mas fazê-lo da maneira mais efetiva e consequente. A isso, Luxemburgo e Lênin chamavam "dialética", e quem quer que não conseguisse entendê-la estava, segundo eles, não somente interpretando mal o materialismo histórico como também – seja de boa ou má-fé – renunciando à sua responsabilidade histórica.[92]

---

[91] Lih defende que a ênfase de Lênin no papel do partido surgiu não do ceticismo em relação ao aumento espontâneo do proletariado, mas do medo de não estar preparado para ele: "a espontaneidade [*stikhiinost*] das massas exige de nós [...] uma consciência elevada". V. I. Lênine, "Que fazer", op. cit., p. 116.

[92] Para Luxemburgo e Lênin, é claro, seus adversários em geral *estavam* agindo de má-fé: a constante rejeição das agitações revolucionárias como movimentos prematuros era uma artimanha para "garantir o domínio aos elementos pequeno-burgueses que vieram para o partido" e se caracterizava por ser tão inadequada quanto os esforços para teorizar a não necessidade da revolução. R. Luxemburgo,

A "explicação viva e dialética" que concebe a organização "como um produto da luta" nos diz que, mesmo durante um processo revolucionário, as coisas simplesmente não "caem do céu". Elas ainda precisam ser feitas; elas ainda devem ser organizadas. Aquilo que Luxemburgo chama de "dialético" também poderíamos chamar de "imanente"; onde ela diz "vivo", poderíamos dizer "auto-organizado". De qualquer modo, chegamos à mesma conclusão. Se não é transformada em uma teleologia transcendente, a auto-organização não exclui, mas antes depende de uma política que se implique subjetivamente a cada momento. Isto é, uma política que substitua toda formulação descompromissada do tipo "o que deveria acontecer" por um "o que *nós precisamos fazer?*", que converta todo "deveria" em um "*nós devemos*". Uma política que não se dissolve em uma unidade superior, seja essa a de um etéreo "processo" ou de um sujeito universal por vir, mas que assume a limitação e a parcialidade de sua própria perspectiva como uma condição necessária, enquanto se empenha para superá-la não na teoria, mas na prática. Uma política na primeira pessoa do plural ou, em suma, uma política com o sujeito dentro.[93]

"Reforma ou revolução?", in *Rosa Luxemburgo: Textos escolhidos*, op. cit., p. 4. A polêmica de Lênin em "Que fazer?" não era exatamente contra a espontaneidade, mas contra os membros da Social-Democracia russa que, segundo ele, usavam-na como desculpa. Ao argumentar que o trabalho político deveria se restringir a apoiar as demandas dos trabalhadores por reformas econômicas e rejeitar qualquer conversa sobre a tomada do poder político pelos trabalhadores como uma preocupação trazida "de fora", eles estariam, na verdade, tentando confinar o proletariado às questões econômicas para se entrincheirar como seus representantes políticos. Como o tempo acabaria por mostrar, ele estava certo; a ironia, obviamente, é que foi isso o que acabou acontecendo sob os bolcheviques de todo modo.

93   A frase é um jogo com o conhecido chiste de Ingold de que a antropologia seria "filosofia com pessoas dentro". Tim Ingold, "Editorial". *Man*, v. 27, n. 4, 1992, pp. 695-96. Ver Rodrigo Nunes, "It Takes Organizers to Make a Revolution". *Viewpoint*, 9 nov. 2017.

CAPÍTULO 5

Elementos para uma teoria da organização I: ecologia, liderança distribuída, núcleos organizativos, função-vanguarda, controle difuso

Como construir uma força que não seja uma organização?

Comitê Invisível

Mesmo durante a revolução, as greves não caem do céu. É preciso que sejam feitas, de uma maneira ou de outra, pelos operários.

Rosa Luxemburgo

Das redes à organização como ecologia

Amplamente saudada por muitos como a maior inovação dos levantes de 2011, a ideia de horizontalidade tem uma história bem mais longa; ela é, na verdade, a conexão mais óbvia entre as lutas da última década e o ciclo altermundista da década anterior. Três elementos convergiram na metade final dos anos 1990 para a constituição dessa ideia: uma consciência maior da interconexão produzida pela globalização capitalista; a descoberta das possibilidades de organização e mobilização abertas pela internet; e a inspiração vinda de movimentos autônomos do Sul Global, especialmente o dos zapatistas no México e os que surgiram na Argentina com a crise de 2001. Enquanto o primeiro desses elementos apontava para o enfraquecimento da soberania nacional e do controle democrático em favor das agências transnacionais e do poder corporativo, debilitando severamente as organizações tradicionais de esquerda no processo, o último falava de uma democracia sendo construída de baixo para cima. No meio, justamente aquilo que prometia uma mediação entre os dois: se o mundo estava cada vez mais interconectado e a resistência política assumia cada vez mais a forma de rede, era dos movimentos em rede, on e offline, que se podia esperar um novo tipo de democracia e "outro mundo" distinto daquele da globalização capitalista.

Desde o início, portanto, a horizontalidade estava vinculada a algo que poderíamos chamar de *paradigma da rede*: a generalização das redes como modelo explicativo e organizacional não apenas para a política, mas, como Luc Boltanski e Ève Chiapello haviam sido alguns dos primeiros a observar, para o trabalho e a vida social como um todo.¹ No início dos anos 2000, muitos viam nessa generalização um processo que ia ainda mais longe, enxergando nas redes "a forma finalmente descoberta" da organização política: intrinsecamente democrática, infinitamente expansiva e, em virtude de sua flexibilidade e de seu isomorfismo com o capitalismo pós-fordista, a mais adequada às lutas de uma nova era.² Embora o ano de 2011 tenha representado em certa medida um retorno ao âmbito nacional – não necessariamente como um lugar privilegiado de poder, mas como o espaço em que movimentos tinham chances de construir alguma influência –, a combinação entre o paradigma da rede e a horizontalidade, assim como o otimismo que ambos inspiravam, permaneceu central ao período.

Escrevendo sobre sua experiência com os movimentos argentinos, Marina Sitrin definia a horizontalidade como uma "ruptura com os métodos verticais de se organizar e se relacionar" cujos pressupostos eram "a aplicação da democracia direta e a criação anti-hierárquica e antiautoritária em vez da reação".³ Generalizando a partir dessas experiências para pensar o modo como elas se relacionam entre si e com outros atores no interior de um movimento, Marianne Maeckelbergh explicitava a conexão entre redes e horizontalidade:

> Em sua essência, a horizontalidade se refere a uma estrutura descentralizada de rede que produz relações não hierárquicas entre os múltiplos nós [...]. A palavra "rede" é um termo abstrato desprovido de conteúdo específico [...], mas o termo "horizontalidade" [...] preenche de sentido a estrutura descentralizada do movimento, indicando que ela facilita a conversão do poder hierárquico em poder não hie-

---

1   Luc Boltanski e Ève Chiapello, *O novo espírito do capitalismo*, trad. Ivone Benedetti. São Paulo: WMF Martins Fontes, 2009.
2   Ver Michael Hardt e Antonio Negri, *Multidão: Guerra e democracia na era do Império*, trad. Clóvis Marques. Rio de Janeiro: Record, 2005, pp. 116-35; Arturo Escobar, "Other Worlds Are Already Possible", in *World Social Forum: Challenging Empires*, org. Jai Sen, Anita Anand, A. Escobar e Peter Waterman. New Delhi: Viveka Foundation, 2004, p. 401.
3   Marina Sitrin (org.), *Horizontalism: Voices of Popular Power in Argentina*. Oakland: AK Press, 2006, p. 3 (modificado).

rárquico. Uma rede horizontal rejeita a representação e a delegação de comando, permitindo que os atores recuperem o "controle".[4]

Desde o início, uma dificuldade notável do discurso sobre a horizontalidade era integrar duas ideias conflitantes. De um lado, a ubiquidade e a centralidade das redes na natureza e na sociedade, o que permitia extrair validação intelectual e política do discurso da ciência contemporânea: as redes não só estavam em toda parte como eram, exatamente por isso, formas de organização comprovadamente viáveis. De outro, uma divisão marcada do mundo político em dois, separando o reino em rede da organização horizontal do domínio vertical e hierárquico dos partidos, dos sindicatos e do Estado. Esta, a um só tempo, contradizia a afirmação de que as estruturas reticulares são onipresentes e instituía uma separação questionável entre o natural e o social: as redes eram a maneira "natural" de se organizar, por oposição ao "artifício" da organização vertical. O que alguns extraíam dessa divisão era uma espécie de teleologia: o fato de serem "naturais" tornava-as mais resilientes e, portanto, destinadas a vencer no longo prazo.[5]

A fonte da confusão estava numa incapacidade de distinguir entre dois sentidos de "rede". Se, por um lado, a palavra designa uma forma organizacional específica da mesma ordem que "partido", "sindicato" ou "coletivo", "rede" também é a maneira mais geral de descrever qualquer coleção de elementos inter-relacionados.

---

[4] Marianne Maeckelbergh, *The Will of the Many: How the Alterglobalisation Movement Is Changing the Face of Democracy*. London: Pluto Press, 2009, p. 109.

[5] "Agora que entendemos melhor o funcionamento de redes dentro de redes, descentralizadas e interconectadas de múltiplas maneiras e onde tudo está em fluxo, não há desculpa para que nossas formas políticas permaneçam presas a maneiras antigas de ver e de pensar, é hora de evoluir [...]. O movimento global dos movimentos pela vida e contra o dinheiro, pela autonomia e pela dignidade, pelo sonho da democracia direta distribuída, segue uma lógica irresistível. É uma lógica tão antiga quanto as colinas e as florestas, uma eco-lógica, uma bio-lógica, a profunda lógica da vida." Notes From Nowhere, *We Are Everywhere: The Irresistible Rise of Global Anticapitalism*. London: Verso, 2003, p. 73. Esse otimismo radical teve uma contraparte capitalista no discurso jingoísta da Nova Economia: para "sobreviver em tempos turbulentos", era preciso "abraçar o enxame", "obedecer à lógica das redes", "ir até a beira da ruptura". Kevin Kelly, *Novas regras para uma nova economia: 10 estratégias radicais para um mundo conectado*. Rio de Janeiro: Objetiva, 1999.

Neste último sentido, não tem sentido falar como se houvesse um mundo de organização em rede ao qual a propriedade da horizontalidade automaticamente pertenceria, de um lado, e um mundo de organizações uniformemente verticais, de outro. Há somente redes, de diferentes formatos, tamanhos e tipos. Não se trata apenas de dizer que partidos, sindicatos, corporações, Estados e organizações "tradicionais" em geral são todos descritíveis como redes, ainda que a estrutura reticular que cada um terá seja obviamente condicionada pela estrutura formal que ela também possui. Mais ainda: as organizações formais, as redes que entendem a si mesmas como tais e mesmo os indivíduos sem nenhuma afiliação, todos estão inseridos em uma teia de relações que também é melhor descrita como rede. Existir é existir em rede, é estar organizado em (ou *como*) *rede* – razão pela qual não pode haver, em um nível mais fundamental, uma oposição entre redes e não redes, nem algo como uma ausência de organização. Existir sem organização (formal) já é estar organizado em (ou como) algum tipo de rede.

O problema, em suma, era que o paradigma da rede não havia sido *suficientemente* generalizado. Identificar nas redes uma forma organizacional em que se poderia (ou deveria) optar por entrar impedia que as pessoas explorassem todas as implicações de se compreender as redes como algo de que ninguém pode escolher *sair*: como a topologia subjacente a todas as formas organizacionais.[6] Tão logo essa generalização seja feita, contudo, várias coisas ficam claras.

A primeira e mais importante delas é que, se as próprias organizações hierárquicas são feitas de redes e são partes de redes maiores, elas não podem ser concebidas como o último bastião entre nós e o mundo perfeitamente horizontal que existirá quando se esgotarem. O que elas provam é antes que não há nada nas redes enquanto tal que as torna necessariamente planas ou igualitárias. Uma concen-

---

6   É essa generalidade que torna a questão da organização política passível de ser tratada com recursos tomados das ciências das redes, mesmo que evidentemente não seja redutível a eles. Realizei essa análise estrutural-topológica em Rodrigo Nunes, *Organisation of the Organisationless: Collective Action After Networks*. London: Mute/ PML Books, 2014. Para deixar claro, "rede" se refere ao longo deste livro a interações tanto online quanto offline, e não unicamente a plataformas digitais como Facebook e Twitter.

tração vertical de poder não é o oposto de uma rede, mas um tipo particular de estrutura reticular (a saber, uma rede centralizada). Além disso, se levarmos às últimas consequências a afirmação de que a organização em rede está em continuidade com o mundo natural, o que a ciência nos mostra é que não apenas as redes não são intrinsecamente igualitárias, como suas tendências espontâneas apontam na direção contrária. Redes naturais e sociais apresentam conectividade clusterizada (distribuição em agrupamentos densamente conectados ligados uns aos outros por um baixo número de nós) e heterogênea (o número de ligações que cada nó possui, ou "grau" de conectividade, varia drasticamente).[7] De acordo com um modelo geralmente aceito de formação de redes, essa é uma consequência inevitável da maneira como elas se expandem, que decorre de um mecanismo de ligação preferencial: quanto mais conectado é um nó, mais provável é que novos nós se conectem a ele. Esse fenômeno produz uma distribuição de graus em que um número relativamente pequeno de nós altamente conectados ("hubs") é seguido por uma longa cauda de nós com graus decrescentes de conectividade. É claro que esse é somente o esqueleto da questão. Mas se tomamos o número de conexões (centralidade), o número de conexões com nós altamente conectados (centralidade de autovetor) e a posição de conexão entre clusters (centralidade de intermediação) como indicativos da capacidade de um nó de agir sobre as ações de outros, fica claro que não há evidência científica de uma tendência inerente à distribuição uniforme dessa capacidade nas redes. Disso podemos concluir não que uma tal distribuição seja impossível, mas que, para existir, ela precisa ser constantemente fabricada.

Generalizar o paradigma da rede ressalta ainda o quão insuficiente é abordar a questão da organização como se ela não passasse de uma discussão sobre organizações individuais ou a forma organizacional "correta". Para além de cada organização individual está o conjunto de todas as coisas com as quais ela se relaciona – o campo mais amplo em que se encontram todas as outras organizações,

---

[7] Ver, respectivamente, Duncan Watts e Steven Strogatz, "Collective Dynamics of 'Small-World' Networks". *Nature*, n. 393, 1998, pp. 440–42; Albert-László Barabási e Réka Albert, "Emergence of Scaling in Random Networks". *Science*, v. 286, n. 5439, 1999, pp. 509–12.

indivíduos, tendências difusas de comportamento agregado, concentrações permanentes ou temporárias de ação coletiva, e assim por diante. Uma teoria da organização deve não apenas ser capaz de considerar essas relações, mas supor que elas estão presentes todo o tempo; e, portanto, que também está presente uma pluralidade de centros e formas organizacionais, desde as mais pontuais até as mais estabelecidas, que surgem em condições diversas e realizam funções diferentes. Mais uma vez, não há qualquer razão convincente para crer que essa pluralidade deveria ser homogeneizada pela adoção de uma única forma organizacional, nem que todo o campo devesse ser posto sob a égide de uma única organização. Pelo contrário, é difícil imaginar como qualquer uma dessas coisas poderia acontecer.

A questão, em suma, é deixar de pensar a organização em termos de organizações individuais e passar a concebê-la ecologicamente: como uma ecologia distribuída de relações que atravessam e reúnem diferentes formas de ação (agregada, coletiva); formas organizacionais diversas (grupos de afinidade, redes informais, sindicatos, partidos); os indivíduos que compõem ou colaboram com estas; os que não possuem qualquer afiliação, mas participam de protestos, compartilham material online ou simplesmente acompanham com interesse os desdobramentos nos jornais, nos sites e nos perfis de redes sociais; os espaços físicos em que as pessoas se encontram; e assim por diante. O que quer que totalizemos como "o movimento" é, na verdade, uma rede não totalizável composta de inúmeras redes, uma ecologia de rede em constante evolução que, por sua vez, está aninhada em ecologias mais amplas que se sobrepõem e recortam de múltiplas maneiras (a cidade, a nação, o capitalismo global, os membros de uma determinada classe, os falantes de uma determinada língua).

A ideia de pensar a organização política ecologicamente tem ganhado força nos últimos anos.[8] A própria natureza dos levantes

---

8   Ver Javier Toret (org.), *Tecnopolítica: La potencia de las multitudes conectadas. El sistema red 15M, un nuevo paradigma de la política distribuida.* Barcelona: UOC, 2013; R. Nunes, *Organisation of the Organisationless*, op. cit.; Nick Srnicek e Alex Williams, *Inventing the Future: Postcapitalism and a World Without Work.* London/ New York: Verso, 2015; Graham Jones, *The Shock Doctrine of the Left.* Cambridge, MA: Polity, 2018.

da última década ajudou nisso: protestos de massa com pouca ou nenhuma contribuição de organizações de massa, repletos de partes moventes com conexões variáveis entre si e nenhuma coordenação geral. Mesmo sem ser diretamente nomeada enquanto tal, contudo, a ideia já se encontra em circulação há algum tempo. Ela estava implicada, por exemplo, na maneira como Foucault e Deleuze formularam o problema da organização como consistindo em estabelecer "ligações laterais, todo um sistema de redes, de bases populares" que estabelecessem "ligações transversais entre [...] pontos ativos descontínuos entre países ou no interior de um mesmo país".[9] Sob o nome de "área", a mesma ideia foi teorizada na Itália dos anos 1970 como sendo a realidade fundamental do que viria a ser conhecido como "Autonomia Operária" ou "Movimento de 1977". Nas palavras do coletivo editorial da revista milanesa *Rosso*:

> *O grupo Autonomia Operária* [Autonomia Operaia], *no entanto, não existe*. Existem grupos individuais, radicados na realidade das lutas na fábrica, na escola, na vizinhança; cada um deles se chama pelo nome que deseja e em que acredita, e participa da "autonomia" – a que importa, com "a" minúsculo – na medida em que está realmente com as massas e é capaz, no interior delas, de gerar agitação para produzir organização e contrapoder [...]. Nesse sentido, a "autonomia operária" é inteiramente um modelo organizacional e não um novo grupelho ou um pequeno partido: a "autonomia operária" é a capacidade de reunir e concentrar a insubordinação proletária na forma de um poder que se lança contra o inimigo.[10]

O conceito de "ecologia organizacional" tem obviamente uma história mais longa nos estudos de organização e administração, que remontam à década de 1970. Ver Eric Trist, "A Concept of Organizational Ecology". *Australian Journal of Management*, v. 2, n. 2, 1977, pp. 161–75; Michael T. Hannan e John Freeman, "Ecologia populacional das organizações". *Revista de Administração de Empresas*, v. 45, n. 3, 2005, pp. 70–91.
9   Michel Foucault e Gilles Deleuze, "Os intelectuais e o poder", in *Microfísica do poder*, trad. Roberto Machado. Rio de Janeiro: Graal, 1979, pp. 74–77.
10 Rosso, "Raccogliere la Generalità dei Bisogni di Liberazione: Autonomia Operaia con la 'A' Minuscola". *Rosso*, v. 3, n. 6, 1976, rosso.spazioblog.it. A partir de junho do mesmo ano, porém, e de maneira cada vez mais veemente até a repressão ao movimento em 1978, *Rosso* e seu editor mais famoso, Antonio Negri, discutiriam a necessidade de reunir a "área de autonomia" em um "movimento

A ecologia organizacional estava implicada na prática dos movimentos de libertação das mulheres e dos gays, os quais tendiam a lidar com sua pluralidade interna como um dado em vez de uma condição temporária a ser superada. O aumento da interconectividade global e regional provavelmente fez tanto pela naturalização desse modo de pensar quanto a estagnação, o declínio e a queda das organizações de âmbito nacional que se mantiveram hegemônicas na esquerda por um longo período. Quanto maior o universo de iniciativas conhecidas se tornava, mais difícil era imaginar uma situação em que a multiplicidade não fosse o ponto de partida. Quando o "movimento dos movimentos" altermundista se constituiu, sua própria diversidade e extensão global tornaram inevitável que fosse abordada de modo ecológico. Tanto era assim, aliás, que a pergunta sobre se era sequer possível descrevê-lo como um movimento, ou aquela sobre se espaços como o Fórum Social Mundial deveriam se constituir eles mesmos como organizações, seriam objeto de infindáveis discussões.[11] Ao menos uma inovação tática importante resultou daí, o princípio da "diversidade das táticas": a prática, em protestos contra cúpulas globais como a "Batalha de Seattle" de 1999, de se organizar em blocos separados que eram livres para adotar seus métodos de ação preferidos.

Pessoalmente, lembro-me de dar-me conta das implicações dessa ideia pela primeira vez muito anos atrás, ao ler o relato de Ward Churchill de uma conversa em que William Jackson, antigo companheiro de Martin Luther King, teria lhe dito:

---

de autonomia" que deveria desembocar na constituição de um partido. Ver id., "Dall'Area dell'Autonomia Operaia e Proletaria al Movimento dell'Autonomia Operaia". *Rosso*, v. 3, n. 10/11, 1976; id., "Per il Partito dell'Autonomia". *Rosso*, v. 6, n. 29/30, 1978; A. Negri, "Domination and Sabotage", in *Books for Burning*. London/New York: Verso, 2005, pp. 231–90.

11 Ver The Free Association, "What Is the Movement?", in *Moments of Excess: Movements, Protest and Everyday Life*. Oakland: PM Press, 2011, pp. 22–30; Francisco Whitaker, Boaventura de Sousa Santos e Bernard Cassen, "The World Social Forum: Where Do We Stand and Where Are We Going?", in M. Glasius, M. Kaldor e H. Anheier (orgs.) *Global Civil Society 2005/6*. London: Sage, 2005, pp. 64–87; R. Nunes, "The Global Moment: Seattle, Ten Years On". *Radical Philosophy*, n. 159, 2010, pp. 5–7.

Há muitas razões pelas quais não posso apoiar quem incita ações violentas como tumultos, e nenhuma delas é religiosa. É tudo pragmatismo político. Mas vou te dizer: eu *nunca* deixo um tumulto passar. Sou sempre o primeiro a chegar à prefeitura e a testemunhar no Congresso para dizer a eles: "Estão vendo? Se vocês estivessem negociando conosco o tempo todo, isso nunca teria acontecido". Dá resultado, cara. Como nenhuma outra coisa, sabe? [...] Rap Brown e os Panteras Negras são as melhores coisas que já aconteceram ao Movimento dos Direitos Civis.[12]

De todas as lições que podemos tirar dessa história, a mais óbvia – os moderados frequentemente têm uma relação parasitária com aquilo que os radicais fazem – é também a mais superficial. Não que não seja verdade; mas o relato enseja pelo menos seis pontos mais gerais para pensar a organização ecologicamente que seria uma pena deixar de explorar.

O primeiro e mais elementar é que não é preciso nenhum tipo de coordenação ou mesmo de contato direto entre os diferentes componentes de uma ecologia para que estes interajam uns com os outros: ao agir em seu ambiente compartilhado, cada um molda indiretamente os campos de possibilidades dos demais.[13] Esse é um fato mais comumente notado quando o impacto é negativo, como quando alguns manifestantes são acusados de "arruinar uma manifestação até então pacífica" ou aqueles que fazem essa acusação são atacados por contribuírem para a criminalização do movimento.[14] É evidente, no entanto, que os agentes também criam condições de

---

12 Ward Churchill, "Pacifism as Pathology: Notes on an American Pseudopraxis", in id. e Michael Ryan, *Pacifism as Pathology: Reflections of the Role of Armed Struggle in North America*. Oakland: PM Press, 2017, p. 69.
13 Como disse Garrett Hardin, em uma ecologia é impossível fazer "apenas uma coisa": cada ação tem consequências não planejadas para alguém. G. Hardin, "The Cybernetics of Competition: A Biologist's View of Society". *Perspectives in Biology and Medicine*, v. 7, n. 1, 1963, p. 80. Não é preciso dizer que isso não precisa levar ninguém às mesmas conclusões racistas e eugenistas de Hardin. Ver Fabien Locher, "Cold War Pastures: Garrett Hardin and the 'Tragedy of the Commons'". *Revue d'Histoire Moderne et Contemporaine*, v. 60, n. 1, 2013, pp. 7–36.
14 Para uma repetição recente dessa polêmica, ver Chris Hedges, "The Cancer in Occupy". *TruthDig*, 6 fev. 2012; David Graeber, "Concerning the Violent

possibilidade e oportunidades uns para os outros, e que suas ações podem se reforçar reciprocamente em vez de se prejudicarem. Não são apenas os moderados que se alimentam das rupturas criadas pelos radicais, consolidando ganhos conquistados e, ao mesmo tempo, inviabilizando apostas mais altas. Os processos de radicalização política normalmente contam com direitos e recursos, como serviços públicos e infraestrutura organizacional, negociados pelos moderados em lutas anteriores. Um exemplo óbvio aqui seria o modo como os partidos social-democratas do Norte Global usaram o temor das elites diante da Revolução Russa em prol da construção do Estado de bem-estar, e esse mesmo Estado de bem-estar então lançou a base para o florescimento de uma cultura e uma política radical de classe trabalhadora nos anos 1960 e 1970.[15] Além disso, a menos que pensem que uma revolução iminente esteja à porta, os radicais sabem que o reconhecimento do Estado é, na maioria das vezes, a única maneira de consolidar uma vitória quando a mobilização que a tornou possível começa a se esgotar.[16]

Uma oposição simples entre "radicais" e "moderados" é, no entanto, um reconhecimento ainda muito rudimentar da segunda lição que podemos tirar: que a *diferenciação funcional* é uma das características fundamentais – e uma das forças – de uma ecologia. Podemos entender isso de pelo menos duas maneiras. Em primeiro lugar, há uma diferenciação em termos de atitudes gerais, da qual a oposição entre radicais e moderados oferece um esboço bastante simplificado, e a ideia de Bill Moyer e George Lakey dos "quatro

---

Peace-Police". *n+1*, 9 fev. 2012; Carwil Bjork-James, "Debating Tactics: Remember to Ask 'What Works?'". *Carwil Without Borders*, 13 fev. 2012, woborders.blog.

15 A esse respeito, ver Mark Fisher, "Acid Communism (Unfinished Introduction)", in D. Ambrose (org.), *K-Punk: The Collected and Unpublished Writings of Mark Fisher (2004–2016)*. London: Repeater, 2018, pp. 753–72.

16 A crença de que reformas parciais ou recuos são sempre uma traição a movimentos que teriam de outra forma chegado a uma transformação total se baseia em algo que poderíamos chamar de "teoria Scooby-Doo da história". Trata-se da ilusão de supor que a força que os movimentos manifestam em seu auge só poderia permanecer constante ou crescer, de modo que, tal como os vilões do famoso desenho animado, eles sempre se sairiam vitoriosos se não fosse pela intromissão de inimigos internos ou externos. Infelizmente, essa premissa é falsa: os movimentos também refluem, às vezes de maneira rápida e definitiva.

papéis do ativismo social" (defensores, apoiadores, organizadores e rebeldes) pinta um quadro mais complexo.[17] Por certo, permanece aí o problema de tratar essas diferenças como se fossem tipos de personalidade em vez de papéis que diferentes pessoas podem ocupar em diferentes momentos. Realmente pensar aquilo que fazemos ecologicamente significa se concentrar menos na própria imagem do que na necessidade de desempenhar, ou pelo menos reconhecer como válida, a função que a situação concreta exige. Não obstante, o esquema de Moyer e Lakey tem a vantagem de distinguir indivíduos e grupos conforme as contribuições específicas que fazem e não conforme os termos com os quais se definem, evitando assim que se transforme em fronteiras fixas aquilo que em geral só é determinável como posições relativas umas às outras ("x é mais radical que y nessa matéria", "y foi menos moderado que z naquela ocasião").

Também podemos entender a diferenciação funcional como denotando os distintos tipos de intervenção em que os grupos e os indivíduos se especializam. Alguns se definirão principalmente pelo engajamento na ação direta; outros se ocuparão com a organização comunitária ou laboral junto a um determinado grupo, área ou indústria; alguns construirão cooperativas ou iniciativas de ajuda mútua; outros reunirão informações e análises em torno de um tema particular; alguns terão conhecimentos e habilidades específicas, como programação de software ou pesquisa corporativa;[18] outros se concentrarão em educar grupos demográficos específicos sobre algum tema, em fazer *lobby* junto a legisladores, em produzir e distribuir notícias e comentários, e assim por diante. Algumas dessas funções serão voltadas para o ambiente, como as que listei acima, outras para a própria ecologia (quando se trata, por exemplo, de prover treinamento, recursos, apoio jurídico). Cada grupo ou organização, sem dúvida, efetuará mais de uma dessas funções,

---

17 Ver George Lakey, "What Role Were You Born to Play in Social Change?". *Open Democracy*, 9 mar. 2016.
18 Refiro-me aqui à prática conhecida em inglês como *corporate research*, comum no *organising model* sindical, que consiste em investigar as empresas que constituem a indústria que se pretende transformar para identificar pontos fracos (balanço financeiro, situação dos investimentos, discurso e imagem públicos etc.) que impliquem possibilidades de alavancagem contra elas.

mas nenhum deles fará todas e certamente nenhum fará todas *bem*. E, na verdade, nem sequer precisam, se têm a sua disposição uma ecologia a que podem recorrer quando a ocasião exige habilidades, capacidades, contatos e recursos que eles não possuem.

Sob esta luz, a ideia do partido como guarda-chuva organizacional que busca controlar todas as etapas e operações do processo político aparece como um homólogo da empresa verticalmente integrada – o que talvez não devesse nos surpreender, dado que ambas as coisas se desenvolveram mais ou menos ao mesmo tempo.[19] Poderíamos acrescentar que as razões para ser cético em relação a uma se aplicam igualmente bem à outra. A lógica por trás das duas é essencialmente competitiva, do tipo "o vencedor leva tudo". Embora a forma possa funcionar bem para uma organização que busca dominar o mercado, é muito pouco provável que a existência de um único ator que concentre esse grau de poder, quer econômico quer político, seja vantajosa para todos os demais. Se abandonamos o objetivo da integração vertical, entretanto, nenhuma organização ou grupo é obrigado a realizar todas as funções. O que uma ecologia necessita é de um número suficiente de nós que sejam capazes de executar diferentes funções bem e de compreender seu trabalho no marco de um todo maior, suscitando contribuições dos outros e oferecendo as suas em troca. Para testar um pouco mais a elasticidade da metáfora corporativa: em vez de um único agente que controla toda a cadeia de produção, uma ecologia saudável requer inúmeros atores que combinem a habilidade de intervir em determinados pontos-chave da cadeia com a capacidade de pensá-la como um todo.

Um terceiro ponto que se segue dos dois primeiros é que a "riqueza" produzida por cada nó ou cluster nunca pertence exclusiva-

---

19 Embora as origens das corporações verticalmente integradas e caracterizadas por uma estrutura multidivisional possam ser remontadas às grandes empresas coloniais do século XVII, foi nas últimas duas décadas do século XIX, com figuras como John D. Rockefeller e sua Standard Oil, que essa forma de organização se tornou uma tendência. Apesar da crescente antipatia pública pelos monopólios e da aprovação de leis contra eles (como as leis antitruste Sherman, de 1890, e Clayton, de 1914, nos Estados Unidos), esse foi um modelo que continuou a crescer nos anos 1920 e além. Ver Gary Anderson, Robert McCormick e Robert Tollison, "The Economic Organization of the East India Company". *Journal of Economic Behavior and Organization*, n. 4, 1983, pp. 221–38.

mente a eles, mas também, em certa medida, à ecologia como um todo. Isso é ainda mais verdadeiro se os nós se concentram menos naqueles aspectos em que se pode dizer que estão em competição uns com outros e mais naqueles em que cooperam direta ou indiretamente entre si. Quanto mais assumem uma perspectiva não competitiva, mais a riqueza é produzida e mantida em comum. Por outro lado, nada gera concorrência como a concorrência: quanto mais os agentes se comportam como se estivessem num jogo de soma zero, menor é seu incentivo para cooperar, e menos valor a ecologia terá para todos. É uma triste ironia que pessoas que protestam constantemente contra a redução do mundo a uma luta de todos contra todos com frequência vejam a política apenas pelo prisma da predação e do parasitismo, negligenciando possibilidades de simbiose do tipo comensal ou mutualista. Não é difícil ver o laço que liga essa atitude a uma abordagem que pensa a questão da organização como tratando da construção de uma única organização ou tipo organizacional. Se se supõe que existe apenas uma resposta, é natural ver a política como um processo de eliminação de falsas alternativas.

O quarto ponto, então, é precisamente que pensar a organização de modo ecológico tem por premissa a necessidade de deixar de concebê-la unicamente como uma disputa de soma zero. Com efeito, a quinta lição que podemos tirar da anedota acima é que ninguém vence sozinho. Esse é um argumento que Churchill faz de maneira bastante eficaz em relação aos pacifistas: a violência não está fora dos cálculos destes, ela é, ao contrário, central a sua sobrevivência e sucesso. A violência perpetrada por outros contra um adversário comum cria aberturas políticas; a violência perpetrada contra o movimento pode minar a autoridade moral do adversário. É claro, no entanto, que poderíamos facilmente inverter o argumento: a autoridade moral concedida a líderes não violentos ou a organizações pacifistas como igrejas é muitas vezes necessária para justificar confrontos aos olhos da opinião pública, para proteger os não pacifistas da repressão ou, em geral, para fazer as coisas avançarem depois de um grande distúrbio. Novamente, porém, isso ainda é colocar o problema em termos esquemáticos e identitários. A questão é antes que, justamente porque uma ecologia é composta de inúmeros agentes que cooperam e competem direta e indiretamente entre si, é impossível reconduzir qualquer resultado específico a um único agente, estratégia ou tática. É da interação e tensão entre estes que derivam os resultados.

 É claro que algumas causas – pessoas, palavras de ordem, ideias, ações, programas – terão mais influência do que outras no produto final. Mas esse efeito nunca é a realização fiel da ideia que alguém tinha na cabeça, a imposição de uma forma mental à matéria inerte do mundo. Ele é sobredeterminado por tendências objetivas e pela interferência de forças convergentes, divergentes e contrárias. Lutas bem-sucedidas sempre dependeram da ação distribuída de agentes com graus variados de acordo entre si no que diz respeito a interesses, objetivos, estratégias, táticas, modos de ação, e assim por diante. Mesmo pessoas que não confiam umas nas outras e têm sérias diferenças políticas são capazes de estabelecer relações mutuamente benéficas.

 Não se trata apenas de dizer que a melhor maneira de conquistar alguma coisa seja abordá-la de vários ângulos ao mesmo tempo: qualquer explicação que apresente um fato político como obra de uma única pessoa ou organização é necessariamente uma simplificação que exclui a contribuição de várias outras. Conforme enfatizei no capítulo 1, meu retrato de uma ecologia não se pretende um projeto para um movimento futuro; ele é uma descrição daquilo que já é o caso, em maior ou menor grau, independentemente de as pessoas estarem de acordo entre si ou mesmo conscientes umas das outras. Se há uma dimensão normativa aqui, ela não está no imperativo de *criar* uma ecologia, visto que sempre já há uma, mas na tarefa de pensar o que já existe em termos ecológicos. Isso envolve, entre outras coisas, privilegiar a cooperação em detrimento da concorrência, cultivar recursos comuns e relações mutuamente benéficas e traçar estratégias com uma vasta gama de outros agentes em mente. Cumprir este último aspecto, por exemplo, significa aplicar o princípio da diversidade de táticas não a problemas simples, como interromper temporariamente uma reunião de cúpula internacional, mas a problemas complexos, como o fechamento permanente de uma indústria inteira – que muito provavelmente demandam não a repetição exaustiva de uma única tática, mas a combinação de esforços que vão de bloqueios a ações judiciais, de lutas por melhores condições de trabalho a campanhas corporativas, da ajuda mútua a mudanças na legislação. Certamente, a sinergia entre inúmeros atores distintos que adotam táticas distintas é algo que pode muito bem ocorrer sem planejamento ou coordenação. No entanto, uma massa crítica de indivíduos pensando estratégias em termos ecológicos torna mais provável que isso aconteça com maior frequência, de um modo mais direcionado e eficaz.

Isso não implica sugerir que a concorrência ou a tensão deixam de existir no momento em que as pessoas passam a utilizar uma lente ecológica. Diferenças substanciais de interesses, objetivos, crenças e abordagens políticas permanecem; o que muda é como as pessoas se relacionam com elas. Essas diferenças são predominantemente contradições lógicas irreconciliáveis que não podem existir no mesmo mundo? Ou são sobretudo perspectivas divergentes, cada qual com uma parcela de verdade, oposições reais que poderiam ser compatibilizadas, diferenças genuínas que podem muito bem ser compossíveis? No primeiro caso, cada enfrentamento carrega o peso de uma luta à morte, cada estudante de graduação recrutado ou moção aprovada em uma filial de sindicato, um ponto no placar de quem irá liderar a revolução. No segundo caso, grande parte da tensão competitiva se torna tensão no sentido descrito no capítulo 2: ineliminável, variável, a ser ajustada e equilibrada ao longo do tempo. Passa-se da luta por recursos escassos ou da imposição de resistência às atividades dos outros à participação nos recursos comuns e à junção de forças para superar resistências que não poderiam ser vencidas isoladamente; passa-se da desorganização e decomposição para a composição e organização.[20] Mesmo a concorrência direta pode, então, ser aproveitada de modo a maximizar o benefício mútuo. Em visita ao Alabama em 1965, enquanto Martin Luther King estava preso, Malcolm X aproveitou a ocasião para sublinhar publicamente suas diferenças com o líder batista, mas também usou essa distância em favor de King. Este relataria mais tarde uma conversa que sua esposa, Coretta, teve com X à época: "Ele julgou que me seria de maior ajuda se me atacasse do que se me enaltecesse. Ele julgou que isso tornaria as coisas mais fáceis para

---

20   Ver a análise de Bogdanov sobre trabalho cooperativo em Aleksander Bogdanov, *Essays in Tektology*, trad. George Gorelik. Seaside: Intersystems, 1980, pp. 39–41.

mim no longo prazo. Ele disse: 'Se os brancos entenderem qual é a alternativa, talvez eles estejam mais dispostos a ouvir o Dr. King'".[21]

Uma vez que nenhum agente tem controle total sobre qualquer resultado em uma ecologia, as oportunidades que os agentes criam uns para os outros são com frequência ambivalentes: elas aumentam a probabilidade de se obter o resultado esperado, mas potencialmente diminuem o controle que se pode ter sobre ele. Esse é o sexto ponto que podemos apreender da anedota acima. Se entendemos a concorrência como um conflito entre forças em vez de uma contradição irreconciliável, essa tensão se torna uma questão de força relativa e não de oposição absoluta. Qualquer pressão em direção a um objetivo comum é, em princípio, bem-vinda; e podemos apoiar o processo que leva a esse objetivo mesmo que não o controlemos ou concordemos totalmente com sua direção pontual. Se quisermos ter certeza de que ele não será desviado de sua rota, devemos nos assegurar de que temos poder para afetar seu curso *tomando o máximo de cuidado para não o colocar em perigo*. Na verdade, é, em geral, a falta desse poder que faz com que as pessoas retornem a uma atitude competitiva, no sentido de que preferem retirar o apoio a uma iniciativa válida a vê-la ser bem-sucedida seguindo a visão de outros. Como Lênin observou, "só podem recear as alianças temporárias, mesmo com elementos inseguros, aqueles que não têm confiança em si próprios", isto é, em suas próprias forças.[22] Mas isso significa justamente que a solução, em vez do isolamento político, deveria ser o aumento da própria capacidade de agir.

Frequentemente (e com razão) dirige-se àqueles que se opõem às ações de massa e à desobediência civil a conhecida crítica de Frederick Douglass: eles "querem ceifar sem arar a terra".[23] O insight central desse aforismo pode, no entanto, ser generalizado para inú-

---

21 Ver Clayborne Carson (ed.), The Autobiography of Martin Luther King, Jr. New York: Warner Books, 1998, p. 268.
22 Vladímir Ilitch Lênin, "O que fazer?: Problemas candentes de nosso movimento", in *Obras escolhidas*, v. 1. São Paulo: Alfa-Ômega, 1986, p. 91.
23 Frederick Douglass, *The Heroic Slave: A Cultural and Critical Edition*, org. Robert S. Levine, John Stauffer e John R. McKivigan. New Haven: Yale University Press, 2015, p. 143.

meras outras situações. O problema, como a crítica de Ward Churchill ao pacifismo dogmático deixa claro, é que uma afirmação unilateral da própria posição só pode estar baseada numa renegação daquilo de que ela depende. Ela toma a contribuição dos outros por ganha, não reconhece o modo como eles criam condições e oportunidades para nós e, por isso, se crê isenta de qualquer dever de reciprocidade para com eles. Mesmo aqueles que reivindicam uma posição de autonomia radical nunca estão realmente fora dessas relações de interdependência – nem, aliás, estão fora dos circuitos de reprodução da sociedade e do capitalismo, por mais "marginal" que seja sua localização dentro deles.

A cegueira deliberada em relação às próprias condições de possibilidade carrega semelhança mais do que acidental com a invisibilização cotidiana do trabalho reprodutivo ou com a apropriação indiferente de "externalidades positivas" pelo capital. Em todos esses casos, a fantasia de uma independência impossível surge com o apagamento dos vínculos que nos conectam aos outros. A questão aqui não é exigir que as pessoas estejam à altura de sua autoimagem, mas, ao contrário, que retórica e autoimagem sejam trazidas de volta à realidade terrena. "Não há vida verdadeira *senão* na falsa", como disse Franco Fortini, invertendo o aforismo de Adorno – mesmo que algumas vidas possam, sem dúvida, ser mais falsas do que outras. A ideia exposta no capítulo 2, de que o purismo só pode ser uma má compreensão da própria realidade, recebe uma interpretação ecológica aqui: uma identidade política, uma tática ou uma forma de intervenção afirmadas em termos absolutos dependem implicitamente de outras que compensem sua unilateralidade fornecendo-lhes as mediações necessárias.

Como uma ecologia decide?

Uma ecologia é menos do que um organismo e mais do que uma organização. "Menos do que um organismo" significa que o surgimento e o funcionamento de seus componentes não são determinados com antecedência por um princípio organizativo unificador, nem suas interações são governadas por um propósito intrínseco de sobrevivência sistêmica. Diferentemente de um organismo, não há, em princípio, nenhum limite aos modos como os componentes podem se recombinar, e o colapso do sistema não implica necessariamente a morte das partes. Um ecossistema organizacional é "holístico sem ser um todo real", se entendemos "todo real" como sinônimo de totalidade orgânica.[24] Seus componentes coevoluem de modo contingente, em vez de serem determinados exaustiva e necessariamente por sua constituição mútua, e conservam um grau razoável de autonomia; suas interações, por sua vez, produzem padrões de comportamento sistêmico. Se podemos falar de indivíduos ou organizações como desempenhando diferentes "funções", isso é apenas no sentido de que eles se diferenciam através da especialização e não contém quaisquer implicações funcionalistas.

"Mais do que uma organização" significa que uma ecologia não é intencional: não possui limites acordados, não é constituída por um ato de vontade e não é necessário estar consciente dela para integrá-la. Ela não é um tipo de metaorganização que organizações menores se juntam para constituir, da mesma maneira que um ecossistema não é um metaorganismo composto de outros menores. (Foi justamente para se afastar da noção de Frederic Clements e John Phillips da comunidade biológica como um "organismo complexo" que Arthur George Tansley propôs o conceito de ecossistema em 1935.) Na distinção de Hayek entre ordens espontâneas (*kosmos*) e deliberadamente constituídas (*taxis*), a ecologia pertence ao primeiro campo, no qual o segundo está contido.[25] Diferentemente de Hayek, no entanto, nada

---

[24] Jan Smuts apud Frank Benjamin Golley, *A History of the Ecosystem Concept in Ecology: More than the Sum of Its Parts*. New Haven: Yale University Press, 1993, p. 26. Smuts estava falando da natureza como um todo, mas a frase poderia muito bem se aplicar a uma ecologia.

[25] Ver Friedrich A. Hayek, *Direito, legislação e liberdade: Uma nova formulação dos princípios liberais de justiça e economia política*, v. 1, trad. Anna Maria Capovilla, José Ítalo Stelle, Manoel Paulo Ferreira e Maria Luiza Borges. São Paulo: Visão, 1985, p. 38. É aqui que meu uso da ideia de ecologia organizacional se afasta do de Graham Jones, que imagina uma ecologia de diferentes organizações autônomas com um sistema de assembleias aninhadas e uma "coalizão de orientação" composta de voluntários selecionados ao acaso e delegados com mandato. Ver G. Jones, *The Shock Doctrine of the Left*, op. cit., pp. 111–12. Ainda que esse esquema certamente mereça ser testado na prática, ele efetivamente corresponde a uma federação com

aqui sugere que espontâneo equivalha a um comportamento ótimo; como vimos no capítulo anterior, não há razões para supor uma tendência inata em direção ao melhor resultado possível. Por último, dizer que uma ecologia não é uma organização não impede que se tente federalizar grupos diferentes em todos maiores, mas desencoraja, esperamos, quaisquer fantasias de que todos os problemas poderiam ser resolvidos caso existisse uma federação de *todos* os grupos e organizações. Não se organiza uma totalidade, organiza-se *dentro dela*.

Se uma ecologia é uma ordem espontânea que envolve outras ordens deliberadamente constituídas, sejam elas organizações formais ou padrões informalmente adotados, não há um protocolo global acordado, muito menos um mecanismo de tomada de decisão abrangente, segundo o qual seus componentes interagem. Os procedimentos são sempre locais, válidos para algumas partes e não para outras, e o mesmo se passa com a deliberação. Se isso é verdade, porém, e se os levantes da última década podem ser descritos como ecologias, então a caracterização amplamente aceita destes como movimentos horizontais organizados através de assembleias é, na melhor das hipóteses, incompleta. Afinal, embora permita explicar como funcionava cada lugar em que havia uma assembleia, ela não é capaz de esclarecer como esses diferentes lugares interagiam. Tampouco consegue explicar os casos em que não havia assembleias ou em que elas tiveram um papel secundário (os "coletes amarelos" na França em 2018, as manifestações de 2013 no Brasil), nem como "o movimento das praças" fazia para tomar decisões antes e depois do breve interlúdio em que as grandes assembleias estiveram em funcionamento, em particular as decisões que levaram à ocupação dessas mesmas praças e à criação das próprias assembleias. Justiça seja feita, porém, foi sempre um segredo de Polichinelo que essa descrição era no máximo uma aproximação – uma metonímia que fazia alguns aspectos mais proeminentes se passarem pelo todo.

---

coletivos e organizações funcionalmente diferenciados. Assim que fosse adotado e um limite fosse estabelecido em torno de seus grupos componentes, o que quer que permanecesse *fora* desse limite seria a ecologia dessa federação.

A ausência de procedimentos globalmente aceitos também significa que a horizontalidade, se entendida como implicando um campo de participação perfeitamente nivelado tal como aquele supostamente instanciado em assembleias e tomadas de decisão por consenso, tampouco é adequada como maneira de descrever esses movimentos. Basta considerar o problema de como assembleias distintas em locais distintos interagiam umas com as outras, ou mesmo assembleias distintas no mesmo lugar, mas em dias diferentes.[26] Participantes em um lugar ou dia não tinham voz no que era decidido em outra parte ou momento, ainda que fossem potencialmente afetados por decisões de que não haviam participado. Além disso, algumas assembleias, devido à sua maior visibilidade, tinham inevitavelmente um impacto maior do que outras nas percepções externas a respeito do movimento. Por último, mas não menos importante, a relação entre o movimento como um todo e o restante da população não era ela mesma horizontal. Um movimento sempre surge sem autorização prévia e não importa o quão inclusivo possa almejar ser, sempre envolve uma divisão: ele nunca é o todo da sociedade. Por maior que seja um levante, ele "é sempre uma pequena minoria",[27] mesmo que seja uma "*minoria massiva*", atrás da qual "o 'país profundo' conservador desaparece".[28] Como observou Jodi Dean de maneira certeira, "Occupy Wall Street não é *efetivamente* o movimento dos 99 por cento da população dos Estados Unidos (ou do mundo) contra o 1 por cento no topo. É um movimento que se mobiliza em torno de uma Wall Street ocupada em nome dos 99 por cento".[29]

Novamente, a questão aqui não é lamentar que esses movimentos não estejam à altura de seus princípios, mas expor a incompa-

---

26 Para um relato sedutoramente honesto de uma assembleia lutando com tais dilemas, ver Patrice Maniglier, "Nuit Debout: Une expérience de pensée". *Les Temps Modernes*, n. 691, 2016, pp. 199–259.
27 Alain Badiou, *The Rebirth of History: Times of Riots and Uprisings*, trad. Gregory Elliot. London: Verso, 2012, p. 58.
28 Ibid., p. 91 (grifo no original). "A 'democracia de massa' se impõe a tudo que esteja fora da ditadura de suas decisões *como se estas fossem de uma vontade geral.*" Ibid., p. 59 (grifo no original).
29 Jodi Dean, *The Communist Horizon*. London/ New York: Verso, 2009, p. 229 (grifo no original).

tibilidade entre esses princípios e a prática real. Ao refletir uma imagem distorcida para os movimentos, o imaginário do horizontalismo – que não se confunde com as práticas concretas em que as pessoas se engajam, mas a hipóstase destas em um ideal abstrato – falsifica a realidade da horizontalidade ao mesmo tempo que estabelece parâmetros impossíveis de respeitar.

O problema surge quando as pessoas confundem auto-organização (que é o efeito emergente de diferentes ações e esforços de organização) e autogestão (que designa um processo deliberativo autônomo) e tentam pensar a primeira (que se refere à ordem global de uma ecologia) nos termos da segunda (que só é possível localmente). Em uma ordem local delimitada tal como uma assembleia, é possível, em princípio, que uma decisão seja ratificada "por todos", visto que é possível chegar a um acordo a respeito do procedimento para produzi-la e dar um conteúdo enumerável a esse "todos", mesmo que corresponda apenas a "quem quer que esteja presente no momento". Em uma ordem aberta e espontânea, isto é, por definição, impossível. "Todos", nesse caso, é um conjunto não enumerável e potencialmente infinito e, portanto, nenhum procedimento existe nem poderia ser instituído mediante consulta a "todos"; o soberano que poderia ratificar esta ou qualquer outra decisão simplesmente nunca é dado. Isso significa que, se julgamos a ecologia como um todo pelos mesmos critérios que usamos para decidir se seus componentes locais podem ser chamados de "horizontais" – por exemplo, que todos que participam neles tenham a mesma oportunidade de se expressar –, descobriremos que a resposta é não. Simplesmente não há como a interação de ordens locais ou as decisões que levam à criação dessas ordens atender a esses critérios. Segue daí que ou aceitamos que noções como "horizontalidade" e "legitimidade" significam outra coisa em uma situação de auto-organização (em oposição à autogestão), ou seremos obrigados a concluir que as próprias condições de possibilidade dos espaços horizontais não são elas mesmas horizontais.

A ironia é que, malgrado todas as suas críticas à soberania, o horizontalismo continua a pensar a legitimidade em termos soberanos, como algo que depende da existência de uma realidade delimitada – isto é, de fronteiras. A diferença é apenas que o soberano do horizontalismo é coletivo e suas fronteiras são imaginadas como infinitamente expansíveis. Isso fica claro em dois comportamentos aparentemente contraditórios, mas, na verdade, perfeitamente complementares. O primeiro é um anseio por inclusividade infinita que leva a um adiamento interminável da tomada de decisões, visto que nenhum espaço de tomada de decisão parece legítimo. Como sempre há mais pessoas que deveriam ser consultadas e tomar decisões inevitavelmente fecha algumas possibilidades – criando, portanto, exclusões –, a hora de decidir nunca chega. É frequentemente nesse ponto que iniciativas horizontalistas naufragam antes mesmo de nascerem: o momento inaugural da tomada de decisão é protelado por tanto tempo que as pessoas perdem o interesse (nada nunca é decidido) ou a premissa inicial a partir da qual o espaço foi criado é vetada por recém-chegados, sem que nenhuma premissa comum nova possa ser encontrada. Por outro lado, se as mobilizações atingem uma certa "massa crítica", como nas ocupações de praças de 2011, essa atitude pode facilmente se transformar no seu oposto. A inclusividade indefinida se metamorfoseia, então, em um fetiche da presença que converte os "todos" visíveis e enumeráveis da assembleia em um soberano absoluto diante do qual as decisões tomadas em outros lugares – até mesmo por indivíduos em casa, na internet, em seus próprios grupos, e assim por diante – parecem suspeitas ou ilegítimas.[30] No primeiro caso, a horizontalidade é impossível como um poder de tomada de decisão porque seria impossível atribuir-lhe tal poder sem criar exclusão. No segundo, ela se torna possível, mas somente às custas da exclusão de todas as outras fontes de iniciativa para fazer valer sua soberania.

É na medida em que produz tais paradoxos insolúveis que a absolutização da horizontalidade pelo horizontalismo estabelece padrões aos quais é impossível corresponder. Essa é a fonte da com-

---

30 O texto de Maniglier registra essa oscilação na forma de uma discussão recorrente na praça da República, em Paris: "De um lado, havia aqueles que protestavam, normalmente durante as Assembleias, que não havia nenhuma outra fonte de poder que não as Assembleias, logo aquilo que era decidido aqui e agora devia valer como uma 'lei' ou decisão tomada por todos; do outro, havia aqueles que objetavam que as pessoas reunidas em um dia não representavam ninguém, que sua decisão não podia ser vinculante para aqueles que estivessem lá no dia seguinte". P. Maniglier, "Nuit Debout", op. cit., p. 249.

binação de ansiedade, paralisia e renegação que frequentemente encontramos em espaços que se descrevem como horizontais. Renegação, em primeiro lugar, de sua própria condição de existência, isto é, o ato de fundação que os molda de maneiras que se tornam, para todos os efeitos práticos, inquestionáveis – por exemplo, como os não horizontalistas gostam de reclamar, na opção pela tomada de decisão por consenso em vez de por maioria simples ou qualificada. Mas também renegação do fato de que os grupos e as redes informais que preexistem àquele espaço ou surgem em torno dele continuam a operar como arenas de formação de opinião e de tomada de decisão. O embaraço em torno dessa realidade se mantém ainda que esses grupos e redes existam unicamente em virtude de relações de confiança mútua e da conveniência e sejam desprovidos de qualquer má intenção.[31] Por fim, renegação no sentido de que os limites encontrados na prática ou são escondidos atrás de uma representação acrítica e imaginária daquilo que realmente acontece, ou são tratados como contingentes e temporários em vez de necessários e constitutivos.

A ansiedade, por sua vez, se deve tanto ao sentimento de que se está permanentemente aquém do próprio ideal quanto ao medo de ser publicamente acusado de traí-lo. De fato, talvez o pior defeito do horizontalismo seja cultivar uma desconfiança em relação à iniciativa, que pode se voltar para dentro como autopoliciamento e, para fora, como uma paranoia que redunda finalmente em paralisia. Se começar qualquer coisa é criar divisões, excluir algumas possibilidades, exercer influência em favor das próprias ideias; e se fazê-lo sem mandato ou precedente é agir de modo ilegítimo, usurpando a autoridade de um soberano que (ainda) não existe; a iniciativa não pode senão tornar-se algo inerentemente suspeito, não importa

---

[31] "As elites não são conspirações. [...] As elites são, nada mais, nada menos, do que um grupo de amigos que coincide em participar das mesmas atividades políticas. [...] Esses grupos de amigos funcionam como redes de comunicação à parte de quaisquer canais regulares de comunicação que possam ter sido estabelecidos por um grupo. Se nenhum canal foi estabelecido, elas funcionam como as únicas redes de comunicação. Por serem amigas, normalmente compartilham os mesmos valores e posições, conversam socialmente entre si e se consultam quando as decisões comuns têm de ser tomadas, as pessoas que participam dessas redes têm mais poder no grupo do que aquelas que não participam." Jo Freeman, "A tirania das organizações sem estrutura", trad. Marco Túlio. *Jacobin Brasil*, 12 mar. 2020.

quão relevante ou útil possa ser.[32] O coletivo, nesse caso, em vez de ser um espaço onde os indivíduos expandem sua capacidade de agir através da cooperação, converte-se em uma entidade separada deles: uma autoridade absoluta que sempre sabe o que fazer melhor que aqueles que a compõem, uma unidade indivisível constantemente ameaçada por seus próprios participantes. Ele se torna, ao mesmo tempo, um sujeito suposto saber (o outro que imaginamos ter todas as respostas) e um zeloso grande Outro (a vigilância panóptica que examina cada ação em busca de sua inconfessável vontade de poder). Mas como aquilo que o coletivo pensa e faz é inseparável daquilo que os indivíduos que o constituem pensam ou fazem, se estes têm medo de agir, ou medo das ações uns dos outros, o coletivo tampouco poderá se mover. A tendência é que ele se restrinja então a uma zona de conforto cada vez mais exígua, ou acabe por não ser capaz de tomar decisões, ou se desfaça em recriminações amargas assim que qualquer iniciativa for tomada. Embora se oponha à expropriação da *potentia* dos muitos pelos poucos que pretendem agir em seu nome, o horizontalismo pode facilmente se converter em uma expropriação de outro tipo: uma que inibe as partes em nome de um todo que nunca está presente, de um consenso que jamais é dado, de uma totalidade sempre por vir.

Horizontalidade sem horizontalismo

Como seria a horizontalidade se a concebêssemos não em termos de soberania, mas ecologicamente? Uma ecologia não é uma assembleia onde todos deliberam juntos, nem uma massa que segue um líder reconhecido; é a ausência tanto de um líder reconhecido quanto de um procedimento global para a tomada de decisões coletiva. Encontramos um modelo muito mais adequado para pensá-la nas caracte-

---

32 Uma das expressões mais notáveis dessa paranoia é que às vezes se torne motivo de recriminação que as pessoas submetam à discussão em uma assembleia uma proposta elaborada de antemão em um grupo informal, como se o simples fato de que possa haver discussões fora da assembleia constituísse um escândalo. A consequência, evidentemente, não é que as pessoas se abstenham de ter tais discussões, o que, de todo modo, seria impossível (e indesejável), mas que as ocultem, o que é muito pior.

rísticas que Deleuze e Guattari atribuem à *matilha*: "a dispersão, as distâncias variáveis indecomponíveis, [...] a impossibilidade de uma totalização ou de uma hierarquização fixas, a variedade browniana das direções".[33] Assim como "cardumes, bandos, manadas, populações", as matilhas não são "formas sociais inferiores",[34] mas "grupos do tipo rizoma, por oposição ao tipo arborescente que se concentra em órgãos de poder".[35] Ou seja, elas não indicam uma *ausência* de organização, mas a presença de uma forma de organização a título próprio, ainda que esta dure apenas enquanto for capaz de inibir "a instauração de poderes estáveis em favor de um tecido de relações imanentes".[36]

Ainda que as matilhas não possuam uma estrutura fixa e um líder, "não existem mais igualdade e nem menos hierarquia nas matilhas do que nas massas, mas elas não são as mesmas".[37] A função de liderança nunca está completamente estabilizada nas mãos de qualquer indivíduo, concentrada em uma posição ou formalizada em um procedimento de seleção. No limite, ela é indistinguível do papel desempenhado pelo membro na borda da matilha (sua "ponta de desterritorialização"[38]) quando, em um dado momento, este é capaz de conduzir o curso do grupo, de arrastá-lo em uma nova direção, de mudar sua forma e sua estrutura à medida que todos avançam. Isso não quer dizer que a função de liderança tenha deixado de existir, mas que, em vez de ser fixa, ela circula.

Essa imagem da auto-organização e do que existe na ausência de estruturas formais é bem diferente daquela normalmente encon-

---

33 G. Deleuze e F. Guattari, *Mil platôs: Capitalismo e esquizofrenia*, v. 1, trad. A. Guerra Neto e Célia Costa. São Paulo: Ed. 34, 1995, p. 47.
34 Ibid., v. 4, trad. Suely Rolnik. São Paulo: Ed. 34, 1997, p. 22.
35 Ibid., v. 5, trad. P. P. Pelbart e Janice Caiafa. São Paulo: Ed. 34, 1997, p. 21. Eu acrescentaria: em órgãos *permanentes* de poder.
36 Ibid. pp. 20–21.
37 Ibid., v. 1, op. cit., p. 47. Deixo de lado aqui a distinção quantitativa estabelecida por Deleuze e Guattari, em que a massa ou a multidão são caracterizadas pela "grande quantidade" e a matilha, pela "exiguidade ou a restrição do número". Isso porque acredito que essa distinção é mais bem compreendida não em termos dos limites numéricos efetivos – a matilha é definida por relações intensivas e não quantitativas e pode, como não paramos de redescobrir, ser, de fato, muito grande –, mas em relação ao problema da escalabilidade: quanto maior o número, mais difícil é para a matilha não se tornar uma massa ou se decompor em muitas partes.
38 Ibid., p. 26.

trada em debates sobre "horizontalidade" e "ausência de liderança". Da mesma maneira como o oposto de organização formal não é a ausência de organização, o oposto de liderança concentrada não é a ausência de liderança, mas uma condição em que a função de liderança está aberta para ser ocupada por diferentes agentes em diferentes momentos. A matilha não é sem liderança, mas cheia dela. Podemos chamar isso de *liderança distribuída*, e esta não apenas preexiste às assembleias gerais (sendo o que pode explicar a constituição destas), como existe lado a lado delas (nas decisões tomadas fora de cada assembleia, inclusive por outras assembleias), atravessa-as e ultrapassa-as em duração.

Isso depende de entendermos "liderança" como algo bem diferente do ato de ocupar uma posição em uma hierarquia ou (pior ainda) da dominação ou do abuso de poder. O conceito mínimo de liderança aqui implicado supõe que ela é um *acontecimento*; em sua essência, liderar não significa outra coisa senão *ser seguido*. Isto é, orientar a atenção e a ação em uma direção determinada; introduzir uma polarização no ambiente que não existia antes; produzir uma modulação do comportamento coletivo que se propaga por um grupo, rede ou ecologia à medida que é adotada e/ou adaptada pelos demais, desencadeando outras transformações conforme avança. Na linguagem da teoria das redes, ela equivale ao iniciamento de um processo de difusão. Como tal, é uma função que sempre terá de ser cumprida, seja em pequena seja em grande escala: sem ela, nunca haveria qualquer mudança e nada jamais aconteceria.

Poderíamos voltar aqui ao argumento de Gramsci sobre a espontaneidade apresentado no capítulo anterior. Se os indivíduos não são autômatos que respondem de modo uniforme e em bloco a uma mudança em seu ambiente, uma mudança no comportamento coletivo nunca ocorre de uma só vez, mas deve começar de um ou mais pontos. É *justamente porque* os indivíduos são singulares, cada um com suas próprias inclinações e influências externas, e não condicionados de forma idêntica, que "não está em dúvida a formação de toda coisa por propagação a partir de um ponto".[39] Onde não há procedimentos de

---

[39] Esse é o caso mesmo que tenhamos "centros e [...] núcleos infinitamente múltiplos, com pontos de vista e graus diferentes", a contribuir para cada resultado particular. Gabriel Tarde, *Monadologia e sociologia e outros ensaios*, trad. Paulo Neves. São Paulo: Cosac Naify, 2007, p. 126.

tomada de decisão previamente existentes ou estruturas para coordenar as ações, nem líderes reconhecidos ou formalmente escolhidos, uma nova conduta coletiva só pode surgir da ação de um ou mais nós iniciadores (nucleação). Se algo merece ser chamado de "espontâneo", é isso. Mas o que as pessoas geralmente têm em mente quando falam sobre "espontaneidade" designa, na verdade, uma lacuna em seu conhecimento que decorre de sua incapacidade de reconstruir a difusão de um comportamento coletivo: a primeira pessoa a atirar uma pedra na polícia, a primeira a parar de trabalhar e cruzar os braços, a primeira a dizer "precisamos fazer uma reunião"...[40] É nossa ignorância a respeito do processo concreto que gera a miragem de uma transformação instantânea.[41] É claro que muitas vezes é irrelevante saber quem começou o quê. O problema é que, tomada pelo valor de face, a imagem ilusória produzida por essa noção aproximativa de espontaneidade alimenta a desconfiança da iniciativa, solapando, assim, a própria condição para que qualquer coisa aconteça.

Devemos, então, retomar uma distinção introduzida no capítulo 1. Uma *posição* de liderança pode provir de qualidades pessoais publicamente reconhecidas, da adesão à tradição ou de procedimentos que são explícita e formalmente vinculantes – o que corresponde aproximadamente ao esquema tripartite de Max Weber dos tipos carismático, tradicional e legal de autoridade, sem prejuízo (como reconhece o próprio Weber) da possibilidade de algum grau de combinação

---

[40] A aproximação entre Tarde e Gramsci aqui é menos arbitrária do que pode parecer: o marxista italiano fez muito para estabelecer o que chamou de "molecular" como uma dimensão fundamental da análise política.

[41] "No movimento 'mais espontâneo', os elementos de 'direção consciente' são simplesmente impossíveis de controlar, não deixaram nenhum documento comprovável." Antonio Gramsci, *Cadernos do cárcere*, v. 3, trad. Luiz Sérgio Henriques, Marco Aurélio Nogueira e Carlos Nelson Coutinho. Rio de Janeiro: Civilização Brasileira, 2017, p. 194. Essa passagem inteira poderia, na verdade, ser reformulada em termos de escala e de uma hierarquia aninhada de sistemas. Se os proletários fossem totalmente espontâneos, isso não seria prova de sua auto-organização, mas antes prova de que são determinados por um sistema maior – a saber, a base econômica. Por outro lado, os movimentos só parecem espontâneos e sem liderança para um observador incapaz de apreendê-los em seus detalhes, isto é, os elementos de ordem inferior de que são compostos.

entre os três.⁴² No entanto, quanto menor for a presença dessas posições consolidadas, tanto mais a *função* de liderança está livre para circular. Essa é a realidade da matilha, em que cada indivíduo responde às modificações em um ambiente comum em vez de deliberar coletivamente ou de seguir um único líder. É também o que acontece em uma ecologia organizacional em que nenhum centro de poder domina todo o resto; mesmo quando inúmeras pessoas convergem para tomar uma decisão, não é a ecologia como um todo que decide.

Uma objeção possível é que essa definição mínima de liderança como um acontecimento em rede poderia se aplicar indistintamente a um meme que se torna viral ou ao início de um esforço colaborativo complexo, como ocupar uma praça, começar uma campanha ou fundar uma organização. Em parte, porém, esse é justamente o ponto. O que essa definição nos permite ver é que a liderança é um fenômeno ubíquo de difusão que acontece em diferentes escalas, com alcance variável e graus distintos de complexidade. A diferença entre o meme e a ocupação é de grau, não de tipo. Uma ocupação repleta de gente, uma campanha bem-sucedida e uma organização sólida são invariavelmente o resultado de grandes cascatas de difusão: os indivíduos que têm a ideia original, as pessoas na reunião em que a ideia é discutida e transformada, o grupo maior que começa a se formar em torno do núcleo inicial, as primeiras dezenas de pessoas que escrevem sobre isso nas redes sociais, as centenas que aderem em seguida, os milhares que compareçam no dia... O processo poderia ter se interrompido em qualquer etapa do caminho e ainda haveria algo que poderíamos chamar de liderança, só que menos bem-sucedida. Mas, obviamente, dependendo da escala do objetivo (um pequeno protesto de bairro, digamos), a presença de algumas dezenas de pessoas pode muito bem ser considerada um sucesso.

As redes moldam a escolha individual ao fornecerem o contexto afetivo e informacional em que decisões são tomadas, de modo que uma nova modulação pode alterar significativamente a probabilidade de que um número qualquer de indivíduos adote uma prática por ela sugerida ou com ela compatível. Por mais que seja possível

---

42 Max Weber, "A política como profissão e vocação", in *Escritos políticos*, trad. Regis Barbosa e Karen Barbosa. São Paulo: WMF Martins Fontes, pp. 316-68.

influenciar o comportamento alheio, mesmo que acidentalmente, pelo simples roteamento de informações, é claro que efeitos mais precisos e elaborados dependem do trabalho de aperfeiçoamento da mensagem, de construção de alianças, de estabelecimento de uma infraestrutura básica, de produção e circulação de material, de criação de canais e plataformas estrategicamente direcionados (encontros presenciais, sites, fóruns online, perfis em redes sociais), e assim por diante. Quanto mais complexa é uma tarefa, mais provável é que seu êxito dependa de um trabalho preparatório complexo e, portanto, de um núcleo de ativistas comprometidos. O tipo de organização proporcionado pelas organizações de massa não desapareceu; como a maioria das coisas, ele apenas sofreu um *downsizing*.[43] Os levantes da última década certamente devem seu ponto de partida (e muito de seu sucesso inicial) à ação de núcleos organizativos relativamente pequenos.[44] À medida que o elemento-surpresa se esgota, as táticas de repressão e manipulação evoluem e os movimentos precisam passar de se unir contra alvos amplamente consensuais à busca por uma agenda positiva, cresce a necessidade de mais núcleos organizativos que possuam sofisticação estratégica, aptidões diversas, a capacidade de planejar e executar tarefas mais complexas e, portanto, também maior consistência interna.

Um acontecimento em rede é tanto mais bem-sucedido em ocupar a função de liderança quanto mais consegue transformar o comportamento coletivo e agregado. Não é simplesmente uma questão de alcance, mas de complexidade da mudança; não apenas de saber a quantos componentes do sistema se chega, mas o quanto

---

[43] Na verdade, a mesma observação pode ser feita sobre as estruturas partidárias. Ver Paolo Gerbaudo, *The Digital Party: Political Organisation and Online Democracy*. London: Pluto, 2018.

[44] Ver, por exemplo, Pablo Rodríguez, "Como Se Gestó el 15M?". *Storify*, 2011, web.archive.org; Andy Kroll, "How Occupy Wall Street Really Got Started". *Mother Jones*, 17 out. 2011; Miryam Aouragh, "Social Media, Mediation and the Arab Revolutions". *Triple C*, v. 10, n. 2, 2012, pp. 518–36; Manuel Castells, *Redes de indignação e esperança: Movimentos sociais na era da internet*, trad. Carlos Alberto Medeiros. Rio de Janeiro: Zahar, 2013; Wael Ghonim, *Revolution 2.0: A Memoir*. London: Fourth Estate, 2012; Arnau Monterde, Rubén Carrillo, Marc Esteve e Pablo Aragón, *#YoSoy132: Un Nuevo Paradigma en la Política Mexicana?*. Barcelona: Internet Interdisciplinary Institute/ Universitat Oberta de Catalunya, 2015.

suas interações são modificadas. A propagação de uma ideia não necessariamente se traduz em sua realização, ou na realização das mudanças a ela associadas. Ou antes, embora as mudanças possam se realizar, pode ser que não sejam suficientemente extensivas ou intensas para serem registradas em uma escala maior. Um meme pode circular bastante e transformar o modo de pensar daqueles que o veem, mas, de resto, pode causar pouca diferença em suas vidas. Um chamado para participar de uma manifestação exige um envolvimento maior, mas, para muitos, talvez esse engajamento também se esgote passada a data do ato. Para outros, porém, ele se estenderá por uma série de outras realizações que serão como uma cadeia de consequências lógicas deduzidas daquele impulso original e dos encontros contingentes por ele produzidos. Isso pode levar, então, a uma transformação substancial de nossa própria vida e relações, estendendo, portanto, o impulso original, modulado, por sua vez, por inúmeros outros acontecimentos, pela vida de outras pessoas, por meio de atos individuais, da participação em ações coletivas ou de ambos. Cada acontecimento, por maior ou menor que seja, ramifica-se pela rede, modificando-a: cria e destrói vínculos, fortalece e enfraquece hubs, conecta e desconecta clusters, produz consequências, cruza caminhos com as consequências de outros acontecimentos, com isso produzindo eventualmente novos acontecimentos, grandes e pequenos, e assim por diante.[45]

Exercer a função de liderança, contudo, não implica automaticamente que se chegue a ocupar uma posição de liderança. Não ocorre necessariamente que as pessoas que primeiro tenham a ideia para uma campanha ou que iniciem uma ação continuem a ser seus protagonistas ou porta-vozes mais influentes, muito menos que se estabeleçam como "formadores de opinião" ou "celebridades". Isso acontecer depende de fatores que entram em jogo durante o processo de difusão e execução prática da ideia original, e que incluem desde

---

[45] "Muito raramente [...] há uma única lógica operando em uma mente, e ainda mais raramente em uma sociedade, que é essencialmente uma mente coletiva enormemente inclusiva. As deduções mais diversas e contraditórias avançam aí em zigue-zague, se cruzando, se desviando, às vezes se confundindo e então se separando novamente." Onde Tarde diz "muito raramente", eu diria "nunca". G. Tarde, *Psychologie économique*, vol. II. Paris: Alcan, 1902, p. 146.

dinâmicas de rede, como centralidade e ligação preferencial, até qualidades pessoais, como carisma e habilidades, entre uma infinidade de circunstâncias contingentes. Ações pontuais como compartilhar um meme que se torna popular normalmente levam ao crescimento do número de seguidores nas redes sociais, o que, por sua vez, provoca um aumento na capacidade de influenciar o comportamento alheio, mas isso não garante que esse potencial será realizado no futuro. Como os usuários de redes sociais bem sabem, geralmente são necessários vários incidentes bem-sucedidos desse tipo para se estabelecer como uma autoridade ou um hub.[46] Mesmo assim, é muito mais provável que essa influência digital produza efeitos agregados do que se traduza em ação coletiva. Por outro lado, quanto mais complexa e durável é uma iniciativa, mais provável é que um ou mais núcleos organizativos relativamente estáveis comecem a se formar, entre os quais os iniciadores originais podem estar incluídos ou não.

Núcleos organizativos surgem naturalmente dos processos coletivos, em resposta a demandas cada vez mais complexas. Sua formação e sua estabilização dependem de uma combinação de fatores como disponibilidade de recursos (tempo livre, experiência, capital social), aptidões (habilidades interpessoais, bom senso tático, capacidade de conciliar perspectivas diferentes), reconhecimento externo (prestígio, respeito, ser um ponto de contato para pessoas externas ao processo), diversificação funcional (especialização), dinâmicas de formação de rede e de grupo (ligação preferencial, *betweenness*, vínculos pessoais, afinidade política, confiança, interesses comuns). Essas forças certamente geram exclusões, mesmo

---

[46] A diferença técnica entre autoridades e hubs é que enquanto estes são nós com um alto grau de saída (eles apontam para vários outros nós), aqueles são nós com um alto grau de entrada (vários nós apontam para eles). Portanto, embora os hubs sejam mais centrais para a interação no sistema de redes, distribuindo mais tráfego e conectando mais agrupamentos, é para as autoridades que muito do tráfego e da atenção é direcionado. Nas redes ativistas em plataformas digitais como Twitter e Facebook, os hubs tendem a ser indivíduos e grupos que desempenham um papel organizador, enquanto as autoridades podem ser grandes veículos de notícias e celebridades que também são importantes fora dessas redes. Ver Sandra González-Bailón, Javier Borge-Holthoefer e Yamir Moreno, "Broadcasters and Hidden Influentials in Online Protest Diffusion". *American Behavioral Scientist*, v. 57, n. 7, 2013, pp. 943–65.

que involuntariamente. Ao mesmo tempo, esses núcleos ativos são essenciais para manter o processo em funcionamento entre grandes momentos visíveis, como assembleias e manifestações, e frequentemente são eles que assumem o trabalho que outros nem sequer se dão conta de que precisa ser feito, especialmente quando há um influxo constante de novos participantes ou o engajamento flutua de modo extremo. Eles também tendem a ser aqueles que ficam para trás quando uma grande mobilização se esvazia e as multidões vão embora, ou que diversificam sua atuação dando partida a projetos que irão enriquecer a ecologia em geral.

Seria hipócrita sugerir que essas dinâmicas sempre ocorrem com as melhores intenções ou negar que, mesmo nos melhores casos, interesses comuns e privados possam nelas se misturar. Frequentemente, as pessoas agem de modo deliberado para reforçar as tendências que aumentam sua influência individual ou de grupo, por exemplo, ao se recusarem a compartilhar informações e contatos. No entanto, é igualmente falso, ou francamente ingênuo, falar como se os movimentos pudessem simplesmente escolher ficar sem núcleos organizativos, ou como se seu surgimento se devesse unicamente às más intenções.[47] É aqui que os equívocos em torno da noção de auto-organização – sua confusão com a autogestão, sua transformação em uma teleologia oposta àquilo que as pessoas fazem, a visão ilusória da espontaneidade – ficam mais claros. Afinal, simplesmente denunciar a formação incipiente de núcleos organizativos como o momento em que uma elite autonomeada expropria

---

47 Para um exemplo de como essa discussão se deu no Black Lives Matter, ver Barbara Ransby, "Ella Taught Me: Shattering the Myth of the Leaderless Movement". *ColorLines*, 12 jun. 2015. "Aqueles que romantizam o conceito de movimentos sem líder muitas vezes se valem equivocadamente das palavras de Ella Baker, 'Pessoas fortes não precisam de [um] líder forte'. Baker repetiu essa mensagem múltiplas vezes ao longo de sua carreira de cinquenta anos trabalhando nas trincheiras das lutas por justiça racial, mas o que ela quis dizer era específico e contextual. Ela pedia que as pessoas se desinvestissem da noção de um líder messiânico e carismático que promete salvação política em troca de deferência. Baker tampouco quis dizer que os movimentos surgiriam naturalmente sem uma análise coletiva, uma estratégia séria, organização, mobilização e construção de consenso [...]. Baker não era contra a liderança. Ela se opunha à liderança hierárquica que enfraquecia as massas e privilegiava ainda mais os já privilegiados."

um processo auto-organizado é, a um só tempo, esquecer o papel que esses núcleos desempenham na formação desses processos e ignorar o fato de que a cristalização deles é um produto emergente da própria auto-organização.

Aí reside, aliás, o ponto mais importante. Independentemente de resultarem no desvirtuamento antidemocrático de um processo coletivo ou, ao contrário, no desenvolvimento da estrutura mínima necessária para manter esse processo aberto e em movimento, as tendências objetivas que levam à consolidação dos núcleos organizativos são essencialmente as mesmas. Processos coletivos não são e não permanecem perfeitamente nivelados e homogêneos. Suas dinâmicas internas fazem com que eles se diferenciem de inúmeras maneiras, inclusive com a formação de distinções entre centro e periferia em várias escalas, o que equivale a uma transformação progressiva da liderança eventual em posições de liderança. Podemos, portanto, conceber os fenômenos de liderança como abrangendo um contínuo que se estende desde incidentes pontuais em que informações e afetos roteados por um nó produzem mudanças nos comportamentos dos outros até os esforços direcionados e cada vez mais conscientes para produzir o mesmo efeito. A isso se segue a estabilização progressiva de "influenciadores" e "líderes", que podem ser coletivos, grupos informais, sites, e assim por diante, tanto online quanto offline.[48] No fim desse espectro estão os líderes eleitos das organizações formais. A polivocidade da terminologia de Gramsci, e das línguas latinas em geral, é muito apropriada aqui. Líderes (*dirigenti, direzione*) são, no nível mais elementar, aqueles que indicam uma *direção* para a ação coletiva. É apenas secundariamente que eles são – e podem ou não se tornar – *dirigentes* reconhecidos pelos outros.

É claro que nada garante que uma coisa evolua em direção à outra. Se falamos de um contínuo de formas progressivamente estabilizadas é exatamente porque não há um caminho natural de desenvolvimento que cada caso singular deva percorrer. O processo de estabilização pode, por uma série de motivos, se interromper em

---

[48] Não há nenhuma implicação, entretanto, de que a influência online se traduza automaticamente em influência offline, ou vice-versa. As redes online e offline interagem, mas são irredutíveis uma à outra. Ver R. Nunes, *Organisation of the Organisationless*, op. cit., pp. 20–21.

pontos diferentes, gerando uma ampla variedade de tipos de liderança entre o acontecimento pontual e a autoridade institucional plena. Somente uma minoria de casos cruza o limiar que separa a liderança baseada em *potentia* (a capacidade de oferecer uma direção que os outros consideram valiosa) da liderança baseada em *potestas* (um aparelho institucional que formaliza uma distribuição desigual de poderes e detém os meios de fazer cumprir suas decisões). Isso significa que a grande maioria dos "líderes" só é líder na medida em que continuam a ser seguidos, isto é, que conseguem angariar adesão voluntária para as iniciativas que promovem. Como consequência, sua relação com a "área" ou "base" que procuram mobilizar nunca pode ser simplesmente unilateral; ela precisa envolver um equilíbrio delicado entre dirigir e ouvir. Mesmo que se destaque pela determinação e pela exemplaridade, um bom líder é sempre alguém capaz de ouvir várias vozes em sua cabeça.[49]

    É possível concordar com tudo o que acabo de dizer e ainda pensar a liderança distribuída apenas como um estágio temporário e imperfeito a ser finalmente suplantado por uma horizontalidade completa. Isso, porém, é perder de vista o que está em jogo. Aquilo que a liderança distribuída sugere é justamente que esse estado final de perfeição é impossível. Se por horizontalidade "real" se entende uma condição em que não há diferenciais de poder e em que cada pessoa tem exatamente a mesma capacidade que todas as outras de influenciar as ações dos demais, isso simplesmente não é algo que redes auto-organizadas possam oferecer. Além de não serem os meios perfeitamente nivelados e igualitários que às vezes se imagina que sejam, suas dinâmicas estão intrinsecamente vinculadas a mecanismos produtores de assimetria, tais como a ligação preferencial. *Embora seja certamente possível empenhar-se para controlar esses mecanismos, não é possível eliminá-los por completo.* As próprias iniciativas através das quais uma ecologia avança exploram as diferenças entre os nós (uma

---

[49] Ver a análise de Cedric Robinson sobre a liderança carismática como "o instrumento responsivo de um povo", em que "a submissão de uma identidade à demanda de que se torne o veículo de uma identidade coletiva e, portanto, incorporada" obriga o líder a se transformar em "um instrumento sensível e bem afinado". C. Robinson, *The Terms of Order: Political Science and the Myth of Leadership*. Chapel Hill: University of North Carolina Press, 2016, pp. 150-51.

difusão bem-sucedida depende de hubs, que são responsáveis por conectar as diferentes partes de uma grande rede) e inevitavelmente as produzem novamente (a difusão estabelece novos vínculos, conecta clusters, cria, fortalece ou enfraquece hubs, e assim por diante). O nivelamento perfeito implicaria uma rede em que não poderia ocorrer nenhum efeito em grande escala; a ausência absoluta de liderança só seria possível em uma situação em que os nós não tivessem qualquer efeito uns sobre os outros. A horizontalidade total seria, portanto, semelhante a um estado de entropia máxima, no qual somente flutuações pequenas e estatisticamente irrelevantes poderiam ocorrer.

As tendências que ameaçam a horizontalidade são, ao mesmo tempo, condições de possibilidade; eis novamente a lógica do *pharmakon*. A própria maneira como as redes funcionam as perturba e desestabiliza, cria perigos e possibilidades, produz efeitos que somos obrigados a administrar. Colocar a horizontalidade para funcionar inevitavelmente envolve riscos controlados, "no sentido", como escreveu Eduardo Viveiros de Castro, "que caminhar pode ser descrito como um jeito controlado de cair".[50] O melhor a que as redes podem aspirar não é a horizontalidade absoluta, mas um determinado equilíbrio que impede que o poder se torne muito concentrado, possibilitando que a função de liderança circule e as posições de liderança permaneçam relativamente sob controle. (Controle e circulação, como veremos, são dois lados de um mesmo mecanismo.) Em outras palavras, o potencial democrático das redes não reside no fato de que elas são ou podem ser perfeitamente planas ou niveladas, mas que sua distribuição irregular de poder é dinâmica e não estática – mais uma vez, força e não forma. Em vez de "sem líderes", potencialmente muitos líderes, em momentos e escalas diferentes, e o esforço para evitar que qualquer um deles se torne excessivamente poderoso, para impedir que os diferenciais de poder se tornem muito rigidamente estabilizados.

Acreditar que um equilíbrio final pode ser alcançado cria ao mesmo tempo a expectativa irreal de que isso possa ser o caso e a demanda insustentável de que o seja. Isso transforma uma horizontalidade futura imaginada em um padrão com o qual a prática pre-

---

50 Eduardo Viveiros de Castro, "A antropologia perspectiva e o método de equivocação controlada", trad. Marcelo Camargo e Rodrigo Amaro. *Aceno*, v. 5, n. 10, 2018, p. 251.

sente deve ser comparada; inevitavelmente, a realidade fica aquém. A consciência constante de uma incompatibilidade entre o ideal e as práticas imperfeitas de que se espera sua realização gera a oscilação entre renegação e ansiedade, adiamento interminável e fetiche da presença. E como é o próprio funcionamento da liderança distribuída que produz os desequilíbrios que afastam a prática do ideal, a iniciativa em si se torna suspeita, como se fosse uma tentativa de sequestrar o que, de outro modo, seria um processo perfeitamente horizontal. Na maior parte das vezes isso deságua em uma escolha incontornável, *ou* ação *ou* horizontalidade, cuja consequência é a paralisia. Esse dilema, por sua vez, explica a reação violenta contra o horizontalismo que muita gente demonstra após passar por uma série de experiências frustrantes. Trata-se de uma sobrecompensação que resulta na substituição de uma demanda impossível de horizontalidade absoluta por um anseio pelo tipo de poder não mediado e unilateral em que nunca é preciso escutar ou fazer concessões.[51]

Abandonar o horizontalismo não precisa significar o abandono completo da horizontalidade. Desistir da fantasia de estar à altura do modelo significa entender que os limites da horizontalidade são intrínsecos e não acidentais ou temporários. Isto é, entendê-la como algo que "só funciona rangendo, desarranjando-se", para tomar a expressão de Deleuze e Guattari emprestada: "os disfuncionamentos fazem parte do seu próprio funcionamento".[52] Em vez de um modelo transcendente para a prática, o princípio da horizontalidade impõe demandas que devem ser contrabalançadas com as da própria luta e, com isso, cria tensões que nunca podem ser atendidas de uma vez por todas, mas devem ser negociadas novamente a cada vez. Aceitar a imperfeição como necessária em vez de contingente

---

51 A esse respeito, vale lembrar o argumento de Francesca Polletta sobre como as avaliações de diferentes práticas organizacionais são feitas, na maioria das vezes, com base na identidade que elas projetam ou nas associações que as cercam, de modo que "a fonte do apelo de estruturas autoritárias [frequentemente não é] sua capacidade de produzir resultados mais eficientes ou sua consistência com uma ideologia existente, mas sua ressonância simbólica". F. Polletta, *Freedom Is an Endless Meeting: Democracy in American Social Movements*. Chicago: University of Chicago Press, 2002, p. 110 (modificado).
52 G. Deleuze e F. Guattari, *O anti-Édipo: Capitalismo e esquizofrenia 1*, trad. Luiz Orlandi. São Paulo: Ed. 34, 2010, p. 202.

pode, sem dúvida, servir de desculpa para um fatalismo cínico ou um pragmatismo preguiçoso. É, no entanto, um pré-requisito essencial tanto para a avaliação sóbria da prática que se tem quanto para a clareza em relação aos objetivos que se busca.

Vanguardas *versus* vanguardismo

A liderança distribuída nos oferece aquilo que procuramos desde o início deste livro: uma descrição da auto-organização vista de dentro e não desde cima, *auto-organização com o sujeito dentro*. Assim como a auto-organização, a liderança distribuída sempre existiu, não apenas nas sociedades humanas, mas, como o modelo da matilha sugere, também no mundo natural. Há, porém, boas razões para que ela tenha se tornado mais visível nos últimos anos. As revoltas contemporâneas surgem de uma conjuntura marcada pela convergência de quatro tendências históricas que, pelo menos por ora, parecem irreversíveis. A primeira é a midiatização crescente da vida social e, especificamente, o uso de plataformas digitais que geram um enorme potencial do que Manuel Castells batizou de "autocomunicação de massas".[53] A segunda, que segue disso, é a queda vertiginosa dos custos de organização, o que torna possível realizar atividades que exigem coordenação coletiva de alta complexidade em uma escala que no passado só poderia ser alcançada através de organizações de massa. A terceira é a crise do consenso centrista "pós-político" dominante na maioria dos países desde o fim da Guerra Fria, o que intensificou a prolongada perda de confiança nas instituições liberais-democráticas em todo o mundo. A quarta é o declínio, tanto em número de filiados quanto em relevância política, da maioria das organizações de massa que desempenharam um papel central na convocação e na organização das lutas populares do século xx.

As duas últimas tendências criaram um vácuo que as duas primeiras ajudaram a preencher. Ao ampliar radicalmente o potencial

---

53   Ver M. Castells, "A Network Theory of Power". *International Journal of Communication*, n. 5, 2011, pp. 773-87.

do comportamento em cascata nas redes sociais,⁵⁴ a maior conectividade tornou possível a grupos compactos, às vezes até mesmo a um único indivíduo, mobilizar uma cauda longa de nós menos ativos para ações que chegam mais rapidamente a escalas ainda maiores do aquelas que as grandes organizações de massa do passado eram capazes de alcançar. Mesmo um núcleo organizativo muito pequeno e sem nenhum histórico prévio é capaz de exercer influência muito além do tamanho de sua reputação ou de seu número de membros; causas pequenas podem produzir efeitos radicalmente desproporcionais. Esse potencial está, em princípio, aberto a qualquer um, contanto que a mudança que introduza na ecologia possa atingir uma audiência suficientemente grande ou bem conectada que a dissemine amplamente. Na verdade, talvez esteja aberto *especialmente* para aqueles que não são "ninguém". Dado o clima de desconfiança generalizada nas instituições, nos representantes e nos líderes, convocações e manifestações fortemente associadas a grupos ou organizações determinados tendem a atrair menos entusiasmo do que aquelas que parecem não pertencer a ninguém e estarem abertas a todos, da mesma maneira como os eleitores se voltam em massa para políticos vistos como *outsiders*. Ironicamente, o momento histórico que deveria ter testemunhado o "crepúsculo do vanguardismo"⁵⁵ – o declínio final de certo tipo de organização e de política – também vem a ser o momento em que o potencial para ocupar o papel de vanguarda se tornou mais amplamente difundido.

Ouvir falar de "vanguarda" provavelmente afugenta a maioria das pessoas hoje. Fora de alguns círculos razoavelmente limitados, o mero conceito tende a ser percebido como uma parte especialmente odiosa de um legado do qual pouco se pode ou deve resgatar. Suas notas de *hybris* lhe conferem a qualidade peculiar de soar, ao mesmo tempo, ameaçadora e risível. Risível na medida em que as vanguardas costumam se caracterizar pela superestimação de sua própria importância, combinando uma fé cega em suas ideias com a convicção de que estão destinadas a grandes papéis históricos. Isso

---
54   Entendidas, lembre-se, em sentido geral (todas as redes que envolvem os indivíduos em uma sociedade) e não estrito (plataformas online).
55   D. Graeber, "The Twilight of Vanguardism", in *Possibilities: Essays on Hierarchy, Rebellion, and Desire*. Oakland: AK Press, 2007, pp. 301–12.

as torna, em geral, imunes a qualquer feedback, inclusive àquele oferecido pela própria realidade, e normalmente incapazes de autocrítica, mesmo quando sua posição muda drasticamente com o tempo. Enquanto seu tamanho e sua influência permanecerem pequenos, essa autoconfiança pode ser considerada uma idiossincrasia, para todos os efeitos, inofensiva. Ela se torna perigosa quando as vanguardas detêm os meios para manipular ou destruir processos coletivos em nome de seus próprios interesses organizacionais. Pior ainda, como mostra a história, é o que pode acontecer quando essa mentalidade de vanguarda se encontra armada de um aparato capaz de impor aos outros a linha "correta".

Considerando toda a bagagem com a qual está associado, é fácil esquecer que "vanguarda" é um conceito essencialmente relacional. No contexto militar em que a metáfora se origina, uma vanguarda faz jus a esse nome somente se houver um resto que a segue e que termina por se fundir com ela. É um "destacamento avançado", mas apenas *temporariamente*; ao contrário de uma elite, que procura conservar sua posição, uma vanguarda deveria, por definição, existir a fim de abolir a si mesma.[56] Por uma ironia que o próprio Marx poderia ter chamado de dialética, a noção de vanguarda é, na verdade, uma consequência lógica do princípio de que a emancipação deve ser obra do próprio proletariado. A afirmação de Marx de que a consciência dos trabalhadores é o produto reflexivo de sua ação no mundo implicava que os proletários não precisavam esperar por uma elite revolucionária de iluminados que tomasse o poder e os educasse; eles educavam a si mesmos para sua tarefa histórica na e pela própria luta. Mas se essa consciência se desenvolvia gradualmente, em vez de atualizar-se de uma só vez em todo o proletariado, ela tinha de começar em algum lugar, espalhando-se e desdobrando-se a partir daí. Cabia, então, àqueles em que ela primeiro se desenvolvia facilitar o processo de aprendizagem coletivo, iluminando o caminho à frente e diminuindo a disparidade com aqueles que

---

[56] "Uma vanguarda não o seria se não confiasse profundamente nas capacidades das pessoas comuns, ao passo que as elites por definição as menosprezam. Semioticamente falando, a relação entre vanguarda e exército é metonímica e não metafórica. Vê-la como esta última corresponde à heresia do substitucionismo." Terry Eagleton, "Lenin in the Postmodern Age", in *Lenin Reloaded*, op. cit., p. 49.

ficaram para trás. Foi esse raciocínio, e não uma sede amoral por poder, que levou Marx e Engels a deduzirem a necessidade de uma "fração mais resoluta" que "impulsiona as demais" e tem sobre elas "a vantagem de uma compreensão nítida das condições, do curso e dos fins gerais do movimento proletário".[57] Visto que uma parte necessária dessa marcha era que esse destacamento avançado deveria finalmente organizar-se como um partido, a este último seria confiado, fundamentalmente, o "papel elevado" de ser "*o portador da consciência de classe do proletariado, a consciência de sua missão histórica*" ou, simplesmente, "a forma da consciência de classe proletária".[58]

Reconhecer a relacionalidade intrínseca do conceito não pode, contudo, apagar o fato de que os problemas que se viria a associar a ele já estão pressagiados na conexão que se estabelece entre necessidade histórica, o conhecimento dessa necessidade e a vanguarda como o ponto em que esse conhecimento é mais concentrado. Essa sequência lógica implica que a distância entre a vanguarda e o resto (as massas, outros aspirantes à condição de vanguarda) não é medida horizontalmente, como uma série de perspectivas diferentes que estão todas igualmente sujeitas a erro, mas verticalmente, como estágios diferentes de desenvolvimento ao longo de uma linha evolutiva. Por definição, o estágio mais avançado é aquele ocupado pela vanguarda. Por isso, quando Marx e Engels escreviam que os comunistas "não formam um partido à parte, oposto aos outros partidos operários",[59] não era porque estes não se organizassem separadamente, o que de fato faziam, mas porque a posição dos comunistas não era um esquema utópico fantástico entre outros, mas o conhecimento necessário ao qual todos os outros partidos deveriam finalmente chegar. Fica claro, então, como essa lógica podia ser usada para justificar passar um rolo compressor por cima de quaisquer divergências em nome de um momento futuro em que as decisões presentes seriam legitimadas. Ela também lança as bases para que se identifique

---

[57] K. Marx e F. Engels, *Manifesto comunista*, trad. Álvaro Pina e Ivana Jinkings. São Paulo: Boitempo, 2010, p. 51.
[58] Georg Lukács, "Rosa Luxemburgo como marxista", in *História e consciência de classe: Estudos sobre a dialética marxista*, trad. Rodnei Nascimento. São Paulo: Martins Fontes, 2003, pp. 127-28 (grifo no original).
[59] K. Marx e F. Engels, *Manifesto comunista*, op. cit., p. 51.

o destino da revolução com o de um grupo particular, fazendo com que o futuro da primeira dependa do futuro do segundo e com que os interesses do segundo coincidam com os da primeira. Por fim, o vínculo entre vanguarda e necessidade autoriza uma lógica perfeitamente circular. Se é possível, de acordo com um conhecimento objetivo do processo histórico, distinguir entre seus elementos "atrasados" e "avançados", e se é por definição entre os elementos mais avançados que esse conhecimento será encontrado, uma vanguarda é, em última análise, um grupo em posse do conhecimento de que é a vanguarda. É assim que muitos grupúsculos marginais puderam se convencer de que destinos grandiosos estavam-lhes reservados.

O que acontece, porém, se separamos a ideia de vanguarda de sua associação com a necessidade histórica e o conhecimento dessa necessidade? Nesse caso, uma iniciativa de vanguarda não será concebida como a ação que supostamente estabelece a conexão correta entre o momento presente e o futuro pelo qual se luta. Em vez disso, ela se parece mais com um esforço para explorar o "possível adjacente"[60] de uma situação – os caminhos virtuais que ela torna disponíveis –, com vistas a encontrar aqueles que são, ao mesmo tempo, viáveis e poderiam levar mais longe na direção desejada. Já não se trata de tentar descobrir uma verdade dada de maneira subjacente, mas de trazer à existência algo que não estava dado antes: abrir uma direção. Vista dessa maneira, a iniciativa é tanto experimental quanto contingente. É experimental na medida em que testa uma hipótese que pode ou não funcionar e abre a possibilidade de que se chegue a outros resultados não planejados; é contingente na medida em que nem mesmo o fato de funcionar poderia provar que se tratava *da* hipótese correta, apenas que era viável. A fórmula batida que diz que "a prática é o critério da verdade" é depurada aqui de qualquer referência a um veredito final do tribunal da história e assume um sentido mais modesto e falibilista: a verificação nunca é absoluta, nem existe um caminho preestabelecido de desenvolvimento com o qual ela deve ser comparada. A imagem de uma evolução unilinear em direção a um ponto de antemão conhecido é substituída por algo mais próximo a uma "deriva natural"

---

60   Ver Stuart Kauffman, *Investigations*. Oxford: Oxford University Press, 2000, p. 142.

aberta.[61] Se o considerarmos dessa maneira, o laço da vanguarda com seu outro ("as massas") não é definido por uma propriedade (ser "o portador da consciência de classe"), mas por uma relação externa e circunstancial (abrir um caminho que os outros seguem). Não existe algo como uma *posição* de vanguarda à semelhança de uma locomotiva permanentemente à testa do progresso. Mas podemos falar de *funções*-vanguarda, que poderiam mais adequadamente ser comparadas aos pseudópodes de uma ameba enquanto ela tateia seu caminho.

Isso implica um modo muito distinto de colocar a questão da legitimidade. Séculos de filosofia política e Estados-nação nos treinaram para pensar a legitimidade em termos de soberania, como um título exclusivo de autoridade política que serve de fundamento às decisões. Assim entendida, a legitimidade é uma questão de origem: para ser legítima, uma decisão deve ser tomada pelo soberano ou por um órgão delegado por ele. Como vimos antes, é aqui que o horizontalismo cai vítima de um paradoxo debilitante: se o soberano é uma comunidade que nunca é dada, como qualquer decisão poderia ser legítima? A alternativa é pensar a legitimidade como algo dado não na origem, mas no fim. Isso é o que o esquema teleológico do materialismo histórico aparenta fazer ao converter o futuro – a sociedade sem classes – na fonte última de validação para o presente. Mas essa aparência é falsa: a teleologia nada mais é do que o desdobramento de algo já dado na origem até seu ponto final. A vanguarda é legítima porque age em nome do proletariado, e o proletariado é legítimo porque age em nome da humanidade, de cuja história ele é o coroamento e cuja emancipação coincide com a sua. A autoridade da vanguarda é, portanto, um título efetivamente concedido desde o início dos tempos.

Uma noção de legitimidade que seja compatível com a função--vanguarda, por outro lado, não pode ser pensada como um título (seja individual, seja vinculado a um cargo), um procedimento (a constituição, o consenso), um espaço (o parlamento, a assembleia) ou um sujeito (o proletariado, "a gente comum", a humanidade).

---

61   Ver Humberto Maturana e Francisco Varela, *A árvore do conhecimento: As bases biológicas da compreensão humana*, trad. Humberto Mariotti e Lia Diskin. São Paulo: Palas Athena, 2001; H. Maturana e Jorge Mpodozis, "The Origin of Species by Means of Natural Drift". *Revista Chilena de Historia Natural*, v. 73, n. 2, 2000, pp. 261–310.

A legitimidade é, nesse caso, um *resultado contingente* da própria ação e, portanto, algo que o agente não possui de saída, mas é antes *constrangido a buscar*. Uma iniciativa terá sido legítima se os outros a aceitarem como tal – enquanto eles a aceitarem. Isso implica que, embora seja infundada no sentido de que não é autorizada por nenhum direito anterior, ela não pode ser inteiramente arbitrária. Seu sucesso depende de sua capacidade de atrair apoio, o que significa que deve necessariamente ser concebida levando os outros em consideração. Apesar da ausência de qualquer tipo de responsividade formal, as funções-vanguarda estão, desse modo, submetidas a algum grau de controle externo. Ao contrário da soberania, esse tipo de legitimidade é não exclusivo (pode coexistir com a legitimidade de outros agentes e outras iniciativas), não universal (não precisa ser reconhecido por todos) e facilmente revogável. Diferentemente de um direito, ela é temporária e passível de expirar.[62]

Ecologia contra o Estado

Encontramos um modelo para pensar esse tipo de legitimidade nas sociedades ameríndias que Pierre Clastres descreveu como "sociedades contra o Estado".[63] Nelas, a separação entre poder e prestígio,

---

62   No relato de Maniglier, essa foi a solução a que chegou Nuit Debout depois de muita reflexão: "A legitimidade [...] jamais poderia ser separada da multiplicidade de atos de consentimento. Ela tampouco podia ser tida por dada de uma vez por todas. Não era uma questão de 'sim' e 'não', mas de graus; uma decisão seria tanto mais legítima [quanto mais ampla e frequentemente] fosse aprovada. O debate, sem embargo, jamais estaria encerrado. Acontece apenas que, a partir de um certo momento, as pessoas o deixam para lá". P. Maniglier, "Nuit Debout", op. cit., p. 253. Ver também, Jean Tible, *Marx selvagem*. São Paulo: Autonomia literária, 2020.

63   Deleuze e Guattari estabelecem uma relação explícita entre a matilha e as sociedades contra o Estado em G. Deleuze e F. Guattari, *Mil platôs: Capitalismo e esquizofrenia*, v. 5, op. cit., pp. 20–21. Para deixar claro, meu interesse por Clastres deriva daquilo que a tese da "sociedade contra o Estado" torna pensável sobre a natureza de poder e da liderança em geral e não de qualquer compromisso particular com seu rigor etnográfico, sobre o qual suspendo meu juízo. Como se sabe, o primeiro esboço de Clastres sobre o tema é anterior à sua pesquisa de campo na América Latina e outros antropólogos o criticaram por sua generalização excessiva (Descola) e por seu "rousseauismo" (Amselle). Ver Samuel Moyn, "Of Savagery and

autoridade militar e autoridade política, exercício da liderança e monopólio da força expõe o chefe à "fragilidade permanente de um poder sempre contestado", ou ao menos permanentemente contestável.[64] O prestígio, único capital do chefe, é muito mais volátil e precário do que o poder de uma autoridade política independente já consolidada; sua sorte depende integralmente de se provar o tempo todo como "o instrumento eficaz de sua sociedade".[65] Isso depende, por sua vez, do bom exercício de suas funções, no qual a vitória é "sempre incerta, pois *a palavra do chefe não tem força de lei*" e o fracasso significa que seu prestígio "pode muito bem não sobreviver a isso, uma vez que ele deu provas de sua impotência em realizar o que se espera dele".[66] Ele só pode liderar na medida em que os outros estejam dispostos a segui-lo e, sob este aspecto, não é diferente de qualquer outra pessoa que possa tentar orientar o grupo para uma tarefa ou atividade comum. "Nunca seguro de que as suas 'ordens' serão executadas", o chefe não tem opção a não ser depender "da boa vontade do grupo".[67]

Limitado, de um lado, pela necessidade de demonstrar sua utilidade, ele está contido, de outro, pela "obrigação [...] de manifestar a cada instante a inocência de sua função".[68] Está "sob vigilância na tribo: a sociedade se preocupa em não deixar o gosto do prestígio transformar-se em desejo de poder".[69] Eventualmente, um chefe pode tentar transgredir o "estreito limite determinado à sua função" e, "[a]lte-

---

Civil Society: Pierre Clastres and the Transformation of French Political Thought". *Modern Intellectual History*, v. 1, n. 1, 2004, pp. 58–59; Jean-Loup Amselle (org.), *Le Sauvage à la Mode*. Paris: Sycomore, 1979; Philippe Descola, "La Chefferie Amérindienne dans l'Anthropologie Politique". *Revue Française de Science Politique*, v. 38, n. 5, 1988, pp. 818–27. Para uma defesa equilibrada, ver E. Viveiros de Castro, "O intempestivo, ainda", in Pierre Clastres, *Arqueologia da violência: Pesquisas de antropologia política*, trad. Paulo Neves. São Paulo: Cosac Naify, 2011, pp. 301–66.
64 P. Clastres, *A sociedade contra o Estado: Pesquisas de antropologia política*, trad. Theo Santiago. São Paulo: Ubu Editora, 2017, p. 48.
65 Ibid., p. 183.
66 Ibid., p. 180 (grifo no original).
67 Ibid., p. 48 (modificado). "Uma ordem: eis o que o chefe não poderia dar [...]." Ibid., p. 141.
68 Ibid., p. 55.
69 Id., *Arqueologia da violência: Pesquisas de antropologia política*, trad. Paulo Neves. São Paulo: Cosac Naify, 2011, pp. 142 .

rando a relação normal que determina o líder como meio a serviço de um fim socialmente definido, ele tenta fazer da sociedade o meio de realizar um fim puramente privado".[70] No entanto, se o "desejo de poder do chefe se torna muito evidente, o procedimento empregado é simples: ele é abandonado ou mesmo morto".[71]

Um dos aspectos interessantes do modelo de Clastres é que ele se move na direção oposta àquela a que estamos acostumados. Nosso imaginário moderno, proveniente não do surgimento do Estado, mas da passagem do absolutismo para o Estado de direito, tende a associar liberdade e controle democrático com institucionalização: para ampliar os dois primeiros, é preciso expandir a última. O que as "sociedades contra o Estado" sugerem é que a falta de institucionalização, na medida em que deixa o líder sem os instrumentos para impor suas decisões, constrange-o a procurar o apoio do grupo. Seria claramente impossível generalizar esse insight para sociedades muito maiores e mais complexas, em que enormes diferenciais de poder já existem. Mas ele nos permite pensar como o controle democrático vindo de baixo poderia existir em uma ordem não delimitada, tal como uma ecologia, em que não existem protocolos ou mecanismos de tomada de decisão universalmente reconhecidos.

A tradição revolucionária, em particular suas tendências anarquistas e conselhistas, concebeu, ao longo dos anos, inúmeros mecanismos através dos quais as bases poderiam exercer algum grau de controle sobre seus representantes: mandatos fixos, rotação de funções, *recall* permanente, um limite para a quantidade de vezes em que alguém pode ocupar um cargo. Os sete princípios propostos por Jo Freeman também são diretrizes valiosas: delegação de autoridade específica mediante procedimentos democráticos, responsividade, distribuição de autoridade entre o maior número possível de pessoas, rotação de tarefas e a alocação delas segundo critérios racionais, igualdade de acesso à informação e a recursos.[72] Todos eles, no entanto, aplicam-se a ordens delimitadas em que é possível haver um acordo a respeito dos procedimentos e de como implementá-los.

---

70 Id., *A sociedade contra o Estado*, op. cit., 182.
71 Id., *Arqueologia da violência*, op. cit., p. 142.
72 J. Freeman, "A tirania das organizações sem estrutura", op. cit.

Hoje, com os potenciais das redes digitais, os núcleos organizativos podem optar por permanecer relativamente pequenos sem abrir mão da possibilidade de produzir efeitos em grande escala. O fato de não precisarem se guiar pelo imperativo do recrutamento de novos membros significa que podem crescer seletivamente, minimizando o risco de dissenso interno debilitante, mantendo relações relativamente informais, inibindo algumas das tendências que levam à criação de hierarquias. Isso os torna mais flexíveis em relação à tomada de decisão, capazes de elaborar planos de ação com mais rapidez e riqueza de detalhes do que a maioria das assembleias gerais ou as grandes organizações de massa jamais poderiam. Mas também significa que eles respondem formalmente apenas a um punhado de membros, não à zona de influência potencialmente muito maior que são capazes de mobilizar. Como o controle vindo de baixo para cima pode ser exercido nesse caso?

A primeira coisa que Clastres nos ajuda a ver é que tampouco se pode dizer que eles não respondem a ninguém. O fato de serem compactos e de não terem um corpo de membros fixo torna esses grupos mais dependentes da "boa vontade" de outros para que suas iniciativas tenham êxito. Como os chefes indígenas de Clastres, seu prestígio depende de se manterem capazes de originar, manter e apoiar iniciativas que são tidas como valiosas para a ecologia como um todo.[73] Da mesma maneira, eles são constantemente avaliados segundo sua "inocência": por sua ética de rede, por seu *ethos* cooperativo, por suas ações aparentarem ser regidas por interesses comuns ou, ao contrário, por objetivos privados. Isso seguramente os deixa excessivamente expostos, por exemplo, aos humores notoriamente inconstantes e excitáveis das redes sociais, que nem sempre são os árbitros mais criteriosos. Mas também significa que podem até certo ponto ser mantidos sob controle mediante o risco da perda de apoio e, no limite, a ameaça de suspensão da cooperação e de exclusão das redes – sendo ambas as coisas, como observaram Bol-

---

73 Ver Deleuze e Guattari: "O chefe de matilha ou de bando arrisca a cada vez, ele deve colocar tudo em jogo a cada vez, enquanto que o chefe de grupo ou de massa consolida e capitaliza aquisições". G. Deleuze e F. Guattari, *Mil platôs: Capitalismo e esquizofrenia*, v. 1 , op. cit., p. 47.

tanski e Chiapello, equivalentes à morte em um mundo em rede.[74] A ausência de responsabilização formal é, desse modo, compensada por uma forma de controle difuso. Mais uma vez, força e não forma.

Esse pareceria ser o melhor dos dois mundos, ao combinar um maior potencial para produzir respostas rápidas e soluções criativas com algum grau de supervisão democrática. É evidente, no entanto, que não se trata de uma solução mágica. Ela depende de equilíbrios de poder bastante delicados que mantenham a ecologia em algum estado entre a proliferação de pequenos hubs com pouca capacidade de mobilização (muito pouca coordenação) e um único centro hegemônico de tomada de decisão (centralização em excesso). Em outras palavras, em uma situação em que existem vários núcleos organizativos que possuem grandes zonas de influência sem que estes cruzem o limiar além do qual eles se tornam "grandes demais para quebrar". Certo equilíbrio entre os hubs significa que eles podem, até determinado ponto, neutralizar uns aos outros, dificultando o estabelecimento de uma dinâmica de tipo "o vencedor leva tudo"; essa configuração não só impede que um único centro de poder se autonomize demais, como deixa espaço aberto para que surjam novas funções-vanguarda. A conservação desse equilíbrio é, no entanto, constantemente contrabalançada pelo imperativo da ação, e cada nova ação pode tanto criar novos diferenciais de poder quanto fortalecer aqueles que já existem. Novamente, é o próprio funcionamento da ecologia e o grau em que as iniciativas são bem-sucedidas que desestabilizam o sistema e potencialmente solapam o controle democrático difuso.

Evidentemente, a liderança distribuída é um solo fértil para oportunismos de todo tipo. Mas, em certo sentido, oportunismo é exatamente o que se deveria esperar das funções-vanguarda, se entendemos por isso a habilidade para ler as situações, interpretar suas tendências e potencialidades, e introduzir nelas modulações que sejam capazes de desencadear efeitos mais amplos. Em uma palavra: *virtù*. O melhor que se pode esperar é que a maioria dos participantes de uma ecologia incorpore o *ethos* de agir ecologicamente,

---

74 L. Boltanski e È. Chiapello, *O novo espírito do capitalismo*, op. cit., p. 143. Evidentemente, uma sanção sofrida em uma parte da ecologia não impede que um nó seja aceito em outro lugar – como quando indivíduos trocam seu prestígio como ativistas por notoriedade midiática ou acadêmica.

não competitivamente, sem um investimento narcísico em seu próprio protagonismo, colocando a saúde e os interesses da ecologia como um todo acima dos seus próprios e dos de sua organização; e que a ecologia consiga conservar uma capacidade para o controle difuso que possa assegurar que oportunistas "maus" (aqueles que exploram oportunidades para seus próprios fins) sejam também "ruins" (rapidamente descobertos e isolados).

Pode ser decepcionante ouvir, a esta altura, que não há salvaguardas mais robustas do que essas, e nenhuma garantia absoluta *a priori* de que os interesses particulares não virão a se impor sobre o bem comum. Aqui é preciso notar que tal garantia era exatamente o que a velha concepção de vanguarda fornecia: a promessa de um agente imune à corrupção particularista por ser o veículo através do qual o universal necessariamente se expressava. Como vimos no capítulo anterior em relação a Hardt e Negri, é impossível sustentar essa concepção sem recorrer à teleologia. Além disso, foi precisamente a confiança que essa promessa inspirou que justificou a cegueira das vanguardas realmente existentes a respeito de sua própria parcialidade, seu fechamento arrogante ao feedback, seu autoritarismo – tudo o que facilitou e acelerou sua capitulação aos interesses particulares de uma elite interna. Há uma escolha a ser feita aqui: um mundo em que não há veículos privilegiados do universal é também um mundo em que a ameaça da captura particularista está sempre presente. Conforme mostra a experiência das vanguardas históricas, esse é também o único mundo que temos.

CAPÍTULO 6

Elementos para uma teoria da organização II: plataformas, diversidade de estratégias, partidos

A variedade necessária para controlar o mundo não reside nos dez bilhões de neurônios mal programados na cabeça de nenhum indivíduo. A variedade necessária para gerir as coisas adequadamente reside, propriamente falando, nas pessoas que geram a variedade do mundo, e isso quer dizer todo mundo. A variedade necessária para ser messiânico pertence apenas ao verdadeiro Messias.

Stafford Beer

NENHUM SÓ CAMINHO FUNCIONA, *será preciso todos nós empurrando a coisa de todos os lados para derrubá-la.*

Diane di Prima

Lógica de plataforma

A nossa é a era dos movimentos de massa sem organizações de massa, seja porque as grandes e influentes organizações do século xx estão em declínio já há algum tempo, seja simplesmente porque isso é possível. Ainda que seja concebível que a primeira dessas condições se modifique, a segunda parece ter vindo para ficar. Com efeito, esse é um dos fatores que conspira contra o ressurgimento do velho modelo tradicional de organização, ao lado das mudanças na composição de classe que desmantelaram sua antiga base social, de uma experiência social e laboral cada vez mais atomizada, do enfraquecimento das identidades coletivas e da "desconfiança na coletividade"[1] resultante tanto desses processos quanto de nossos múltiplos traumas organizacionais. O fato de que seja possível hoje satisfazer certas funções que antes apenas organizações de massa eram capazes de realizar, e de que se possa fazer isso minimizando riscos como a burocratização e a concentração de poder, cria um incentivo negativo para que se tente retornar às velhas formas. Mesmo os partidos, cuja variabilidade formal é limitada pela função principal que desempenham (participação em eleições e nas questões de Estado), têm passado por experimentos com formatos que rompem com o modelo estabelecido nos séculos xix e xx.

---

1 Jodi Dean, *The Communist Horizon*. London/ New York: Verso, 2009, p. 235.

O que está menos claro, por outro lado, é se já foram encontradas soluções para outras funções que essas organizações costumavam cumprir, como traçar estratégias e manter as lutas vivas durante períodos de refluxo da mobilização. A natureza evanescente dos levantes contemporâneos, que irrompem e se dissipam com a mesma facilidade, sugere que os recursos oferecidos pela tecnologia contemporânea também podem funcionar como obstáculos.[2] Por exemplo, embora movimentos em rede sejam, em princípio, capazes de inovar com mais agilidade, grande parte dessa inovação pode ficar restrita ao curto prazo, provocando a proliferação de respostas rápidas que não são coerentes com uma estratégia ou não conseguem ganhar escala até chegar ao tamanho que as tornaria eficazes. Além disso, como grande parte da frágil identidade coletiva desses movimentos é constituída em torno de um conjunto inicial de táticas e práticas (contracúpulas, ocupações de praça, assembleias gerais...), é mais difícil que eles cheguem a um acordo sobre novas táticas quando as respostas da polícia e do Estado evoluem.[3] É provável que o pensamento de longo prazo dependa de um grau de continuidade no tempo que só é possível quando os núcleos organizativos cruzam um certo limiar de estabilização.

Minha intenção não é elaborar um argumento histórico sobre os motivos que levaram algumas formas organizacionais a deixar de ser possíveis e outras a se tornar inevitáveis, nem denunciar o que existe hoje como uma armadilha de que poderíamos nos desvencilhar por um mero ato de vontade. Não é preciso negar as limitações da liderança distribuída para argumentar a seu favor. Se a liderança distribuída descreve uma situação que não é nem um nivelamento indiferenciado (núcleos organizativos muito fracos, uma predominância de ação agregada) nem "o vencedor leva tudo" (quando a ação coletiva passa a ser predominantemente mediada por uma única organização hegemônica), isso ainda cobre um espectro bastante amplo de diferentes arranjos possíveis, que vão desde si-

---

2   Ver Zeynep Tufekci, *Twitter and Tear Gas: The Power and Fragility of Networked Protest*. New Haven: Yale University Press, 2017.
3   Sobre os movimentos sociais como um processo de interação tática com outras forças, ver Doug McAdam, "Tactical Innovation and the Pace of Insurgency". *American Sociological Review*, v. 48, n. 6, 1983, pp. 735-54.

tuações de hegemonia frágil (inúmeros núcleos organizativos, um levemente mais influente que os demais) até o que é mais comum hoje em dia (núcleos organizativos fracos e transitórios). A questão, portanto, não é afirmar dogmaticamente que a liderança distribuída *tal como existe atualmente* pode fazer tudo o que se espera dela, mas perguntar o que seria necessário para que ela o fizesse, e como as capacidades de que precisaria para isso podem ser desenvolvidas a partir de potenciais que ela já possui.

Parece claro que a maioria das respostas nesse âmbito terá de vir das ações dos núcleos organizativos. Não que eles necessariamente tenham em si todas as capacidades que são precisas; mas extraí-las da ecologia em geral exige iniciativas complexas e direcionadas. Uma vez mais, "núcleo organizativo" deve ser entendido como função e posição, e não apenas um outro nome para "organização". Todas as organizações são núcleos organizativos, por menor que seja sua influência, mas nem todos os núcleos organizativos são organizações. Além disso, embora falar de "ecologia organizacional" possa sugerir que estamos lidando apenas com um diagrama estático de organizações e suas relações entre si, o quadro é mais complexo do que isso. A metáfora italiana da "área" é útil aqui, visto que engloba desde organizações regulares de vários tipos (comitês de trabalho, coletivos, grupos editoriais) até agrupamentos *ad hoc* mais informais, bem como os indivíduos em suas zonas de influência parcialmente superpostas.[4] "Núcleo organizativo" é, portanto, um nome genérico para os nós ou grupos de nós que dão vida a uma área ou rede, desempenhando a função de concentrar e orientar a capacidade coletiva de agir em determinadas direções de modo contínuo ou eventual. É um rótulo que pode ser usado indistintamente para se referir a fenô-

---

4 "[Nós] não estamos interessados em 'nos dissolver no movimento', mas, pelo contrário, em conseguir conectar os núcleos organizativos [*forme organizzative*] autônomos de vanguarda do movimento e em desenvolver nessa rede organizacional uma capacidade para a ampla politização de grandes camadas da classe trabalhadora, dos estudantes, das mulheres e dos jovens, partindo de suas próprias necessidades." Gruppo Gramsci, "Una Proposta per un Diverso Modo di Fare Politica". *Rosso*, n. 7, 1973, rosso.spazioblog.it. "*Forme organizzative*" parece claramente se referir aqui a agrupamentos realmente existentes de vários tipos em vez de diferentes tipos de forma organizacional per se (partidos, sindicatos, grupos de afinidade...), de onde minha decisão de traduzir a expressão como "núcleos organizativos".

menos que ocorrem em diferentes escalas temporais e espaciais, em diferentes graus de estabilidade e institucionalização.[5] Estes podem ter uma existência pontual e momentânea, como o coletivo improvisado que organiza uma manifestação; podem adquirir estabilidade com o tempo, como um grupo de afinidade informal, mas recorrente, ou como a equipe por trás de uma conta de rede social; ou podem assumir uma forma institucional, como uma campanha, uma ONG ou um partido. Quanto mais tempo durar sua atuação, mais tenderão a se estabilizar, tanto internamente quanto na percepção dos outros. Mas esse processo pode levar às mais variadas formas organizacionais, ou mesmo a nenhuma forma fixa, como quando um grupo relativamente estável de pessoas intervém em inúmeros projetos diferentes sem jamais se apresentar como um coletivo.

Se o caso espanhol é provavelmente o mais perto que o ciclo de 2011 chegou de uma "história de sucesso", isso seguramente também se deve ao fato de que a ecologia criada pela eclosão do Movimento 15M se desenvolveu, mais do que em qualquer outro lugar, na direção de uma maior diferenciação e especialização dos núcleos organizativos.[6] Nem mesmo a adesão à política eleitoral, apesar de inevitavelmente introduzir uma nova dinâmica centrípeta em torno dos núcleos organizativos partidários, conseguiu mudar isso por completo. Infelizmente, essa não é a única prova de conceito que se pode encontrar para o modelo que estou descrevendo aqui. Se quisermos achar outros exemplos de ecologias vibrantes impul-

---

5 O fato de ser relativo à escala imbui o conceito de um certo efeito fractal: dentro de uma organização que atua como um núcleo organizativo pode ser possível identificar um grupo de pessoas que atua como um núcleo organizativo, dentro desse grupo, outro ainda menor, e assim por diante. Novamente, é a granularidade da análise que determina qual desses níveis é relevante.

6 Ainda que coletivos e plataformas como Democracia Real Ya, Juventud Sin Futuro, No Les Votes, X.net e Plataforma de Afetados pela Hipoteca tenham desempenhado um papel importante na organização das manifestações do dia 15 de maio de 2011, os primeiros anos do ecossistema 15M foram marcados por uma proliferação de novos grupos e coalizões com foco em diferentes questões, como Yayoflautas (aposentados), ToqueaBankia e 15MPaRato (resgates dos bancos) e as várias Mareas (educação pública, saúde pública, emprego, e assim por diante). Essa foi a razão pela qual, diferentemente dos movimentos em outros países, ele continuou a evoluir e a se transformar por muito mais tempo.

sionadas por hubs relativamente compactos, provavelmente deveríamos nos voltar para a extrema direita em países como os Estados Unidos ou o Brasil (onde, por uma série de razões, ela foi mais eficaz que a esquerda em tirar proveito dos protestos de 2013).[7] Seja como for, as vantagens de encontrar um equilíbrio desse tipo devem estar claras. Por um lado, a ecologia corre menos risco de se tornar uma variável dependente das dinâmicas de poder, dos interesses particularistas e das flutuações políticas de uma única organização. Como uma rede altamente centralizada é mais suscetível a ataques direcionados, seja por repressão, seja por cooptação, menos centralização também significa mais robustez. Por outro lado, a ecologia possui núcleos organizativos que são capazes de induzir efeitos relativamente grandes, complexos e continuados e que também estão sujeitos a algum grau de controle difuso na medida em que suas iniciativas dependem de adesão voluntária e da mobilização dos recursos disponíveis na ecologia.

A atividade dos núcleos organizativos torna-se, assim, tanto metafórica quanto literalmente semelhante àquela que caracteriza a forma de empreendimento mais paradigmática do capitalismo contemporâneo: a plataforma.[8] Literalmente, na medida em que uma parte importante do que eles fazem hoje em dia é, a exemplo das gigantes corporativas Google e Amazon, oferecer recursos online ou aplicativos de smartphone para facilitar a coordenação entre os indivíduos. Metaforicamente, já que boa parte de suas outras atividades, como organizar protestos, é governada pela mesma lógica de criação de espaços de colaboração que *condicionam, mas não determinam* os resultados que serão neles produzidos.[9] Na verdade, embora a "política de plataforma" só tenha se tornado um assunto corrente

---

7   Ver o capítulo 7 de Rodrigo Nunes, *Do transe à vertigem: ensaios sobre bolsonarismo e um mundo em transição*. São Paulo: Ubu Editora, 2022.
8   Ver Jeremy Gilbert, "An Epochal Election: Welcome to the Era of Platform Politics". *Open Democracy*, 1º ago. 2017. Ver também Nick Srnicek, *Platform Capitalism*. Cambridge, MA: Polity, 2016; o capítulo 3 de Paolo Gerbaudo, *The Digital Party: Political Organisation and Online Democracy*. London: Pluto, 2018.
9   Adapto aqui o modo como Victor Marques explica a ação causal das plataformas: "não causam, mas permitem". Ver Victor Marques, *Materialismo evolutivo: natureza, dialética e sujeito*. Tese de Doutorado em Filosofia. Pontifícia Universidade Católica do Rio Grande do Sul, Porto Alegre, 2014, p. 287.

nos últimos anos, é retrospectivamente possível identificá-la nos levantes da década de 2010, em que os próprios eventos, e os espaços e momentos que os constituíam, tendiam a se constituir segundo essa lógica. Esse também é o caso de iniciativas bem-sucedidas que surgiram posteriormente, tais como o UK Uncut, a Plataforma de Afetados pela Hipoteca e, mais recentemente, o Extinction Rebellion.

Na política de plataforma, os núcleos organizativos dão partida à ação coletiva com um convite à participação em torno de um objeto preestabelecido (uma meta, uma lista de objetivos, uma narrativa sobre onde o projeto se encaixa em um quadro mais geral), um conjunto de protocolos (os tipos de ação, os níveis de risco e de engajamento esperados, o tipo de mensagem e o público-alvo, os pontos inegociáveis, as hashtags) e alguns recursos (identidade visual, diretrizes, material para download, fóruns online, mapas com geolocalização, infraestrutura para protestos, assistência jurídica, material de divulgação distribuído para a imprensa...). Há certamente uma grande variação quanto aos recursos que são fornecidos e a quão vaga ou restritiva é a definição dos objetos e protocolos. Por exemplo, algumas iniciativas enfatizarão uma identidade mais militante, buscando atrair apoio principalmente de indivíduos que já se reconhecem como ativistas, e demandarão que as pessoas estejam de acordo com os detalhes da proposta geral. Outras podem adotar uma abordagem mais inclusiva, apelando a um público mais amplo, esperando consensos mais básicos e oferecendo oportunidades de participação menos exigentes. Já outros irão combinar essas abordagens, proporcionando diferentes níveis de ingresso. Naturalmente, não há certo ou errado quando se trata dessas escolhas; historicamente, movimentos vitoriosos souberam combinar todas essas alternativas em diferentes momentos. Em última análise, o que importa é, primeiro, que as decisões sejam tomadas com referência ao objeto da iniciativa e aos pontos de alavancagem disponíveis, e não a uma identidade que o grupo gostaria de projetar; jamais se deve deixar que o desejo de parecer "razoável" ou "radical" atrapalhe um objetivo factível. Em segundo lugar, é preciso que a plataforma seja proporcional ao objetivo: quanto mais complexa é a iniciativa, tanto mais trabalho preparatório ela exigirá dos núcleos organizativos.

O que é constante em cada caso é a lógica de combinar, em graus variáveis, abertura e fechamento, determinação e indeterminação. A ideia inicial (um alvo, uma demanda, uma teoria da mudança, uma tática) estabelece simultaneamente uma estrutura elementar amplamente replicável e limites para o quanto de desvio é tolerável. Ao mesmo tempo, essa estrutura permanece aberta o suficiente para que as pessoas preencham os detalhes, adaptem-na às suas necessidades, perfil e realidade imediata, tracem seus próprios caminhos, tomem decisões independentes. O jogo entre um código básico e as diferentes maneiras como ele pode se expressar é o que leva as pessoas a adotar um vocabulário biológico – "DNA", "mutações", e assim por diante – para falar dessa lógica.[10] A questão não é *produzir* por completo, mas *induzir* efeitos ao enquadrar o esforço coletivo de forma a instituir um espaço de colaboração que é aberto sem ser totalmente indeterminado, focado sem ser exaustivamente definido. A plataforma limita, mas não controla, e a ênfase está mais nos resultados do que em quem é o agente desse resultado. O objeto de imitação não é exatamente o núcleo organizativo original, que pode até ficar oculto, mas a própria iniciativa, cuja identidade como um todo pode ser transformada por aquilo que os outros fazem dela. Ainda que o grau de abertura possa variar, a lógica de plataforma supõe e explora a possibilidade de *transbordamento*. Ela aposta no excesso da novidade por sobre as identidades preexistentes (a modulação introduzida na ecologia pode repercutir em diversos indivíduos e criar as condições para uma identidade compartilhada entre eles) e dos efeitos sobre as causas (suas consequências não podem ser totalmente previstas ou mantidas sob controle). Nesse sentido, ela claramente não é uma resposta apenas aos recursos tecnológicos disponíveis, mas também a uma situação em que há pouca organização preexistente com a qual contar e na qual o primeiro desafio é simplesmente conseguir reunir as pessoas.

Não que essa abertura relativa impeça o surgimento de questões de democracia interna ou de dinâmicas centro-periferia. Se for bem-sucedida, o primeiro grande teste que uma plataforma encontrará

---

10   Ver Javier Toret (org.), *Tecnopolítica: La potencia de las multitudes conectadas. El sistema red 15M, un nuevo paradigma de la política distribuida*. Barcelona: UOC, 2013, p. 86; Graham Jones, *The Shock Doctrine of the Left*. Cambridge, MA: Polity, 2018, pp. 53-ss.

será, na verdade, o momento em que devem ser definidos o papel dos grupos locais e os protocolos para sua interação. A principal fonte de tensão será sempre a relação entre o núcleo organizativo original e aqueles que se somaram durante o estágio de replicação. As escolhas fundamentais a serem feitas então envolvem o grau de coordenação entre os grupos locais, a formalização ou informalidade dos procedimentos e a estrutura adotada para fins de tomada de decisão: consultas do tipo "uma pessoa, um voto" realizadas por um comitê de direção? Um sistema de delegação em que os grupos locais selecionam representantes para uma assembleia geral? Uma combinação dos dois? Como essas questões necessariamente envolvem *trade-offs*, não há "certo" ou "errado" aqui. O que importa é, primeiro, que as escolhas sejam ponderadas de acordo com variáveis como o escopo e a complexidade das tarefas que se espera que a plataforma realize, o tamanho e o nível de envolvimento que ela requer para ser eficaz, o quão permanente se espera que ela se torne, e assim por diante. Em segundo lugar, dado que os momentos de crise são inevitáveis, aqueles que criam uma plataforma devem se preparar para eles desde o início e assumir uma posição franca quando chegarem.

É compreensível que os iniciadores tenham receio de que dar voz aos recém-chegados possa diluir sua visão original ou expor a plataforma à infiltração de agentes hostis. No entanto, e especialmente nas fases iniciais da formação de um grupo, a participação e a abertura não se reduzem, ao contrário do que tanto seus críticos quanto defensores possam dizer, ao esforço de "prefigurar uma nova sociedade" ou de "ser a mudança que se deseja ver". Oferecer aos envolvidos uma voz nas decisões sobre o futuro de uma iniciativa é também uma maneira de fortalecer seus laços uns com os outros e aumentar a probabilidade de que, mesmo em caso de divergência, eles "reconheçam a legitimidade do raciocínio das outras pessoas", confiem em sua dedicação à causa comum e "realmente atuem para fazer avançar os objetivos do grupo".[11] Para os iniciadores, tentar con-

---

11 Francesca Polletta, *Freedom Is an Endless Meeting: Democracy in American Social Movements*. Chicago: University of Chicago Press, 2002, p. 9. Como resume Polletta, "quando as pessoas se sentem igualmente *donas* das decisões [...], seu senso de solidariedade e compromisso é intensificado". Ibid., p. 8 (grifo no original). Ou, como explica Tom Hayden: "é preciso contar com outras pessoas que se ar-

servar o poder pode acabar custando a quantidade ou a qualidade do envolvimento na plataforma e, portanto, também sua viabilidade.

Da mesma forma, baixa coordenação e relativa informalidade parecem maneiras de evitar conversas difíceis, mas também podem restringir a capacidade de aprender com a experiência e de tomar decisões estratégicas, dificultando que se encontre apoio para qualquer coisa que não seja uma repetição da ideia que originalmente reuniu as pessoas. Isso pode ser suficiente para uma plataforma construída em torno de uma tática ou de uma meta muito circunscritas, mas é um problema para qualquer iniciativa mais ambiciosa. Além disso, pouca coordenação não é uma garantia de que questões como o acesso aos bancos de dados, a administração dos sites e a representação na mídia, que tendem a ficar sob controle dos iniciadores, não sejam contestadas. Maior coordenação e formalização, por sua vez, podem se desenvolver no sentido de expandir a participação ou, pelo contrário, de consolidar a posição do núcleo organizativo original como "primeiro entre iguais". Como veremos na sequência, a segunda é a opção mais comum, ao menos entre os "partidos de plataforma" de hoje. Esse pode ser um processo mais ou menos traumático dependendo de como é feito, mas em geral ocorre que, em reconhecimento à liderança demonstrada pelos iniciadores, muitos participantes considerarão normal atribuir a eles um papel mais destacado. No fim, talvez a questão seja menos a abertura súbita do processo de tomada de decisão à igual contribuição de todos do que o desenvolvimento de uma cultura de construção coletiva ao longo do tempo. Se isso acontece, os líderes existentes podem ser responsabilizados por suas decisões, novos líderes podem surgir e a democratização avança ao lado da maturidade, do comprometimento e da confiança. Se não, a tendência é que os participantes mais ativos se sintam insatisfeitos e alienados do processo, e outros assumam a postura cada vez mais passiva de consumidores, tratando a plata-

---

risquem junto com você. Dar às pessoas uma participação na decisão também dá a elas uma participação no sucesso da ação e na sobrevivência do grupo". Ibid., p. 2. A essas vantagens da democracia participativa, que ela chama de solidária, Polletta acrescenta vantagens de inovação (a participação facilita a criação de novas ideias) e de desenvolvimento (ela oferece a pessoas relativamente inexperientes formação em uma série de habilidades valiosas).

forma menos como um espaço político e mais como uma prestadora de serviços. Essa atitude pode ser suficiente para determinados objetivos, mas não basta para construir um movimento forte.

Seja como for, a lógica de plataforma oferece um novo ângulo para abordar algumas das questões referentes à liderança e à iniciativa com que temos estado às voltas ao longo deste livro. Na maior parte das vezes se supõe que, para ser legítima, a relação entre os líderes e as massas deve ser de representação unilateral: existe uma vontade das massas e o trabalho dos líderes é representá-la fielmente. O que a adesão voluntária a uma plataforma estabelecida por um núcleo organizativo sugere é outra possibilidade: que uma vontade comum possa ser elucidada e constituída *no processo de responder a uma iniciativa proposta sem nenhum mandato ou autorização prévios*. A alternativa entre liderança como representação fiel e liderança como iniciativa supõe, portanto, uma escolha filosófica subjacente: as pessoas sempre sabem o que querem? Ou sua vontade não é, em certa medida, produto do próprio processo – em cujo caso a liderança adquire um papel coconstitutivo?

Em seu trabalho mais recente, embora aparentemente façam concessões à segunda alternativa, Hardt e Negri testam os limites da primeira de maneira instrutiva. Ao aceitarem, pelo menos por ora, que nunca é a multidão *enquanto tal* que atua, mas apenas diferentes partes dela tomando iniciativas em momentos distintos, eles reconhecem a necessidade de líderes que exerçam "uma função empresarial, sem comandar os demais, agir em seu nome ou alegar representá-los, mas atuando como um simples operador da assembleia".[12] Essa noção de liderança não só se aproxima bastante daquilo que chamei de "função-vanguarda", inclusive pelo fato de que deve estar "constantemente subordinada à multidão",[13] como aquilo que eles chamam de "atuar como um operador da assembleia" poderia ser compreendido como uma maneira de entender a lógica de plataforma. Mal essa ideia é introduzida, no entanto, ela começa a ser

---

12   Michael Hardt e Antonio Negri, *Assembly: A organização multitudinária do comum*, trad. Lucas Carpinelli e Jefferson Viel. São Paulo: Politeia, 2018, p. xix.
13   Ibid., p. xv. A diferença é que, no modelo que estou propondo aqui, o mecanismo dessa subordinação é claramente especificado (é o controle difuso exercido pela ecologia) e abertamente reconhecido como falível.

retratada. O reconhecimento de um papel ineliminável desempenhado pela liderança é contrabalançado por "uma reversão da polaridade que liga movimentos horizontais e liderança vertical".[14] Onde a divisão usual do trabalho faria da estratégia uma prerrogativa dos líderes, para Hardt e Negri é a multidão que está a cargo desta, enquanto a liderança está reduzida a cuidar da tática e ser "implantada e descartada conforme a ocasião".[15] Infelizmente, só o que isso parece fazer é empurrar o problema com a barriga. Se antes perguntávamos "como a multidão decide?", agora nos é dado um modelo de como ela toma decisões *táticas* – através dos líderes –, mas seguimos sem qualquer ideia de como são tomadas as decisões *estratégicas*. Pode-se objetar que tais decisões não pertencem à multidão como tal, mas a um terceiro termo intermediário: os "movimentos horizontais". Mas Hardt e Negri não conseguem especificar nenhum mecanismo por meio do qual os movimentos poderiam chegar a decisões estratégicas (inclusive aquelas pelas quais "implantam e descartam" os líderes), de modo que tudo o que interpor "movimentos" faz aqui é transferir o problema da relação entre líderes e multidão para a relação entre multidão e movimentos. Pois, afinal, como a multidão escolhe esse ou aquele movimento para definir a estratégia em seu nome?

---

14 Ibid.
15 Ibid. Essa inversão, apresentada como a principal inovação do livro *Assembly*, tem, na verdade, uma linhagem bem mais antiga. Ela pode ser remontada às origens do *operaismo*, quando Tronti identificou na recusa do trabalho uma estratégia já "materialmente incorporada" pela classe trabalhadora que, no entanto, teve de passar a "viver subjetivamente" através "daquele momento de *organização política* que ainda parece ser mais bem definido com a palavra 'partido'". Mario Tronti, *Operai e Capitale*. Roma: DeriveApprodi, 2006, p. 260 (grifo no original). Esse esquema ressurgiria mais de uma década depois em um panfleto de Negri chamado "Dominação e sabotagem", de 1977. Lá, a estratégia era a prática proletária de autovalorização e o partido era "uma *função da força proletária, concebida como um fiador do processo de autovalorização*" ou "o exército que defende as fronteiras da independência proletária": "Se fosse permitido fazer graça, eu diria que o partido é uma ordem religiosa militante, não a totalidade eclesiástica do processo". A. Negri, "Domination and Sabotage", in *Books for Burning*. London/ New York: Verso, 2005, pp. 276–77 (grifo no original). Tanto antes como agora, a afirmação de que o proletariado/a multidão já possui a estratégia correta é inseparável da alegação implícita de que aqueles que fazem a afirmação não estão propondo uma estratégia entre outras, que poderia ser comparada e julgada de acordo com suas virtudes e desvantagens, mas apresentando aquela que é a *correta* (espontânea, transitiva).

Acredito que a resposta seja clara: ela não escolhe. Ou antes: na medida em que se pode dizer que ela escolhe, é simplesmente apoiando e participando das ações iniciadas por esse ou aquele movimento, esse ou aquele núcleo organizativo. A multidão não delega a eles a execução de uma ideia que já tenha plenamente formada em si; ela forma essa ideia em resposta às propostas que eles põem na mesa. Mais uma vez, devemos aplicar aqui a lógica da transindividualidade. "A multidão" está ativa em cada ato de todas as suas partes, sejam eles bons ou ruins. Isso significa que a estratégia da multidão não existe como algo à parte do que quer que seja que a multidão esteja fazendo em qualquer momento dado.[16] A estratégia da multidão não é mais (ou menos) do que as estratégias elaboradas por aqueles que a compõem, ou melhor, ela é o efeito emergente dos diferentes esforços de elaboração estratégica que existem nela. O "empreendimento democrático da multidão" só existe e se manifesta na "função empreendedora" que indivíduos e grupos desempenham e na maneira como os outros respondem a eles.[17] Em suma, a estratégia da multidão não preexiste, mas é antes efetivamente constituída pelas iniciativas nela propostas.

Dizer que a vontade coletiva se constitui *em parte* através da relação com uma iniciativa evidentemente não é a mesma coisa

---

16   É somente se a multidão é concebida como um sujeito universal imbuído de um *télos* que se torna possível distinguir entre o que ela realmente é em um dado momento, em uma forma "alienada" ou "corrompida", e algum conteúdo latente que ainda deve ser atualizado. Em termos estritamente spinozanos, a multidão é *sempre atual*: ela é sempre apenas aquilo que atualmente é. "A afirmação de Spinoza de que o desejo é a própria essência do homem, uma essência determinada e definida por sua história de relações afetivas, solapa não somente qualquer ideia de alienação ou desindividuação, como também qualquer ideia de um potencial latente da subjetividade que seja não realizado, não atualizado." Jason Read, *The Politics of Transindividuality*. Chicago: Haymarket, 2017, p. 262.

17   O recuo de Hardt e Negri em relação ao potencial avanço teórico de *Assembly* fica evidente na maneira como a "função empreendedora" vai deixando ao longo do livro de ser predicada dos líderes para ser atribuída à própria multidão, que "está desenvolvendo as capacidades de que precisa para ser uma empreendedora política" – isto é, "para a interpretação das estruturas de opressão em todas as suas formas, para a formação de contrapoderes eficazes, para o planejamento prudente do futuro e para a organização de novas relações sociais". M. Hardt e A. Negri, *Assembly*, op. cit., p. 369.

que dizer que ela simplesmente segue a vontade de um líder. O primeiro enunciado expressa uma relação de mão dupla; o segundo é apenas a inversão de uma via de mão única. O papel da função-vanguarda não é *explicar* para as pessoas qual é o seu desejo, muito menos o que ele deveria ser, mas ouvir os indícios desse desejo, incitá-lo, trazê-lo à tona; ajudar a dar forma a ele, ajudar as pessoas a tirar dele as consequências. Como diz Guattari, o trabalho do "grupo militante" não deveria ser "fornecer uma resposta pronta, a enxertar de logos uma demanda suposta, mas, pelo contrário, destinava-se a aprofundar a problemática".[18] Uma iniciativa não é uma diretriz, mas antes uma pergunta que obriga as pessoas a assumirem uma postura subjetiva em relação a seu desejo e a descobrir como ele pode ser posto em prática: "É isso? Se não é isso, então é o quê?". Para fazer perguntas que acendem a imaginação das pessoas e levam a respostas potentes, no entanto, é preciso antes de tudo que se esteja prestando atenção. Nenhuma proposta ou iniciativa é boa em si, abstraída de uma situação com potenciais objetivos e disposições subjetivas. Como veremos no próximo capítulo, a questão nunca é "qual é a posição radical?", mas "qual é a posição mais radical que pode ganhar apoio e produzir os maiores efeitos nesta situação concreta?". Para ser um bom líder, portanto, é preciso antes de mais nada ser um bom ouvinte.

Tudo fracassou: imagine as possibilidades

Que elaborar estratégias seja como fazer perguntas não deve ser entendido literalmente, é claro. Uma ação improvisada, uma campanha bem planejada, até mesmo um meme amplamente compartilhado ou uma obra de arte têm mais probabilidade de provocar uma resposta política do que uma interrogação casualmente lançada ao mundo. Novamente, o que importa é que a complexidade da iniciativa seja proporcional à profundidade do questionamento preten-

---

18   Félix Guattari, "O estudante, o louco e o katanguês", in *Psicanálise e transversalidade: Ensaios de análise institucional*, trad. Adail Ubirajara Sobral e Maria Stela Gonçalves. Aparecida: Ideias e Letras, 2004, p. 307.

dido. Quanto maior o escopo de uma iniciativa, mais desenvolvida deve ser sua teoria da mudança, mais rica em hipóteses a serem testadas e em meios conhecidos de testá-las. Só assim ela pode oferecer a seus colaboradores potenciais uma "promessa plausível"[19] de que sua participação poderá produzir resultados tangíveis.

"Teoria da mudança" deve ser entendido aqui não como uma noção geral de como transformações sociais acontecem – bem pelo contrário. Por muito tempo, a esquerda pareceu confundir identidade com tática, tática com estratégia e estratégia com uma teoria abstrata da mudança: um domínio puramente teórico que se ocupa da forma ideal da transformação social. Sem dúvida, isso é uma consequência da melancolia descrita no capítulo 2; à medida que se afastava cada vez mais da possibilidade de ser colocado em prática, o pensamento estratégico crescia em abstração. Em vez de um cálculo cuidadoso e honesto dos riscos e das potencialidades inerentes a projetos concretos, os debates sobre estratégia muitas vezes regrediam à mera reiteração de posições arraigadas e de princípios absolutos considerados fora de qualquer contexto de aplicação. As estratégias podiam, então, ser discutidas como se fossem possibilidades preexistentes a serem implementadas no mundo, sem resistência ou falhas, ao toque de um botão. O resultado é que frequentemente os debates estratégicos soavam como se estivessem ocorrendo na frente de um painel de controle e a questão consistisse simplesmente em decidir qual botão apertar: a revolução deve ser realizada por meio da ação direta ou é "a longa marcha pelas instituições" a única maneira de obter uma mudança duradoura? O âmbito local é o único lugar onde atuar? O Estado deve ser confrontado em todas as oportunidades disponíveis? A rede, o partido e a federação são as formas corretas de se organizar? Qual é a única tática que dá resultado? É claro que isso só

---

19   A expressão é do hacker libertário de direita Eric S. Raymond, em "The Cathedral and the Bazaar", catb.org. Clay Shirky detalha a expressão como significando que um projeto deve "atingir um ponto ótimo entre inúmeros extremos": nem muito trivial nem muito exótico, nem muito provisório nem muito ambicioso, e assim por diante. À promessa plausível, Shirky acrescenta que "uma ferramenta eficaz" e "um acordo aceitável com os usuários" são os segredos para o sucesso de plataformas de colaboração online como a Wikipédia. Ver Clay Shirky, *Lá vem todo mundo: O poder de organizar sem organizações*, trad. Maria Luiza Borges. Rio de Janeiro: Zahar, 2012, p. 220.

funciona às custas de se simplificar drasticamente a complexidade do mundo e da ação política, supondo um sujeito coletivo com uma vontade unificada, um mundo que está pronto a se curvar a ele, e uma maneira de fazer as coisas que seria correta em todas as ocasiões. Ouvindo o jeito como muitas dessas conversas se dão, poder-se-ia pensar que se trata de decidir se é preciso um martelo ou um serrote para construir uma mesa, quando deveria ser óbvio que ambos são necessários – e que o trabalho em questão está além das capacidades de qualquer marceneiro individual.

Tampouco ajuda muito que a melancolia dificulte conversas honestas sobre os limites encontrados em cada teoria da mudança. A operação pela qual as pessoas escondem esses limites de si próprias é geralmente a mesma. A premissa oculta por trás dela é a ideia de que o vocabulário do fracasso não se aplica de modo legítimo a qualquer coisa que seja restringida por causas externas: *apenas aquilo que não dá certo em seus próprios termos conta como um fracasso*. Isso significa que enquanto for possível separar a estratégia "em si" das adversidades históricas de sua execução, há como argumentar que ela nunca fracassou realmente porque nunca foi realmente tentada. É assim que se chega a argumentos sobre como a União Soviética nunca foi *realmente* socialista, como se o fracasso do socialismo não consistisse justamente no fato de que as pessoas que se propuseram a criá-lo acabaram produzindo algo completamente diferente. Mas esse autoengano não é exclusivo da esquerda 1917. A mesma operação está em jogo na sugestão de que, embora as estratégias socialistas e social-democratas tenham deixado a desejar, as alternativas fora ou longe do Estado nunca foram testadas, pelo menos não na escala adequada. O problema aqui não é apenas presumir que a implementação de estratégias centradas no Estado também não foi sempre imperfeita e restringida por fatores externos, perturbada por recuos e soluções improvisadas. Mais errôneo ainda é supor que, por terem sido sempre suprimidas, neutralizadas ou cooptadas, as outras alternativas nunca foram tentadas. Essa conclusão só faz sentido se escolhermos não considerar que fracassar sob pressão externa também é sinal de uma fragilidade *interna*: uma falta de resistência diante do mundo ou, o que dá no mesmo, uma incapacidade de superar a resistência que este impõe.[20] Fazer isso é, afinal, algo que se deveria esperar de qualquer processo de transformação sistêmica.[21] Se a condição de viabilidade de uma estratégia é que as forças opostas a ela lhe deem todo o espaço de que precisa para se desenvolver, quão viável podemos dizer que ela realmente é?

Em vez de voltar eternamente à contenda sobre se esta ou aquela experiência pode ser considerada um fracasso, talvez tenha chegado a hora de adotar a abordagem oposta. Talvez devêssemos partir do pressuposto de que *tudo fracassou* e que o próprio fato de que continuamos a ter essas discussões é a prova disso. Essa não precisa ser uma conclusão tão desanimadora quanto parece. Como observou Badiou, não se pode deduzir de qualquer fracasso particular a impossibilidade universal daquilo que esse fracasso tentou realizar. Do fato de que não se pode provar uma hipótese hoje não se segue que ela não possa ser provada amanhã – nem, aliás, que ela não possa ser refutada novamente no dia seguinte, a menos que estejamos falando de uma hipótese matemática. Se o fracasso não entrega conclusões universais, ele oferece, contudo, uma profusão de lições generalizáveis. Mas elas só podem ser identificadas se nos recusamos a aceitar a simplificação de separar artificialmente estratégia e mundo, abstraindo da primeira a resistência imposta pelo segundo. Pois além de nos impedir de reconhecer quando nossa teoria da mudança fra-

---

20 Como nos lembra Bogdanov, as atividades organizadas e as resistências que a elas se opõem são noções reversíveis: "Se dois exércitos ou duas classes estão engajados em uma luta, então as atividades de um lado representam resistências para o outro; tudo se resume a uma questão do ponto de vista adotado". Aleksandr Bogdanov, *Essays in Tektology*, trad. George Gorelik. Seaside: Intersystems, 1980, p. 42.

21 Para ficar claro, o que está em questão aqui é a viabilidade como estratégia para produzir mudança *na escala do sistema-mundo*. Experiências como Chiapas, Rojava e ZAD (a "Zona a Defender" de Notre-Dame-des-Landes, França) certamente podem ser descritas como *localmente* viáveis. No entanto, a diferença entre local e global não está simplesmente na escala espaço-temporal, mas na complexidade, e é, portanto, impossível deduzir a viabilidade global do fato de que algo é viável em um nível local. (Isso também valeria, por certo, para o "socialismo em um só país".) É claro que sempre se poderia argumentar que experiências como Chiapas, Rojava e a ZAD *não* têm como meta uma mudança sistêmica global. Mas, então, o raciocínio desenvolvido no capítulo 3 se mantém: as distinções entre global e local, entre mais e menos mudança ainda importam e não devemos deixar que o caráter escorregadio de palavras como "revolução" as obscureça.

cassa, isso nos faz ver o fracasso dos outros não como o resultado de erros ou restrições específicos, mas como o eterno retorno das falhas inerentes à sua lógica se cumprindo com precisão fatalista. Nesse caso, estritamente falando, não há nada a aprender; o aprendizado só nasce do exame de trajetórias concretas e do esforço para identificar as restrições, as correlações de forças, os limiares e as escolhas que foram decisivos em cada uma delas.[22] Nada fica provado como possível ou impossível em termos absolutos, mas há muito a ganhar com a compreensão do que não funcionou e por quê.

Podemos ir além e transformar a conclusão negativa de que tudo fracassou em um argumento positivo sobre a necessidade de diferenciação e complementariedade. Essa é a inversão a que Erik Olin Wright chegou após uma avaliação rigorosa dos limites inerentes às orientações estratégicas gerais que ele classificou como ruptural (tomada e/ou abolição do Estado), intersticial (construção de alternativas à parte do mercado e do Estado) e simbiótica (uso do mercado e/ou do Estado). Do fato de que "provavelmente nenhuma dessas lógicas estratégicas de transformação é adequada para a tarefa de incrementar o poder social", podemos concluir ou que não há esperança, ou que "qualquer trajetória plausível de transformação de longo prazo precisa extrair elementos de todas as três [...]. Um pluralismo estratégico flexível é o melhor que podemos fazer".[23] Em certa medida, isso é uma consequência lógica da maneira como a ideia de revolução mudou desde o século passado. É mais fácil imaginar hoje que qualquer coisa que venha depois do capitalismo, para o bem ou para o mal, deva se consolidar de modo semelhante à forma como o próprio capitalismo substituiu o que lhe antecedeu: como o resultado contingente de diferentes agentes adotando estratégias distintas, às vezes convergentes, às vezes divergentes, competindo com e/ou reforçando uns aos outros. Se nenhuma estratégia é capaz de funcionar por conta própria, se nenhum agente pode fazer tudo, se diferentes agentes farão tipos distintos de intervenção e se diferentes intervenções demandam tipos distintos de organização

---

22 Alain Badiou, *A hipótese comunista*, trad. Mariana Echalar. São Paulo: Boitempo, 2012, pp. 25–26.
23 Erik Olin Wright, *Envisioning Real Utopias*. London/ New York: Verso, 2010, pp. 370–71.

e tática, a diversidade de estratégias e uma abordagem ecológica da organização parecem ser conclusões inevitáveis.

No entanto, "diversidade de estratégias" quer dizer mais do que compatibilizar abordagens rupturais, intersticiais e simbólicas como momentos táticos em um processo mais amplo. Essas três "lógicas de transformação" ainda são teorias da mudança no sentido abstrato: ideias gerais sobre como as sociedades se transformam. De tempos em tempos, ouvimos que a causa da desorganização da esquerda é que ela já não é mais capaz de imaginar um objetivo final. Mas e se o problema estiver em outro lugar – no fato de que, ao perder sua base social organizada, a esquerda não consegue vislumbrar os *primeiros passos* que precisariam ser dados para se mover em qualquer direção que se queira? Mesmo no caso das ideias identificadas hoje como "demandas direcionais"[24] em potencial – o Green New Deal, a automação total, a renda básica universal, a liberdade de movimento, o direito de apropriação –, a discussão tende a se concentrar muito mais em seus méritos (ou deméritos) intrínsecos do que naquilo que seria preciso para realizá-las e fazê-las avançar até onde podem ir. Lidar com *essa* questão é a tarefa de uma teoria da mudança no sentido concreto; ou seja, um esforço para estabelecer os mecanismos causais através dos quais uma determinada transformação poderia ser produzida; decompor esse objetivo maior em metas intermediárias; identificar pontos de alavancagem e os meios para atuar sobre eles; detectar armadilhas e oportunidades, alças de feedback negativo e positivo, inimigos e aliados potenciais, pontos de divergência e convergência com outros agentes e as maneiras de neutralizá-los ou aproveitá-los ao máximo. Em suma, uma tentativa de responder à pergunta: sendo nossos recursos o que são e sendo a conjuntura o que é, como ir de onde estamos para onde queremos estar? Sem isso, a estratégia se afasta de problemas claramente definidos e fica vagando sem destino, enrijecendo-se como dogma. "Diversidade de estratégias" não é, portanto, simplesmente uma questão de pluralismo teórico, mas de uma pluralidade de apostas estratégicas concretas em ação ao mesmo tempo.

---

24   Ver Ben Trott, "Walking in the Right Direction?". *Turbulence*, n. 1, 2007, pp. 14–15; Kathi Weeks, *The Problem with Work: Feminism, Marxism, Antiwork Politics, and Postwork Imaginaries*. Durham: Duke University Press, 2011, pp. 220–24.

De onde viriam essas apostas? Como vimos acima, são os núcleos organizativos que induzem estratégias ao propor modelos de ação que as pessoas podem adotar e adaptar. Como também vimos, porém, a escala e o escopo do que eles podem induzir e orientar estão limitados por sua própria *potentia*. Expandir a capacidade estratégica da ecologia supõe, assim, a expansão das capacidades dos núcleos organizativos: a profundidade de sua análise, a complexidade de seu planejamento, seu conhecimento da ecologia e capacidade de utilizar-lhe os recursos, sua consistência organizacional e o tamanho de suas zonas de influência. O último ponto é particularmente importante, visto que a ambição da imaginação estratégica é diretamente proporcional à força que se espera poder empregar. Não há melhor incentivo para ampliar a ambição das próprias hipóteses do que possuir os meios coletivos para testá-las.

Isso não quer dizer apenas aumentar o número de ativistas, ainda que isso também seja importante. Uma ecologia, como vimos, é mais do que somente uma constelação de organizações ou as pessoas nelas ativas. Ela é constituída por núcleos organizativos formais e informais, camadas de organizadores e ativistas comprometidos atuando em diferentes escalas, infraestrutura, recursos e uma "cauda longa" de apoiadores menos ativos que, apesar de serem mais raramente mobilizados para grandes ações coletivas, desempenham papéis cruciais nos níveis local e agregado.[25] A extensão e a capilaridade dessa cauda longa, assim como a intensidade de sua conexão com o resto, oferecem-nos uma medida de quão enraizada a ecologia está na vida cotidiana da maioria das pessoas. A falta desse enraizamento é o que melhor explica a velocidade com que os movimentos da última década irromperam e pareceram morrer em seguida. Não que tenham sumido por completo: quando o furacão Sandy atingiu Nova York em 2012, por exemplo, foram as redes formadas em torno do Occupy Wall Street no ano anterior que organizaram o socorro imediato mais eficiente diante do desastre. Em lugares como Espanha, Reino Unido e Estados Unidos, essas redes também foram fundamentais para inú-

---

25 Observou-se, por exemplo, que os participantes periféricos podem ser tão importantes quanto os nós centrais na disseminação online da mensagem de um movimento. Pablo Barberá et al., "The Critical Periphery in the Growth of Social Protests". *PLOS ONE*, v. 10, n. 11, 2015.

meros desdobramentos subsequentes, especialmente a guinada para a política eleitoral. O problema, no entanto, é justamente que essas grandes mobilizações tenham formado muitos novos organizadores e ativistas, mas firmado quase nenhuma presença constante na vida dos não ativistas. Embora grandes acontecimentos em rede criem oportunidades para estender as caudas longas, permitindo a comunicação e o estabelecimento de relações com pessoas com as quais normalmente seria difícil entrar em contato, esses laços se mantêm fracos e descontínuos e são facilmente absorvidos pela força do curso regular das coisas quando as mobilizações se acalmam. Uma ecologia composta exclusivamente por ativistas é como uma fogueira feita só de gravetos: ela acende, mas lhe falta material para continuar queimando. "Construir uma base social" é uma expressão que provavelmente ainda faz soar o alarme para muita gente, trazendo à mente imagens de militantes sisudos tentando "trazer consciência de fora" para as massas. Mas esse não só não é um bom motivo para rejeitar a ideia (visto que se baseia em uma interpretação muito pobre do que ela pode significar), ele tampouco pode nos fazer esquecer qual é a alternativa a não construir uma base social: um movimento constituído unicamente de ativistas.

Uma aposta estratégica potente deve partir de questões que sejam estruturalmente significativas e que tenham um potencial de construção de base. Deve-se ter cuidado, porém, para não tentar deduzir a primeira coisa da segunda. É sempre possível defender que o problema a que damos primazia é o fio vermelho que conecta todos os males da sociedade e o único elo que "melhor garant[e] a seu possuidor a posse de toda a cadeia".[26] O argumento pode até estar correto; não significará nada, contudo, se a maioria das pessoas não estiverem de acordo. Segue daí que o maior potencial de construção de base reside em problemas que as pessoas já reconhecem ou que envolvem aspectos que são fonte de preocupação para elas.[27] Certamente pode acontecer que questões antes consideradas marginais de repente se tornem pontos críticos com repercussões surpreen-

---

26 Vladímir Ilitch Lênin, "Que fazer?: Problemas candentes de nosso movimento", in *Obras escolhidas*, v. 1. São Paulo: Alfa-Ômega, 1986, p. 195.

27 A dificuldade com um problema complexo como a mudança climática é que a experiência que as pessoas têm dele não é direta, mas apenas por meio de uma série de diferentes sintomas cujas conexões estruturais entre si permanecem

dentemente amplas; é praticamente impossível, no entanto, prever esse tipo de mudança com muita antecedência. Se o objetivo não for esperar por tais momentos de sobredeterminação, mas efetivamente produzi-los, não há melhor ponto de partida do que a própria vida das pessoas: o que já importa, o que é uma causa corrente de ansiedade ou incômodo, as questões em que a estrutura social se traduz incisivamente na experiência vivida. Isso geralmente significa partir dos gargalos na reprodução social.

Essa é uma das grandes forças de duas das iniciativas mais interessantes que surgiram no ciclo de 2011, a Plataforma de Afetados pela Hipoteca na Espanha e o Debt Collective nos Estados Unidos. Ao focarem no sofrimento produzido pelo endividamento no momento em que milhões de pessoas repentinamente se tornaram insolventes e perderam suas casas, elas foram capazes de transformar essa situação em um espaço de politização. Mas construir uma base a partir de pontos críticos na reprodução social, como os Panteras Negras se deram conta com seus programas sociais, significa mais do que reunir apoio para um projeto político de longo prazo. A construção depende da capacidade de oferecer algum tipo de resposta imediata aos desafios que as pessoas enfrentam. Assistência sem organização é despolitização, mas a politização sem os meios organizados para atender a necessidades urgentes está destinada a se enfraquecer ou a incentivar relações de exploração e clientelismo. Assim como os Panteras Negras com seus programas de bem-estar, a Plataforma de Afetados pela Hipoteca e o Debt Collective responderam a esse problema fornecendo apoio jurídico, auxílio para o pagamento e a negociação de dívidas, proteção contra despejos e ações de ocupação de imóveis.

Uma aposta estratégica precisa operar nesse nível por dois motivos. Em primeiro lugar, é essencial responder às necessidades reprodutivas para manter e expandir as próprias condições de luta: "construir circuitos autônomos de autorreprodução" é a melhor maneira de "assegurar o poder coletivo indispensável para sustentar uma luta por mudança" e potencialmente deitar as sementes para as formas de

---

parcialmente obscuras. Embora revelar essas conexões seja parte do trabalho de qualquer estratégia de politização, é sempre muito mais fácil trabalhar a partir dos sintomas do que o contrário.

organização vindouras.[28] Em segundo lugar, atender a essas necessidades é crucial para manter o engajamento. O problema de estabelecer um modelo de engajamento a partir da figura do militante é que corremos o risco de acabar com uma noção idealizada de compromisso como puro desinteresse kantiano: quem pensa que tem algo a ganhar apoiando alguma coisa não pode contar como alguém verdadeiramente engajado. Mas o que entendemos como "desinteresse" é, na verdade, não a ausência de interesse, mas um feixe de interesses fortes o bastante para se sobreporem aos demais: a satisfação de ver um ideal realizado (afinal, comprometer-se com uma ideia é adquirir um interesse em sua realização); o prazer que temos em ver os ganhos obtidos por aqueles de quem queremos o bem; uma série de outros benefícios que valorizamos acima de quaisquer perdas em que possamos incorrer. Isso explica por que as pessoas podem apoiar até mesmo causas com cuja vitória elas teriam algo a perder; não se trata de negar o "brilho interno"[29] do engajamento político, mas de situá-lo em contexto.[30] No entanto, ser capaz de *sempre* priorizar interesses "não materiais" e altruístas sobre o atendimento de necessidades imediatas supõe um grau de ausência de restrições materiais que é extremamente mal distribuído sob o capitalismo.[31] A maioria das pessoas se engaja na busca por um mundo diferente não simplesmente por ter um investimento

---

28   Manuela Zechner e Bue Rübner Hansen, "Building Power in a Crisis of Social Reproduction". ROAR Magazine, n. 0, 2015, p. 138. Eles seguem: "Ser capaz de temporariamente abrir mão de participar das formas dominantes de acesso aos recursos – seja por meio de greves, cortes de estradas ou boicotes – gera um enorme aumento no poder de negociação coletiva e de bloqueio". Sobre a centralidade de uma "capacidade de resistir" clausewitziana, ver Howard Caygill, *On Resistance: A Philosophy of Defiance*. London: Bloomsbury, 2013.
29   Vivian Gornick, *The Romance of American Communism*. London/ New York: Verso, 2020, p. 13.
30   É nesse sentido, por exemplo, que mesmo que percam privilégios com o fim do poder patriarcal, os homens podem apoiar a luta contra ele porque acreditam que isso é justo, porque melhora a vida das pessoas em outras posições no espectro de gênero e porque pode libertá-los do sofrimento causado por modalidades tóxicas de masculinidade.
31   "Não material" é usado aqui como uma forma de distinguir esses interesses dos que envolvem o atendimento de necessidades básicas ou a garantia do bem-estar. Na medida em que estão arraigados em sentimentos de prazer e desprazer, eles evidentemente também são materiais.

afetivo nessa ideia, mas porque consegue se ver vivendo melhor nele, ou não consegue mais se ver sobrevivendo neste. Para que se mantenha, esse engajamento não pode se mostrar incompatível com seu bem-estar no médio prazo e deve, portanto, oferecer retornos materiais tanto quanto "não materiais".³² A política emancipatória exige sacrifícios não porque estes sejam um fim em si, mas em nome de um futuro em que menos (ou não tão severos) sacrifícios sejam exigidos de todos. Como indicou Erik Olin Wright, a duração e os custos potenciais da transição entre dois estados de coisas diferentes, seja uma mudança sistêmica, seja uma luta local, não são questões triviais. Pelo contrário, eles impõem uma restrição importante à capacidade de qualquer projeto de atrair "apoio popular amplo e *sustentável*" em qualquer circunstância que não as mais extremas.³³

Se a análise estrutural não basta para definir onde está o potencial de construção de base, ela é, contudo, essencial para entender aonde diferentes questões nos levam e o que podemos fazer com elas. Por mais meritória que seja, uma campanha que se destine a resolver um problema na escala em que ele foi originalmente encontrado – falta de

---

32 As pessoas podem, evidentemente, mover céus e terra pela pura força da convicção. No entanto, a convicção, enquanto um interesse particular, é limitada por outros interesses, dos quais o mais importante tende a ser a autopreservação – cuja função de freio normalmente só é inteiramente ignorada quando a sobrevivência é percebida como improvável. Ver Serge em uma conversa com um colega que estava partindo para a frente de batalha na Guerra Civil Russa: "Disse-me [...] que estávamos em plena catástrofe, provavelmente perdidos, que não via nenhum interesse em ganhar uma prorrogação de vida pessoal de alguns meses". Victor Serge, *Memórias de um revolucionário*, trad. Denise Bottmann. São Paulo: Companhia das Letras, 1987, p. 110. A questão é que seria equivocado fazer dessas situações extremas o padrão-ouro do engajamento.

33 Ver E. O. Wright, *Envisioning Real Utopias*, op. cit., p. 311 (grifo no original). Ver também Adam Przeworski, *Capitalismo e social-democracia*, trad. Laura Motta. São Paulo: Companhia das Letras, 1989. Isso ajuda a explicar a atração que a ideia de colapso social exerce sobre a imaginação revolucionária – uma atração que guarda certa relação com os traumas e medos associados à organização. Espera-se que o colapso, causado por uma crise interna do capitalismo ou por um choque externo como um vírus, resolva de uma só vez os problemas de geração de engajamento (as pessoas não têm outra opção a não ser lutar por uma ordem diferente), de oferta de uma alternativa viável (a ordem existente se tornou inviável) e de formação de quadros (as pessoas se tornam ativistas da noite para o dia). Em suma, o colapso promete todas as vantagens da organização sem a necessidade de se organizar.

moradia em uma área específica, digamos – não é uma estratégia de mudança sistêmica. A relevância estrutural de um problema é uma função do papel que ele desempenha na reprodução econômica, política e ideológica da sociedade, o que explica a probabilidade de que, se perturbado, possa desestabilizar essa reprodução como um todo. Para que isso aconteça, porém, o problema deve ser tratado numa escala suficientemente grande. O exemplo da dívida vem novamente à mente aqui, dada a centralidade do endividamento individual para a reprodução social em um contexto global de salários estagnados e precarização, além do potencial que as greves de dívida (suspensões organizadas do pagamento de passivos privados) podem ter para interromper os fluxos do capital financeiro. O que significaria organizar uma greve de dívida em âmbito nacional? O que seria necessário para isso?

Salvo ocasiões excepcionais, construir a capacidade de agir na escala adequada é algo que evidentemente exige tempo e só pode partir de pontos locais, por maiores que estes sejam. Outra qualidade que uma aposta estratégica requer é, portanto, algo que poderíamos chamar de *direcionalidade*: a capacidade de decompor um objetivo sistêmico amplo em etapas e sequências conducentes à geração das condições internas e externas necessárias para alcançá-lo. A direcionalidade conecta metas locais e objetivos globais, reformas e rupturas, ao integrar as primeiras às últimas como momentos que expandem a *potentia* coletiva e criam oportunidades que não existiam antes. Essa não é uma concepção linear do tempo enquanto acumulação em série de pequenas vitórias, bem pelo contrário. Pequenas vitórias e reformas parciais são certamente importantes quando atendem a necessidades e demandas imediatas, funcionam como prova de conceito para ativistas e apoiadores, intensificam o entusiasmo coletivo e criam pontos de apoio para a luta por objetivos maiores. Em vez de as opor a objetivos de longo prazo e a pontos de ruptura, é preciso garantir que elas estejam conectadas umas às outras por "*vínculos orgânicos*" e que uma "disposição para tirar proveito" das perturbações que elas produzem oriente "o ritmo e as modalidades de sua introdução" na direção de "uma nova ação disruptiva".[34]

---

[34] André Gorz, "Reform and Revolution", trad. Ben Brewster. *Socialist Register*, n. 5, 1968, p. 115 (modificado, grifo no original).

Mas a direcionalidade também admite a variabilidade dos ritmos de luta e a necessidade tanto de ditar fases de aceleração (escalada, confronto, uso tático da mídia e ações) quanto de estar preparado para choques externos quando eles acontecerem (por exemplo, tendo oficinas de formação prontas para serem realizadas e boletins e sites de informação que possam começar a estabelecer relações mais regulares com pessoas subitamente atraídas por um pico de mobilização). A questão não é escolher as "pequenas manhãs" em detrimento das "grandes noites", mas se assegurar de que estas últimas sirvam àquelas e vice-versa: que elas não sejam somente grandes gestos que fazem promessas incumpríveis e queimam mais recursos do que geram, mas que efetivamente retroalimentem um processo de longo prazo ao elevá-lo a um novo patamar.

Para seguir pressionando além do curto prazo, é necessário insistir em colocar problemas que possam ser resolvidos dentro das condições existentes ao lado de problemas que não possam. Vale considerar o exemplo do Movimento Passe Livre (MPL), o movimento por transporte público gratuito que acendeu o estopim para os protestos de 2013 no Brasil.[35] O MPL combinava um objetivo imediato amplamente consensual (redução da tarifa) com uma discussão mais geral sobre o envolvimento privado no setor de transportes, sinalizando para metas de médio prazo (auditorias e renegociações de contratos, transporte gratuito para alguns setores sociais), sem deixar de fazer demandas "utópicas" (transporte gratuito universal financiado pela redução das taxas de lucro, pela taxação de grandes empresas e, em última instância, pela transferência do transporte para algum tipo

---

[35] Para ficar claro, o MPL interessa aqui mais como um exemplo do que ele nos permite pensar do que daquilo que ele, no fim das contas, realizou. Ironicamente, diante de um sucesso que ultrapassou tudo o que eles podiam imaginar ou controlar, o movimento recuou e tentou restringir os protestos à demanda de redução da tarifa, terminando por abandonar as ruas enquanto as manifestações ainda ardiam. Esse recuo explicitou como eles estavam despreparados para levar às últimas consequências sua própria tática de incitar a revolta popular. No fim, grande parte da energia que havia sido despertada pelo MPL e por grupos semelhantes acabaria apropriada pela extrema direita. Ver Caio Martins e Leonardo Cordeiro, "Revolta popular: O limite da tática". Passa Palavra, 2014.

de parceria público-comum).[36] Alcançar esse objetivo exigiria, sem dúvida, uma mudança na correlação de forças entre capital e trabalho que não poderia ocorrer da noite para o dia. A ideia, porém, era contribuir para essa mudança, não só em relação ao transporte, mas de maneira mais geral, a partir de uma campanha por um objetivo distante que se organizava, ao mesmo tempo, em torno de outros mais imediatos e que podiam ser mais facilmente atingidos.[37]

O transporte sozinho seria capaz de produzir essa mudança? A questão não vem ao caso. A aposta não era que o transporte pudesse isoladamente levar a uma mudança sistêmica, mas que ele tinha relevância estrutural e apelo social suficientes para funcionar como ponto de alavancagem para uma transformação mais ampla. A ideia não era que o MPL fosse capaz de promover uma mudança sistêmica por conta própria, mas que pudesse ajudar a criar condições que outras forças antissistêmicas poderiam explorar tanto quanto seria possível ele tirar proveito das ações destas. A estratégia do MPL partia de uma posição de parcialidade – nenhum problema, nenhum agente, nenhuma estratégia ou tática jamais serão o suficiente e, de todo modo, sempre haverá outros jogadores em campo – e, consequentemente, pressupunha implicitamente uma pluralidade de outras estratégias.

Contudo, a diversidade de estratégias tampouco se reduz a todos "fazendo sua parte". A questão é antes incorporar o que os outros fazem no nosso próprio pensamento estratégico: as sobreposições de objetivos, base social, metas, calendário; os recursos que

---

36   Essa última expressão não pertencia ao vocabulário do MPL; estou importando-a de experiências municipais em países como Alemanha e Espanha. Ver Bertie Russell e Keir Milburn, "Public-Common Partnerships: Building New Circuits of Collective Ownership". Common Wealth, 2019.

37   O Debt Collective se apresenta em termos semelhantes: "No curto prazo, o Debt Collective oferece serviços para permitir que as pessoas contestem as dívidas. No longo prazo, estamos organizando ações diretas e campanhas de não cooperação com o setor financeiro. Trabalhamos pelo amplo cancelamento das dívidas enquanto lutamos por políticas para acabar com o endividamento em massa, o que inclui ensino superior público gratuito, assistência médica universal, negócios controlados pelos trabalhadores, salários justos para todos, desencarceramento e reparações por justiça racial". The Debt Collective, "About", bargainingforthecommongood.org.

podem ser compartilhados e o trabalho de organização que não precisa ser duplicado; a complementaridade de habilidades, táticas, papéis e funções; as alças de feedback, as sincronias e assincronias por meio das quais as diferentes apostas podem enfraquecer ou reforçar umas às outras; a medida em que duas ou mais estratégias podem, de fato, convergir em um único caminho nem que seja por uma parte do percurso.[38] Reciprocamente, diante das estratégias desenvolvidas pelos outros, não se trata de discutir se elas são por si só suficientes, mas de identificar as aberturas que oferecem a iniciativas que podem complementá-las e conduzi-las a direções diferentes, os pontos em que é possível modulá-las e redirecioná-las.[39] O que importa não é encontrar uma única estratégia que funcione para a ecologia como um todo, mas criar as que funcionem *dentro* dela. O que emerge daí não é, então, uma única estratégia dirigida por um comando central, mas uma espécie de *meta*estratégia que se desenrola na escala da ecologia como um todo, cuja direção geral está permanentemente em jogo.

Seria possível objetar que a diversidade de estratégias permanece dentro de uma lógica de dispersão que até agora falhou em produzir estratégias coerentes ou uma mudança sistêmica. Mas isso é mais uma vez confundir uma díade com uma escolha binária. Entre o máximo de descentralização, em que uma ecologia fica praticamente reduzida à ação agregada, e o máximo de centralização, em que toda ação coletiva é mediada por um único núcleo organizativo, um sistema distribuído pode passar por inúmeras configurações diferentes. Em última análise, o que uma ecologia precisa é que o poder estratégico esteja suficientemente concentrado em alguns pontos (para que ela não se torne uma cacofonia) e que a capacidade de pensamento estratégico esteja tão disseminada quanto pos-

---

38   Um pequeno exemplo do que pode ser feito nessa direção é a rede norte-americana Bargaining for the Common Good, que tem como objetivo reunir sindicatos, grupos comunitários e organizações de justiça social e racial para expandir o escopo das negociações sindicais para além de salários e benefícios, usando disputas contratuais como oportunidades para fazer demandas estruturais. Ver bargainingforthecommongood.org.
39   Sobre isso, ver Thea Riofrancos, "Plan Mood Battlefield: Reflections on the Green New Deal". *Viewpoint*, 19 maio 2019.

sível (para que todos possam ver e projetar suas ações dentro de um contexto maior). Mais uma vez, é o problema leibniziano: a maior diversidade com o máximo de ordem (ou a ordem mais funcional e transformativa). Isso significa conceber o pensamento estratégico não como abstração ou dogma, mas como complementaridade, flexibilidade, atenção à ecologia como um todo e disposição para utilizar um conjunto variado de ferramentas. Em qualquer esporte coletivo – vamos supor que mudar o mundo também seja um –, a inteligência posicional coletiva é fundamental para uma estratégia bem-sucedida. Um bom time não é aquele em que um único jogador organiza todo o jogo, nem aquele em que cada jogador só faz o que quer. Pelo contrário, é aquele em que todos os jogadores estão igualmente conscientes dos movimentos em campo e são capazes de ocupar qualquer espaço que precise ser ocupado – mesmo quando isso signifique ficar parado no mesmo lugar.

A volta do partido

Os partidos, dizem, estão de volta. Se não estamos equivocados em descrever o ciclo de protestos iniciado em 2011 como tendo sido, para muitos, o 1989 de 1968, isso não deveria surpreender. A guinada para a política eleitoral a partir da segunda metade da década pode ser entendida como uma resposta perfeitamente lógica à percepção de que as elites econômicas e políticas haviam demonstrado ser capazes de conservar suas posições mesmo após gigantescas demonstrações de "poder popular". Se uma sugestão ficou no ar com o refluxo dos movimentos de massa da década passada, foi a de que quando as elites não estão muito preocupadas com a legitimidade política, a quantidade de força necessária para movê-las assume proporções praticamente impossíveis de se alcançar. Isso resultou em duas conclusões diametralmente opostas, ambas com um grão de verdade que pode se perder se as levamos longe demais: que "o poder *já não reside nas instituições*",[40] por um lado, e que é preciso

---

[40] Comitê Invisível, *Aos nossos amigos: Crise e insurreição*, trad. Edições Antipáticas. São Paulo: n-1 edições, 2016, p. 98 (grifo no original).

lutar pelo controle dessas instituições, por outro. É verdade, como a experiência do Syriza deixou tragicamente claro, que o poder estatal está cada vez mais limitado por organismos internacionais e forças econômicas transnacionais, bem como ultrapassado pelo poder das infraestruturas e das cadeias logísticas.[41] Por outro lado, também é verdade que, por mais limitado que seja o bem que podem fazer, as instituições ainda têm a capacidade de causar grandes danos, e esperar seu desaparecimento automático quando as "desertamos" é confundir sua "negação subjetiva" com a "efetiva destruição" de sua existência material.[42] A leitura insensível que o Comitê Invisível faz da Revolução Egípcia é reveladora a esse respeito. É preciso um sério ponto cego analítico para sugerir, diante da violência indiscriminada que interrompeu esse processo, que os manifestantes foram culpados de acreditar no poder em vez de forçá-lo "a assumir sua arbitrariedade, a revelar sua dimensão contingente", "a descer para o nível dos insurgentes" e "reduzindo-se a uma mera gangue".[43]

Desde uma perspectiva ecológica da organização, o retorno do partido não é em si um problema; a questão é antes como se deve entendê-lo. Supor que isso indica que os movimentos começaram mais uma vez a percorrer o curso completo da infância (redes pouco coordenadas e protesto social) à maturidade (construção partidária e ação por meio das instituições) seria endossar uma concepção teleológica de organização em total desacordo com o argumento proposto ao longo deste livro. Afinal, tudo o que foi dito aqui aponta que não há nenhum caminho necessário de desenvolvimento, a organização é irredutivelmente plural e, por isso, deve ser concebida em termos ecológicos. Mas pior ainda é a conclusão que a narrativa teleológica implica: que a maturidade equivale a colocar todos os nossos ovos na cesta de um único partido. Isso é esquecer que um certo grau de pluralidade é uma salvaguarda necessária contra a dominação, quer esta se dê pelo jugo de um

---

41 Ver Jasper Bernes, "Logistics, Counterlogistics and the Communist Prospect". *Endnotes*, n. 3, 2013, pp. 172–201; Keller Easterling, *Extrastatecraft: The Power of Infrastructure Space*. London/ New York: Verso, 2014.
42 V. I. Lênin, *Esquerdismo: Doença infantil do comunismo*. São Paulo: Expressão Popular, 2014, p. 100.
43 Comitê Invisível, *Aos nossos amigos*, op. cit., pp. 89–90.

partido único ou pela lógica do "eles não têm para onde ir", que há anos permite que os partidos da antiga social-democracia façam pouco-caso de sua base social.

A questão a respeito dos partidos não é se estes têm um lugar em uma ecologia de movimento – eles existem, logo têm –, mas que tipo de relação mantêm ou deveriam manter com ela. Devem almejar a ser a última fronteira de uma ecologia, o guarda-chuva sob o qual tudo deve tendencialmente ficar? São apenas uma parte entre outras, semelhante às demais na medida em que possuem seu próprio nicho? Ou têm alguma função reguladora, atuando como uma espécie de autoconsciência incipiente do sistema do qual fazem parte? Um partido é um núcleo organizativo como qualquer outro, desempenhando determinadas funções que outras formas organizacionais não conseguem, ou ele tem um status diferente, operando em um nível acima, por assim dizer? Um debate sobre a forma-partido deve necessariamente tratar dessas questões e tentar definir quais funções, caso haja alguma, são exclusivas do partido, e se elas são indispensáveis.

Entre aqueles envolvidos com a renovação da ideia de partido nos últimos anos, Mimmo Porcaro tem sido o mais consistente em pensá-lo dentro de uma ecologia. Sua narrativa acompanha o tradicional partido de massas da era fordista, "apresentado como o único dono da ação política das massas organizadas", até o colapso dessa reivindicação de exclusividade com o fim do pacto keynesiano. Esse fim, que ocasionou o enfraquecimento da organização sindical, um aumento da complexidade social e um abismo crescente entre trabalhadores qualificados e não qualificados, permitia inferir

> não apenas a impossibilidade de reproduzir o partido de massas, mas também [...] que as funções "clássicas" de um partido da classe trabalhadora (transformação das classes populares em classes dominantes, desenvolvimento cultural e programático, gestão política) não se tornaram inúteis e supérfluas, mas, pelo contrário, eram ainda mais necessárias [...]. [Exceto que] essas funções não poderiam mais ser desempenhadas por *uma única* entidade política (ou por associações sujeitas a ela), mas estavam espalhadas por inúmeras "instituições": organizações de movimento, sindica-

tos, associações da sociedade civil, mídia independente, redes de computador e, por fim, também partidos geralmente tradicionais.[44]

Esse estado de coisas levou Porcaro a conceber um "partido conectivo de massas", cujo papel fundamental não seria a centralização organizada, mas a conexão política entre as "inúmeras 'instituições de movimento' estruturalmente autônomas, cada uma delas capaz de assumir, de tempos em tempos, a direção do sujeito global e com poder para dar continuidade à sua própria atividade específica em paralelo à ação comum enquanto 'partido'".[45] No entanto, ele logo identificaria três falhas nessa proposta. A primeira fora supor que as "instituições de movimento" que o partido conectava estavam à altura da tarefa de "chegar às massas", quando, na verdade, elas eram predominantemente a prerrogativa de trabalhadores intelectuais qualificados e incapazes de transpor o vazio que os separava de seus pares não qualificados. (Evidentemente, o que ele tinha em mente era a realidade europeia.) Os trabalhadores não qualificados, por sua vez, pertenciam em sua maioria a um terceiro elemento, ao lado da sociedade auto-organizada e do partido, que ele havia deixado de levar em conta anteriormente: "um 'povo' que consiste em indivíduos isolados [...] com uma tendência a se associar não por auto-organização, mas em relação a um objetivo político ou – pior ainda – em relação a um líder político".[46] A segunda falha estava em subestimar o papel do Estado, mais fortalecido depois da crise de 2008, e, portanto, em supervalorizar o potencial estratégico de um "crescimento linear da autonomia social".[47] A terceira, por fim, era a fé excessiva de que estratégias claras surgiriam naturalmente do debate pluralista.

Sua noção revisada do partido conectivo tentava encontrar respostas em todas as três frentes. Para transpor a distância em relação aos trabalhadores não qualificados, as "instituições de movimento"

---

44   Mimmo Porcaro, "A Number of Possible Developments of the Idea of the Connective Party". *Transform! Europe*, 2011, pp. 1–2 (modificado). Ver transformnetwork.net.
45   Ibid., p. 2.
46   Id., "A New Type of Art: From Connective to Strategic Party". *The Bullet*, 22 ago. 2013.
47   Id., "A Number of Possible Developments of the Idea of the Connective Party", op. cit., p. 8.

teriam que trabalhar diretamente no nível reprodutivo: cooperativas de compradores, creches e clínicas autogeridas, bancos de tempo, espaços de compartilhamento de habilidades. Em vez de esperar que a estratégia surgisse espontaneamente, os planos e programas deveriam ser "o resultado *da ação consciente de grupos políticos e intelectuais específicos*" que teriam de assumir a responsabilidade de reelaborar em propostas concretas o debate plural do movimento.[48] Finalmente, quanto ao "povo" ao qual não fosse possível chegar através de "associações mutualísticas [e] da prestação de 'serviços' para as camadas populares",[49] em vez de "[abandoná-los] ao populismo de direita", o partido "provavelmente teria que assumir algumas características essenciais do velho partido de massas ou, com o devido cuidado, incorporar alguns aspectos de uma política baseada no carisma pessoal".[50]

Há muito aqui com o que posso concordar, como a ênfase na construção de base através de intervenções no nível da vida cotidiana e o reconhecimento de que o surgimento "espontâneo" da estratégia, em vez de uma mágica que acontece indiferentemente à nossa vontade, depende de esforços concretos para desenvolver e implementar apostas estratégicas. Acima de tudo, está o fato de que o que Porcaro descreve é efetivamente uma ecologia, com funções-vanguarda e tudo.[51] Mas também fica claro que, da primeira versão de seu argumento para a segunda, muda significativamente a maneira como a relação ecologia-partido é concebida. A primeira imagem do partido conectivo é a de uma *parte* de uma ecologia cuja função específica é conectar diferentes iniciativas que existem autonomamente. Na segunda, o partido é, pelo menos tendencial-

---

48   Ibid. (grifo no original).
49   Ibid. (modificado).
50   Id., "A New Type of Art", op. cit.
51   Observe-se a insistência de Porcaro de que diferentes grupos ou setores têm, em momentos diferentes, "a última palavra e 'estabelecem' a linha política", e que a política e a estratégia podem vir de grupos que "também são formados por membros de partidos políticos, mas que não correspondem aos próprios partidos" ou a seus procedimentos internos. Esses "mecanismos informais" que "eram inaceitáveis" em um partido de massa tradicional – ou, eu diria, eram sistematicamente renegados – "são, em vez disso, recursos essenciais de desenvolvimento" em uma ecologia. Id., "A Number of Possible Developments of the Idea of the Connective Party", op. cit., p. 10.

mente, sinônimo da ecologia como um todo, subsumindo uma série de funções diferentes (ajuda mútua, construção de base, estratégia, dirigir-se ao "povo"...) e perdendo toda a especificidade de uma estrutura separada (o que é, se é alguma coisa, o partido considerado à parte de todas as iniciativas que deveria abranger?). O problema é que, enquanto a primeira imagem identifica uma função a ser desempenhada dentro das condições existentes, a segunda supõe que já estão resolvidas justamente as duas dificuldades que o partido conectivo deveria enfrentar: a ausência de uma organização de massa e a falta de uma visão comum. No fim das contas, é como se, diante das dificuldades de fazer emergir um partido de uma ecologia, Porcaro avaliasse que uma ecologia só poderia ser desenvolvida e integrada por um partido. Isso tem a aparência de uma solução, já que nomeia o sujeito que se encarregaria de tudo o que precisa ser feito, mas é uma solução apenas teórica enquanto esse sujeito não existir. Porcaro está, sem dúvida, correto em acreditar que as ecologias de movimento podem se beneficiar de mais integração, mas ele carece de razões convincentes que façam dessa integração um sinônimo do partido. Afinal, é mais provável que um partido tão internamente diverso como ele o imagina seja antes o *resultado* dos esforços para integrar iniciativas já existentes do que a *causa* dessa diversidade; e é ao menos concebível que uma ecologia altamente integrada tornaria supérflua uma estrutura independente cuja função fosse fornecer conexão.

O argumento de Jodi Dean a favor do partido também é menos a defesa de uma estrutura organizacional do que de um conjunto de funções. Para ela, o partido é imprescindível como "portador"[52] de um acontecimento politicamente disruptivo que permite que uma parte (a multidão [*crowd*]) "po[ssa] ver a si mesma (e ser vista)"[53] como a totalidade imaginária e sempre ausente no centro da política (o povo). Mesmo que essa seja uma condição necessária para a constituição de um sujeito político coletivo, isso não significa que o partido seja sinônimo desse sujeito ou o "represente". Em vez disso,

---

52   J. Dean, *Multidões e partido*, trad. Artur Renzo. São Paulo: Boitempo, 2022, p. 225.
53   Ibid., p. 314.

ele "*responde* a esse sujeito"⁵⁴ e, ao fazê-lo, fornece a ele uma perspectiva a partir da qual sua vontade política pode ser formada. Sua função básica é transferencial: ele atua como o analista que ajuda o analisando a entrar em contato com seu inconsciente e a interpretar seu desejo. Por ironia, é essencialmente assim que Guattari concebia os "grupos analíticos" que ele via como substitutos potenciais dos partidos na esteira de 1968.⁵⁵ No caso de Dean, essa função é detalhada como consistindo na concentração e na organização de uma sociabilidade emergente em um espaço simbólico cujas estruturas básicas (eu ideal, ideal do eu, superego, sujeito suposto crer, sujeito suposto saber) emprestam ao coletivo a reflexividade que sua subjetivação política requer.⁵⁶ Essa posição simbólica é corroborada pela "infraestrutura afetiva" do partido: a "dinâmica de sentimentos que ele gera e mobiliza" pela participação constante em suas iniciativas, campanhas, reuniões, até mesmo em seus espaços sociais.⁵⁷ Como a promessa de redenção que inspirava os primeiros socialistas, é essa

---

54   Ibid., p. 315.
55   Ver, por exemplo, F. Guattari, *Psicanálise e transversalidade*, op. cit., pp. 120-ss, 305-ss. Ver também Gilles Deleuze, "Três problemas de grupo", in ibid., pp. 14-ss.: "a unificação deve ser realizada por meio da análise, deve ter *o papel de um analisador* com relação ao desejo de grupo ou de massa, em vez de um papel de síntese que opere por racionalização, totalização, exclusão etc." (grifo meu). O "analisador", um conceito trazido da análise institucional, foi definido por René Lourau como um conjunto de "fenômenos sociais que produzem, por meio de [sua] ação própria, e não pela aplicação de qualquer ciência, uma análise da situação". R. Lourau, *L'Analyseur Lip*. Paris: UGE, 1974, p. 13. A diferença entre "analista" (Dean, Žižek) e "analisador" (Guattari) não é desprovida de consequências políticas. Ver Rodrigo Nunes, "Anônimo, vanguarda, imperceptível". *Serrote*, n. 24, 2016.
56   Dean ressalta que o sujeito suposto saber é uma figura puramente formal: não significa que o partido realmente conheça ou ocupe o ponto de vista da totalidade, mas que ele cumpre a função dessa perspectiva, o que, na verdade, é impossível para seus membros. Há dois problemas nessa argumentação. O primeiro é que a distinção entre *realmente saber* e *atuar como se soubesse* é feita por um observador externo, não necessariamente pelos próprios membros do partido; e se as pessoas não souberem que o sujeito suposto saber não sabe? (Ver o relato de um julgamento do partido em J. Dean, *Multidões e partido*, op. cit., pp. 297-301). O segundo é a falta de uma discussão sobre as dimensões propriamente organizacionais do partido: os mecanismos através dos quais o conteúdo real do "suposto saber" é produzido, o tipo de controle que os membros têm sobre ele, e assim por diante.
57   Ibid., p. 256.

infraestrutura que infunde nos membros a vontade, o entusiasmo e a esperança, dando-lhes acesso a uma força "capaz de ampliar o mundo", "potente o bastante para contrariar a lei e vencer".[58]

Muitas pessoas já terão tido uma experiência semelhante com uma associação de bairro, um grupo de jovens, um sindicato ou uma campanha, sem falar na igreja. O que é central ao argumento de Dean, no entanto, é a ideia de que, embora essas formas organizacionais possam realmente produzir os mesmos efeitos, elas o fazem a partir de uma perspectiva parcial do processo político. Só um partido pode costurar essas perspectivas parciais em uma única visão do todo. Contudo, a nebulosa (mas nem por isso menos potente) designação "o movimento" e a infraestrutura afetiva gerada pela participação em espaços de movimento também podem ocasionalmente servir para garantir que "as múltiplas atividades não [sejam] um pluralismo diferenciado de possibilidades, mas uma única política comunista, imaginada como e a partir de uma perspectiva da luta duradoura das massas".[59] Esse certamente foi o caso para muitos nos "novos movimentos sociais" das décadas de 1960 e 1970, no movimento altermundista da virada do século e, ainda que de modo efêmero, no ciclo de 2011. Essas funções só podem ser cumpridas pelos partidos ou seria possível que fossem realizadas por uma ecologia altamente integrada que pode ou não incluir um partido? Dean talvez respondesse que um partido pode fazê-lo com maior coerência e consistência – o que mostraria que questões como "ideologia, programa, liderança ou estrutura organizacional" não são tão secundárias para a visão dela quanto sugere.[60]

Embora as últimas quatro décadas tenham certamente sido de forte aversão aos partidos na maioria dos círculos políticos, não houve escassez de pequenas seitas no mercado, sendo o zelo descabido de seus membros muitas vezes um bom lembrete do motivo pelo qual as pessoas evitavam a forma-partido em primeiro lugar. O que Dean tem em mente é claramente outra coisa: uma infraestrutura afetiva capaz de sustentar um sujeito coletivo amplo e ativo. O que a contínua proliferação de grupúsculos demonstra, no entanto,

---

58 Ibid., p. 260.
59 Ibid., p. 276.
60 Ibid., p. 256.

é que a *existência* de partidos, ou de pessoas que acreditam neles, não é uma condição suficiente para efetuar essa tarefa. Novamente, a noção de "partido" e de "ecologia integrada" convergem tendencialmente: o que falta no presente é menos uma mudança na disposição subjetiva em favor do primeiro e mais um esforço conjunto para construir a segunda. Um partido só poderia ser a solução definitiva para esse problema se ele já existisse e se tivesse as qualidades necessárias para a tarefa. Como esse não é o caso, é uma questão em aberto se o partido é uma condição necessária, uma consequência ou algo que a integração tornaria supérfluo. Portanto, é possível concordar com Dean que aquilo de que precisamos é "uma luta organizada contra o capitalismo [...] capaz de trabalhar múltiplas questões em diversos locais" sem que sejamos persuadidos de que o trabalho de "coordenar, consolidar e unificar [nossos] esforços para que eles possam se amplificar mutuamente" *só* pode ser feito por um partido – e não, por exemplo, por uma série de núcleos organizativos por trás de algumas apostas estratégicas altamente desenvolvidas.[61]

De todas as funções listadas por Dean e Porcaro em sua defesa do partido, apenas uma definitivamente se destaca pela improbabilidade de ser satisfeita por qualquer outra coisa: dirigir-se ao "povo" atomizado que não é politicamente ativo ou não está envolvido em nenhum tipo de organização. Trata-se de um correlato da função de unificação política geralmente atribuída ao partido – ela costura numa só trama diversas perspectivas sobre a totalidade –, que, por sua vez, é um correlato daquilo com que o partido está, em última instância, em relação: o Estado. Para o marxismo, o partido é indispensável porque a luta de classes deve eventualmente se transformar em uma luta política sobre o controle e a natureza do Estado, e deve haver algo que estabeleça a mediação entre as diferentes partes da classe trabalhadora da mesma maneira como o Estado medeia a relação entre capitais concorrentes. No entanto, a necessidade de mediação não para por aí, e da mesma maneira como o Estado também deve mediar a relação entre o capital e o restante da sociedade para produzir consenso e consolidar a hegemonia, o partido deve cumprir esse papel entre os trabalhadores e as classes ou frações de

---

61 Ibid., p. 303.

classe que podem e devem ser convencidas pela causa revolucionária. Traduzido em política eleitoral, uma das principais implicações disso é a busca por representar e obter apoio de setores sociais que geralmente são não organizados ou politicamente sem filiação (o que abrange um espectro ainda mais amplo do que os "trabalhadores não qualificados" de Porcaro). É interessante que a defesa que Dean faz do partido se ocupe principalmente com o efeito que ele tem nos ativistas, sendo que é claramente no papel que ele desempenha em relação aos não ativistas que o partido, pelo menos enquanto o Estado e as eleições existirem, parece ser mais difícil de substituir.

Foi esse cálculo, mais do que qualquer outra coisa, que inspirou a guinada eleitoral em lugares como Espanha, Reino Unido e Estados Unidos na segunda metade da década passada. Nele está implícita uma relação muito diferente entre partido e ecologia. Aqui, não se espera que o partido seja aquilo que unifica uma ecologia, muito menos que eventualmente se torne a ecologia como um todo. Em vez disso, ele é aquela parte da ecologia que executa funções que nenhuma outra organização cumpre: conceber estratégias eleitorais, lançar candidaturas, ocupar o parlamento e, por fim, se for o caso, gerir o governo. Para tal, o partido deve, como diz Dean, "responder" à ecologia – e ele o faz ao tentar traduzir em políticas os desejos e as demandas que estão nela presentes de maneira difusa, buscando atrair outros setores sociais para sua esfera de influência e em alguma medida prestando contas a ela. No entanto, isso não parece envolver qualquer aspiração a que a integração organizacional condense tudo sob um único guarda-chuva. Tanto filiados quanto não filiados parecem perceber o partido não tanto como o *télos* de uma ecologia, aquilo que é ao mesmo tempo sua culminação e o que faz dela um todo, mas como uma organização que presta um tipo especial de serviço. Nesse caso, em vez de tender à fusão, partido e ecologia retêm sua separação e tentam manter uma relação de mão dupla mutuamente benéfica. Enquanto o partido oferece à ecologia a possibilidade de intervir no nível estatal, a ecologia oferece os votos e o engajamento que podem dar ao partido um núcleo a partir do qual construir coalizões eleitorais.

Em vez das configurações imaginadas por Porcaro e Dean, esse renascimento da forma-partido tem frequentemente tendido a assumir a forma do "partido digital". Isso ocorre por razões de eficácia prática (as "possibilidades organizacionais e o potencial de alcance em massa das mídias sociais"), cálculo político (desconfiança generalizada em relação aos partidos tradicionais) e, em graus variados, uma crença no poder da tecnologia digital de "estender e aprofundar a participação" ao facilitar "uma intervenção mais direta e significativa no processo político".[62] As semelhanças formais entre estruturas como Cinque Stelle (Itália), Podemos (Espanha) e Momentum (Reino Unido) não devem, porém, nos cegar para os modos como elas diferem entre si. Se a organização não é uma questão de forma, e sim de forças, a natureza de um partido não pode ser determinada unicamente a partir de suas características formais, nem mesmo de seu equilíbrio interno de forças, mas deve ser buscada, em última instância, em sua relação com uma base social mais ampla que inclui membros e não membros. Acredito que uma distinção significativa se apresenta aqui: trata-se da oposição entre as organizações que buscam se dirigir apenas ao "povo" atomizado (Cinque Stelle) ou a uma seção específica dele (os múltiplos partidos piratas) e aquelas que desejam ser uma saída eleitoral tanto para os sem filiação política quanto para uma base social já mobilizada e politicamente ativa (Podemos, Labour/Momentum, Democratic Socialists of America).

Os dois tipos de organização talvez compartilhem a tendência a minimizar a burocracia interna, substituindo a estrutura territorial de diretórios locais e regionais, em que há uma hierarquia ascendente de representação, por "uma estrutura mais fluida ou evanescente, baseada em agrupamentos informais, desprovida desse grau de integração e controle do partido central que era próprio das organizações políticas tradicionais".[63] A perda desse tipo de participação é compensada pela concessão de grande autonomia aos grupos locais e de participação individual direta via internet nas principais decisões do partido. Ambas as medidas tendem a desenvolver uma relação reativa entre base e liderança, na qual a primeira em geral con-

---

62   P. Gerbaudo, *The Digital Party*, op. cit., pp. 5, 14–15.
63   Ibid., p. 97. A exceção a essa tendência é o Democratic Socialists of America. Gerbaudo ressalta que essa tendência decorre não apenas da crença na superioridade da participação online, mas também por ela ser um mecanismo para impedir tentativas arrivistas de assumir o controle ou de inviabilizar o partido.

firma a linha adotada pela última e atua como amplificadora da comunicação vinda do topo. Isso produz uma divisão entre aqueles que Gerbaudo descreve como "hiperlíderes" e sua "superbase". Há, porém, uma diferença visível no modo como uma base politicamente ativa e, na maior parte das vezes, já organizada responde a isso. Enquanto o Cinque Stelle experimentou um crescimento explosivo justamente após decidir cercear os grupos locais que haviam surgido em seus primeiros dias, o Podemos pareceu estagnar enquanto força eleitoral quando limitou o papel dos "círculos" locais que foram uma grande força em seu início. Mesmo que a liderança do partido tenha logrado construir uma "superbase" para si, o entusiasmo de seus membros mais ativistas foi diminuindo à medida que a tomada de decisão se tornava cada vez mais centralizada nas mãos de um pequeno grupo de fundadores.[64] Conforme suas tropas de choque perdiam parte de seu vigor, o partido viu suas perspectivas eleitorais, que pareciam crescer irresistivelmente em um primeiro momento, estabilizarem-se e até regredirem. Nas eleições municipais, a pressão para forçá-lo a integrar *confluencias* (plataformas compartilhadas) com outros grupos sinalizava uma tentativa de controlá-lo desde fora, fazendo-o coexistir com outros núcleos organizativos, visto que controlá-lo desde dentro se tornara muito difícil.[65] No fim, seria necessária uma coalizão com um Partido Socialista (PSOE) rejuvenescido para levar "o partido dos indignados" ao poder.

Acredito que a explicação para essa diferença está na distinção entre liderança fraca e liderança forte que a noção de "hiperlíder", ao confundir visibilidade midiática e poder organizacional, perde de vista. A diferença entre Bernie Sanders, Alexandria Ocasio-Cortez e Jeremy Corbyn, de um lado, e Luigi di Maio do Cinque Stelle ou Jean-Luc Mélénchon do France Insoumise, de outro, é que enquanto

---

[64] As duas coisas estão evidentemente conectadas: à medida que aqueles que desejavam ter um papel mais ativo nas questões do partido se afastavam, outros retornavam à condição de participantes passivos. Ver Ángel Villarino e Rafael Méndez, "Podemos se instala en el desencanto: 'A muchos círculos ya no viene casi nadie'". *El Confidencial*, 18 nov. 2018.

[65] Ver R. Nunes, "From Networks to Parties... And Back". *Viewpoint*, 1 jun. 2015. Ao menos até as disputas internas que se espalharam pelas eleições de 2019, a legitimidade social dessas iniciativas civis efetivamente impediu que o Podemos concorresse sozinho em cidades maiores.

estes últimos têm (ou tiveram) controle total sobre os partidos que criaram, a autoridade interna dos primeiros em seus respectivos partidos é (ou foi), na melhor das hipóteses, fortemente contestada. Essa falta de autoridade burocrática só pode ser contrabalançada pelo apoio de uma base altamente engajada; mas isso significa que o "líder" precisa dos "seguidores" tanto quanto o inverso é verdadeiro. O apelo desse tipo de líder é, portanto, bem diferente para o "povo" atomizado e para a base organizada: enquanto o primeiro pode estar em busca de qualidades como carisma, autenticidade e a condição de *outsider* do sistema, a última vislumbra alguém que eles possam influenciar e moldar. Para estes, a relativa fragilidade institucional do líder pode ser uma qualidade importante, visto que o liga aos apoiadores de maneira mais recíproca.

Assim, se a transição da fragilidade institucional para o controle de cima para baixo não prejudicou o Cinque Stelle, foi porque seu público-alvo era sobretudo uma base indiferenciada que não poderia se constituir politicamente de outra maneira. No caso do Podemos, a dependência inicial do partido em relação aos membros – ele só era viável na medida em que estes aderissem – era uma parte crucial de seu apelo. Isso provocou um "entrismo de massa" de milhares de pessoas que, mesmo que não fossem integrantes de nenhuma organização, tampouco eram atomizadas ou politicamente inativas. O entusiasmo pelo partido não advinha aí de um apoio incondicional a seus fundadores, mas de um cálculo pragmático: tratava-se, afinal, de um veículo eleitoral que eles teriam a chance de moldar desde o início. Algo semelhante aconteceria ao Labour Party com a campanha de Corbyn para a liderança do partido e ao Democratic Socialists of America na primeira vez que Sanders concorreu às primárias para a candidatura à presidência pelo Partido Democrata. Para cada um desses líderes, confundir o apoio com uma carta branca seria correr o risco de ser punido pela base ativa – que foi o que ocorreu, em alguma medida, com a liderança do Podemos. Enquanto nucleavam forças anteriormente dispersas ao seu redor de maneira bem condizente com sua inspiração laclauiana, eles não entenderam que, tão logo se retirasse a promessa inicial que o partido fizera de potencializar a participação de baixo para cima, muitos que se juntaram a ele por esse motivo começariam a deixar de cooperar.

Essa diferença na relação base-partido delineia dois sentidos distintos em que a noção do partido como "prestador de serviços" pode ser entendida. Em ambos os casos, o partido não é simplesmente um meio, e uma parte de seu "serviço" reside em exercer um papel ativo na constituição de uma vontade coletiva na esfera eleitoral. A diferença está em quão preponderante é esse papel e quão subordinado está o partido ao controle vindo desde baixo. Nos partidos cujo público principal é o "povo" atomizado, a relação tende a um engajamento passivo e àquilo que Michels descreveu como "o reconhecimento das multidões pelas personalidades que falam e escrevem em seu nome".[66] A base atua mais como consumidora do que como coprodutora de política e estratégia, um arranjo que naturalmente resulta em menos responsividade da parte dos líderes e mais dependência em relação a eles. Por outro lado, quando um partido combina um apelo aos insatisfeitos com uma base social ativa e organizacionalmente diferenciada, a existência de outros centros de poder abre mais oportunidades de participação e chances mais efetivas de garantir que a estrutura permaneça sensível à base e responsiva diante dela. No limite, o partido funcionaria aí como a ala eleitoral de um movimento diverso e vigoroso: simultaneamente valorizado pela função única que realiza e vigiado para que não se torne excessivamente autônomo. Algumas experiências conseguiram se aproximar desse cenário ideal, mas seu destino subsequente sugere que é muito difícil sustentar, no longo prazo, o equilíbrio de forças necessário para tal.[67]

Clastres sugeria que o surgimento de formas de poder coercitivas e que não podem ser controladas devia ser explicado não por si mesmo, mas pela incapacidade do campo social de exorcizá-las. Para que os representantes permaneçam frágeis, o que importa, no fim das contas, é o quão forte é o restante da ecologia. Na origem de qualquer processo gradual de oligarquização está uma relação na qual alguns tomam o poder porque outros não os detêm – ou efetivamente consentem que eles o façam. É inegável, então, que a política eleitoral e o Estado envolvam uma série de riscos nesse sentido. No nível mais

---

66 Robert Michels, *Sociologia dos partidos políticos*, trad. Arthur Chaudon. Brasília: Ed. UNB, 1982, p. 39.
67 Por exemplo, o Movimento ao Socialismo (MAS), da Bolívia, por algum tempo, e o Partido dos Trabalhadores (PT), no Brasil, em seu início.

elementar, ambos se baseiam concretamente na ideia de ceder o controle a outrem, o que significa que as vitórias nesse campo podem ser ainda mais desmobilizadoras do que as derrotas. Além disso, vencer eleições muitas vezes envolve perder importantes atores da ecologia para o aparelho de Estado e, portanto, perder *potentia* e autonomia diante das instituições. Isso se soma ao fato de que, devido a incentivos financeiros e de outros tipos, os partidos tendem a renovar seus quadros mais rapidamente do que os movimentos sociais. Por fim, enquanto os movimentos podem ser complementares, os partidos são, por definição, concorrentes, e quanto mais exclusivo se torna o investimento em uma alternativa eleitoral, tanto menos uma ecologia é capaz de exercer um controle difuso sobre ela. Independentemente das intenções de qualquer pessoa, o equilíbrio de forças geralmente se torna favorável aos partidos no longo prazo.

Poderíamos entender a "lei de ferro da oligarquia" de Michels como descrevendo uma tendência análoga à segunda lei da termodinâmica: a oligarquia, como a entropia, é o estado estatisticamente mais provável para um sistema que deixe de receber novas injeções de energia, ou seja, de *potentia* coletiva. (Com a diferença importante, claro, de que a *potestas* pode efetivamente *suprimir* novas injeções.) Se esse é o caso, devemos lembrar que a segunda lei da termodinâmica se aplica igualmente a *todos* os sistemas físicos, e o próprio Michels acreditava que a "constituição de oligarquias no seio das múltiplas formas de democracia é um fenômeno orgânico e por consequência uma tendência à qual sucumbe fatalmente *toda* organização, seja socialista ou mesmo anarquista".[68] Ao longo deste livro, encontramos várias razões para isso. Em primeiro lugar, há o fato de que nunca é a totalidade (de uma sociedade, de uma classe ou mesmo de um grupo) que deseja ou atua, mas somente uma parte, por maior ou menor que seja – algo que vale tanto para as diferenças de participação no interior de um coletivo quanto para a separação entre um movimento de massa e o restante da população. Em segundo lugar, há a liderança enquanto função ineliminável da política, que pode e muitas vezes realmente se consolida em posições formais ou informais. Em terceiro lugar, há a própria organização, enquanto um

---

68   R. Michels, *Sociologia dos partidos políticos*, op. cit., p. 238 (grifo meu).

meio de aumentar a *potentia* coletiva que, ao fazê-la se adensar em torno de certos pontos, pode convertê-la em *potestas*. Além disso, há as assimetrias de poder existentes em redes de todos os tipos, que são essenciais à capacidade destas de produzir efeitos em grande escala, e o fato de que as dinâmicas centro-periferia não são apenas produto de más intenções, mas tendências naturais intrínsecas a processos coletivos que costumam se reforçar se não forem corrigidas.

Em suma, não se elimina o perigo eliminando o partido; um dos problemas da tendência de confundir organização e partido é justamente induzir as pessoas a acreditar nessa ideia. É evidente que isso tampouco torna qualquer partido automaticamente bom, mas significa que a possibilidade de se valer dos partidos deveria ser julgada não segundo um critério único (sua tendência a se tornarem excessivamente autônomos em relação à base), mas conforme três critérios (os riscos, a capacidade externa de controlá-los, e se os ganhos que podem ser obtidos em uma situação concreta compensam corrê-los). Ao mesmo tempo, isso nos serve de lembrete de que não é necessário que apareça um partido para que os movimentos se ossifiquem. Eles são perfeitamente capazes de chegar a esse ponto sozinhos; basta que deixem de receber injeções de *potentia* coletiva. Alternativamente, caso se mostrem incapazes de produzir os efeitos que se espera, a energia investida neles pode se dissipar e desaparecer. *Com tempo suficiente e sem trabalho bastante, tudo se desfaz.* A narrativa que retrata o surgimento dos partidos como aquilo que provoca a ruína de movimentos vigorosos e dinâmicos muitas vezes esquece que nada mantém os mesmos níveis de dinamismo para sempre, e que os partidos geralmente se desenvolvem não quando os movimentos estão no auge, mas quando começam a enfraquecer. É ingênuo, por exemplo, atribuir ingenuidade aos administradores de clínicas e cozinhas autogeridas na Grécia por terem sido supostamente "enganados" pelo Syriza. Para quem carregava o peso de manter esses projetos em meio a uma crise sem fim à vista, tratava-se antes de ver na política eleitoral a possibilidade de uma trégua e de uma mudança no terreno de luta.

Na verdade, especialmente nos Estados Unidos e no Reino Unido, outro motivo para a guinada eleitoral da segunda metade da última década foi claramente a esperança de que ela poderia funcionar como um atalho no processo de recomposição política que o ciclo de 2011 havia iniciado, mas não lograra levar a termo. A recomposição – o processo pelo qual diferentes indivíduos e grupos desenvolvem uma perspectiva política compartilhada e passam a se perceber como estando do mesmo lado de uma luta – pode assumir muitas formas. Aquela que tinham em mente os *operaisti* italianos, responsáveis por popularizar o termo, estava, pelo menos originalmente, centrada no local de trabalho e vinculada às possibilidades organizacionais oferecidas pela concentração de trabalhadores no chão de fábrica. Desde então, com unidades de produção menores e uma experiência de trabalho cada vez mais atomizada tornando-se as tendências dominantes, o local de trabalho se tornou um espaço menos propício à organização e o próprio trabalho, um espaço menos provável para a recomposição política. O território, por outro lado, embora seja uma base poderosa para reunir as pessoas, é inerentemente limitado em sua capacidade de se generalizar no espaço ou – quando o território é temporário, como numa ocupação de praça – no tempo. A grande novidade do ciclo de 2011 foi evidenciar que *acontecimentos* podem ser princípios de recomposição formidáveis na medida em que estabelecem um espaço de politização, criam novas relações e lançam as sementes para identidades comuns. Por fim, o que muitas pessoas viram nas campanhas de Bernie Sanders e Jeremy Corbyn foi a possibilidade de usar o entusiasmo que elas geraram e as energias habitualmente investidas no ciclo eleitoral (atenção, esperança, raiva) como veículos para penetrar no discurso público, se conectar com um público mais amplo e construir uma base social. Foi uma recomposição "a partir de cima", não no sentido de que fosse imposta de cima para baixo, mas porque tentou fazer com que figuras representativas funcionassem como veículos para a expansão e a consolidação da própria base que elas deveriam representar. Como lucidamente observou uma testemunha de primeira mão, tratava-se de uma espécie de "jogo de Jenga ao contrário", em que o objetivo dos jogadores não era acrescentar elementos ao topo mas "preencher [...] uma base estruturalmente frágil".[69] Infelizmente,

---

69 "Nós propusemos um programa que estava baseado em níveis de organização da classe trabalhadora que ainda não existem. Ao lado de outros fatores, isso

a mesma coisa que lhes deu a oportunidade de começar essa tarefa foi o que os impediu de levá-la a cabo, já que os objetivos eleitorais imediatos tinham prioridade no uso do tempo e de outros recursos. Por ironia, isso significava que eles acabariam se deparando exatamente com o problema que queriam resolver: uma lacuna que não era política, mas organizacional. O que faltava não era apoio às suas propostas, mas os meios para transformar esse apoio em engajamento, atividade, participação, identidade.

Apostas estratégicas semelhantes às que sugeri antes também apontam outra possibilidade de recomposição política. Esta seria baseada não no local de trabalho e na figura do trabalhador, nem na identidade territorial, em um acontecimento ou numa campanha eleitoral, mas em torno de questões de reprodução social que atravessam a sociedade e constituem identidades transversais: a dívida (os endividados), o transporte e a saúde públicos (os usuários), a habitação (os locatários, os sem-teto, os despejados pela hipoteca)... Tomadas individualmente, cada uma dessas questões pode funcionar como um polo de recomposição: um espaço de politização em que diferentes núcleos organizativos estão em operação para fornecer diferentes portas de entrada e possibilidades complementares de participação, ajudando a formar uma base social que compartilha uma análise ampla, um entendimento de si própria como parte de uma única luta, vínculos de solidariedade e disposição para adotar diferentes formas de ação. Considerando que nenhuma organização está focada em hegemonizar a ecologia como um todo, os requisitos organizacionais podem ser concebidos em relação às necessidades concretas em vez de se referirem a um imperativo absoluto de crescimento, de modo que o foco fique mais nas apostas mesmas do que na identidade de grupo. Com isso, diminui o constrangimento a atuar competitivamente; a questão não é tanto fortalecer as organizações individuais, mas cultivar uma "área".[70] Por fim, o mesmo esforço colaborativo para constituir esses

---

contribuiu para a nossa incapacidade de obter a maioria... e a implementação desse programa teria sido incrivelmente difícil mesmo que a tivéssemos conquistado." Callum Cant, "Understanding Our Defeat". *Notes from Below*, 18 nov. 2019.
70   O expansionismo organizacional por si só é uma forma de aposta estratégica, mas uma demasiado simples. Ele não é dirigido por uma noção do que se busca alcançar e das etapas necessárias para tanto, mas pelo cálculo puramente

espaços comuns de politização pode ser empregado para conectá-los. Quanto mais eles são pensados em relação uns aos outros e quanto mais se descobre a respeito de suas interdependências estruturais e de seus circuitos de feedback, tanto mais eles tendem a ressoar entre si e a convergir em um espaço de reconhecimento mútuo e de luta comum que é sempre mais do que um, mas menos do que dois.

quantitativo de que, se se recrutar números suficientemente altos, é possível realizar coisas, sejam elas quais forem. Em vez de partir de um objeto comum, a proposta é criar uma organização que, em princípio, lidaria com todos os objetos; infelizmente, seu objeto fundamental muitas vezes acaba se tornando a própria organização. Especialmente quando está divorciado de uma estratégia concreta, o imperativo de crescer é também uma injunção para competir, visto que o objetivo principal da política passa a ser atrair mais membros do que outros grupos. Um efeito colateral digno de nota é que diferenças perfeitamente compatíveis muitas vezes serão exageradas ao ponto de virarem anátema e a lealdade tribal acabará prevalecendo sobre a eficácia e os interesses da ecologia. A diversidade de estratégias é uma tentativa de pensar como os núcleos organizativos podem ampliar suas capacidades sem se atolarem mais e mais em jogos de soma zero.

CAPÍTULO 7

Radicalmente relacional: o problema da aptidão

De nada vale um filme (ou revolução) estarem "certos" se ninguém se interessa em participar deles.

Robert Stam

O que podemos fazer agora para que amanhã possamos fazer o que hoje não podemos?

Paulo Freire

O espectro do populismo

Se há um espectro rondando a política mundial hoje, é o espectro do populismo. Dado o caráter notoriamente escorregadio do termo, contudo – algo que parece ser obrigatório assinalar ao começo de qualquer análise –,[1] há sempre o risco de que isso leve ao tipo de conversa em que todos imaginam estar falando da mesma coisa quando na verdade não estão.

Quando começaram a reabilitar esse nome, Ernesto Laclau e Chantal Mouffe estavam tentando recuperar um dos termos mais comumente usados para situar qualquer coisa que desafiasse o consenso neoliberal dos anos 1990 e 2000 como estando além dos limites da racionalidade. Para eles, a pressão neoliberal para colocar mais áreas fora do controle social e sob a jurisdição do mercado era inseparável da recusa em sequer conceber que as pessoas pudessem questionar uma lógica gerencial (supostamente) objetiva e exigir participar da definição de como, para que fins e em benefício de quem a sociedade é gerida. A "subestimação do populismo" era, portanto, "a subestimação da política *tout court*".[2] Foi com essa conotação essencialmente positiva que o termo ganhou força novamente na esquerda na última década, conforme parte das pessoas que se en-

---

1 Ver Michael Kazin, *The Populist Persuasion: An American History*. Ithaca: Cornell University Press, 1998; Ernesto Laclau, *A razão populista*, trad. Carlos Eugênio de Moura. São Paulo: Três Estrelas, 2013; Jan-Werner Müller, *O que é o populismo*, trad. Miguel da Costa. Alfragide: Texto, 2017; John B. Judis, *A explosão do populismo: como a grande recessão transformou a política nos Estados Unidos e na Europa*. Lisboa: Presença, 2017.
2 E. Laclau, *A razão populista*, op. cit., pp. 26–27.

gajaram no "movimento das praças" se voltou para Laclau e Mouffe em busca de inspiração para seus próximos passos. No discurso dominante, no entanto, o "populismo" continua a funcionar em grande medida da mesma maneira que antes, como um termo suficientemente abrangente para descrever qualquer política que conteste parcial ou integralmente os aspectos que cercam o consenso pré-2008. Como tal, ele permite que centristas cada vez mais deslocados produzam falsas simetrias cada vez mais desesperadas entre uma esquerda tentando se reerguer e uma extrema direita ressurgente.

Não que a conversa na esquerda não seja ela mesma confusa. A razão de grande parte dessa confusão é que, mesmo levando em conta a recomendação de Laclau de que o populismo é melhor compreendido não como um conteúdo particular, mas como uma lógica que pode ser vinculada a diferentes conteúdos, é difícil impedir que as pessoas projetem no conceito suas próprias associações e ideias preconcebidas. Isso é algo a que mesmo Laclau e Mouffe não estão imunes, a tal ponto que alguns dos conteúdos contrabandeados por eles em sua teoria acabam sendo percebidos como intrínsecos à forma pura da lógica populista. Isso é agravado pelo fato de que eles e seus seguidores às vezes tratam aquilo que originalmente era um esforço descritivo de deslindar o mecanismo pelo qual as identidades coletivas se formam como se fosse uma teoria prescritiva que poderia funcionar quase como uma receita para "tomar de assalto as instituições".[3] O resultado é que, ao suporem que o populismo e essa receita são a mesma coisa, muitos acabam rejeitando qualquer discussão do primeiro porque têm suas dúvidas quanto à segunda.

Isso é uma pena por ao menos dois motivos. O primeiro é que, às vezes apesar de Laclau e Mouffe eles mesmos, é possível separar as questões colocadas pelo populismo de alguns dos elementos

---

3   Ver Íñigo Errejón e Chantal Mouffe, *Podemos: In the Name of the People*. London: Lawrence and Wishart, 2016. Após o desempenho decepcionante do Podemos nas eleições espanholas de abril de 2019, Mouffe se afastou um pouco da estratégia do partido, dizendo que ela "nunca levou muito a sério essa ideia [que eles tinham] de 'tomar o céu de assalto' [...]. Eles confundiram a estratégia populista com uma estratégia de 'guerra de movimento'. Para mim, a estratégia populista é sempre uma estratégia de 'guerra de posição'". Samuele Mazzolini, "La apuesta por un populismo de izquierda: Entrevista a Chantal Mouffe". *Nueva Sociedad*, n. 281, 2019, p. 131.

dessa receita que mais causam desconfiança: o apreço por grandes figuras de liderança, a aposta em um "nacionalismo progressista", uma tendência a reduzir a dimensão organizacional da política a um gerenciamento de discurso. A segunda, e mais importante, é que a repercussão que o debate sobre populismo acabou tendo provavelmente diz menos sobre o populismo em si do que sobre um problema que ele ajudou a recolocar em pauta – e seria uma pena se uma coisa acabasse impedindo uma discussão adequada da outra.

Há, de fato, vários temas que haviam desaparecido do debate de esquerda em muitas partes do mundo que a discussão em torno do populismo ajudou a trazer de volta à baila – em particular, questões nada triviais como a construção de partidos, o lançamento de candidaturas e a disputa de eleições. No entanto, mesmo entre aqueles que continuaram desconfiados com o jogo eleitoral, práticas há muito desgastadas por sua associação com um certo estilo de política voltaram a entrar em consideração: a luta por influência sobre a opinião pública, inclusive através da ocupação de espaços no debate *mainstream*; a constituição de alianças para além dos círculos ativistas e entre diferentes grupos sociais; a preocupação mais com a unidade de ação do que com afinidades ideológicas em sentido estreito.[4] Uma maneira de descrever essa mudança seria dizer que estamos testemunhando o retorno da hegemonia. Esse seria realmente um retorno do reprimido, a julgar pela intensidade com a qual o conceito mesmo de hegemonia havia sido até bem pouco tempo atrás rejeitado em favor da ação direta, da prefiguração, das comunidades baseadas em afinidade, da multidão, e assim por diante.[5] Mas, assim como o populismo, a hegemonia é um conceito tão

---

[4] A diferença de atitude entre o momento atual e o de vinte anos atrás é palpável, por exemplo, nas estratégias de comunicação. Enquanto o canal paradigmático de comunicação do movimento altermundista era o Indymedia, um serviço estilisticamente austero com reportagens sobre ativismo escritas por ativistas para outros ativistas, vemos hoje uma proliferação de publicações bem cuidadas e canais de mídia alternativa projetados tendo em mente um público mais amplo.

[5] Ver Richard F. Day, *Gramsci Is Dead: Anarchist Currents in the Newest Social Movements*. London: Pluto, 2005; Jon Beasley-Murray, *Posthegemony: Political Theory and Latin America*. Minneapolis: University of Minnesota Press, 2010; Michael Hardt e Antonio Negri, *Bem-estar comum*, trad. Clóvis Marques. Rio de Janeiro: Record, 2016, pp. 198–200.

carregado de pressuposições que partir dele pode igualmente acabar gerando mais atrito do que respostas. O que eu gostaria de sugerir é que tanto "populismo" quanto "hegemonia" têm frequentemente funcionado em debates recentes como substitutos para um terceiro problema mais amplo para o qual não havia nome. É importante, portanto, que tentemos nomeá-lo, não apenas para eliminar as camadas de possíveis mal-entendidos, mas para torná-lo passível de ser discutido de forma independente.

Populismo: uma pista falsa?

Podemos chamá-lo de problema da *aptidão*.[6] Por trás de um mal definido "populismo", o que as pessoas redescobriram nos últimos anos é, na verdade, uma preocupação em pensar sobre as qualidades que um projeto político precisa ter para encontrar na conjuntura um encaixe concreto que lhe permita transformá-la, em vez de meramente demarcar uma posição de princípio abstrata. Em outras palavras, trata-se da capacidade de um projeto de abordar preocupações amplamente compartilhadas, de se dirigir a interesses e desejos existentes, de persuadir as pessoas da própria viabilidade, de reunir apoio e construir uma base social, de identificar elos fracos e pontos concretos de pressão e alavancagem, de colocar em movimento processos dotados de um impulso transformador, de se conceber efetivamente como uma mediação, ou uma série de mediações, entre algum estado futuro e o presente. Em suma, *de encontrar as pessoas e o mundo no meio do caminho*.[7]

A aptidão sempre teve um lugar central, se não *o* lugar central, na reabilitação do populismo feita por Laclau e Mouffe, mesmo quando este ainda aparecia sob o nome de "democracia radical".[8] Ao lado

---

6 Embora este capítulo jogue com outras conotações do radical *fit* em inglês (como "encaixe" ou "caber"), optou-se por traduzir *fitness* do modo como se costuma fazê-lo nas ciências naturais, como "aptidão" (e o adjetivo "apto").
7 Ver prefácio a esta edição.
8 Para Laclau, os dois termos "coincidem inteiramente. Por democracia radical eu não entendo um sistema político, [mas] a expansão da cadeia de equivalência além dos limites admitidos por um determinado sistema político. [...] Isso é exatamente o mesmo que criar uma identidade popular, porque a identidade popular

de figuras como Stuart Hall, eles estiveram entre os primeiros a alertar para o fato de que o terreno movediço produzido pelo colapso do pacto keynesiano estava sendo rapidamente reconfigurado por uma direita radical muito hábil em "trata[r] de problemas reais, experiências reais e vividas, de verdadeiras contradições", representando-os "dentro de uma lógica de discurso que as puxa sistematicamente para a linha das políticas e estratégias de classe da direita".[9] Essa força política, então uma novidade, demonstrou uma habilidade muito maior que a esquerda para identificar as tensões produzidas pela crise do Estado de bem-estar e conectar seu próprio projeto aos medos, às ansiedades, às aspirações e às esperanças das pessoas. Ela operava "com base em práticas sociais já constituídas e ideologias vividas", conquistando terreno ao recorrer constantemente a "elementos que ao longo do tempo [adquiriram] uma ressonância tradicional e deixaram seus vestígios nos inventários populares".[10] Mas ela não se limitava simplesmente a se adaptar às novas condições ou a traduzir suas ideias na linguagem de um repertório preexistente. "Ao mesmo tempo, ela muda[va] o campo de luta ao mudar o lugar, a posição, o peso relativo das condensações dentro de qualquer discurso [...] de acordo com uma lógica alternativa."[11] Uma vez no poder, tal força completaria essa transformação epocal implementando políticas que generalizavam essa lógica a cada vez mais esferas da vida. Através delas, os pioneiros da revolução neoliberal estabeleceriam uma série de mecanismos capazes de reproduzir os valores e a subjetividade que eles simultaneamente promoviam e tinham como condição de existência, que pressupunham e, ao mesmo tempo, buscavam criar.[12] As conclusões

---

é criada através da cadeia de equivalência". E. Laclau, "The Defender of Contingency". *Eurozine*, 2 fev. 2010.
9   Stuart Hall, "O grande espetáculo da guinada à direita", trad. Gabriel da Silva e Mateus Duarte. *Alceu*, v. 22, n. 46, 2022, p. 203.
10 Ibid.
11 Ibid. (modificado).
12 "Uma economia feita de unidades-empresas, uma sociedade feita de unidades-empresas: é isso que é, ao mesmo tempo, o princípio de decifração [da sociedade] ligado ao liberalismo e sua programação para a racionalização tanto de uma sociedade como de uma economia." Michel Foucault, *Nascimento da biopolítica: Curso dado no Collège de France (1978-1979)*, trad. Eduardo Brandão, rev. da trad. Claudia Berliner. São Paulo: Martins Fontes, 2008, p. 310.

eram claras: a realidade à qual os socialistas e os social-democratas se referiam estava em vias de desaparecer, e continuar como antes era se condenar ao isolamento e à irrelevância política.

Colocar a aptidão no centro da discussão torna imediatamente aparente o que há de problemático em reduzi-la ao populismo, e o populismo a uma receita claramente circunscrita: se o desafio consiste em encontrar as soluções mais apropriadas para cada contexto diferente, transformar qualquer conjunto de soluções em uma fórmula universalmente aplicável é contraproducente. Isso fica ainda mais claro se consideramos que seria de se esperar que, sendo uma teoria que coloca em primeiro plano a necessidade de se adaptar às próprias circunstâncias, a abordagem que Laclau e Mouffe fazem do populismo carregasse algumas marcas do período no qual foi originalmente desenvolvida, transformando o que eram cálculos conjunturais em princípios teóricos gerais. Acredito que isso efetivamente explica certos aspectos do pensamento de Laclau e Mouffe que tendem a encontrar mais resistência. Mostrar que eles carregam uma conexão contingente, e não necessária, com o populismo – e, mais importante, com a questão da aptidão – pode, portanto, nos ajudar a reenquadrar o debate sobre ambas as coisas.

O primeiro desses aspectos diz respeito à importância da identidade nacional. É verdade que o populismo muitas vezes apelou para a ideia de nação; mas isso a torna um componente necessário de qualquer política populista, inclusive uma de esquerda? Ou a escolha por mobilizar a nação e o nacionalismo depende de cálculos situados? A conversa frequentemente se dá como se a primeira hipótese fosse verdadeira, mas os argumentos parecem corroborar a segunda. Mouffe escreve, por um lado, que "a luta hegemônica para recuperar a democracia precisa começar no nível do Estado-nação", que "é ainda um dos espaços fundamentais para o exercício da democracia e da soberania popular".[13] Por outro, afirma que "uma estratégia populista de esquerda não pode ignorar o forte investimento libidinal em ação nas formas nacionais – ou regionais – de identificação, e seria muito arriscado abandonar esse terreno para o

---

13 C. Mouffe, *Por um populismo de esquerda*, trad. Daniel de Mendonça. São Paulo: Autonomia Literária, 2020, ebook.

populismo de direita".[14] Ambas as afirmações são sem dúvida perfeitamente defensáveis. No entanto, além de não haver uma conexão necessária entre as duas, a segunda não prova que a identidade nacional deva sempre ser mobilizada (poderiam existir outras formas de produzir os mesmos efeitos) ou predetermina qualquer maneira particular de fazê-lo.[15] No fim, como o próprio Laclau reconhece, "o fato de que o nacionalismo possa se tornar um significante central na constituição das identidades populares depende de uma história contingente, impossível de determinar *a priori*".[16]

Na medida em que se ocupa com o problema da aptidão, a teoria do populismo também deve necessariamente se preocupar em identificar nos discursos e nas práticas existentes aqueles "elementos que adquiriram ao longo do tempo uma ressonância tradicional e deixaram seus vestígios nos inventários populares" – o que o filósofo e teórico literário Yves Citton chama de "atratores". Esses "ganchos" e "roteiros" são blocos de informação e sintaxe amplamente reconhecíveis cuja familiaridade faz deles o suporte ideal para narrativas políticas que buscam organizá-los de novas maneiras.[17] Como apontou Stuart Hall, seguindo Gramsci, "as mudanças ideológicas acontecem não com a substituição de uma concepção de mundo por outra inteiramente nova, mas sim quando uma nova combinação entre elementos velhos e novos se apresenta".[18] Alguns dos

---

14 Ibid.
15 O que Mouffe tem a dizer a esse respeito é que ele não precisa "seguir o exemplo [da direita], com a promoção de formas fechadas e defensivas de nacionalismo, mas, em vez disso, [deveria envolver] oferecer outra saída para esses afetos, mobilizando-os em torno de uma identificação com os melhores e mais igualitários aspectos da tradição nacional". Ibid. (modificado).
16 E. Laclau, *A razão populista*, op. cit., p. 322. Ver também Yannis Stavrakakis, *The Lacanian Left: Psychonalysis, Theory, Politics*. Edinburgh: Edinburgh University Press, 2007, p. 207.
17 Yves Citton, *Mythocratie: Storytelling et imaginaire de gauche*. Paris: Amsterdam, 2010, pp. 101–07. "Dizer que, para ser admissível, um roteiro ou um gancho devem se apoiar naquilo que já é conhecido significa colocar as formas de narração e roteirização [políticas] sob a égide de uma espécie de evolução dinâmica que procede por meio de pequenos deslocamentos (incrementais) em relação ao ponto estatístico em que se encontra o atrator, e não por irrupções de novidade absoluta." Ibid., p. 106.
18 S. Hall, "Authoritarian Populism: A Reply to Jessop et al". *New Left Review*, v. 151, 1985, p. 122.

atratores mais poderosos são temas e valores em torno dos quais há uma cristalização profundamente arraigada do desejo social – ideias flexíveis, mas poderosas, como "família", "trabalho", "dever". Na análise de Hall, por exemplo, os ganchos de "nação" e "povo" foram fundamentais na estratégia thatcherista de construir um discurso que incitasse as pessoas contra a "classe" e os "sindicatos" para estruturar "uma ofensiva, não sobre este ou aquele pedaço de 'barganha irresponsável' [...], mas sobre a própria base e *raison d'être* das organizações sindicais".[19] Embora devamos levar em conta a advertência de Mouffe de que é preciso tentar pelo menos neutralizar a exploração de tais temas pela extrema direita, não há motivo para acreditar que todo esforço em construir um amplo consenso deva necessariamente se remeter à nação para ser bem-sucedido, nem que não seria possível obter o mesmo resultado a partir de outros ganchos. Além disso, nem todos os ganchos são igualmente flexíveis e alguns são, sem dúvida, mais facilmente compatíveis com projetos reacionários do que com projetos transformadores.

Um segundo ponto de contenda diz respeito ao papel dos líderes, e da liderança carismática em particular, no populismo de esquerda. É verdade que esse é um traço recorrente nos movimentos populistas históricos. Também é verdade que, para Laclau, a liderança é uma característica tão fundamental do político a ponto de ser quase sinônima dele. Assim, por exemplo, ele escreve que os "vários mitos de uma sociedade totalmente reconciliada [...] supõe[m] invariavelmente *a ausência de liderança, isto é, o esvaziamento do político*", que é algo que ele julga impossível.[20] Essa posição decorre igualmente da rejeição daquilo que chamei de transitividade, que aparece em Laclau e Mouffe sob a categoria mais ampla de "essencialismo". A sociedade é composta de "elementos cuja própria natureza não os predetermina a fazerem parte de um arranjo ou de outro",[21] mas antes "o caráter aberto e incompleto de toda identidade social permite sua articulação a di-

---

19 Id., "O grande espetáculo da guinada à direita", op. cit., p. 196.
20 E. Laclau, *A razão populista*, op. cit., p. 110 (grifos meus).
21 Id. e C. Mouffe, *Hegemonia e estratégia socialista: Por uma política democrática radical*, trad. Joanildo Burity, Josias de Paula Jr. e Aécio Amaral. São Paulo: Intermeios, 2015, p. 39. Seria mais exato afirmar que não os predetermina de maneira *absoluta* ou que condiciona sem predeterminar.

ferentes formações histórico-discursivas".²² Se a identidade política não resulta do lugar objetivo que se ocupa na estrutura social por "necessidade natural", como diria alguém como Kautsky, então ela deve ser de alguma forma *engendrada*, produzida "em decorrência de uma prática externa ou articuladora".²³ Deve haver, portanto, algum fator contingente que desencadeie processos de subjetivação política e de constituição de identidades. É aí que entra a liderança.

Até aí não me parece haver motivos para discordar. O argumento, contudo, demonstra apenas a necessidade da liderança como *função*, não como *posição*. Como Mouffe e Laclau pretendem explicar esta última? Laclau defende que, se uma "reunião de elementos heterogêneos [...] unidos por um nome constitui necessariamente uma *singularidade*", e "a forma extrema de singularidade é uma individualidade", então "a lógica de equivalência conduz a uma singularidade e esta leva a uma identificação da unidade do grupo com o nome do líder".²⁴ No entanto, essa dedução não é capaz de demonstrar que a passagem da singularidade para a "forma extrema" de um indivíduo deva *sempre* acontecer. Vários movimentos nos últimos dez anos sugerem o contrário, tendo conseguido, ainda que por um período relativamente curto, estabelecer uma fronteira entre um "nós" e um "eles" em torno de nomes singulares retirados de lugares (Praça Tahrir, Parque Gezi), acontecimentos pontuais (15M, Occupy, Nuit Debout), hashtags (#YoSoy132, #BlackLivesMatter) ou até acessórios (guarda-chuvas, coletes amarelos). Nenhum deles teve uma figura de liderança reconhecível, o que mostra que a relação entre identidade coletiva e posição de liderança não é essencial, mas acidental: é possível ter a primeira sem a segunda. Mouffe chega a reconhecer isso quando afirma que o "princípio articulador varia de acordo com as diferentes conjunturas e pode ser proporcio-

---

22   Ibid., p. 189.
23   Ibid., pp. 73, 39. Vale notar que "externo" aqui não significa "oriundo de fora de um grupo social específico", mas indica apenas que a articulação não expressa uma realidade já dada (uma essência), mas a produz: "Devido a seu caráter diferencial, essa heterogeneidade não tende a aglutinar-se em torno de uma unidade que resultaria de seu mero desenvolvimento *interno*". E. Laclau, *A razão populista*, op. cit., p. 157 (grifo no original).
24   Ibid., p. 159 (grifos no original).

nado *ou* por uma exigência democrática específica que se torna o símbolo da luta comum [...] *ou* pela figura de um líder".²⁵

É claro que se poderia objetar que foi precisamente a falta de mecanismos de tomada de decisão e de órgãos executivos que atrapalhou esses movimentos, e que foi "só quando foram seguidos por movimentos políticos estruturados prontos a interagir com instituições políticas alcançaram resultados significativos".²⁶ Também se poderia argumentar que, para que o sentido de uma identidade popular não flutue indefinidamente, deve haver um ou mais indivíduos que tenham a palavra final sobre ela. Embora ambos os argumentos sejam válidos, eles *não* fazem parte da dedução de Laclau a respeito da centralidade dos líderes, que, na verdade, é apenas uma demonstração da necessidade do *nome* do líder – isto é, de sua função simbólica na consolidação da identidade de grupo, e não de qualquer papel organizacional, estratégico ou de tomada de decisão. O próprio Laclau adverte contra confundir essas coisas, distinguindo sua posição da de Hobbes na medida em que, enquanto este "fala de um governo efetivo, [...] [nós] estamos falando de constituir uma totalidade significante, e esta não leva automaticamente" àquele.²⁷

Em suma, a defesa que Laclau e Mouffe fazem da necessidade propriamente *organizacional* de líderes pertence a um argumento separado, *a posteriori*, que é então conflacionado com um argumento *a priori* sobre a estrutura metonímica da hegemonia (o fato de que ela sempre depende de um elemento que se faça passar pelo todo). Essa defesa não pode ser extraída da lógica do populismo em si, salvo por um processo de extensão metafórica: a necessidade de um nome se torna a necessidade do nome *de uma pessoa*, que então se converte na necessidade *de que essa pessoa cumpra certas funções* e, finalmente, parece se transformar em um conjunto específico de pressuposições a respeito do estilo de liderança mais adequado. A impressão de que

---

25 C. Mouffe, *Por um populismo de esquerda*, op. cit., pp. 74-75 (grifos meus).
26 Ibid., p. 30.
27 E. Laclau, *A razão populista*, op. cit., pp. 159-60. Assim, embora afirme que "a unificação simbólica do grupo em torno de uma individualidade [...] é inerente à formação de um 'povo'", ele também observa que o "papel de Nelson Mandela como símbolo da nação sul-africana foi compatível com o muito de pluralismo que havia em seu movimento".

não há uma conexão *a priori* é reforçada pelo fato de que as palavras "líder" e "liderança" estão praticamente ausentes de *Hegemonia e estratégia socialista*.

O que mudou entre esse livro e *A razão populista*, publicado vinte anos depois? Uma resposta possível é que Laclau e Mouffe tenham se sentido forçados a "entortar a vara" contra os discursos horizontalistas que haviam prosperado nesse meio-tempo. Mas também é verdade que, se nos anos 1980 eles se dirigiam a uma esquerda europeia que ainda podia contar com grandes partidos de massa, sindicatos e movimentos sociais, nos anos 2000 muito dessa infraestrutura organizacional já havia sido dizimada, criando uma situação mais parecida com aquela em que o populismo histórico floresceu. Isso permitia que a heterogeneidade social anterior à unificação em um "povo" fosse imaginada como uma matéria organizacionalmente indiferenciada à espera passiva de um gesto que lhe conferiria uma forma de cima para baixo. É verdade que uma "cadeia de equivalência" populista não é "uma simples coligação de sujeitos políticos previamente existentes", mas o resultado de uma articulação hegemônica que produz uma identidade comum acima e além das preexistentes.[28] Contudo, faz uma enorme diferença, especialmente para o tipo de relação que existe entre os líderes e a base, se a matéria que constitui "o povo" já está ao menos em parte estruturada, mobilizada e dotada de poderes estratégicos. Quanto mais uma ecologia se diferencia em clusters relativamente autônomos, equipados com núcleos organizativos fortes, já ativos e engajados, menos provável tende a ser a hipertrofia de um único líder; mais provável será, na verdade, que se resista a ela. (Por outro lado, mais difícil será que ela se aglutine em uma equivalência plena.) Combinado ao trauma da esquerda em relação à organização hierárquica, isso pode ajudar a explicar por que modos mais autoritários de liderança carismática funcionaram melhor para os populismos de direita do que para os de esquerda nos últimos anos.[29]

---

28 C. Mouffe, *Por um populismo de esquerda*, op. cit., p. 69.
29 Na Espanha, a ênfase do Podemos na liderança carismática encontrou desde o início uma resistência por parte daquilo que se descreveu como um processo de feminização da política. Mais do que a mera inclusão de mulheres em espaços políticos ou qualquer coisa relacionada a uma suposta "essência feminina", a fe-

Pensar a liderança por analogia com o significante vazio introduz no pensamento de Laclau e Mouffe uma bem-vinda tendência diádica, o que lhes permite contemplar um leque de possibilidades entre os dois casos-limite da horizontalidade absoluta e de uma relação puramente vertical.[30] Isso faz com que a liderança apareça como sendo limitada de uma maneira que se assemelha ao que vimos anteriormente em relação a Clastres e à função-vanguarda. A constituição do "povo" depende de que uma certa particularidade (uma demanda, um nome, um líder) assuma "o papel de uma impossível universalidade";[31] mas isso significa que uma cadeia de equivalências só pode sobreviver enquanto a tensão entre particularidade e universalidade for mantida. Se a parte que representa o todo se torna autônoma demais, relegando todo o resto a um papel subordinado, a cadeia é tensionada e pode se romper. Se o significante vazio "se torn[a] *inteiramente* vazio", por outro lado, "os elos da cadeia equivalencial não precisam de modo algum coincidir entre si: os conteúdos mais contraditórios podem ser reunidos" e "a unidade de um 'povo' constituída de tal maneira é extremamente frágil".[32] Em um caso, o líder perde legitimidade porque é visto como alguém que favorece sua própria particularidade em detrimento do universal.

---

minização é entendida como uma abordagem informada por questões e práticas historicamente associadas ao movimento feminista. Ela se caracteriza por abarcar a parcialidade e a falibilidade; por estar constantemente atenta à heterogeneidade produzida pelas diferenças de classe, raça e gênero; por priorizar o cuidado e a reprodução social; e por rejeitar um estilo de liderança masculinista (agressivo, de soma zero, heroico, mais retórico do que empático). Muitos diriam que essa postura mais inclusiva e dialógica é um dos motivos pelos quais a prefeita de Barcelona e ex-porta-voz da Plataforma de Afetados pela Hipoteca, Ada Colau, tem em geral se saído melhor do que seus equivalentes do Podemos. Ver Silvia López Gil, "Feminización de la Política". *Diagonal*, 19 jul. 2016; Laura Roth e Kate Shea Baird, "Municipalism and the Feminization of Politics". ROAR Magazine, n. 6, 2017, pp. 98–109.

30   O vínculo equivalencial estabelecido pelo significante vazio, escreve Laclau, "prenunci[a] aspectos fundamentais da função do líder". E. Laclau, *A razão populista*, op. cit., p. 158. A fonte última do elemento diádico no pensamento de Laclau e Mouffe é a interação das lógicas mutuamente limitantes da equivalência e da diferença. Isso efetivamente coloca a oposição real no centro de sua ontologia, não obstante as observações superficiais e inadequadas feitas sobre Colletti em E. Laclau e C. Mouffe, *Hegemonia e estratégia socialista*, op. cit., pp. 198–200.

31   E. Laclau, *A razão populista*, op. cit., p. 178.

32   Ibid., p. 308 (grifo no original).

No outro, como seu nome é a única coisa que mantém a identidade popular coesa, o líder não pode agir sem colocar uma parte da cadeia contra a outra e deve, portanto, permanecer inativo para não parecer tomar partido. Dado que sua análise funde o simbólico e o organizacional, contudo, Laclau e Mouffe não se dão conta de que essa dupla limitação se aplica apenas à liderança *fraca* – àquelas situações em que os líderes são constrangidos pela vontade da coletividade porque sua falta de *potestas* os lança em uma busca constante por aprovação. A analogia com o significante vazio faz com que toda a liderança pareça fraca porque ela negligencia o poder propriamente *organizacional* que um líder pode ter. Tão logo ele obtenha esse poder – um aparato de coerção, por exemplo, ou uma grande massa de seguidores fiéis –, a analogia se desfaz.

É aqui que nos deparamos com o maior problema da abordagem de Laclau e Mouffe: ao usar uma teoria do discurso para pensar o político, eles muitas vezes acabam tratando as características não discursivas da política apenas metaforicamente, esvaziando-as de toda sua especificidade. Para ficar claro, não se trata de reeditar aqui o equívoco comum que atribui a Laclau e Mouffe a tese de que não existe nada fora do discurso. A questão é antes que, ao fazerem do discurso uma teoria mestra para pensar a realidade social, eles se veem obrigados a achatar quaisquer dimensões dessa realidade que não possam ser apreendidas em termos do jogo de significantes, figuras retóricas, e assim por diante. É neste ponto que seus leitores podem ficar com a impressão de que o discurso é para eles um meio infinitamente maleável, que exige apenas *virtù* e talento para ser moldado em qualquer articulação. Apesar de sua atenção à "viscosidade"[33] dos "inventários populares" – os ganchos e roteiros que é preciso saber manejar a fim de se fazer ouvir –, suas escolhas teóricas

---

[33] "[A]tratores sempre carregam consigo a inércia dos hábitos passados: a gramaticalidade dos scripts – que condiciona sua admissibilidade e suas virtudes significantes – é sempre dotada daquilo que os economistas chamam de uma certa 'inelasticidade', que poderíamos referir a certa viscosidade (*stickiness*)." Y. Citton, *Mythocratie*, p. 106 (em inglês no original). Ver também o trabalho de Sara Ahmed sobre "a preocupação com 'o que adere'", a "cola" que mantém unidas diferentes tradições como o marxismo, a psicanálise e, poderíamos acrescentar, a teoria dos afetos. S. Ahmed, *The Cultural Politics of Emotion*. Edinburgh: Edinburgh University Press, 2014, p. 11.

acabam minimizando dois elementos que são fundamentais para explicar por que as coisas "pegam". Primeiro, o fato de que a viscosidade é *vivida*: reproduzida nas relações cotidianas que geram experiências nas quais são reforçadas certas associações de ideias, valores, desejos, e assim por diante. Segundo, que não é possível reconfigurar essas associações no longo prazo sem também transformar a experiência vivida, ou seja, sem organizar a vida cotidiana de modo diferente.

No fim, é como se Laclau e Mouffe inadvertidamente recriassem parte da confusão que se propuseram a dissipar. Em resposta a uma desconfiança generalizada em relação ao populismo, derivada em grande medida de algumas de suas associações históricas (racismo, nacionalismo, anticomunismo), eles sustentavam que o populismo deveria ser visto como uma lógica aberta a diferentes conteúdos. Porém, quando se tratou de definir essa lógica e de imaginar o que um populismo de esquerda poderia ser, eles inevitavelmente deram à sua visão uma forma determinada que muitos passaram a entender não como a visão que *eles* tinham do populismo, mas como o populismo *enquanto tal*. Concebida dentro de certas condições determinadas e em oposição a um tipo específico de política – o consenso "pós-político" que cimentou a hegemonia neoliberal nas décadas de 1990 e 2000 –,[34] essa noção de um populismo de esquerda é provavelmente vista com mais suspeita hoje justamente naqueles pontos em que mais se assemelha ao contexto de sua elaboração original. Afinal, muitos podem sentir que uma combinação de liderança forte, aliança entre classes, flexibilidade tática sem referências estratégicas claras e fé no poder demiúrgico da retórica política não nos leva tão longe assim do centrismo sem conteúdo e obcecado com as aparências das décadas de 1990 e 2000. É verdade que esse tipo de política é exatamente o oposto do que Laclau e Mouffe entendem por populismo, dado que ele faz desaparecer o antagonismo através de uma totalização institucionalista ("estamos todos juntos nessa") e interdita o debate sobre projetos alternativos em favor da adminis-

---

34 Para uma análise mais consistente do "*Zeitgeist* pós-político", ver C. Mouffe, *Sobre o político*, trad. Fernando Santos. São Paulo: Martins Fontes, 2015. Ver também as reflexões sobre "pós-democracia" no capítulo 5 de *O desentendimento: Política e filosofia*, trad. Ângela Lopes. São Paulo: Ed. 34, 1996.

tração de demandas isoladas.[35] No entanto, a experiência costuma mostrar que é perfeitamente possível que a retórica populista sirva de cortina de fumaça para uma prática institucionalista, ao sustentar a aparência de um antagonismo que pouco ou nada se traduz em ação efetiva. E, naturalmente, os riscos de que isso aconteça são tanto maiores quanto menor for o controle exercido desde baixo sobre a autonomia dos líderes: "depende[r] da lealdade de alguém", como diz Spinoza, é não ter qualquer garantia real.[36]

Talvez por se ater muito de perto às possibilidades disponíveis em um momento de horizontes encolhidos, a teoria de Laclau e Mouffe pareça ligeiramente em descompasso com o tempo presente, quando o espaço para ideias mais radicais se expandiu tanto à esquerda quanto à direita. Ela acaba sendo mais forte no que se refere à necessidade de se conectar com o que está dado e de permanecer dentro dos limites do viável do que na questão da direção em que se deve tentar transformar as condições existentes, e como fazê-lo. Por esse motivo, o populismo de esquerda é, em última análise, uma teoria muito melhor sobre como construir consenso ou ganhar eleições do que sobre como produzir mudanças – que é algo que pode incluir vencer disputas eleitorais, mas certamente também é muito mais do que isso.

É, no entanto, justamente em virtude dessas deficiências que a visão de Laclau e Mouffe a respeito do populismo de esquerda pode ajudar a esclarecer dois aspectos do problema da aptidão que eles não chegam a desenvolver por completo. O primeiro é que a aptidão não pode ser pensada exclusivamente em termos discursivos, como se fosse uma simples questão de conduzir a opinião pública existente em uma direção transformadora. Ela também se aplica às relações materiais: quais mudanças podem ser feitas aqui e agora nas formas como as pessoas produzem, consomem, se organizam, se relacionam com as outras e consigo mesmas? No fim das contas, não se trata apenas de transformar a maneira como as pessoas pensam, mas de transformar as circunstâncias em que

---

35 Laclau chega a dizer que isso é "a morte da política e sua reabsorção pelas formas sedimentadas do social", e que só o populismo é político. E. Laclau, *A razão populista*, op. cit., p. 229.
36 Baruch de Espinosa, *Tratado político*, op.cit., 2009, p. 9, 1.6..

elas existem e, portanto, (também) pensam. Jon Beasley-Murray aponta que a análise que Laclau faz do peronismo é estranhamente alheia ao modo como as instituições e as grandes manifestações inculcavam "o hábito de ser peronista" nas pessoas, fixando os efeitos do discurso na e através da experiência vivida.³⁷ Mas realmente mudar a maneira como as pessoas vivem é mais do que simplesmente incutir nelas o amor pelo líder ou pelo partido, os quais, na melhor das hipóteses, são apenas meios para a mudança; é preciso criar, nutrir e expandir os próprios fins. Esse é, portanto, o segundo ponto. Para que a transformação seja maior do que uma simples modificação temporária no interior do ritmo dos ciclos eleitorais, a aptidão tem de ser inseparável de um senso de direção: quais mudanças criam as condições para novas mudanças mais adiante, e como tirar proveito delas? Não se trata apenas de fazer o que é possível agora, mas igualmente de expandir o campo de possibilidades; a questão não é somente agir dentro das restrições dadas, mas agir sobre essas restrições de maneira a modificá-las.

É por isso que misturar o problema da aptidão com o do populismo pode, no fim das contas, ser uma pista falsa: se focamos demais naquilo que é apenas uma tentativa de resposta à pergunta, corremos o risco de perder de vista a verdadeira questão. Ao mesmo tempo, concentrar-se demais nas limitações da visão de Laclau e Mouffe também cria o risco de que se deixe de levar em conta as implicações mais amplas de seu argumento. Para eles, o "populismo" não é, em última análise, uma fórmula específica para conquistar o poder, nem apenas uma estratégia entre outras, mas um conceito com uma extensão muito maior. Ele representa a "razão política *tout*

---

37 "Pergunte a um sujeito populista 'por quê?' e é raro obter uma resposta clara e direta. O peronismo mostra que a política populista é estruturada pelo hábito, e não pela crença." Ele conclui: "[a] falha básica da teoria da hegemonia não é a subestimação da economia; é que ela substitui cultura por Estado, representações ideológicas por instituições, discurso por hábito". J. Beasley-Murray, *Posthegemony*, op. cit., p. 60–66. Laclau reconhece essa dimensão do hábito – "nosso conceito de 'discurso' [...] envolve a articulação de palavras e ações, de tal modo que a função nodal nunca é uma operação meramente verbal, mas inserida em práticas materiais que podem adquirir uma fixidez institucional" –, mas isso é basicamente tudo que ele tem a dizer sobre o assunto. E. Laclau, *A razão populista*, op. cit., pp. 167–68.

court",³⁸ isto é, uma política que não se reduz nem à mera gestão nem à espera por um acontecimento revolucionário redentor. Se com isso entendemos que uma política capaz de produzir mudança sistêmica deve sempre dialogar com diferentes interesses, construir solidariedade e reconhecimento mútuo, constituir novas identidades, conquistar o apoio ativo ou passivo de um número suficientemente grande de pessoas e criar as condições para que as pessoas vivam e compreendam a si mesmas de modo diferente – quer chamemos isso de "populismo" ou não, é difícil discordar. Nesse sentido mínimo, não há razão *a priori* para acreditar que tal política não poderia ser instanciada a partir de uma variedade de abordagens distintas, das mais centralizadas às mais distribuídas, das mais estadocêntricas às mais difusas. Tampouco existe, aliás, qualquer motivo para pensarmos que ela não poderia ser realizada sem que essa identidade coletiva ganhasse o nome de "povo" ou sem reivindicar o rótulo populista. O que importa é que ela seja capaz de se conectar com e transformar a experiência vivida de uma base social grande e heterogênea, ao mesmo tempo que estabeleça uma fronteira que exclua – e torne progressivamente inviáveis – as formas de sociabilidade que ameaçam aquelas que ela cultiva.

Isso significa, com efeito, que não precisamos conceber hegemonia e autonomia como termos mutuamente exclusivos.³⁹ A hegemonia tem um duplo sentido para Laclau e Mouffe. Por um lado, ela designa a dominância *interna* de um elemento sobre os demais que compõem uma cadeia de equivalências (demandas, identidades, grupos sociais). Por outro, os elementos da cadeia são equivalentes não apenas em relação ao elemento dominante que metonimicamente os representa, mas também em relação àquilo que eles *não* são – ao que é rejeitado da cadeia e definido como o outro lado de uma fron-

---

38   Ibid., p. 319.
39   Essa é, de fato, a conclusão a que Laclau e Mouffe acabam chegando ao seguir a oposição diádica entre as lógicas da diferença e da equivalência: nem a autonomia (diferença) nem a hegemonia (equivalência) podem se sustentar por si mesmas como o fundamento do social. "Daí, podemos deduzir uma precondição básica para uma concepção radicalmente libertária da política: a recusa a dominar – intelectual e politicamente – todo presumido 'fundamento último' do social." E. Laclau e C. Mouffe, *Hegemonia e estratégia socialista*, op. cit., p. 272.

teira antagônica. Nesse sentido, a hegemonia é a dominância *externa* da cadeia sobre aquilo que ela exclui. Ora, se voltamos ao argumento apresentado no capítulo 1 sobre como a mudança climática expõe os limites da ação agregada, a importância de uma fronteira antagônica e desse tipo de hegemonia externa fica evidente. Não bastaria criar "zonas livres de petróleo" em um mundo onde os combustíveis fósseis ainda estivessem sendo extraídos e queimados. Por maior que seja o número de iniciativas autônomas existentes, elas ainda seriam inócuas se não tivessem também a força para obrigar a economia do carbono a desaparecer. Um "mundo em que caibam muitos mundos" não pode ser um mundo em que cabem *todos* os mundos, pois a existência de alguns mundos é efetivamente incompatível com a de outros. Algumas coisas precisam ser ativamente excluídas, e isso só pode acontecer se um contingente suficientemente grande de pessoas se reconhecer como incompatível com a existência delas.[40] A hegemonia externa é, portanto, uma condição necessária para qualquer mudança que aspire a uma dimensão sistêmica.

O mesmo se aplica à hegemonia interna? Já vimos que Laclau admite que o significante vazio pode ser mais ou menos eminente sem prejudicar a viabilidade da cadeia de equivalências. Mas também vimos que é errado conflacionar, tal como ele e Mouffe tendem a fazer, a função simbólica desempenhada pelo significante vazio e o poder propriamente organizacional. Isso significa que, pelo menos em princípio, é perfeitamente concebível que uma demanda como "interromper a mudança climática" possa funcionar como um significante que reúna uma série de demandas diferentes sem que isso se traduza na dominância de um único centro de comando sobre toda a ecologia. O verdadeiro desafio, nesse caso, seria traduzir a crise ambiental em "ganchos" discursiva e materialmente tangíveis para as pessoas no nível local, o que pode ser difícil pelos motivos discutidos anteriormente;[41] e decupar o problema da transição para um sistema global diferente em etapas factíveis dotadas de direcionalidade.

---

40   Seria possível objetar que isso em nada difere da lógica do antissemitismo ou do racismo de Estado; mas isso apenas confirmaria o argumento de Laclau de que essa é a lógica que *qualquer* projeto político, *bom ou ruim*, deve empregar.
41   Ver capítulo 6, nota 27.

Aptidão, tensão, direcionalidade

A própria ideia de adaptar a mensagem a um púbico ou de aplicar um princípio de maneira flexível a uma situação concreta pode parecer suspeita para alguns. Ela faz lembrar burocratas partidários desonestos tentando convencer sua base de que agora não é o momento de exigir mais, ou o mundo untuoso dos assessores de imprensa, dos grupos de foco e da "triangulação" obsessiva que tanto fez para aproximar o discurso da extrema direita do centro do debate político. Talvez seja difícil não ouvir em "aptidão" o eco do oportunismo conciliatório e do cinismo sem princípios de líderes autonomeados. Um extenso catálogo de exemplos históricos nos predispõe a projetar aí um esquema em que massas com um potencial radical inesgotável e inequívoco se veem repetidamente refreadas e traídas por representantes covardes e inescrupulosos. O que torna isso possível em cada caso são as mesmas condições: abuso de confiança ou de poder investido, ausência de responsividade, falta de reciprocidade entre o líder e a base. A pusilanimidade política e o abandono de princípios seriam, então, sintomas talvez inevitáveis das patologias da liderança em excesso.

Ocorre que a experiência também ensina que a polaridade moral bem definida desse esquema pode ser enganosa. Qualquer um que tenha feito algum trabalho de organização comunitária ou sindical saberá que são frequentemente os líderes ou os membros mais ativos de um grupo que têm de dar duro para desfazer o medo e a passividade de seus vizinhos ou colegas de trabalho. O "povo" pode ser corajoso ou medroso, radical ou resignado, justamente porque não existe uma essência do "povo". O temor de ecoar a ideia de uma "consciência vinda de fora" muitas vezes nos deixa desconfortáveis com a ideia de tentar trazer outros para o nosso lado; e, no entanto, o que criticamos nos políticos que fazem concessões ao fanatismo e à intolerância é justamente sua relutância em assumir uma posição clara mesmo que isso possa ir contra a opinião corrente e seus próprios eleitores potenciais. Com efeito, se culpamos a "pós-política" por simultaneamente concentrar o poder de tomada de decisão nas mãos de pequenos círculos fechados e reduzir a política a infinitas modulações de uma estreita gama de possibilidades de acordo com as variações da opinião pública, isso não é o mesmo que acusá-la de liderança de mais e de menos ao mesmo tempo? De cima para baixo e centralizada, por um lado, desprovida de visão ou orientação estratégica, por outro – não temos aí as duas coisas de uma vez só?

O paradoxo é apenas aparente. É possível dizer que há demais e de menos a um só tempo porque "liderança" quer dizer coisas distintas em cada caso; os dois extremos não pertencem realmente à mesma díade. No primeiro caso, o excesso de liderança significa irresponsividade, autoritarismo, abuso de *potestas*, o excesso de influência unilateral de uns poucos sobre os muitos. Seu oposto seria, portanto, a ausência de grandes diferenciais de poder e um predomínio de relações recíprocas e horizontais. Os casos-limite, ambos impossíveis na prática, seriam, de um lado, o controle completo de tudo pelo(s) líder(es) e, de outro, a inexistência de quaisquer diferenciais. Poderíamos dizer que essa díade se refere à liderança como posição, mesmo que saibamos que a posição é algo que se desenvolve a partir do advento da liderança como função. A segunda díade, por sua vez, diz respeito à liderança como função, desde que não esqueçamos que a função muitas vezes precisa se estabilizar como posição para produzir efeitos mais complexos ao longo do tempo. Aqui, "pouca liderança" significa muita adaptação às condições vigentes, sem descontinuidade suficiente em relação à situação existente para pressioná-la em uma direção qualitativamente distinta. Isso equivale a um reformismo fraco que pode ser capaz de alcançar resultados dentro dos limites do que é possível, mas renuncia à ambição de ampliar esses limites a fim de possibilitar outras conquistas no futuro. Em comparação, "muita liderança" denotaria uma descontinuidade excessiva: uma ruptura que representa um tal salto em relação à situação dada que não chega a ser viável nela. Isso corresponde à manifestação de uma postura (palavras de ordem, programa, subjetividade, ação) incapaz de reunir a quantidade de apoio que seria necessário para ser eficaz, seja porque está muito distante daquilo que a maioria das pessoas estaria disposta a abraçar, seja porque é incompatível demais com as condições existentes para ser factível no médio prazo. Juntas, essas duas díades diferentes nos fornecem quatro combinações extremas: a liderança com mão de ferro que dobra a conjuntura à sua vontade (a coletivização stalinista); a liderança irresponsiva de postura conciliadora (a Terceira Via); a liderança fraca que representa pouco desafio para o status quo (campanhas voluntaristas de ONGs); e a liderança fraca que guia os esforços coletivos em direção à ruptura máxima (a "ditadura invisível" de Bakunin, o "Partido Imaginário" do coletivo Tiqqun). Apesar desses exemplos, devemos lembrar que nenhuma dessas combinações extremas realmente se apresenta de forma absoluta, mas apenas como parte de realidades mais complexas e mutáveis.

De todo modo, é a segunda dessas díades que nos interessa aqui. Pensado exclusivamente em termos de sua compatibilidade com as condições existentes, o problema da aptidão corresponderia a um de seus polos: uma inflexão introduzida em uma determinada situação só pode funcionar se for suficientemente compatível com ela. Ou seja, deve ser materialmente factível, compreensível e desejável por um número de pessoas grande o bastante para que seja capaz de produzir os efeitos esperados, e assim por diante. Essa condição estabelece um limiar superior: uma modulação do comportamento coletivo ou agregado não pode ser descontínua *demais* com as condições existentes ou não será viável; se for diferente demais da situação em que se encontra, não conseguirá transformá-la. A lição aqui é simples: *nem tudo é possível a qualquer momento*. Mas, por si só, isso não nos diz nada sobre como *mudar* a conjuntura em que intervimos, algo que envolve não apenas fazer o que é possível, mas garantir que o campo de possibilidades se expanda. É necessário, portanto, acrescentar outra condição, dessa vez para estabelecer um limiar inferior. Este é o outro polo da díade: a mudança que é introduzida não pode ser tão contínua com a situação (em seus objetivos, práticas, justificativas ideológicas, efeitos ecológicos, e assim por diante) a ponto de deixá-la praticamente inalterada. Como podemos ver, a díade que descreve o problema da aptidão é essencialmente a mesma da liderança como função.

Encontramos um modelo para pensar isso no encontro de Simondon com a teoria da informação. Como seu principal interesse era a individuação e a gênese da forma, e não os aspectos técnicos da transmissão de mensagens, Simondon percebeu, antes de muitos contemporâneos, que faltava algo na abordagem quantitativa desenvolvida por Claude Shannon. A informação não é só uma mensagem enviada de um transmissor para um receptor, argumentava ele, mas envolve uma transformação neste último; a recepção e a transformação que ela provoca não são condicionadas somente pela mensagem, mas igualmente pelas condições de recepção, ou seja, pelo receptor. Essa concepção seria fundamental mais tarde na passagem da cibernética de primeira ordem ("a cibernética dos sistemas observados") para a de segunda ordem ("a cibernética dos sistemas de observação").[42] Embora a distinção entre ruído e sinal possa parecer autoevidente no que diz respeito à tecnologia de comunicação, isso está longe de ser verdade quando lidamos com organismos, culturas, e assim por diante. Entre estes últimos, há mensagens que seriam recebidas como informação por alguns receptores e chegariam como ruído para outros em determinados contextos. A transmissão de um sinal não é garantia de que ocorra a significação – o fato de que um sinal seja tomado *como sinal* – na outra ponta. Portanto, o conceito de informação de Shannon, enquanto medida da incerteza de uma mensagem (sua probabilidade *objetiva* diante de todas as outras mensagens possíveis, independentemente dos receptores), tinha de ser complementado por uma consideração das "probabilidades subjetivas"[43] de sua recepção por um determinado receptor. Isso, por sua vez, produz um paradoxo: se julgarmos pela ponta de quem emite a mensagem, mais informação significa mais incerteza; na ponta do receptor, porém, algum grau de previsibilidade é a condição para que haja qualquer informação.

---

42   Heinz von Foerster, "Cybernetics of Cybernetics", in *Understanding Understanding: Essays on Cybernetics and Cognition*. New York: Springer-Verlag, 2003, p. 285.
43   A expressão foi usada (criticamente) pelo próprio Shannon em uma conversa com Donald MacKay na Conferência Macy sobre cibernética de 1951. Ao notar que posteriormente a cibernética se aproximaria da posição de Simondon, Yuk Hui assinala esse momento como o início da mudança em direção a uma nova definição de informação (que levaria ao conceito de "diferença que faz diferença" de Bateson) e a uma cibernética de segunda ordem. Ver Y. Hui, "Simondon et la Question de l'Information". *Cahiers Simondon*, n. 6, 2015, pp. 38–41. A mudança certamente estava no ar: já na edição de 1950 do mesmo evento, Lawrence Frank havia observado que as culturas se desenvolvem pela seleção, a partir do ruído de fundo dos acontecimentos, dos sinais que serão tratados como mensagens, atribuindo-lhes relevância e significado. Ver Claude E. Shannon, "The Redundancy of English", in Claus Pias (org.) *Cybernetics: The Macy Conferences 1946–1953. The Complete Transactions*. Zurich: Diaphanes, 2016, pp. 268–69.

Isso levou Simondon a postular uma propriedade que ele denominou de "ecceidade" ou "tensão de informação": "o que faz com que isto seja informação, seja recebido como tal, enquanto aquilo não é recebido como informação",[44] mas também "a propriedade que um esquema possui de estruturar um domínio, de se *propagar* através dele, de *ordená-lo*".[45] Como a significação é relacional, essa deve ser uma propriedade relacional: ela se dá *entre* um sinal externo e um sistema que possui qualidades intrínsecas próprias e, desse modo, varia segundo a diferença entre os dois. Sua existência implica que "há, nos *acoplamentos* possíveis de forma e de matéria uma certa liberdade, mas uma *liberdade limitada*": nenhum sinal é capaz de estruturar qualquer domínio e um "que se distancia muito das características do campo estruturável não possui mais nenhuma tensão de informação relativamente a esse campo".[46]

No entanto, e isso é crucial, essa variação não tem apenas um limiar superior além do qual a tensão cai a zero – "para que os sinais ganhem um sentido num sistema, é preciso que não aportem algo de inteiramente novo" –,[47] mas também um limiar inferior. Quanto mais próximo o sinal estiver do sistema, tanto menor será a tensão e, assim, menor também será a probabilidade de que ele produza algum efeito.

> [S]e os sinais recobrem exatamente a realidade local, não são mais informação, mas apenas iteração exterior de uma realidade interior; se diferem dessa realidade em demasia, não são mais apreendidos como tendo um sentido, não são mais significativos, não sendo integráveis.[48]

---

44 Gilbert Simondon, *A individuação à luz das noções de forma e de informação*, trad. Luís Eduardo Aragon e Guilherme Ivo. São Paulo: Ed. 34, 2020, pp. 332–33. A "ecceidade da informação" surge pela primeira vez como uma alternativa à "qualidade de informação" porque "qualidade parece ser uma propriedade absoluta de um ser, enquanto se trata, aqui, de uma relação". Na sequência, ele fala da "*qualidade* [...] ou *tensão* de informação". Ibid., p. 594 (grifo no original).

45 Ibid. p. 594.

46 Ibid., p. 598 (grifo no original). É fácil notar como isso se conecta à crítica do hilemorfismo e de suas ilusões de soberania, tal como discutido no capítulo 3: "a habilidade não é o exercício de um despotismo violento, mas de uma força conforme ao ser que ela conduz. No verdadeiro poder [*puissance*] do homem hábil há uma relação de causalidade recorrente [com aquilo sobre o que se age]". Id., *Do modo de existência dos objetos técnicos*, trad. Vera Ribeiro. Rio de Janeiro: Contraponto, 2020, p. 152.

47 Id., *A individuação à luz das noções de forma e de informação*, op. cit., p. 333.

48 Ibid.

A "tensão de informação" é, portanto, idêntica ao problema da aptidão. Podemos aproveitar ao máximo aqui a generalidade do conceito de informação e dizer que isso se aplica indistintamente a uma palavra de ordem, a um programa, a uma proposta de política pública, a uma ação direta.[49] *Mudança requer tensão.* O encaixe certo para a transformação não é uma semelhança tão grande que não produza muito mais do que reconhecimento – aceitável demais, "realista" demais, excessivamente dentro das coordenadas da situação –, mas *o máximo de diferença que ainda possa ser recebido como sinal* e não como ruído.[50] Diferentemente da medida probabilística da quantidade de informação de uma mensagem, elaborada por Shannon, a tensão de informação não pode ser calculada em abstrato. Dado que se refere à "*capacidade que um esquema tem de ser recebido como informação por receptores que não definidos de antemão* [...], uma medida da tensão de informação só poderia ser feita pela experiência [*par expérience*]".[51]

É nesse sentido que é possível falar de "pouca liderança" sem que isso implique uma demanda por centralização ou controle de cima para baixo. É claro que não é arbitrário que as duas coisas sejam facilmente confundidas. Como vimos, a consolidação de uma posição de liderança é um subproduto quase inevitável da capacidade de exercer uma função de liderança de forma continuada. Inversamente, o esforço para continuar exercendo essa função tem como premissa a estabilização progressiva de estruturas e papéis organizacionais formais ou informais, de divisões de trabalho, de dinâmicas centro-periferia, e assim por diante. Como sabemos, tal é o paradoxo da organização: que algo de que precisamos seja também um perigo e uma coisa a abordar com cautela. Espero, contudo, que já tenha claro até aqui que esse é um paradoxo do qual só podemos

---

49   Ou uma estética: um materialista é alguém que entende que, na frase "if you go carrying pictures of chairman Mao, you ain't gonna make it with anyone anyhow" [se você sair por aí carregando fotos do Presidente Mao, não vai de todo modo fazer sucesso com ninguém], o problema frequentemente está em "levar fotos".
50   Ou, para dizer a mesma coisa com os sinais invertidos: o máximo de ruído que ainda possa ser recebido como informação. Ver Henri Atlan, "Do ruído como princípio de auto-organização", in *Entre o cristal e a fumaça: Ensaio sobre a organização do ser vivo*, trad. Vera Ribeiro. Rio de Janeiro: Jorge Zahar, 1992, pp. 36–53.
51   G. Simondon, *A individuação à luz das noções de forma e de informaçãoL'Individuation*, op. cit., p. 594 (grifo no original).

nos esquivar assumindo riscos e custos ainda maiores. Por certo, é preciso esforço para evitar que os dois sentidos de "muita liderança" se tornem indistintos entre si. Isso não deve, contudo, servir como motivo para abandonar o problema da aptidão enquanto tal, ou pensá-lo apenas em termos de adaptação às condições existentes, sem o complemento necessário da direcionalidade e das exigências organizacionais que ela impõe. Em vez disso, esse paradoxo deve ser tomado pelo que é: um desafio incontornável, caso se deseje agir no mundo, e um problema a ser continuamente gerido.

Pedagogia do mais apto

O conceito de vanguarda herdado da tradição marxista poderia, com efeito, ser lido como nomeando o *agente* da aptidão: a figura encarregada de trazer tensão à história e de geri-la com o intuito de produzir uma transformação sistêmica. Seria possível, portanto, interpretar as oposições que animam os debates marxistas clássicos sobre organização como expressão do mesmo problema que Simondon capturou com o conceito de tensão informacional. Os dois extremos indesejáveis do "fatalismo" e do "voluntarismo" nos dão sua formulação mais geral. Os "dois obstáculos" mapeados por Rosa Luxemburgo ("o abandono do caráter de massa [do partido] e o abandono do objetivo final, entre a recaída na seita e o retorno ao movimento de reforma burguês")[52] reproduzem o mesmo problema (não ir nem rápido nem devagar demais) no desenvolvimento da consciência proletária. Fatalismo e oportunismo reformista, de um lado ("direitismo"), e voluntarismo e radicalismo sectário, de outro ("esquerdismo"), definem, assim, os dois polos a serem evitados em uma permanente "luta em duas frentes", como a definiu Mao.[53]

---

52   Rosa Luxemburgo, "Reforma social ou revolução?", trad. Stefan Fornos Klein, in *Rosa Luxemburgo: Textos escolhidos. Volume 1 (1899-1914)*, trad. S. F. Klein et al. São Paulo: Ed. Unesp, 2018, p. 85.
53   Enquanto o "oportunismo de direita" não consegue "avançar com [mudanças n]as circunstâncias objetivas", os "esquerdistas" desejam superar "uma dada etapa de desenvolvimento do processo objetivo" e "lutam para realizar no presente um ideal que só pode ser realizado no futuro. Alienam-se da prática corrente

E o que é uma luta em duas frentes senão uma metáfora militar para uma díade intensiva? Ao mesmo tempo, a contraposição de extremos que devem ser evitados acaba delineando um igual número de pares de virtudes a serem adotadas e cultivadas. Entre fatalismo e voluntarismo, prudência e ousadia; entre oportunismo e dogmatismo, firmeza (de princípio) e flexibilidade (de tática); entre sectarismo e reformismo, a capacidade de ouvir e a capacidade de liderar.

Tudo isso, como sabemos, esteve por muito tempo lastreado em última instância pela noção de que haveria um caminho necessário para o desenvolvimento histórico e que seria possível apreendê-lo a fim de aplicá-lo de volta ao próprio processo. A noção de que a diferença entre a vanguarda e as massas residia essencialmente no conhecimento verdadeiro que a primeira possuía e a segunda não, independentemente do quanto uma tivesse que ouvir e se ajustar à outra, é algo que, com razão, passamos a ver como problemático não apenas em si, mas principalmente em seus efeitos. Afinal, essa concepção acaba servindo para racionalizar o abuso da *potestas* em nome de um bem maior para aqueles que sofrem com ele: se o mal presente é justificado por ganhos futuros, cabe a quem apreende as condições necessárias através das quais a história avança ignorar (ou vencer) a resistência dos demais.

A questão é o que fazer com a sensação de que essa ideia é problemática. Uma saída seria negar que possa haver diferenças de conhecimento com base no princípio de que quaisquer crenças que as pessoas possuam são igualmente válidas. O problema dessa abordagem é eliminar qualquer apelo possível a um mundo objetivo compartilhado. Se você acredita que o capitalismo é contra meus interesses e eu não compartilho dessa opinião, sendo nossas crenças igualmente válidas, você certamente não pode apelar para a objetividade dos meus interesses – uma objetividade à qual você estaria implicitamente alegando ter acesso privilegiado – para me convencer do contrário. Outra opção é inverter os sinais e afirmar que os diferenciais de conhecimento existem, mas que eles fun-

---

da maioria do povo e das realidades do presente, mostrando-se aventureiros em suas ações". Mao Tsé-Tung, "Sobre a prática: Sobre a relação entre conhecimento e prática, entre saber e fazer", in *Sobre a prática e sobre a contradição*, trad. José Maurício Gradel. Rio de Janeiro: Jorge Zahar, 2008, p. 80.

cionam na direção oposta. São os pretensos iluminados que se ocupam da política que invariavelmente se deixam enganar por seus preconceitos e pontos cegos teóricos, ao passo que "o povo", como quer que o definamos, sabe tudo o que precisa saber. Isso tem um claro apelo. Em um só gesto, corrige-se a desigualdade da ordem existente ao inverter sua hierarquia, realizando no pensamento a justiça que a política emancipatória procura materializar no mundo. De resto, há uma verdade inegável na ideia de que uma confiança excessiva na teoria pode distorcer consideravelmente o modo como se apreende uma situação. No entanto, essa opção esbarra em todos os problemas que vimos no capítulo 4. Ela reduz a pluralidade do "povo" a uma essência, isola essa essência de toda interação com o mundo e se apoia implicitamente na mesma reivindicação de um conhecimento especial que critica: *ao contrário de todos aqueles que acreditam saber mais que o povo*, eu *sei o que o povo* realmente *pensa*.

Uma terceira alternativa envolve dois movimentos independentes. Já estamos familiarizados com o primeiro: trata-se de estabelecer uma distinção entre a vanguarda como posição e a vanguarda como função. Qualquer pessoa, grupo ou coisa (um grupo, um texto, uma imagem) que introduza uma diferença (uma nova ideia, ação, demanda, palavra de ordem, tonalidade afetiva) em uma determinada situação pode ocupar a *função* de uma vanguarda em relação a ela. Eles a ocupam na medida em que modificam a situação mais ou menos conforme a tensão de informação aportada por essa diferença, ou seja, *a diferença que aquela diferença faz* em relação aos potenciais disponíveis e às restrições dadas. No entanto, não existe algo como uma *posição* de vanguarda que seja a mesma para todas as situações em todos os momentos, muito menos que possa ser permanentemente ocupada pela mesma organização ou conjunto de pessoas. A vanguarda é uma função que circula, não uma posição permanentemente na dianteira de um desenvolvimento histórico necessário; é sempre relativa a uma situação, não importa o quanto esta possa durar. Isso rompe o vínculo que ligava a vanguarda à necessidade histórica e ao conhecimento dessa necessidade: vanguarda é quem faz a diferença em uma determinada situação, não quem tem a chave para todas as situações.

O segundo movimento é sustentar que existe um mundo objetivo compartilhado e que ele é, ao mesmo tempo, aquilo que *causa* e *limita* a variabilidade do conhecimento que as pessoas podem ter; mas que não há uma posição que permita, em todas as situações e sob todos os aspectos, um acesso completo ou exato a ele. Isso significa que todo conhecimento é em princípio falível, ainda que não da mesma maneira: diferentes graus de certeza e incerteza podem ser atribuídos a diferentes crenças, razão pela qual elas não podem ser todas igualmente válidas. O corolário é que todos devem, em princípio, aceitar a falibilidade de suas próprias pretensões e, embora não possam deixar de acreditar que suas crenças são verdadeiras, devem estar sempre abertos à possibilidade de que se prove que são falsas quando testadas pela prática coletiva.

Com esses dois movimentos, rompemos com a ideia de que o conhecimento está concentrado em um único lugar e de que a emancipação consistiria, então, em transferi-lo desse lugar para todos os demais. Fazemos isso, no entanto, sem recorrer – de forma bem-intencionada, mas infundada – ao tríplice apelo à imediatez contido na afirmação de que, em sua própria *essência isolada*, as pessoas *já sabem* o que precisam saber e *nós sabemos que elas sabem*. A postura dessa solução está encapsulada no famoso aforismo de Paulo Freire: "Ninguém educa ninguém, ninguém educa a si mesmo, os homens se educam entre si, mediatizados pelo mundo".[54] Isso naturalmente não significa que as pessoas ensinem umas às outras *as mesmas coisas*, o que seria absurdo. "[A] superação da contradição educador-educandos, de tal maneira que se façam ambos, simultaneamente, educadores e educandos", não significa decretar que todos saibam tudo ou que tudo que as pessoas acreditam sobre a mesma coisa tenha o mesmo valor.[55] A própria condição para que haja qualquer aprendizado é que existam diferenciais de conhecimento (na teoria, nas habilidades, na experiência prática, na percepção). A questão, porém, é que esse diferencial é sempre local – relativo a um problema ou uma situação e envolvendo crenças passíveis de serem revisadas –,

---

54 Paulo Freire, *Pedagogia do oprimido*. Rio de Janeiro/ São Paulo: Paz e Terra, 2018, p. 95.
55 Ibid., p. 82.

em vez de estar implicado em uma bipartição global entre aqueles que possuem *todo* o conhecimento verdadeiro e os que não possuem.

Um aspecto frequentemente negligenciado no pensamento de Freire é o fato de que ele está propondo um argumento pedagógico sobre a política tanto quanto um argumento político sobre a pedagogia. Para ele, não apenas a pedagogia é política, como a política é – ou deveria ser – diretamente pedagógica: "O que distingue a liderança revolucionária da elite dominadora não são apenas seus objetivos, mas o seu modo de atuar distinto".[56] Não obstante algumas interpretações pouco cuidadosas de sua obra, Freire não concebia o método dialógico como um grande nivelador, a destituição de todos os pretensos líderes e iluminados, uma afirmação incondicional de igualdade absoluta. Pelo contrário, ele explicitamente o concebia como o "caminho [...] para um trabalho de libertação a ser realizado pela liderança revolucionária".[57] Ter a igualdade sociopolítica como um fim não impede a pedagogia emancipatória de assumir a diferença como um ponto de partida necessário, não apenas no sentido histórico evidente de que as pessoas concretamente vivem em situações de dominação, mas como uma condição para o próprio processo pedagógico. *Há processo porque há tensão, e há tensão porque há diferença.* Por outro lado, como a futura emancipação coletiva é inseparável da emancipação intelectual individual aqui e agora, esta não está subordinada àquela em nome de uma "igualdade-por-vir",[58] mas é praticada desde o início como exploração "daquilo que pode uma inteligência quando ela se considera como igual a qualquer outra".[59] Em vez de algo a ser repudiado ou expiado como um pecado original, essa tensão é o objeto da maior habilidade que os educadores devem ter: a capacidade de geri-la em proveito do processo, evi-

---

56 Ibid., p. 226.
57 Ibid., p. 74.
58 Ver J. Rancière, "On ignorant schoolmasters", in Charles Bingham & Gert Biesta (orgs.), *Jacques Rancière: Education, truth, emancipation*. London/New York: Continuum, 2010, p. 5.
59 Id., *O mestre ignorante: Cinco lições sobre a emancipação intelectual*, trad. Lílian do Valle. Belo Horizonte: Autêntica, 2007, p. 50. Pode haver confusão quando não se leva em conta que o argumento de Rancière diz respeito à emancipação intelectual (individual), enquanto Freire está falando de emancipação intelectual e sociopolítica (coletiva).

tando os extremos da falta e do excesso, buscando o equilíbrio mais adequado a cada situação, sendo sensíveis às flutuações do processo e, sobretudo, estando cientes de que *eles não são os únicos que são ou deveriam ser responsáveis por essa regulação.*

Essa concepção da política como pedagogia conecta a obra de Freire nos anos 1950 ao trabalho das comunidades eclesiais de base da Teologia da Libertação nas décadas seguintes. O livro *Como trabalhar com o povo*, de Clodovis Boff, é um documento vital dessa experiência. Falar de "liderança revolucionária" e "educador", como faz Freire, ou de "agente externo", no caso de Boff, já indica que a posição de partida supõe "*diferença* pedagógica e *alteridade*",[60] o que muitas vezes é uma consequência do fato de que a realidade da qual o processo pedagógico parte é a da "divisão social do trabalho em trabalho intelectual (decisão) e trabalho manual (execução)".[61] Embora o objetivo da relação seja superar essa diferença, a alteridade não deve ser preenchida nem com a superioridade nem com o falso igualitarismo, o que não passaria de renegação: "Se alguém é ou se torna agente é porque tem algo a oferecer ao povo, tem uma contribuição particular a dar à sua caminhada. O agente é agente porque é diferente. É isto que precisa ser visto e assumido".[62]

Entendida como função, "liderança" dá nome ao lugar dessa alteridade: o papel formal de iniciador de um processo pedagógico, sem nenhuma indicação de quem deve ocupá-lo. (Esse ocupante pode vir de dentro ou de fora de um grupo ou uma comunidade, pode ser um indivíduo ou um grupo, e assim por diante.)[63] Com efeito, se a emancipação é autotélica, no sentido em que cultiva "refazedores

---

60   C. Boff, *Como trabalhar com o povo*, op. cit., p. 23 (grifo no original).
61   Ibid., p. 15. Evidentemente, nem Freire nem Boff estavam preocupados em descrever uma situação pedagógica "ideal". Em vez disso, eles partiam de sua experiência em um contexto de desigualdades sociais extremas em que "de modo geral, [a] liderança [entre os dominados] é encarnada por homens que, desta ou daquela forma, participavam dos estratos sociais dos dominadores". P. Freire, *Pedagogia do oprimido*, op. cit., p. 220.
62   C. Boff, *Como trabalhar com o povo*, op. cit., p. 24.
63   "Esse papel pode ser político, técnico, pastoral, educativo. Na falta de um termo melhor e mais apropriado, poderíamos talvez falar em *função pedagógica*, para englobar todas as funções de crescimento integral da comunidade ou do povo." Ibid. (grifo no original).

permanentes",⁶⁴ sua tarefa não é tanto a eliminação desse papel, mas a possibilidade de que ele circule livremente. Ainda que cada novo processo de recriação envolva alguma diferença e, portanto, o restabelecimento da alteridade, o objetivo seria chegar a uma situação em que fatores extrínsecos, como disparidades de riqueza, gênero, raça e educação formal, não pudessem impedir ninguém de ocupá-lo.⁶⁵ Partindo dessa concepção de alteridade, Freire e Boff estavam em condições de reconhecer sua inevitabilidade sem repetir o "modelo pedagógico dominante" em que "os mais avançados guiam os menos avançados, a fim de reduzir seu atraso", o que só faz "[reproduzir] infinitamente o atraso que deveria reduzir".⁶⁶ Como a diferença formal na origem do processo pedagógico não era substancializada em uma divisão entre aqueles que possuíam e aqueles que não possuíam o conhecimento verdadeiro, ela não podia ser superada pela transferência unilateral de conhecimento dos primeiros para os últimos. Em vez disso, o processo pedagógico era entendido como uma confluência de diferentes saberes tidos tanto por "educadores" quanto por "educandos", e como uma busca por *aquela emancipação que os participantes lograssem produzir juntos*, em vez da realização de algum objetivo estabelecido de antemão e desde fora.⁶⁷

---

64 P. Freire, *Pedagogia do oprimido*, op. cit., p. 78.
65 "A relação pedagógica não pode ser limitada às relações especificamente 'escolares' [...]. Esta relação existe em toda a sociedade no seu conjunto e em todo indivíduo com relação aos outros indivíduos, entre camadas intelectuais e não intelectuais, entre governantes e governados, entre elites e seguidores, entre dirigentes e dirigidos, entre vanguardas e corpos de exército. Toda relação de 'hegemonia' é necessariamente uma relação pedagógica [...]." Antonio Gramsci, *Cadernos do cárcere*, v. 1, trad. Carlos Nelson Coutinho. Rio de Janeiro: Civilização Brasileira, 1999, p. 399.
66 J. Rancière, Todd May, Saul Newman e Benjamin Noys, "Democracy, Anarchism and Radical Politics Today: An Interview with Jacques Rancière", trad. John Lechte. *Anarchist Studies*, v. 16, n. 2, 2008, p. 182. No caso de Joseph Jacotot, a partir do qual Rancière extrapola as ideias de *O mestre ignorante*, a tensão não era inexistente; ela estava posta no próprio fato de que alunos e professor não podiam se comunicar, situação que cabia a este último tentar resolver.
67 "Na verdade, o processo pedagógico é duplo: consiste no *encontro recíproco* do agente e seu saber com o povo e seu saber. E isso acontece em *contexto de reciprocidade*, diálogo e partilha vital. É só no intercâmbio de saberes que o processo educativo se desenvolve, seja do lado do agente como do lado do povo." C. Boff, *Como trabalhar com o povo*, op. cit., p. 30 (grifo no original).

Que a alteridade seja ao mesmo tempo a coisa a ser abolida e o instrumento dessa abolição explica por que sua natureza essencial é a tensão: se a tensão é muito pouca, nada acontece; se há tensão demais, a alteridade é reforçada. Isso torna o apelo à "primazia da prática" algo mais profundo do que a caridade condescendente pela qual a teoria estabelece da boca para fora um compromisso com a realidade cotidiana. Se a prática é o "critério da verdade" definitivo, é porque a tensão *só* pode ser verificada experimentalmente, *par expérience*, como diz Simondon. É por isso também que a "relação pedagógica correta"[68] se apresenta essencialmente como uma "arte das doses",[69] para tomar emprestada a expressão de Deleuze e Guattari. Ela envolve um esforço constante de construção de um caminho entre os extremos da falta e do excesso: "[n]ão é permitido aqui nenhum tipo de pragmatismo frívolo ou ativismo grosseiro",[70] "nem objetivismo nem subjetivismo",[71] nem "voluntarismo" nem "espontaneísmo".[72]

Que esse método se baseie no diálogo não significa que seja linear; que esse diálogo seja permeado pelo respeito não significa que se dê sem dificuldades ou que sempre se satisfaça com mínimos denominadores comuns. Ainda que a escuta atenta e respeitosa esteja entre as principais qualidades que o agente deve ter, ouvir o povo não quer dizer necessariamente *concordar com a primeira coisa que é dita*. Não há nada "menos educativo" do que a aversão ou o desprezo pela palavra do povo, mas respeito tampouco se reduz à "aprovação automática".[73] Se "o grupo manifesta um desejo ou expectativa determinada deve ser respeitado e levado a sério. Mas o agente tem o dever de

---

68 Ibid., p. 20.
69 G. Deleuze e F. Guattari, *Mil platôs*, v. 3, trad. Aurélio Guerra Neto, Ana Lúcia de Oliveira, Lúcia Cláudia Leão e Suely Rolnik. São Paulo: Ed. 34, 1996, p. 22.
70 C. Boff, *Como trabalhar com o povo*, op. cit., p. 10.
71 Ibid., p. 68.
72 Ibid., p. 80.
73 Ibid., p. 48. Isso corresponde à distinção estabelecida por Carlos Nuñez Hurtado entre uma liderança "basista" e uma que "sabe perguntar". Enquanto a primeira eleva o imediatismo popular (suas atitudes, opiniões etc.) ao nível de um argumento de autoridade, a segunda entende seu próprio papel como um de construção ao lado do povo. Ver C. Nuñez Hurtado, *Educar para transformar, transformar para educar*, trad. Romualdo Dias. Petrópolis: Vozes, 1993. Agradeço a David Backer por chamar minha atenção para esse texto.

questionar tal desejo, de problematizar tal expectativa",[74] mesmo que a abertura adequada para criticar só possa ser conquistada ao se "respeitar a liberdade de iniciativa e sua [do povo] decisão final".[75] Só há processo se houver movimento, só há movimento se houver tensão, só há tensão se houver diferença. O agente, o líder ou o professor deve estar sempre pronto para "encontrar as pessoas no meio do caminho", ou seja, para ter um encontro recíproco; mas *o próprio objeto da relação consiste em redefinir a cada momento onde está o meio do caminho.*[76]

É por isso que não estamos lidando aqui com uma busca constante pelo meio-termo. Pelo contrário, trata-se antes de uma arte do "risco calculado".[77] Seu domínio exige um forte senso de oportunidade e tato político para escolher quais instrumentos empregar; é uma questão de *quando, quanto* e *como*, "o momento, a medida e o modo".[78] Tampouco há qualquer linearidade nessa tarefa: "a caminhada do povo pode ser acelerada por [...] oportunidades históricas (*kairós*)".[79] O agente não é apenas alguém que coordena e agencia "a palavra co-

---

74   C. Boff, *Como trabalhar com o povo*, op. cit., p. 69. Vale prestar atenção no aviso de Fanon: "O risco permanente que [espreita o intelectual que participa da luta do povo], então, é fazer populismo [*faire du populisme*]. Converte-se numa espécie de adulador que diz amém a cada frase do povo, por ele convertida em sentença". Frantz Fanon, *Os condenados da terra*, trad. Ligia Ferreira e Regina Campos. Rio de Janeiro: Zahar, 2022, p. 46. Um dos principais problemas dessa postura, ao reificar certas posições como "autênticas", é que pode deixar de incentivar ou efetivamente atrapalhar as transformações em curso. "Num país subdesenvolvido em fase de luta, as tradições são fundamentalmente instáveis e atravessadas por correntes centrífugas. É por isso que o intelectual com frequência corre o risco de ser inoportuno. Os povos que empreenderam a luta são cada vez mais impermeáveis à demagogia, e quem pretende segui-los com excessivo rigor revela ser um vulgar oportunista e até mesmo um retardatário." Ibid., p. 225.
75   C. Boff, *Como trabalhar com o povo*, op. cit., p. 49.
76   Em inglês, *to meet halfway* significa "fazer um acordo", "achar um consenso", "encontrar uma solução de compromisso". O importante aqui era ressaltar que esse acordo não é necessariamente a média aritmética entre duas posições, mas uma negociação entre realidades que pode se resolver mais em uma direção ou em outra. Na ausência de uma expressão com o mesmo sentido em português e que permitisse um jogo de palavras semelhante, optou-se pela tradução literal.
77   Ibid., p. 10.
78   Ibid., p. 20.
79   Ibid., p. 81.

letiva",[80] ele também pode "provocar a comunidade a dar um salto em frente"[81] se a ocasião surgir: "nada dispensa o risco".[82]

CAPÍTULO 7

Relacionalmente radical

Uma resposta frequente à ideia de que é preciso trabalhar dentro dos limites do possível é apontar que não apenas as fronteiras do que é pensável em qualquer momento dado são socialmente condicionadas, mas que a pretensão de estabelecer definitivamente o que é ou não possível é a operação ideológica por excelência. Se as circunstâncias impõem restrições ao que podemos imaginar, prossegue o argumento, alguém que afirme *saber* o que é possível está apenas confundindo seus próprios limites subjetivos com os limites objetivos e, em última análise, pretendendo policiar as fronteiras da imaginação social. Isso não deixa de ser verdade, mas é preciso ter cuidado para não ir rápido demais. Embora os limites certamente tenham uma dimensão subjetiva, isso não significa que sejam *exclusivamente* subjetivos; tampouco dizer que limites *existem* equivale a afirmar que se tem um conhecimento verdadeiro a respeito deles. Que existam limites em todos os momentos que se queira considerar é algo que podemos deduzir *a priori* do simples fato de que somos seres finitos existindo em situações finitas. Mas mesmo que

---

80 Ibid.
81 Ibid., p. 65.
82 Ibid., p. 81. De fato, é possível que haja situações em que ações que seriam consideradas imprudentes ou absurdas em outras circunstâncias produzam a resposta mais potente. É difícil negar, por exemplo, que a invasão da sede do Partido Conservador em Londres no final de 2010, que na época muitos condenaram como vandalismo descabido, tenha impelido o movimento estudantil britânico do período a ultrapassar um limiar quantitativo e qualitativo. Ver David Harvie e Keir Milburn, "On the Uses of Fairy Dust: Contagion, Sorcery and the Crafting of Other Worlds". *Culture and Organization*, v. 24, n. 3, 2018, pp. 179–95. "Pode ser que a interpretação venha do idiota do serviço se ele vier a ter condições de reclamar." F. Guattari, *Psicanálise e transversalidade: Ensaios de análise institucional*, trad. Adail Ubirajara Sobral e Maria Stela Gonçalves. Aparecida: Ideias e Letras, 2004, p. 109. E às vezes talvez "quanto maior a imbecilidade, tanto melhor funciona" – embora provavelmente seja melhor não transformar essa máxima em uma regra geral. Id., "Os 'maos-maso', ou o maio impossível", in *Psicanálise e transversalidade*, op. cit., p. 356.

qualquer relação que possamos ter com esses limites seja, em certo sentido, mediada por construções sociais, isso não nos impede de adquirir um conhecimento empírico do que são esses limites – ou pelo menos do que *não* são – através da experimentação.[83] Se entendemos a aptidão como o problema da *busca pela máxima mudança possível dentro das restrições existentes*, fica claro que ela não pode de forma alguma ser confundida com um "realismo" insípido que toma a realidade por uma quantidade fixa e invariavelmente escolhe a cautela ao risco. Pelo contrário, sua consequência lógica é antes uma política propriamente *experimental*: uma política interessada em conceber e testar hipóteses que experimentem com, e expandam, os limites do que é possível. Dessa perspectiva, a organização é para a política aquilo que o equipamento de laboratório é para a ciência: os meios que as pessoas se dão para testar as hipóteses do modo mais abrangente possível. O que vale dizer que a diferença entre conceber uma estratégia e agenciar a capacidade coletiva necessária para implementá-la é como a diferença entre escrever equações e definir as condições experimentais em que algo pode ser descoberto.

Poderíamos dizer, com efeito, que aquilo que a aptidão faz é conferir um significado preciso à ideia de radicalidade. Assim como a tensão informacional, "ser radical" é uma propriedade relacional. Ninguém é radical de maneira intransitiva, em abstrato. Ser radical é ser radical *em relação a uma situação concreta*, mediante a identificação da ação mais transformadora que seja compatível com ela, da diferença máxima que ela é capaz de suportar e absorver. Fora

---

[83] Aliás, toda capacidade que temos para levar a cabo esses experimentos é inseparável da cooperação social passada e presente, que é justamente um dos sentidos de se dizer que nosso conhecimento é socialmente mediado. Mesmo no caso de um experimento que façamos por conta própria, usando apenas nossos órgãos dos sentidos, tanto o mundo em que experimentamos quanto tudo o que usamos no procedimento – ideias, linguagem, instrumentos, até mesmo nossos próprios órgãos dos sentidos, tomados em uma perspectiva evolutiva – carregam a marca do esforço coletivo. "Os elementos da experiência [...] são o produto de esforços sociais elaborados no trabalho ou no pensamento [...]. O que parece objetivo na experiência é [...] socialmente organizado." Aleksander Bogdanov, *The Philosophy of Living Experience*, trad. David Rowley. Chicago: Haymarket, 2016, p. 234.

disso, a "radicalidade" é um gesto puramente estético, a reiteração de uma singularidade desprovida de compromisso com a verdadeira produção de efeitos no mundo: "unificação dos atos segundo certo estilo comum e não segundo seu poder de transdutividade".[84] É aqui que radicalidade e compreensão ecológica da agência se conectam. Uma estratégia radical no interior de uma ecologia pressupõe levar em consideração um contexto mais amplo de lutas e agentes para identificar não o que funciona *para* o todo, impondo-se a ele e o subsumindo, mas *dentro* dele: compondo com e potencializando as coisas que já existem, encontrando pontos de apoio e de amplificação nelas. Isso implica buscar maneiras de explorar os potenciais e as oportunidades disponíveis de modo a transformar ao máximo as restrições existentes sem prejudicar as condições que tornam possíveis tanto nossa própria ação quanto a dos outros. Trata-se, portanto, de evitar ações que ameacem a continuidade do processo, deem o trabalho alheio por ganho, sejam pouco generosas, pouco tolerantes ou desnecessariamente antagônicas na expressão da diferença e criem conflitos com pessoas que fazem contribuições valiosas para a ecologia e poderiam, pelo menos até certo ponto, ser aliadas. Concebida ecologicamente, em suma, uma estratégia radical consiste em buscar a maior mudança possível em qualquer situação ao escolher aquilo que *acrescenta* realidade ao invés daquilo que a *subtrai*.[85] Ser radical não significa tocar sempre a mesma melodia em todas as ocasiões, mas demanda antes uma escuta atenta e uma disposição para tocar qualquer parte que falte executar na partitura – ou parte nenhuma, se a ocasião assim exigir. Voltamos aqui a um argumento elaborado anteriormente: só podemos nos dar ao luxo de afirmar unilateralmente uma identidade ou uma posição se soubermos que outros irão compensar essa atitude se esforçando para comple-

---

84 G. Simondon, *A individuação à luz das noções de forma e de informação*, op. cit., p. 499.
85 Bruno Latour, *Jamais fomos modernos*, trad. Carlos Irineu da Costa. São Paulo: Ed. 34, 1994, p. 51. É importante notar que isso não significa acrescentar realidade indiscriminadamente, como se tudo devesse ser tratado como pertencendo à ecologia, mas sim acrescentá-la àquelas coisas que se entende que, apesar das diferenças, estão "do mesmo lado". O que muitos criticam na obra de Latour parece ser a tendência a suprimir essa distinção.

mentar nosso gesto com tudo o que ele requer para ser viável. O investimento narcísico na própria identidade, seja ela "radical" ou "realista", não é sinal de independência em relação a uma ecologia; ele na verdade *supõe* essa ecologia, apenas o faz sem qualquer senso de responsabilidade ou cuidado.

A radicalidade sem realismo é vazia; o realismo sem radicalidade é cego. Não é sempre que exigir o impossível será a coisa mais radical a se fazer, e haverá momentos em que agir com paciência e cautela, prezando pela conservação e pela proteção, será a melhor maneira de defender e expandir a capacidade de agir. Além do mais, não é possível saber qual volume de mudança é o adequado para cada ocasião até que ele tenha sido testado. Não há como escapar da incerteza fundamental da política, e mesmo que seja possível sempre se preparar melhor para ela, nem a sinceridade nem a fé na própria análise podem compensá-la. Tudo isso deveria ser óbvio, mas a própria maneira como o conceito de revolução se transformou no último século torna o problema mais complexo ao dar a entender que a radicalidade poderia estar separada de sua relação com a realidade positiva.

Como vimos no capítulo 3, a modernidade imaginou que a revolução inauguraria uma era em que o trabalho da humanidade estaria essencialmente feito: ainda poderia haver novidade e progresso, mas não mais convulsões políticas ou sociais, pois quaisquer divergências que pudessem levar a elas teriam sido reconciliadas. Foi nesse contexto que Marx pôde se referir ao capitalismo como "a última forma antagônica do processo de produção social" e afirmar que "[c]om essa formação social termina, pois, a pré-história da sociedade humana".[86] No entanto, a partir de meados do século XX, o anseio por uma reconciliação final passou a ser denunciado como uma tentativa ilegítima de erodir a distância entre ideia e história, entre real e simbólico, entre infinito e finito. A experiência deixou claro que a promessa "de uma purificação absoluta da história, de um regime sem inércia, sem acaso ou risco"[87] era um mecanismo de defesa tão

---

86 Karl Marx, *Contribuição à crítica da economia política*, trad. Florestan Fernandes. São Paulo: Expressão Popular, 2008, p. 48.

87 Maurice Merleau-Ponty, *As aventuras da dialética*, trad. Claudia Berliner. São Paulo: Martins Fontes, 2006, p. x. Merleau-Ponty usa a imagem do "fim da pré-história" para defender Marx de ser confundido com alguns de seus seguidores,

poderoso contra a dúvida e a incerteza que era capaz de justificar a traição em nome da fidelidade, a opressão em nome da liberdade e a desonestidade em nome da verdade. Era um erro e um perigo confundir a revolução com a instituição de qualquer ordem positiva específica; em vez disso, ela deveria ser identificada com o excesso infinito que interrompe e desfaz uma ordem, a prenhez do evento, o movimento de desterritorialização, a promessa do messiânico. A revolução foi, portanto, retirada de um plano ôntico ou empírico e transferida para um nível ontológico ou transcendental. Assim, ela podia ser identificada com um excedente ou uma negatividade que nunca podem ser positivados, um poder de determinação (e indeterminação) além de cada coisa determinada, um potencial infinito que nunca se realiza. Indo na direção oposta à demanda dos Panteras Negras por uma "revolução nessa vida" [*revolution in our lifetime*], a teoria nos lembrava de que a realização do conceito estava além do alcance da vida de *quem quer que fosse*, e a "revolução" era, assim, mais adequadamente compreendida precisamente como a força que assegurava que nenhuma ordem jamais poderia ser incorruptível ou final.

Havia boas razões para isso, é claro. Negar a possibilidade de que a redenção pudesse se tornar atual era suspender a imunidade que a projeção do "significação total da história" em um único "fato histórico"[88] oferecia diante da finitude e da incerteza. Essa suspensão vinha, porém, com sua própria forma de imunidade. Associar revolução com potencialidade nos impede de confundi-la com qualquer estado atual, mas também pode desvalorizar a atualidade a ponto de transformá-la em uma pálida sombra de tudo o que ela não é, bem como um obstáculo ou uma ameaça para tudo o que poderia ser. Um potencial que permanece indefinidamente aberto será sempre mais radical do que tudo que efetivamente existe; por não estar investido em nada finito e limitado, ele não exclui nenhuma possibilidade e não está submetido à corrupção e à decadência. Mas se a atualidade é vista apenas como aquilo que esgota e afasta o potencial, toda relação com ela se torna suspeita, seja sua modificação parcial (e tam-

---

tomando-a como evidência de que, para o filósofo alemão, o verdadeiro revolucionário "navega sem mapa e tendo como único guia o presente" tanto depois da revolução quanto antes. Ibid.

88 Ibid., p. 270.

bém, portanto, sua parcial conservação), seja a instituição de uma nova positividade ou a tentativa de proteger uma realidade existente. A própria noção de direcionalidade – que nos diz que a atualidade pode *expandir* os potenciais existentes criando hoje as condições que possibilitam outras coisas amanhã – passa a ser impensável. Na pior das hipóteses, ela se torna indistinguível de um reformismo à deriva; na melhor das hipóteses, ela se parece com um apego recalcitrante à esperança de chegar ao fim da história. Essa virada em direção à pura potencialidade esmaga o presente sob o peso de um "por vir"[89] para o qual não é possível se preparar ou se aproximar através de etapas intermediárias. Ser radical passa a ser, assim, não transformar a realidade positiva, mas evitar qualquer trato com ela: negá-la tão exaustivamente, excedê-la tão completamente, que nada do que pudesse ser feito aqui e agora jamais seria adequado. Como diria a Rainha Branca de Lewis Carroll, pode haver revolução ontem (nas derrotas heroicas do passado) e amanhã (na promessa de um acontecimento puro); pode até haver revolução alhures, entre aqueles outros remotos que investimos com a autoridade de um sujeito suposto saber; mas nunca revolução aqui, nunca revolução hoje.

Ambas as formas de imunidade nos protegem da mesma coisa: da incerteza da ação, do medo de errar. Na primeira, a necessidade histórica e a convicção de ser seu agente asseguram que as decisões presentes serão validadas no futuro. A segunda não nos oferece tais garantias, mas nos conforta com a ideia de que nada do que pudéssemos fazer seria tão radical quanto deixar as coisas em aberto, seja pelo adiamento indefinido de uma decisão ou simplesmente pela recusa em decidir (pelo menos até que um acontecimento sobrevenha...). Não há, no primeiro caso, uma distância crítica entre nós e nossas ações, e não nos fazemos perguntas porque *sabemos* que não podemos estar equivocados. Já no segundo, a distância crítica é tão grande que fica difícil se comprometer com qualquer coisa concreta – mas não podemos errar enquanto não nos comprometemos. Não que haja uma renúncia completa à ação, é claro. Uma segunda operação

---

89 Jacques Derrida, *Espectros de Marx: O Estado da dívida, o trabalho do luto e a nova Internacional*, trad. Anamaria Skinner. Rio de Janeiro: Relume-Dumará, 1994, p. 12.

de imunização nos permite seguir com a consciência tranquila tão logo dois mundos separados sejam instituídos: um que consiste das práticas que são inerentemente corrompidas e outro das práticas para as quais a corrupção só pode vir de fora. Enquanto nos restringimos a este último, esse passe de mágica teórico nos garante que os limites associados à realidade se apliquem às práticas alheias, mas não às nossas. Esse excepcionalismo ontológico é o que permite às pessoas se convencerem de que as maneiras como se organizam não carregam os riscos da organização, de que as ordens criadas por elas não são verdadeiramente ordens, de que o poder que exercem não é poder, de que as formas de fechamento e exclusão que estabelecem não o são de fato.[90] Afinal, a "organização" diz respeito não a nós, mas aos partidos, "instituição" é algo que só se diz do Estado ou de quem o toma por modelo, nossas relações não constituem poder, mas antes o destituem, e assim por diante. Isso exige que abdiquemos de trabalhar ativamente para projetar nossas ações no futuro ou para expandir nossa *potentia* além de certa escala, mas nos dá algo em troca: uma esperança messiânica vaga de um acontecimento que possa um dia inaugurar uma ordem que não será uma ordem, uma realidade que não excluirá nenhum potencial.

A essa altura já deve ser óbvio que não consigo ver nisso nada além de um tipo de pedido por tratamento especial. Cada coisa realmente existente é organizada e é, nesse sentido, uma combinação de atualidade e potencial, determinação e indeterminação, abertura e fechamento; o que varia é somente o grau em que esses elementos se combinam em cada momento. Na medida em que é atual, determinada e finita, cada coisa é também corruptível, potencialmente arriscada, sujeita à entropia, à estase e à destruição. "É preciso ser

---

90 Um exemplo aqui é a maneira como o Comitê Invisível toma emprestado a noção foucaultiana de poder como governo das condutas ("ação sobre as ações"), mas restringe sua aplicação às instituições e ao Estado, em vez de estendê-la a todas as relações de poder, como fez o pensador francês. Comitê Invisível, *Aos nossos amigos: Crise e insurreição*, trad. Edições Antipáticas. São Paulo: n-1 edições, 2016, pp. 79–81. Isso lhes permite opor o "governo" enquanto um poder trans-histórico vindo de fora ao imediatismo das "formas que a vida [compartilhada] espontaneamente engendra" – uma sociabilidade que parece estar naturalmente livre de distribuições desiguais de influência e imune à força centrífuga de interesses particulares. Ibid., p. 280.

um pouco idiota", como diz Deleuze, para não saber que as revoluções – e as reformas, as comunas etc. – podem acabar mal.[91] Não há como modificar isso, dado que é inevitável, mas podemos mudar outra coisa: nosso anseio por imunidade, pela segurança de que nunca estaremos do lado errado, de que nunca nos tornaremos o inimigo. Entre nos convencermos de que tudo o que fazemos não é senão o infinito atuando através de nós ou nos abstermos de construir qualquer coisa porque ela sempre será finita, uma terceira alternativa é possível. Seu ponto de partida é a parcialidade de tudo o que podemos fazer, dando por certo que sempre será imperfeito, insuficiente, cercado de riscos e pontos cegos; mas ela não para aí. Em vez de regredir a uma ansiedade paralisante ou um absenteísmo altivo, podemos transformar essa constatação numa motivação para assumir responsabilidade (se não fizermos o que acreditamos ser correto, quem mais fará?), mas também para cultivar a distância crítica, a abertura, a colaboração, a capacidade de ouvir, de mudar de rumo e até, se necessário, de abrir mão. No final das contas, a busca por imunidade sempre diz respeito à dificuldade "mais fundamental" de "enfrentar nossa própria morte".[92] Dito de outra forma: a perspectiva de sermos restringidos por nossas decisões, de realizarmos investimentos equivocados dos quais não podemos nos desvencilhar, de nos identificarmos com nossos próprios limites, de ficarmos de mãos atadas, de nos tornarmos imprestáveis, obsoletos ou, pior, um obstáculo. O que essa terceira alternativa nos oferece é a possibilidade de conciliar compromisso e autorreflexividade, a consciência da nossa finitude e a capacidade de ser "sujeito do próprio destino", de modo que nosso envolvimento em processos coletivos não seja para nos "esconder[mos] do desejo e da morte", mas para criar coisas que, embora não durem "por toda a eternidade mas a título transitó-

---

91 G. Deleuze, "G de Gauche (Esquerda)" (1988), in *O abecedário de Gilles Deleuze*, trad. das legendas Raccord. Ministério da Educação, TV Escola.
92 Ibid. "[...] o grupo pode assumir suas finalidades econômicas e sociais e, ao mesmo tempo, permitir aos indivíduos conservar certo acesso ao desejo e certa lucidez quanto a seu destino? Ou, melhor ainda: pode o grupo evocar para si o problema de sua própria morte? Um grupo com vocação histórica é capaz de conceber o fim de sua missão; o Estado: a degenerescência do Estado; os partidos revolucionários: o fim de sua pretensa missão de direção das massas etc.?" F. Guattari, "O grupo e a pessoa: Balanço desconexo", in *Psicanálise e transversalidade*, op. cit., p. 222.

rio", são construídas para durar pelo tempo que for necessário a fim de tornar outras possíveis.⁹³

Uma radicalidade que não produza nenhuma atualidade sobre a qual possa se desenvolver e expandir está condenada a se dissipar ou a ficar presa no mesmo lugar, para sempre escrava da própria marginalidade enquanto aguarda um acontecimento redentor vindo de outra parte. O "movimento real que supera o estado de coisas atual" claramente depende de ambos os momentos: não pode se dar ao luxo de se fixar permanentemente em qualquer estado de coisas específico, mas não será um movimento *real* se não se atualizar em condições que abrem algumas possibilidades e fecham outras. Se abandonamos a fantasia de que seria possível ter um sem o outro e aceitamos dividir a responsabilidade pelo destino das lutas com outros agentes com os quais não necessariamente concordamos, os dois deixam de ser polos antagônicos e se tornam perspectivas complementares, duas vozes que devem conviver na cabeça de cada um sem prejuízo da capacidade de funcionar. Essa é uma condição para desenvolvermos a capacidade de pensar e agir ecologicamente. Desenvolver essa capacidade, por sua vez, é a condição para que diante de perguntas como "quem lidera? quem estrategia? quem organiza?", possamos responder: potencialmente qualquer um, idealmente todo mundo.

---

93   F. Guattari, "Transversalidade", in *Psicanálise e transversalidade*, op. cit., p. 78.

CONCLUSÃO

Esta razão para viver: vencer.

Victor Serge

Embora em vários sentidos pouco tenha mudado, muita coisa se passou desde que este projeto começou em 2013. Naquele momento, a onda de protestos que se iniciara na Tunísia dois anos antes continuava avançando pelo mundo e, mesmo que nenhuma vitória clara tivesse sido conquistada, havia um sentimento palpável de possibilidade no ar. O movimento dos guarda-chuvas em Hong Kong, a ascensão repentina do Podemos, a eleição (e capitulação) do Syriza, os levantes em Ferguson e o Black Lives Matter, o surgimento do municipalismo espanhol, a campanha bem-sucedida de Jeremy Corbyn pela liderança do Partido Trabalhista britânico – tudo isso estava prestes a acontecer, e no entanto ninguém seria capaz de prevê-lo até pouco antes que ocorresse. O mesmo poderia ser dito, por outro lado, a respeito do Brexit, da eleição de Donald Trump e da preocupante ascensão global da extrema direita. Enquanto trabalhava no primeiro rascunho deste livro, assisti aos desdobramentos da eleição de Jair Bolsonaro no Brasil e aos protestos dos coletes amarelos na França. No momento em que escrevia estas palavras, a pandemia da covid-19 havia começado e o mundo se arrastava novamente rumo a uma recessão.

Sob muitos aspectos, as coisas parecem ter se movido na direção oposta àquela em que os manifestantes de 2011 esperavam movê-las. Essa deterioração das condições políticas dificilmente poderia vir em pior hora. Ao mesmo tempo que um número crescente de países escolhe como líderes negacionistas climáticos explícitos, um relatório do Painel Intergovernamental sobre Mudanças Climáticas estima que as emissões de CO_2 tenham de cair cerca de 45% em relação aos níveis de 2010 nos próximos dez anos se quisermos evitar algo pior do que o já calamitoso aumento de 1,5°C da temperatura global.[1] A nova recessão mundial despontou ao fim de mais uma década de baixo crescimento econômico, quando mesmo algumas insuspeitas

---

[1] Painel Intergovernamental sobre Mudanças Climáticas, "Sumário para formuladores de políticas", trad. Mariane de Oliveira. The Intergovernmental Panel on Climate Change (IPCC), 8 out. 2018.

vozes do *establishment* já não hesitavam em afirmar que a causa desse baixo desempenho sistemático é um "capitalismo rentista [...] favorável a uma elite".² Enquanto a economia global era duramente atingida pela maior emergência sanitária em um século, ficava claro que os trilhões injetados em resgatar bancos ao longo da década anterior haviam sido utilizados para inflar uma bolha de ativos financeiros e jamais alcançaram as populações que continuam a sofrer com desemprego, precarização, salários estagnados, endividamento privado crescente e uma rede de seguridade social cada vez mais esgarçada. A concentração de poder econômico e político que tem bloqueado respostas estruturais às crises financeira e climática não apenas se mantém como deve aumentar à medida que a desaceleração econômica dizima inúmeros pequenos negócios e causa estragos nos mercados de trabalho. Em meio a tudo isso, a pandemia parece ter levado o "neoliberalismo punitivo"³ a outro patamar, especialmente quando se ouviam governos e patrões dizerem explicitamente aos trabalhadores que estes deviam escolher entre proteger suas vidas e a economia – e muitos, tendo naturalizado a ideia de que não há outras opções, concordavam.

Certamente há vários jeitos como uma teoria da organização poderia ser útil em um cenário como esse. Os problemas estruturais que fizeram os manifestantes tomarem as ruas a partir de 2011 talvez tenham se tornado ainda mais profundos e evidentes desde então. Com uma nova recessão sobrepondo-se a uma recuperação que nunca realmente decolou e a uma década de austeridade, a situação é potencialmente mais explosiva agora do que há dez anos. No entanto, se existe uma coisa que a última década deveria ter nos ensinado é que a presença de fortes fatores objetivos não se traduz automaticamente em grandes movimentos, menos ainda na descoberta espontânea da linha "correta" pelas massas. Os indivíduos

---

2 Martin Wolf, "Por que o capitalismo rentista prejudica a democracia liberal", trad. Luiz Roberto Gonçalves. *Folha de S.Paulo*, 18 set. 2019. A tradução brasileira deixa de fora dois detalhes importantes: o original diz que a forma assumida pelo capitalismo nas últimas décadas não é simplesmente "favorável a uma elite", mas *desenhada* para favorecer uma *pequena* elite [*rigged to favour a small elite*].

3 William Davies, "The New Neoliberalism". *New Left Review*, n. 101, 2016, pp. 121–34.

que tomarão as ruas nos próximos anos foram moldados em maior ou menor grau pela disciplina de mercado e pelo desejo neoliberal, pela atomização e pela solidariedade negativa, pela demonização dos trabalhadores organizados e das minorias, pela dívida e por uma propaganda continuamente requentada dos tempos da Guerra Fria. Se isso não necessariamente os transforma em reacionários, tampouco os torna naturalmente radicais. Embora antissistêmicos em muitos aspectos, é pouco provável que os levantes de nosso tempo sejam social e ideologicamente homogêneos ou que sigam linhas políticas bem definidas, e a experiência mostra que as energias que eles despertam são passíveis de captura pela extrema direita. Novas irrupções estão por vir e elas serão momentos de criação e concentração de *potentia* coletiva. Que essa *potentia* tome o rumo que desejamos, que produza laços estáveis e resilientes, que seja investida em atividades que ajudarão a arraigar objetivos políticos no cotidiano do maior número possível de pessoas e construir a capacidade de transformar nosso impasse atual – nada disso vem "naturalmente", se com isso entendemos que as coisas de repente se encaixam sem que ninguém tente ordená-las. Alguém tem de fazê-lo; esse alguém é qualquer um que queira ver essas coisas acontecerem.

É verdade que ninguém pode realmente se preparar para um acontecimento. Para algumas pessoas, porém, mesmo uma acanhada conversa sobre como aumentar a capacidade de resposta a um – que dirá induzi-lo – soará inaceitavelmente próxima do tipo de política associado aos detestáveis partidos de vanguarda de outrora. Uma vez que a organização aparenta ser naturalmente inclinada a romper simetrias e a produzir distinções (centros e periferias, líderes e seguidores), haveria nela algo de intrinsecamente suspeito, como se não passasse de uma artimanha para usurpar a capacidade de agir dos outros. A partir daí, qualquer pessoa que não queira se tornar um usurpador estaria autorizada a concluir que, embora todos devessem se organizar, não há nada que se possa fazer a esse respeito senão organizar a si mesmo. Ainda que acreditemos que nossa análise e plano de ação estejam corretos – e quem não acredita que o seu esteja? –, seria errado tentar convencer outras pessoas a aderir a ele.

Se é possível dizer que este livro possui dimensão terapêutica, é na medida em que tenta abordar essa lógica autodestrutiva a partir daquilo que considero ser sua origem: o medo da organização que deriva dos traumas históricos associados a ela, especialmente aqueles que os experimentos fracassados do século xx inscreveram em nossa memória e imaginação coletivas. É isso que obscurece nossa percepção da organização como, mais que apenas ameaça, condição de possibilidade; e é o que nos faz desproporcionalmente mais sensíveis aos perigos que decorrem de seu excesso (falta de responsividade, hierarquia, autoritarismo) do que à impotência que advém de sua ausência. Afinal, a organização nada mais é do que o agenciamento, armazenamento e manejo da capacidade coletiva de agir – algo incontornável caso as pessoas queiram se tornar ou permanecer capazes de efetuar mudanças no mundo. Uma vez que tememos exatamente aquilo de que precisaríamos para dar uma forma prática a nossos desejos, estamos constantemente nos deparando com os limites dessa capacidade; mas dado que superar esses limites exigiria confrontarmos nossos medos, muitas vezes preferimos convencer a nós mesmos de que essa necessidade não existe e que a impotência é uma forma de virtude.

Para lidar com essas racionalizações, foi necessário adotar uma abordagem "terapêutica" também no sentido wittgensteiniano, em que não se trata de resolver, mas de *dissolver* certos problemas ao expor as confusões conceituais de que eles surgem. Foi o caso, por exemplo, da tendência de opor a organização à espontaneidade e à auto-organização. Como argumentei ao longo deste livro, o que chamamos de "auto-organização" no nível da sociedade como um todo não pode ser confundido com formas locais de autogestão, tais como conselhos de fábrica. Ela é, na verdade, a interação emergente de diversas forças atuando ao mesmo tempo, muitas delas intencionalmente organizadas; quais dessas se tornam dominantes é função de sua intensidade e alcance, dos pontos em que atuam, e das tendências e do estado atual do sistema. O que surge "espontaneamente" não é, assim, distinto, mas justamente o efeito da *hetero*-organização, se quisermos chamar assim a ação que os elementos de um sistema exercem uns sobre os outros. Por isso, enquanto a auto--organização é, sem dúvida, em certo sentido, algo que acontece às nossas costas, em outro, ela nada mais é do que aquilo que nós e os outros fazemos; usá-la como argumento para justificar por que não precisamos ou não devemos nos organizar acima de determinada escala é não entender isso. Não é de se admirar, então, que, como expliquei no capítulo 4, as tentativas de jogar a espontaneidade e a auto-organização contra a organização devam secretamente supor algum tipo de teleologia que garanta que os efeitos que desejamos se materializarão mesmo que ninguém os busque ativamente.

Esse tipo de mal-entendido pode ser parcialmente explicado pelo contexto em que as abordagens científicas sobre a auto-organização começaram a ganhar força nos debates políticos, especialmente na esquerda – uma época em que o trauma da organização estava em alta e as pessoas procuravam não por novas maneiras de pensar a subjetividade política organizada, mas por modos de fazê-la desaparecer. No limite, o que muitos queriam era uma teoria da mudança social como resultado da ação agregada de inúmeros indivíduos, cabendo à ação coletiva coordenada um modesto papel secundário. Quando esses discursos foram transpostos de um campo para o outro, teria sido natural que conceitos científicos como nucleação e tamanho crítico fossem vistos como marcando o lugar onde questões relativas à organização e à iniciativa subjetiva teriam de ser recolocadas; mas essas oportunidades foram deixadas de lado e ignoradas. É por isso que um dos problemas a que me dediquei neste livro foi elaborar uma apresentação da auto-organização que começasse desses pontos.

Tal apresentação teria de conciliar uma perspectiva sobre o sistema político e econômico global e os múltiplos subsistemas que o compõem enquanto sistemas auto-organizados, por um lado, com o fato de que quem assume essa perspectiva está implicado nesses sistemas em vez de contemplá-los desde fora, por outro. Em outras palavras, essa teria de ser uma apresentação da auto-organização *tal como vista de dentro*. De um ponto de vista epistemológico, isso implica uma perspectiva que é necessariamente limitada em termos da quantidade de informação a que tem acesso e de seu poder de processá-la. De um ponto de vista prático, implica uma capacidade de ação limitada: os agentes são sempre inferiores em força aos processos em que intervêm, uma vez que os recursos de que dispõem a cada momento (tempo, atenção, esforço físico e emocional, dinheiro) são necessariamente finitos. Mas limitação e finitude não poderiam ser as últimas palavras aqui. Afinal, fazer parte daquilo que descrevemos também significa ser responsável por tentar provocar todas as mudanças que acreditamos que deveriam ocorrer. A isso chamei de *política com o sujeito dentro*: o entendimento de que é justamente *porque* estamos implicados nos processos que nos envolvem que devemos implicar nossa própria posição e atividade subjetivas na análise "objetiva" das coisas. Isso transforma toda questão descompromissada sobre "o que deveria acontecer" em uma pergunta sobre o que pode ser feito agora, a partir de nossa perspectiva parcial e com os recursos limitados que temos à mão, a fim de nos aproximarmos do que queremos: Lênin (a responsabilidade por produzir efeitos) via cibernética de segunda ordem (a consciência da própria parcialidade). O custo de evitar essa responsabilidade é ou nos resignarmos à impotência e desistirmos de nosso desejo, ou buscar segurança nos confortos imaginários da teleologia.

Isso significava, porém, que havia outros problemas a serem dissolvidos. Uma coisa que a responsabilidade por nossas ideias e desejos requer de nós é a prontidão para assumir um papel de liderança se a ocasião assim o exigir. No entanto, o conceito de liderança é, há décadas, tido como tão problemático quanto o de organização, se não mais. "Ausência de liderança" era um dos modos favoritos dos movimentos da última década para descrever a si mesmos, ainda que na maior parte das vezes não fosse difícil identificar quem eram as pessoas mais influentes e conectadas nas praças ocupadas e nos fóruns da internet. Assim como com a questão da organização, o desafio aqui era decompor o conceito a fim de isolar aqueles aspectos que as pessoas temem ou aos quais se opõem de outros que não podem ser facilmente eliminados. Meu argumento era que há uma função desempenhada pela liderança que constitui uma dimensão inelinimável da política: a iniciação do comportamento coletivo. Nesse nível, liderar significa simplesmente "ser seguido", isto é, introduzir um comportamento que outros irão adotar ou adaptar. Isso é bastante distinto de uma *posição* de liderança, ou seja, um status adquirido que torna mais provável que outros sigam aqueles que o possuem. Isso, por fim, é diferente de uma posição de liderança munida de poder suficiente para *fazer* com que os outros a sigam. É aqui que podemos traçar uma fronteira. Dificilmente alguém se oporia a uma liderança baseada em reciprocidade, que depende de obter apoio dos outros porque ao líder faltam os meios de exigi-lo ou extraí-lo à força. Quando rejeitam a noção de liderança, as pessoas estão se referindo a outra coisa: àquelas situações em que um líder pode fazer os outros cumprirem suas ordens sem precisar prestar contas a eles. Impedir que isso ocorra é certamente um objetivo para qualquer política emancipatória digna desse nome, mas isso nada tem a ver com suprimir a função de liderança, o que seria, em todo caso, estritamente falando, impossível. Antes o contrário, na verdade: para que as posições de liderança sejam mantidas sob controle, é necessário que tanto as posições quanto a função de liderança circulem.

Essa forma de enxergar o papel da liderança supõe uma maneira bem diferente de entender o que as pessoas costumam chamar de "horizontalidade". Conceber a ação política como algo que se dá dentro de uma ecologia composta por outros agentes é tomá-la como uma ordem espontânea em que fronteiras e protocolos deliberadamente criados são sempre locais. Como defendo no capítulo 5, o problema do horizontalismo é que seus partidários tentem inadvertidamente entender a ecologia em termos que se aplicam apenas a essas ordens locais, o que não resulta em outra coisa senão paradoxo e confusão. (É o mesmo erro em que se incorre ao pensar a auto-organização em termos de autogestão.) Podemos perguntar se uma assembleia é horizontal, mas faz sentido fazer a mesma pergunta a respeito de sua relação com outra assembleia ou da decisão que a criou e definiu suas regras? Embora esses dilemas possam parecer inofensivos, quem quer que tenha convivido em espaços horizontais sabe que fácil e rapidamente eles podem se transformar em culpa, recriminação, paranoia e paralisia. Onde não há procedimentos de tomada de decisão reconhecidos ou mesmo um universo de participantes claramente definido, a iniciativa vem primeiro e sua legitimidade pode ou não vir depois. Isso – que descrevi como liderança distribuída – implica uma série de consequências para a horizontalidade. Para começar, significa que, ainda que fosse possível instituir ordens locais perfeitamente horizontais, as relações entre elas continuariam tendendo a ser não recíprocas, no sentido de não ser objeto de uma deliberação comum. (Devemos lembrar que, em uma ecologia, um nó nem sequer precisa saber que outro existe para agir sobre ele, porque pode moldar indiretamente os campos de possibilidade do outro ao atuar no ambiente.)

Além disso, a liderança distribuída está presente inclusive dentro dessas ordens locais horizontais – é por isso que não é difícil reconhecer líderes nelas –, o que não é necessariamente ruim, desde que se saiba administrá-la. Finalmente, a iniciação do comportamento coletivo sempre cria diferenciais de poder (capacidades distintas de influenciar as possíveis ações dos outros) e depende de outros diferenciais para se propagar. Se julgamos a horizontalidade segundo um ideal de reciprocidade absoluta, somos obrigados a concluir que é *"para funcionar"* que ela *"deve não funcionar bem"*.[4] Seu objetivo, portanto, não é perseguir um ideal impossível de reciprocidade total em todos os momentos, mas se empenhar para manter os diferenciais de poder sob controle para que o poder continue a circular.

Ao longo deste livro, enfatizei que não pretendia propor um modelo ideal. Isso deve ser entendido de diferentes maneiras. Ao falar em liderança distribuída ou em organização enquanto ecologia, por exemplo, meu objetivo não era convidar o leitor a dar vida a tais coisas, mas assinalar que elas sempre estiveram aí, embora não fossem reconhecidas enquanto tais. Em outras situações, eu estava lidando com aquele tipo particular de não reconhecimento em que algo que só existe como mistura é considerado unicamente do ponto de vista desse ou daquele elemento dominante, de modo que aquilo que é, na verdade, uma única tensão variável entre forças é cindido em duas entidades separadas. Esse era o caso das díades discutidas no capítulo 2, ou da ação distribuída que sempre consiste em uma combinação, em maior ou menor grau, de ação agregada e coletiva, de iniciativas dispersas e centralizadas. O objetivo não era argumentar que *não deveríamos* escolher entre uma coisa e outra, mas que efetivamente *nunca houve qualquer escolha*: trata-se sempre apenas de uma questão de mais ou menos. Além disso, quis mostrar que não há uma forma que possa resolver de uma vez por todas a tensão entre essas forças e ser a solução "finalmente descoberta" para o problema de como se organizar. As forças são coisas vivas e variáveis, demandando manejo e ajuste constantes, razão pela qual nenhuma posição sobre a organização poderia ser correta em todas as situa-

---

[4] Gilles Deleuze e Félix Guattari, *O anti-Édipo: Capitalismo e esquizofrenia 1*, trad. Luiz Orlandi. São Paulo: Ed. 34, 2010, p. 201 (grifos no original).

ções e em todos os momentos. Contra a tendência de ver na questão da organização algo que diz respeito a formas, quis mostrar que não existe uma única forma organizacional ideal e que qualquer forma está sujeita ao declínio, o que significa que exige trabalho contínuo para se manter.

Minha insistência em não ter um modelo ideal também era, portanto, uma tentativa de deixar claro que os riscos associados à organização são reais, e que não pretendo ter encontrado um antídoto para eles. Processos coletivos não são e não permanecem perfeitamente nivelados e homogêneos, e os riscos gêmeos de ver a *potentia* coletiva se dissipar ou se consolidar em *potestas* nunca desaparecem. O que devemos opor a esses riscos não é o ideal de um estado final de equilíbrio em que reinariam a participação total e a reciprocidade, nem a suspeita paranoica contra quaisquer diferenciais de poder que possam surgir, mas o conhecimento de que evitar essas armadilhas exige *esforço*. É evidente que isso não significa que alguns procedimentos e arranjos organizacionais não sejam mais propícios do que outros para manter a participação ao mesmo tempo que resistem à concentração de poder. Mas o que é decisivo, em última instância, é a questão extraprocedimental do *poder relativo* das forças em relação umas às outras: um arranjo formal sempre pode ruir se um agente desproporcionalmente forte não tiver interesse em sustentá-lo.

Por outro lado, se há um elemento normativo no que escrevi, ele pode ser resumido na máxima: *pense e aja ecologicamente*. Obviamente, uma ecologia está sempre já lá; ela não precisa ser criada. Mas pode ser expandida e cultivada, tornada mais rica, diversa e complementar, mais internamente integrada e capilarizada no corpo social. Tudo isso depende de uma massa crítica de pessoas pensando a ecologia como um todo. Pensar ecologicamente não é, portanto, uma questão de dispersão pela dispersão, mas de aproveitar a pluralidade da melhor forma; entre a centralização extrema e a dispersão total há inúmeros arranjos possíveis que são muito mais fecundos. Tampouco significa supor o desaparecimento de diferenças e conflitos irreconciliáveis. A questão é que a própria inimizade deve ser concebida ecologicamente: se todos são inimigos, nossa capacidade de agir se torna muito restrita; entre completo amigo e completo inimigo existem inúmeros graus intermediários que variam ao longo do tempo e conforme a ocasião.

Uma ecologia vibrante, no entanto, não depende unicamente de coordenação e de uma mentalidade colaborativa. Ela também requer que núcleos organizativos expandam suas zonas de influência, desenvolvam bases sociais fundadas em laços fortes e em reciprocidade, e em geral incrementem sua capacidade de agir (consistência organizacional, habilidades, bom senso estratégico etc.). Uma ecologia potente não se faz com nós fortes e sem coordenação, mas, conforme descobriu o movimento altermundista, tampouco se faz com uma rede densamente integrada de nós locais demasiadamente fracos. No capítulo 6, sugeri que a melhor maneira de tornar a atividade local mais robusta não reside em focar na construção de organizações como um fim em si, sem ter um propósito claro para tanto, mas em apostas estratégicas concretas cuja execução deixamos que nos dite as necessidades organizacionais. Isso põe o acento na estratégia mais do que nas estruturas que a implementam e estimula a fidelidade a uma base social, uma análise e um plano geral de ação, em vez de a uma identidade de grupo. O que importa é que o trabalho seja feito, não quem o faz; e a força de um núcleo organizativo não reside na quantidade de membros que possui, mas naquilo que é capaz de realizar.

Uma aposta estratégica é parcial não no sentido de que se restrinja a uma escala reduzida ou a uma única questão, mas porque não tenta ser uma teoria de como *toda* mudança acontece. Trata-se, em parte, de uma questão de processamento de informação: há sempre um limite do quanto se pode manter em foco a qualquer momento dado, e quanto mais se olha para o quebra-cabeça como um todo, mais imprecisos se tornam os detalhes. São esses detalhes, contudo, com tanta granularidade quanto seja possível, de que se precisa para saber por onde começar. O desenvolvimento de uma compreensão mais fina das partes específicas do quebra-cabeça também tem a ver, portanto, com a capacidade de agir: trata-se de decompor o objetivo sistêmico mais geral em intervenções específicas que possam ser planejadas, organizadas e ter suas condições progressivamente construídas. A ideia não é que uma única questão ou aposta seja a chave para uma mudança social completa, nem que possa haver uma solução isolada para ela no interior das condições existentes, mas que ataques suficientemente fortes a uma série de questões estruturalmente significantes possam gerar instabilidades por todo o sistema que se reforcem mutuamente e que abram oportunidades para uma mudança maior. A totalidade social é, assim, contabilizada duas vezes: na avaliação do lugar que uma questão ocupa na estrutura social global, que a conecta de maneira determinada a todo o resto, e no esforço contínuo e recorrente para levar em conta as estratégias e ações dos outros. Em vez de estar concentrado em um único ponto, no entanto, esse cálculo é feito de forma distribuída por agentes que olham para o quebra-cabeça a partir da perspectiva de diferentes partes. A diversidade de estratégias não significa abdicar de um ponto de vista sistêmico, mas pluralizá-lo.

No capítulo 3, examinei as transformações pelas quais passou a ideia de revolução desde o século XVIII a fim de ressaltar três características (contingência, composição, complexidade) que dominam o modo como a concebemos hoje. O que não fiz então foi abordar o problema posto por Lukács na citação com a qual abri o capítulo: se uma teoria da revolução é necessária para uma teoria da organização, que teoria da revolução está pressuposta na teoria da organização que propus aqui?

"Transição" foi o nome que se convencionou dar ao período histórico teoricamente finito, mas na prática interminável, em que transcorreu a grande desilusão do socialismo real. Não surpreende que, quando começou a ficar claro que os países socialistas não estavam realmente transicionando em direção a qualquer outra coisa, a noção passasse a ser vista com desconfiança. Ninguém é mais desconfiado com ela hoje do que teóricos da comunização como Gilles Dauvé, para quem a revolução será imediata ou não será. Segundo ele, o problema não está na ideia "evidente" de que "não se chegará ao comunismo num piscar de olhos", mas o fato de que, em sua história enquanto conceito, "transição" passou de denotar um mero "*momento* transitório" a implicar "uma *sociedade* transitória de pleno direito".[5] Mas se essa observação soa verdadeira no que se refere à maneira como a palavra funciona nos debates marxistas, assim que nos afas-

---

5   Gilles Dauvé, *From Crisis to Communisation*. Oakland: AK Press, 2018, p. 29 (grifo no original).

tamos desses debates por um momento, temos a impressão de que o problema de saber se a transição deve ou não fazer parte da revolução está invertido. Afinal, em seu significado geral de uma passagem entre dois estados de coisas, "transição" é um conceito mais amplo do que "revolução" e, portanto, parece fazer menos sentido perguntar se a transição deve ser parte da revolução do que perguntar qual papel, se é que há algum, a revolução pode desempenhar na transição.

Essa inversão das posições dos dois termos é também uma das consequências que poderíamos tirar do "pluralismo estratégico flexível" preconizado por Erik Olin Wright. Se pensamos na mudança sistêmica como uma combinação das lógicas reformista (simbiótica), revolucionária (ruptural) e de construção de alternativas (intersticial), podemos imaginá-la como um processo de "transição" que, contra as conotações que o conceito acumulou na tradição marxista, é não linear, irregular e conflituoso, em vez de contínuo, homogêneo e administrado de cima para baixo.

É concebível que, se pudesse agir com rapidez e força suficientes, uma estratégia calcada em uma única lógica de transformação seria capaz de vencer as tendências inerciais do sistema sem desorganizar a reprodução social a ponto de ameaçar a sobrevivência da maioria das pessoas. Partindo do tamanho crítico correto, as forças simbióticas poderiam modificar o capitalismo mais rapidamente do que ele poderia cooptá-las ou armar uma reação; as iniciativas intersticiais poderiam produzir uma alternativa viável aos circuitos de produção e reprodução existentes antes que estes conseguissem absorvê-las ou marginalizá-las; uma onda ruptural poderia instituir formas sociais inteiramente novas antes que a disrupção da vida cotidiana se tornasse insuportável. Infelizmente, não há como garantir que se partirá do tamanho crítico adequado. A alternativa é conceber um processo em que destruição, construção e refuncionamento acontecem em paralelo, e tanto ruptura quanto mediação ocorram em diferentes escalas ao mesmo tempo. Não se trata de uma "sociedade transitória", se por isso entendermos uma formação social instituída na esteira de um grande acontecimento disruptivo a fim de estabelecer uma mediação entre a formação social a ser destruída e aquela a ser criada por meio da combinação de características de ambas. Em vez disso, o que temos aqui é uma pluralidade de linhas de tempo e de ritmos de mudança operando em velocidades variáveis, um mosaico irregular de continuidades e descontinuidades que não se combinam milagrosamente para produzir uma transformação estrutural, mas são objeto de um *esforço constante e deliberado para manejá-las tanto em apoio mútuo* (para que se reforcem reciprocamente) *como umas contra as outras* (para corrigir-lhes os cursos). Se o desafio da transição é essencialmente o de gerenciar a velocidade da transformação – não tão devagar que não se consiga escapar da reprodução das formas sociais existentes, não tão rápida que a reprodução social entre em completo colapso –, a questão fundamental passa a ser a coordenação de múltiplas temporalidades. Isso significa que o problema da aptidão não se põe de uma única vez, de forma geral, para dar conta da mediação entre duas etapas históricas, mas múltiplas vezes e por múltiplos agentes. Ele está, por assim dizer, fractalmente distribuído entre diversas estratégias e escalas, e se aplica igualmente às relações *entre* estratégias e escalas a fim de testar suas compatibilidades: uma mudança que "funciona" para algumas pessoas em algum lugar não deve impedir a mudança alhures, muito menos consolidar padrões existentes de opressão e exploração.[6]

No capítulo 1, sugeri que algo nessa linha era a única resposta plausível ao problema colocado pela crise ambiental; espero que esteja claro a essa altura que a noção de "diversidade de estratégias" no capítulo 6 era uma tentativa de dar contornos mais precisos a essa ideia. Embora obviamente nem todas as alternativas sejam compossíveis ou mesmo desejáveis, é difícil imaginar, a partir de onde nos encontramos hoje, que uma única tática ou estratégia possa por si só evitar mudanças climáticas catastróficas e instituir um sistema global igualitário ao mesmo tempo. Em vez de procurar um único cesto em que colocar todos os nossos ovos ou multiplicar infinitamente a ação em inumeráveis decisões individualizadas e iniciativas hiperlocais, a aposta mais razoável parece ser maximizar o impacto estrutural que nossas limitadas capacidades de agir podem ter quando combinadas em diferentes níveis. Isso demandará sem dúvida uma mistura de ação direta, intervenção estatal e construção de infraestrutura autônoma. Também exigirá que se integre a *obstrução* das ten-

---

6   Para uma discussão a respeito do Green New Deal à luz desse problema, ver Nicholas Beuret, "A Green New Deal for Whom and for What?". *Viewpoint*, 24 out. 2019.

tativas de expandir a mercantilização e a infraestrutura extrativista com a *desconexão* parcial das "redes longas" do capitalismo e o *refuncionamento* localizado da infraestrutura e das instituições existentes.[7] Nenhuma forma de ação deve, em princípio, ser descartada, e o que exatamente deve ser obstruído, desconectado ou transformado é um problema a ser tratado empiricamente, caso a caso, e não *a priori*.

Defendi no capítulo 2 que, já há algum tempo, a esquerda reduziu artificialmente suas próprias opções ao insistir em tratar problemas empíricos como se fossem *a priori*, ao transformar questões que se definem por graus de mais ou menos em absolutos e ao irrefletidamente rejeitar possibilidades não com base em avaliações contextualizadas do que poderia funcionar, mas por motivos meramente identitários. Sugeri que esse era um sintoma melancólico ligado às derrotas do século XX e que ele dividia a esquerda em dois grandes campos incapazes de aprender com o fracasso qualquer coisa a não ser a confirmação sem fim das falhas inerentes à posição do outro. Talvez, como sugeriu Derrida, esse luto seja estritamente falando impossível, pois, se for bem-sucedido, não honrará verdadeiramente o que foi perdido; o verdadeiro luto é interminável e, por isso, a melancolia nunca se esgota.[8] Mas mesmo esse trabalho que nunca termina é feito com a finalidade de se seguir em frente: de renovar o diálogo com aquilo que se perdeu em vez de circular sem parar em torno de uma memória fixa no tempo, de descobrir novas potencialidades nesse processo para que a vida – nossa vida finita, com os recursos finitos que temos para construir algo maior do que nós mesmos – possa continuar. Portanto, no fim das contas, não importa se realmente podemos nos desfazer da melancolia; basta que nos desfaçamos o suficiente para podermos seguir com a tarefa de investir esses recursos finitos no esforço de dar aos projetos com que nos importamos a maior chance possível de vencer.

---

7   Ver Rodrigo Nunes, "O luxo do comunismo" in Déborah Danowski, Eduardo Viveiros de Castro e Rafael Saldanha (orgs.), *Os mil nomes de Gaia: do Antropoceno à Idade da Terra*, v.2. Rio de Janeiro: Machado Editora, 2023, pp 156–72.

8   Jacques Derrida, *Memoires for Paul de Man*, trad. Cecile Lindsay et al. New York: Columbia University Press, 1989, pp. 34–35.

AGRADECIMENTOS

Uma lista completa daqueles para com quem tenho dívidas afetivas, intelectuais e políticas seria impraticavelmente longa, mas deixo um agradecimento especial aos meus colegas e alunos da Pontifícia Universidade Católica do Rio de Janeiro (PUC-Rio); a Steve Wright e Antonis Vradis, pela ajuda na localização de referências; a todos os amigos e colegas que me convidaram para apresentar partes desta pesquisa desde 2013: Rene Gabri (16 Beaver), Ben Trott (Heinrich-Böll-Stiftung, Berlim), Stevphen Shukaitis e Steffen Böhm (University of Essex), Javier Toret e Eunate Serrano (Universitat Oberta de Catalunya), Marcelo Branco (Conexões Globais), Rosana Pinheiro-Machado (University of Oxford), Tadzio Müller e Mario Candeias (Rosa-Luxemburg-Stiftung, Berlim), Gustavo Chataignier (PUC-Rio), Fernanda Bruno e Fernando Santoro (Universidade Federal do Rio de Janeiro), João Roberto Lopes Pinto (Universidade Federal do Estado do Rio de Janeiro), Katja Dieffenbach (B-Books, Berlim), Alberto Toscano (Goldsmiths), Déborah Danowski, Eduardo Viveiros de Castro, Felipe Süssekind, Alyne Costa e Juliana Fausto (Fundação Casa de Rui Barbosa), Jason Wozniak e a Latin American Philosophy of Education Society (Columbia University), Dave Mesing e Salar Mohandesi (Wooden Shoe, Filadélfia), Teivo Teivainen (University of Helsinki), Creston Davis (University of Athens), Verónica Araiza Díaz e Silvia López Gil (Universidad Nacional Autónoma de Mexico), Guiomar Rovira Sancho (Universidad Autónoma Metropolitana Xochimilco), Samir Haddad (Fordham University), André Mesquita (Museu de Arte de São Paulo), Gabriel Tupinambá e Victor Marques (Universidade Federal do ABC), Jean Tible (Universidade de São Paulo), Lars Bang Larsen (Bienal de São Paulo), Colin Barker [*in memoriam*] (Manchester Metropolitan University), Paolo Gerbaudo e Nick Srnicek (King's College), Bernardo José de Souza (Fundação Iberê Camargo), Ulisses Carrilho e Keyna Eleison (Escola de Artes Visuais do Parque Lage), Antonio Pele e Florian Hoffmann (PUC-Rio), Imre Szeman e Eva-Lynn Jagoe (Banff Center for Arts and Creativity), Cinzia Arruzza (New School for Social Research), Jean-Pierre Caron (Fosso), Ulysses Pinheiro (Universidade Estadual do Rio de Janeiro); bem como a todos os que compareceram a esses eventos e cujas perguntas e comentários me ajudaram a refinar meu pensamento. Enquanto trabalhava neste livro, recebi apoio da PUC-Rio na forma de uma Bolsa de Produtividade (2015-18), bem como uma bolsa para um período como pesquisador visitante na Brown University. Na Brown, agradecimentos são devidos a Bonnie Honig, James Green e Jasmine Johnson.

Uma versão anterior do capítulo 2 foi publicada como "*Uma ou duas melancolias? 1917, 1968 e o retorno à questão da organização*" em *Crise e Crítica* (v. 1, n. 1, 2017). O capítulo 5 contém elementos de "The Network Prince: Leadership between Clastres and Machiavelli", publicado no *International Journal of Communication* (v. 9, 2015), e o capítulo 7 traz trechos de "Learning to No End: Tension and *Telos* in Pedagogy and Politics", publicado em *Lápiz* (n. 2, 2015). Agradeço aos editores pela gentil permissão para usar essas passagens.

Minhas ideias sobre política e organização certamente seriam muito mais pobres se não fossem os amigos e companheiros que encontrei em e no entorno de vários coletivos, campanhas e grupos de pesquisa ao longo dos anos: Amiz, Comitê Organizador do Acampamento da Juventude do Fórum Social Mundial (COA), Grumo, Justice for Cleaners/Cleaners for Justice London, Turbulence, Micropolitics Research Group, Precarious Workers' Brigade, Plan C, Comitê Popular da Copa de Porto Alegre, Materialismos (em todas as suas formações), Werkstatt für Bewegungsbildung. "Vocês sabem quem são", como se diz por aí. Eduardo Luft pode encontrar um eco estranho das ideias que absorvi em suas aulas em alguns dos argumentos aqui apresentados. Uma conversa em 2004 com Javier Toret sobre Lênin e a imanência em uma ocupação em Hackney me ajudou a começar a pôr em palavras vários dos problemas que tentei elaborar aqui. Foi nessa mesma noite que encontrei Valery Alzaga pela primeira vez; dois anos depois, ela me lançou o desafio de virar organizador sindical por alguns meses. Tal experiência, assim como sua amizade, também foram extremamente formativas para este livro e para mim. Em relação a esta edição brasileira, meus agradecimentos vão para Eduardo Heck de Sá, Florencia Ferrari, Maria Chiaretti e toda equipe da Ubu, Raquel Azevedo e Heloísa Machado.

Foi Kylie Benton-Connell quem me convenceu, em junho de 2013, a deixar de lado o projeto em que estava então trabalhando e me dedicar a este; os protestos que estavam então começando no Brasil selaram a decisão. Ao longo deste processo, Kylie continuou sendo a maior apoiadora, interlocutora, crítica e entusiasta deste livro; meus agradecimentos mais especiais não podiam deixar de ser para ela. Espero que o atraso não o tenha tornado menos urgente do que ela pensava que fosse à época.

REFERÊNCIAS BIBLIOGRÁFICAS

AA. "Keimeno Karagiannide, Mpourzoukou, Charise, Theophilou, Stampolou". *Indymedia Athens*, 23 jul. 2015. Disponível em: athens.indymedia.org/post/1547488.

ADORNO, Theodor. "Spengler após o declínio" [1941], in *Prismas: Crítica cultural e sociedade*, trad. Augustin Wernet e Jorge Mattos Brito de Almeida. São Paulo: Ática, 1998.

AHMED, Sara. *The Cultural Politics of Emotion* [2004]. Edinburgh: Edinburgh University Press, 2014.

ALLEN, Timothy F. H. & Thomas B. STARR. *Hierarchy: Perspectives for Ecological Complexity*. Chicago: University of Chicago Press, 1982.

ALTHUSSER, Louis. "The Crisis of Marxism", trad. Grahame Lock. *Theoretical Review*, n. 7, 1978, pp. 10–20.

____. *O futuro dura muito tempo; seguido de Os fatos: Autobiografias* [1992], trad. Rosa Freire d'Aguiar. São Paulo: Companhia das Letras, 1992.

____. *Por Marx* [1965], trad. Maria Leonor F. R. Loureiro. Campinas: Ed. Unicamp, 2015.

AMSELLE, Jean-Loup (org.). *Le Sauvage à la Mode*. Paris: Sycomore, 1979.

ANDERSON, Gary; Robert MCCORMICK & Robert TOLLISON. "The Economic Organization of the East India Company". *Journal of Economic Behavior and Organization*, n. 4, 1983, pp. 221–38.

ANÔNIMO. *Analyse de la doctrine de Babeuf, tribun du peuple: Proscrit par le Directoire Exécutif pour avoir dit la vérité*. Paris: Ed. do Autor, 1796.

AOURAGH, Miryam. "Social Media, Mediation and the Arab Revolutions". *Triple C*, v. 10, n. 2, 2012, pp. 518–36.

ARANTES, Paulo. *O novo tempo do mundo e outros estudos sobre a Era da Emergência*. São Paulo: Boitempo, 2014.

ARENDT, Hannah. *Sobre a revolução* [1963], trad. Denise Bottmann. São Paulo: Companhia das Letras, 2011.

ARISTÓTELES. *Ética a Nicômaco* [séc. III a. C.], trad. Leonel Vallandro e Gerd Bornheim, in *Tópicos; Dos argumentos sofísticos; Metafísica; Ética a Nicômaco; Poética*. São Paulo: Abril, 1973.

ARON, Raymond. *O ópio dos intelectuais* [1955], trad. Yvonne Jean. Brasília: Ed. Universidade de Brasília, 1980.

ASSEMBLEIA ANARQUISTA/COMUNISTA PARA O CONTRA-ATAQUE DE CLASSE CONTRA A UNIÃO EUROPEIA. "Ochi Stous Ekbiasmous tes Troika". *Syneleusi Enantiastin*, 29 jun. 2015.

ASHBY, W. Ross. "Principles of the Self-Organizing System", in H. von Foerster e G. W. Zopf Jr. (orgs.). *Principles of Self-Organization*. London: Pergamon Press, 1962.

ATLAN, Henri. "Do ruído como princípio de auto-organização", in *Entre o cristal e a fumaça: Ensaio sobre a organização do ser vivo* [1979], trad. Vera Ribeiro. Rio de Janeiro: Jorge Zahar, 1992.

____. *A organização biológica e a teoria da informação* [1972]. Lisboa: Instituto Piaget, 2006.

BADIOU, Alain. "Politics and Philosophy", in *Ethics: An Essay on the Understanding of Evil* [1998], trad. Peter Hallward. London/New York: Verso, 2001.

____. "Of an Obscure Disaster: On the End of the Truth of State" [1998], trad. Barbara Fulks. *Lacanian Ink*, n. 22, 2003, pp. 58–89.

____. "Rancière and Apolitics", in *Metapolitics* [1998], trad. Jason Barker. London/ New York: Verso, 2005.

____. "Oito teses sobre o universal" [2004], trad. Norman R. Madarasz. *Ethica*, v. 15, n. 2, 2008, pp. 41–50.

____. *Theory of the Subject* [1982], trad. Bruno Bosteels. London: Continuum, 2009.

____. *A hipótese comunista* [2009], trad. Mariana Echalar. São Paulo: Boitempo, 2012.

____. *The Rebirth of History: Times of Riots and Uprisings* [2011], trad. Gregory Elliot. London: Verso, 2012.

____ & John van HOUDT. "The Crisis of Negation: An Interview with Alain Badiou". *continent*, v. 1, n. 4, 2011, pp. 234–38.

BAKUNIN, Mikhail. "Letter to Albert Richard" [1870], in *Bakunin on Anarchy*, org. e trad. Sam Dolgoff. New York: Vintage, 1971.

____. *Escritos contra Marx*, trad. Plínio Augusto Coêlho. São Paulo: Nu-Sol/ Imaginário; Rio de Janeiro: Soma, 2001.

____. *Estatismo e anarquia* [1873], trad. Plínio Augusto Coêlho. São Paulo: Nu-Sol/ Imaginário, 2003.

____. *Federalismo, socialismo e antiteologismo* [1867], trad. Plínio Augusto Coelho. São Paulo: Intermezzo/ Imaginário, 2014.

____. "A comuna de Paris e a noção de Estado" [1871], in *O princípio do Estado e outros ensaios*, trad. Plínio Augusto Coêlho. São Paulo: Hedra, 2015.

BALIBAR, Étienne. *Spinoza: From Individuality to Transindividuality*. Delft: Eburon, 1997.

____. *Spinoza and Politics* [1985], trad. Peter Snowdon. London/ New York: Verso, 2008.

____. "*Potentia Multitudinis, quae una Veluti Mente Ducitur*: Spinoza on the Body Politic", in S. H. Daniel (org.). *Current Continental Theory and Modern Philosophy*. Evanston: Northwestern University Press, 2005.

BARABÁSI, Albert-László & Réka ALBERT. "Emergence of Scaling in Random Networks". *Science*, v. 286, n. 5439, 1999, pp. 509–12.

BARBERÁ Pablo et al. "The Critical Periphery in the Growth of Social Protests". *PLoS ONE*, v. 10, n. 11, 2015.

BARBROOK, Richard & Andy CAMERON. *A ideologia californiana: Uma crítica ao livre mercado nascido no Vale do Silício* [1996], trad. Marcelo Träsel. União da Vitória: Monstro dos Mares; Porto Alegre: BaixaCultura, 2018.

BATESON, Gregory. "Bali: The Value System of a Steady State", in *Steps to an Ecology of Mind* [1972]. New York: Ballantine, 1976.

____. "Culture Contact and Schismogenesis", in *Steps to an Ecology of Mind* [1972]. New York: Ballantine, 1976.

____. "Foreword", in *Steps to an Ecology of Mind* [1972]. New York: Ballantine, 1976.

____. *Naven: Um exame dos problemas sugeridos por um retrato compósito da cultura de uma tribo da Nova Guiné, desenhado a partir de três perspectivas* [1958], trad. Magda Lopes. São Paulo: Edusp, 2006.

BEASLEY-MURRAY, Jon. *Posthegemony: Political Theory and Latin America* [2003]. Minneapolis: University of Minnesota Press, 2010.

BENJAMIN, Walter. "Melancolia de esquerda: A propósito do novo livro de poemas de Erich Kästner" [1930], in *Magia e técnica, arte e política: Ensaios sobre literatura e história da cultura*, trad. Sergio Paulo Rouanet. São Paulo: Brasiliense, 1987.

BENNETT, W. Lance & Alexandra SEGERBERG. "The Logic of Connective Action: Digital Media and the Personalization of Contentious Politics". *Information, Communication and Society*, v. 15, n. 5, 2012, pp. 739–68.

BERNES, Jasper. "Logistics, Counterlogistics and the Communist Prospect". *Endnotes*, n. 3, 2013, pp. 172–201.

____ & Joshua CLOVER. "History and the Sphinx: Of Riots and Uprisings". *Los Angeles Review of Books*, 24 set. 2012.

BERNSTEIN, Eduard. *The Preconditions of Socialism* [1899], org. Henry Tudor. Cambridge, MA: Cambridge University Press, 1993.

____. *Socialismo evolucionário* [1899], trad. Manuel Teles. Rio de Janeiro: Jorge Zahar/ Instituto Teotônio Vilela, 1997.

BEURET, Nicholas. "A Green New Deal for Whom and for What?". *Viewpoint*, 24 out. 2019.

BEY, Hakim. *TAZ: Zona Autônoma Temporária* [1991], trad. Alexandre Barbosa de Souza. São Paulo: Veneta, 2018.

____ & Hans Ulrich OBRIST. "Hakim Bey", trad. Daniela Cerdeira, in *Entrevistas: volume 4*. Rio de Janeiro: Cobogó; Belo Horizonte: Instituto Cultural Inhotim, 2011.

BJORK-JAMES, Carwil. "Debating Tactics: Remember to Ask 'What Works?'". Carwil Without Borders, 13 fev. 2012.

BLUMENBERG, Hans. *The Legitimacy of the Modern Age* [1966], trad. Robert M. Wallace. Cambridge, MA: MIT Press, 1999.

BOAS, Franz. *A mente do ser humano primitivo* [1911], trad. José Carlos Pereira. Petrópolis: Vozes, 2011.

BOFF, Clodovis. *Como trabalhar com o povo: Metodologia do trabalho popular* [1984]. Petrópolis: Vozes, 1988.

BOGDANOV, Aleksander. *Essays in Tektology* [1913], trad. George Gorelik. Seaside: Intersystems, 1980.

____. *The Philosophy of Living Experience* [1913], trad. David J. Rowley. Chicago: Haymarket, 2016.

BOLOGNA, Sergio. "An Overview", in *Italy 1977–8: Living with an Earthquake*. London: Red Notes, 1978.

BOLTANSKI, Luc & Ève CHIAPELLO. *O novo espírito do capitalismo* [1999], trad. Ivone C. Benedetti. São Paulo: WMF Martins Fontes, 2009.

BOSTEELS, Bruno. *Badiou and Politics*. Durham: Duke University Press, 2011.

BOUTANG, Yann Moulier. "Introduction", in Antonio Negri, *The Politics of Subversion: A Manifesto for the Twenty-First Century* [1989], trad. James Newell. Cambridge, MA: Polity Press, 2005.

BRAIDOTTI, Rosi. "Posthuman Critical Theory". *Journal of Posthuman Studies*, v. 1, n. 1, 2017, pp. 9–25.

BROWN, Wendy. "Resisting Left Melancholy". *boundary* 2, v. 26, n. 3, 1999, pp. 19–27.

BURKE, Edmund. *Reflexões sobre a revolução em França* [1865], trad. Ivone Moreira. Lisboa: Fundação Calouste Gulbenkian, 2015.

CADENA, Marisol de la. "Cosmopolítica indígena nos Andes: reflexões conceituais para além da 'política'" [2010], trad. Lucas da Costa Maciel e Fernanda Borges Henrique. *Maloca: Revista de Estudos Indígenas*, v. 2, 2019, pp. 1–37.

CANGUILHEM, Georges. "La Décadence de l'idée de progrès". *Revue de Métaphysique et de Morale*, v. 92, n. 4, 1987, pp. 437–54.

CANT, Callum. "Understanding Our Defeat". *Notes from Below*, 18 nov. 2019.

CARSON, Clayborne (org.). *A autobiografia de Martin Luther King* [1998], trad. Carlos Alberto Medeiros. Zahar, 2014.

CASTELLS, Manuel. "A Network Theory of Power". *International Journal of Communication*, n. 5, 2011, pp. 773–87.

____. *Redes de indignação e esperança: Movimentos sociais na era da internet* [2012], trad. Carlos Alberto Medeiros. Rio de Janeiro: Zahar, 2013.

CASTRO, Eduardo Viveiros de. "O intempestivo, ainda", in Pierre Clastres, *Arqueologia da violência: Pesquisas de antropologia política*, trad. Paulo Neves. São Paulo: Cosac Naify, 2011.

____. "A antropologia perspectiva e o método de equivocação controlada" [2004], trad. Marcelo Giacomazzi Camargo e Rodrigo Amaro. *Aceno*, v. 5, n. 10, 2018, pp. 247–64.

CAYGILL, Howard. *On Resistance: A Philosophy of Defiance*. London: Bloomsbury, 2013.

CHAKRABARTY, Dipesh. "O clima da história: Quatro teses" [2009], trad. Denise Bottmann et al. *Sopro*, n. 91, jul. 2013, pp. 2–22.

CÉSAIRE, Aimé. *Discurso sobre o colonialismo* [1950], in *Aimé Césaire, textos escolhidos*, trad. Sebastião Nascimento. Rio de Janeiro: Cobogó, 2022.

CHESTERS, Graham & Ian WELSH. *Complexity and Social Movements: Multitudes at the Edge of Chaos*. Oxford: Routledge, 2006.

CHURCHILL, Ward. "Pacifism as Pathology: Notes on an American Pseudopraxis", in W. Churchill & M. Ryan, *Pacifism as Pathology: Reflections of the Role of Armed Struggle in North America* [1998]. Oakland: PM Press, 2017.

CITTON, Yves. *Mythocratie: Storytelling et imaginaire de gauche*. Paris: Amsterdam, 2010.

CLASTRES, Pierre. *A sociedade contra o Estado: Pesquisas de antropologia política* [1974], trad. Theo Santiago. São Paulo: Cosac Naify, 2003.

____. *Arqueologia da violência: Pesquisas de antropologia política* [1977], trad. Paulo Neves. São Paulo: Cosac Naify, 2011.

COHEN, I. Bernard. "The Eighteenth-Century Origins of the Concept of Scientific Revolution". *Journal of the History of Ideas*, v. 37, n. 2, 1976, pp. 257–88.

COHEN, Stephen F. *Bukharin: Uma biografia política, 1888-1938*, trad. Maria Inês Rolim. Rio de Janeiro: Paz e Terra, 1990.

COHN-BENDIT, Daniel. *Obsolete Communism: The Left-Wing Alternative*. London: Penguin, 1968.

COLLETTI, Lucio. *Marxism and Hegel* [1969], trad. Lawrence Garner. London: New Left Books, 1973.

COMITÊ INVISÍVEL. *Aos nossos amigos: Crise e insurreição* [2014], trad.

Edições Antipáticas. São Paulo: n-1 edições, 2016.

DANOWSKI Déborah & Eduardo Viveiros de CASTRO. *Há mundo por vir? Ensaio sobre os medos e os fins.* Florianópolis/ São Paulo: Cultura e Barbárie/ Instituto Socioambiental, 2014.

DAUVÉ, Gilles. *From Crisis to Communisation.* Oakland: AK Press, 2018.

DAVIES, William. "The New Neoliberalism". *New Left Review*, n. 101, 2016, pp. 121–34.

DAY, Richard F. *Gramsci Is Dead: Anarchist Currents in the Newest Social Movements.* London: Pluto, 2005.

DEAN, Jodi. *The Communist Horizon.* London/ New York: Verso, 2009.

___. "Communist Desire", in S. Žižek (org.). *The Idea of Communism*, v. 2. London/ New York: Verso, 2013.

___. "Response: The Question of Organization". *South Atlantic Quarterly*, v. 113, n. 4, 2014, pp. 821–35.

___. *Multidões e partido* [2016], trad. Artur Renzo. São Paulo: Boitempo, 2022.

DEBRAY, Régis. *Revolução na revolução* [1967]. São Paulo: Centro Editorial Latino-americano, [198?].

DELEUZE, Gilles. "G de Gauche [esquerda]", in *O abecedário de Gilles Deleuze*, trad. Legendas Raccord. Disponível em: clinicand.com/o-abecedario-de-gilles-deleuze.

___. "Três problemas de grupo", in Félix Guattari, *Psicanálise e transversalidade: Ensaios de análise institucional*, trad. Adail Ubirajara Sobral e Maria Stela Gonçalves. Aparecida: Ideias e Letras, 2004.

___ & Félix GUATTARI. *Mil platôs: Capitalismo e esquizofrenia* [1980], v. 1, trad. Aurélio Guerra Neto e Célia Pinto Costa. São Paulo: Ed. 34, 1995.

___. *Mil platôs: Capitalismo e esquizofrenia* [1980], v. 3, trad. Aurélio Guerra Neto, Ana Lúcia de Oliveira, Lúcia Cláudia Leão e Suely Rolnik. São Paulo: Ed. 34, 1996.

___. *Mil platôs: Capitalismo e esquizofrenia* [1980], v. 4, trad. Suely Rolnik. São Paulo: Ed. 34, 1997.

___. *Mil platôs: Capitalismo e esquizofrenia* [1980], v. 5, trad. Peter Pál Pelbart e Janice Caiafa. São Paulo: Ed. 34, 1997.

___. *O anti-Édipo: Capitalismo e esquizofrenia 1* [1972], trad. Luiz B. L. Orlandi. São Paulo: Ed. 34, 2010.

DERRIDA, Jacques. *Memoires for Paul de Man* [1986], trad. Cecile Lindsay, Jonathan Culler, Eduardo Cadava e Peggy Kamuf. New York: Columbia University Press, 1989.

___. *Espectros de Marx: O Estado da dívida, o trabalho do luto e a nova Internacional* [1993], trad. Anamaria Skinner. Rio de Janeiro: Relume-Dumará, 1994.

___. *A farmácia de Platão* [1972], trad. Rogério da Costa. São Paulo: Iluminuras, 2005.

DESCARTES, René. *Princípios da filosofia* [1644], trad. João Gama. Lisboa: Edições 70, [1997].

DESCOLA, Philippe. "La Chefferie Amérindienne dans l'Anthropologie Politique". *Revue Française de Science Politique*, v. 38, n. 5, 1988, pp. 818–27.

DOLGOFF, Sam. *A relevância do anarquismo para a sociedade moderna* [1977], trad. Felipe Corrêa. São Paulo: Faísca Publicações Libertárias, 2005.

DOUGLASS, Frederick. *The Heroic Slave: A Cultural and Critical Edition*, org. Robert S. Levine, John Stauffer & John R. McKivigan. New Haven: Yale University Press, 2015.

DUDA, John. *Cibernética, anarquismo e auto-organização* [2013], trad. Felipe Drago. Ponta Grossa: Monstro dos Mares, 2022.

DYER-WITHEFORD, Nick. "Networked Leninism? The Circulation of Capital, Crisis, Struggle, and the Common". *Upping the Anti*, n. 13, 2012.

EAGLETON, Terry. "Lenin in the Postmodern Age", in S. Budgen, S. Kouvelakis & S. Žižek (orgs.). *Lenin Reloaded: Toward a Politics of Truth* [2001]. Durham: Duke University Press, 2007.

EASTERLING, Keller. *Extrastatecraft: The Power of Infrastructure Space*. London/ New York: Verso, 2014.

ENGELS, Friedrich. *Do socialismo utópico ao socialismo científico* [1880], trad. Roberto Goldkorn. São Paulo: Global, 1984.

ERREJÓN, Íñigo & Chantal MOUFFE. *Podemos: In the Name of the People*. London: Lawrence and Wishart, 2016.

ESCOBAR, Arturo. "Other Worlds Are Already Possible", in J. Sen, A. Anand, A. Escobar & P. Waterman (orgs.). *World Social Forum: Challenging Empires*. New Delhi: Viveka Foundation, 2004.

ESPINOSA, Baruch de. *Tratado político* [1677], trad. Diogo Pires Aurélio. São Paulo: WMF Martins Fontes, 2009. Ver também Spinoza.

FANON, Frantz. *Os condenados da terra* [1961], trad. Ligia Fonseca Ferreira e Regina Salgado Campos. Rio de Janeiro: Zahar, 2022.

FEIXA, Carles; Inês PEREIRA & Jeffrey JURIS. "Global Citizenship and the 'New, New' Social Movements: Iberian Connections". *Nordic Journal of Youth Research*, v. 17, n. 4, 2009, pp. 421–42.

FISHER, Mark. "Acid Communism (Unfinished Introduction)", in D. Ambrose (org.). *K-Punk: The Collected and Unpublished Writings of Mark Fisher (2004–2016)*. London: Repeater, 2018.

FLATLEY, Jonathan. *Affective Mapping: Melancholia and the Politics of Modernism*. Cambridge, MA: Harvard University Press, 2008.

FOERSTER, Heinz von. "On Self-Organizing Systems and Their Environments", in M. C. Yovits & S. Cameron (orgs.). *Self-Organizing Systems*. London: Pergamon Press, 1960.

____. "Cybernetics of Cybernetics" [1979], in *Understanding Understanding: Essays on Cybernetics and Cognition*. New York: Springer-Verlag, 2003.

FOUCAULT, Michel. "Poder-corpo" [1975], in *Microfísica do poder*, trad. Roberto Machado. Rio de Janeiro: Graal, 1979.

____. "É inútil revoltar-se?" [1979], in *Ética, sexualidade, política*, trad. Elisa Monteiro e Inês Autran Dourado Barbosa. Rio de Janeiro: Forense Universitária, 2006, pp. 77–81. (Ditos e Escritos, v. 5).

____. *Nascimento da biopolítica: Curso dado no Collège de France (1978-1979)* [2004], trad. Eduardo Brandão, rev. da trad. Claudia Berliner. São Paulo: Martins Fontes, 2008.

____. *Segurança, território, população: Curso dado no Collège de France*

(*1977-1978*) [2004], trad. Eduardo Brandão. São Paulo: Martins Fontes, 2008.

___. "O sujeito e o poder" [1982], in Hubert L. Dreyfus e Paul Rabinow, *Michel Foucault: Uma trajetória filosófica. Para além do estruturalismo e da hermenêutica*, trad. Vera Portocarrero e Gilda Gomes Carneiro. Rio de Janeiro: Forense Universitária, 2009.

___ & Gilles DELEUZE. "Os intelectuais e o poder" [1972], in *Microfísica do poder*, trad. Roberto Machado. Rio de Janeiro: Graal, 1979.

___ & Noam CHOMSKY. *Natureza humana: Justiça vs. poder* [1974], trad. Fernando Santos. São Paulo: WMF Martins Fontes, 2014.

FRASE, Peter. *Quatro futuros: A vida após o capitalismo* [2016], trad. Everton Lourenço. São Paulo: Autonomia Literária, 2020.

FREEMAN, Jo. "A tirania das organizações sem estrutura" [1972/73], trad. Marco Túlio. *Jacobin Brasil*, 12 mar. 2020.

FREIRE, Paulo. *Pedagogia do oprimido* [1968]. Rio de Janeiro/ São Paulo: Paz e Terra, 2018.

FREUD, Sigmund. "Luto e melancolia" [1915], in *Introdução ao narcisismo, ensaios de metapsicologia e outros textos (1914–1916)*, trad. Paulo César de Souza. São Paulo: Companhia das Letras, 2010.

___. "Psicologia das massas e análise do eu" [1921], in *Psicologia das massas e análise do eu e outros textos (1920-1923)*, trad. Paulo César de Souza. São Paulo: Companhia das Letras, 2011.

FURR, Grover & Vladimir BOBROV. "Nikolai Bukharin's First Statement of Confession in the Lubianka". *Cultural Logic*, v. 14, 2007, pp. 1–37.

GEOGHEGAN, Bernard Dionysius. "From Information Theory to French Theory: Jakobson, Lévi-Strauss, and the Cybernetic Apparatus". *Critical Inquiry*, v. 38, n, 1, 2011, pp. 96–126.

GERBAUDO, Paolo. *The Digital Party: Political Organisation and Online Democracy*. London: Pluto, 2018.

___. *Máscaras e bandeiras: populismo, cidadanismo e protesto global* [2017], trad. Dafne Melo. São Paulo: Funilaria, 2022.

GHONIM, Wael. *Revolution 2.0: A Memoir*. London: Fourth Estate, 2012.

GILBERT, Jeremy. *Common Ground: Democracy and Collectivity in an Age of Individualism*. London: Pluto, 2014.

___. "An Epochal Election: Welcome to the Era of Platform Politics". *Open Democracy*, 1 ago. 2017.

GOLLEY, Frank Benjamin. *A History of the Ecosystem Concept in Ecology: More than the Sum of Its Parts*. New Haven: Yale University Press, 1993.

GONZÁLEZ-BAILÓN, Sandra; Javier BORGE-HOLTHOEFER & Yamir MORENO. "Broadcasters and Hidden Influentials in Online Protest Diffusion". *American Behavioral Scientist*, v. 57, n. 7, 2013, pp. 943–65.

___; ___; ___ & Alejandro RIVERO. "The Dynamics of Protest Recruitment Through an Online Network". *Scientific Reports*, n. 1, 2011.

GORNICK, Vivian. *The Romance of American Communism* [1977]. London/ New York: Verso, 2020.

GORZ, André. "Reform and Revolution", trad. Ben Brewster. *Socialist Register*, n. 5, 1968.

____. *Adeus ao proletariado: Para além do socialismo* [1980], trad. Angela Ramalho Vianna e Sérgio Góes de Paula. Rio de Janeiro: Forense Universitária, 1982.

GRAEBER, David. "The Twilight of Vanguardism", in *Possibilities: Essays on Hierarchy, Rebellion, and Desire*. Oakland: AK Press, 2007.

____. "Concerning the Violent Peace-Police". *n+1*, 9 fev. 2012.

GRAMSCI, Antonio. *Cadernos do cárcere* [1975], v. 1, trad. Carlos Nelson Coutinho. Rio de Janeiro: Civilização Brasileira, 1999.

____. *Cadernos do cárcere* [1975], v. 3, trad. Luiz Sérgio Henriques, Marco Aurélio Nogueira e Carlos Nelson Coutinho. Rio de Janeiro: Civilização Brasileira, 2017.

GRAY, Rosie. "Occupy Wall Street Debuts the New Spokes Council". *Village Voice*, 8 nov. 2011.

GRUPPO GRAMSCI. "Una Proposta per un Diverso Modo di Fare Politica". *Rosso*, n. 7, 1973. Disponível em: rosso.spazioblog.it.

GUATTARI, Félix. *Psicanálise e transversalidade: Ensaios de análise institucional* [1974], trad. Adail Ubirajara Sobral e Maria Stela Gonçalves. Aparecida: Ideias e Letras, 2004.

____. "A New Alliance Is Possible" [1982], trad. Arthur Evans e John Johnston, in *Soft Subversions*. Los Angeles: Semiotext(e), 2009.

____. "Institutional Intervention" [1980], trad. Emily Wittman, in *Soft Subversions*, Los Angeles: Semiotext(e), 2009.

____. "Molecular Revolutions" [1975], in *Chaosophy: Texts and Interviews, 1972–1977*, trad. David L. Sweet, Jarred Becker e Taylor Adkins. Los Angeles: Semiotext(e), 2009.

____. "The Unconscious Is Turned Toward the Future" [1980], trad. Jeanine Herman, in *Soft Subversions*. Los Angeles: Semiotext(e), 2009.

____ & Suely ROLNIK. *Micropolítica: Cartografias do desejo* [1986]. Petrópolis: Vozes, 1996.

HAIDER, Asad. *Armadilha da identidade: Raça e classe nos dias de hoje* [2018], trad. Leo Vinicius Liberato. São Paulo: Veneta, 2019.

HALL, Stuart. "For a Marxism without Guarantees". *Australian Left Review*, n. 84, 1983, pp. 38–43.

____. "Authoritarian Populism: A Reply to Jessop et al". *New Left Review*, v. 151, 1985.

____. "O grande espetáculo da guinada à direita" [1979], trad. Gabriel Martins da Silva e Mateus Sanches Duarte. *Alceu*, v. 22, n. 46, 2022, pp. 190–204.

HANNAN, Michael T. & John FREEMAN. "Ecologia populacional das organizações" [1977]. *Revista de Administração de Empresas*, v. 45, n. 3, 2005, pp. 70–91.

HANSEN, Bue Rübner. "Surplus Population, Social Reproduction, and the Problem of Class Formation". *Viewpoint*, 2015.

HARDIN, Garrett. "The Cybernetics of Competition: A Biologist's View of Society". *Perspectives in Biology and Medicine*, v. 7, n. 1, 1963, pp. 58–84.

HARDT, Michael & Antonio NEGRI. *Império* [2000], trad. Berilo Vargas. Rio de Janeiro: Record, 2001.

____ & . *Multidão: Guerra e democracia na era do Império* [2004], trad. Clóvis Marques. Rio de Janeiro: Record, 2005.

____ & . *Bem-estar comum* [2009], trad. Clóvis Marques. Rio de Janeiro: Record, 2016.

___ & . *Assembly: A organização multitudinária do comum* [2017], trad. Lucas Carpinelli e Jefferson Viel. São Paulo: Politeia, 2018.

HARVIE, David & Keir MILBURN. "On the Uses of Fairy Dust: Contagion, Sorcery and the Crafting of Other Worlds". *Culture and Organization*, v. 24, n. 3, 2018, pp. 179-95.

HATTO, Arthur. "'Revolution': An Inquiry into the Usefulness of an Historical Term". *Mind*, v. 58, n. 232, 1949, pp. 495-517.

HAYEK, Friedrich A. "The Principles of a Liberal Social Order", in *Studies in Philosophy, Politics and Economics*. London: Routledge, 1967.

___. *Direito, legislação e liberdade: Uma nova formulação dos princípios liberais de justiça e economia política*, v. 1 [1973], trad. Anna Maria Capovilla, José Ítalo Stelle, Manoel Paulo Ferreira e Maria Luiza X. de A. Borges. São Paulo: Visão, 1985.

___. *Direito, legislação e liberdade: Uma nova formulação dos princípios liberais de justiça e economia política*, v. 2 [1976], trad. Maria Luiza X. de A. Borges. São Paulo: Visão, 1985.

HEDGES, Chris. "The Cancer in Occupy". *TruthDig*, 6 fev. 2012.

INGOLD, Tim. "Editorial". *Man*, v. 27, n. 4, 1992, pp. 693-96.

JAMES, William. "Pragmatismo. Quarta conferência: Singular e plural", trad. Jorge Caetano da Silva, in *Pragmatismo e outros textos*, trad. Jorge Caetano da Silva e Pablo Rubén Mariconda. São Paulo: Abril Cultural, 1979.

JEFFERSON, Thomas. *The Declaration of Independence*, ed. Michael Hardt. London: Verso, 2007. (Ed. bras.: "No Congresso, 4 de julho de 1776: Declaração dos representantes dos Estados Unidos da América, reunidos em Congresso Geral" [1776], in David Armitage, *Declaração de Independência: Uma história global*, trad. Angela Pessoa. São Paulo: Companhia das Letras, 2011.

JOHNSON, Steven. *Emergência: A dinâmica de rede em formigas, cérebros, cidades e softwares* [2001]. Rio de Janeiro: Zahar, 2003.

JONES Charles E. & Judson L. JEFFRIES "'Don't Believe the Hype': Debunking the Panther Mythology", in C. E. Jones (org.). *The Black Panther Party (Reconsidered)*. Baltimore: Black Classic Press, 1998.

JONES, Graham. *The Shock Doctrine of the Left*. Cambridge, MA: Polity, 2018.

JUARRERO, Alicia. *Dynamics in Action: Intentional Behavior as Complex System*. Cambridge, MA: MIT Press, 1999.

JUDIS, John B. *A explosão do populismo: Como a grande recessão transformou a política nos Estados Unidos e na Europa* [2016]. Lisboa: Presença, 2017.

The Populist Explosion: How the Great Recession Transformed American and European Politics. New York: Columbia Global Reports, 2016.

KAFKA, Ben. "The Administration of Things: A Genealogy". *West 86th*, 2012.

KANT, Immanuel. "Ensaio para introduzir a noção de grandezas negativas em filosofia" [1763], trad. Vinicius de Figueiredo e Jair Barboza, in *Escritos pré-críticos*, trad. Jair Barboza et al. São Paulo: Ed. Unesp, 2005.

KAUFFMAN, Stuart. *Investigations*. Oxford: Oxford University Press, 2000.

KAZIN, Michael. *The Populist Persuasion: An American History*. Ithaca: Cornell University Press, 1998.

KELLER, Evelyn Fox. "Organisms, Machines, and Thunderstorms: A History of Self-Organization, Part One". *Historical Studies in the Natural Sciences*, v. 38, n. 1, 2008, pp. 45-75.

____. "Organisms, Machines, and Thunderstorms: A History of Self-Organization, Part Two. Complexity, Emergence, and Stable Attractors". *Historical Studies in the Natural Sciences*, v. 39, n. 1, 2009, pp. 1-31.

KELLY, Kevin. *Out of Control: The New Biology of Machines, Social Systems and the Economic World*. Menlo Park: Addison-Wesley, 1994.

____. *Novas regras para uma nova economia: 10 estratégias radicais para um mundo conectado* [1998]. Rio de Janeiro: Objetiva, 1999.

KOSELLECK, Reinhart. *Crítica e crise: Uma contribuição à patogênese do mundo burguês* [1959], trad. Luciana Villas-Boas Castelo-Branco. Rio de Janeiro: EdUERJ/ Contraponto, 1999.

____. *Futuro passado: Contribuição à semântica dos tempos históricos* [1979], trad. Wilma Patrícia Maas e Carlos Almeida Pereira. Rio de Janeiro: Contraponto/ Ed. PUC-Rio, 2006.

KROLL, Andy. "How Occupy Wall Street Really Got Started". *Mother Jones*, 17 out. 2011.

KROPOTKIN, Peter, Nicholas Walter & Heiner Becker. "The Coming Revolution". *Freedom: A Journal of Anarchist Socialism*, n. 1, v. 1, 1886, p. 1.

____. "Modern Science and Anarchism", in E. Capouya & K. Tompkins (orgs.). *The Essential Kropotkin*. Basingstoke: Palgrave Macmillan, 1975.

LACLAU, Ernesto. "The Defender of Contingency". *Eurozine*, 2 fev. 2010.

____. *A razão populista* [2005], trad. Carlos Eugênio Marcondes de Moura. São Paulo: Três Estrelas, 2013.

____. "A imanência consegue explicar os conflitos sociais?" [2001]. *Alea: Estudos Neolatinos*, v. 20, n. 2, 2018, pp. 279-89.

____ & Chantal MOUFFE. *Hegemonia e estratégia socialista: Por uma política democrática radical*, trad. Joanildo A. Burity, Josias de Paula Jr. e Aécio Amaral. São Paulo: Intermeios; Brasília: CNPq, 2015.

LAFONTAINE, Céline. *O império cibernético: Das máquinas de pensar ao pensamento máquina* [2004], trad. Pedro Filipe Henriques. Lisboa: Instituto Piaget, 2007.

LAKEY, George. "What Role Were You Born to Play in Social Change?". *Open Democracy*, 9 mar. 2016.

LATOUR, Bruno. *Jamais fomos modernos* [1991], trad. Carlos Irineu da Costa. São Paulo: Ed. 34, 1994.

LAZZARATO, Maurizio. *Puissances de l'invention: La Psychologie économique de Gabriel Tarde contre l'économie politique*. Paris: Les Empêcheurs de Penser en Rond, 2001.

LECERCLE, Jean-Jacques. "Lenin the Just, or Marxism Unrecycled", in S. Budgen, S. Kouvelakis & S. Žižek (orgs.). *Lenin Reloaded: Toward a Politics of Truth* [2001]. Durham: Duke University Press, 2007.

LEIBNIZ, Gottfried Wilhelm. "A Monadologia, ou princípios da filosofia" [1720], in *A Monadologia e outros textos*, trad. Fernando Luiz Barreto Gallas e Souza. São Paulo: Hedra, 2009.

LÊNIN, Vladímir Ilitch. *Esquerdismo: Doença infantil do comunismo* [1920], trad. Edições Avante!. São Paulo: Expressão Popular, 2014.

LENIN, V. I. "The New Economic Policy and the Tasks of the Political Education Departments. Report to The Second All-Russia Congress of Political Education Departments, October 17, 1921", in *Collected Works*, v. 33. Moscow: Progress Publishers, 1973.

___. "The Lessons of the Moscow Events" [1905], in *Collected Works*, v. 9. Moscow: Progress Publishers, 1977.

___. "Where to Begin?" [1901], in *Collected Works*, v. 5. Moscow: Progress Publishers, 1977.

___. "O Estado e a revolução: A doutrina do marxismo sobre o Estado e as tarefas do proletariado na revolução" [1917], in *Obras escolhidas*, v. 2. São Paulo: Alfa-Ômega, 1980.

___. "Sobre a importância do ouro agora e depois da vitória completa do socialismo" [1921], in *Obras escolhidas*, v. 3. São Paulo: Alfa-Ômega, 1980.

___. "As lições da insurreição de Moscovo" [1906], in *Obras escolhidas*, v. 1. São Paulo: Alfa-Ômega, 1986.

___. "Que fazer?: Problemas candentes de nosso movimento" [1902], in *Obras escolhidas*, v. 1. São Paulo: Alfa-Ômega, 1986.

LÉVI-STRAUSS, Claude. *O pensamento selvagem* [1962], trad. Tânia Pellegrini. Campinas: Papirus, 1989.

LIH, Lars T. *Lenin Rediscovered:* What Is to Be Done? *in Context* [2005]. Chicago: Haymarket, 2008.

LOCHER, Fabien. "Cold War Pastures: Garrett Hardin and the 'Tragedy of the Commons'". *Revue d'Histoire Moderne et Contemporaine*, v. 60, n. 1, 2013, pp. 7–36.

LÓPEZ GIL, Silvia. "Feminización de la Política". *Diagonal*, 19 jul. 2016.

LORDON, Frédéric. "Conatus et Institutions: Pour un Structuralisme Enérgetique". *L'Anée de la Régulation*, n. 7, 2003, pp. 111–46.

LOURAU, René. *L'Analyseur Lip*. Paris: UGE, 1974.

LUCAS, Legume. "O Movimento Passe Livre acabou?". Passa Palavra, 2015.

LUKÁCS, Georg. "Notas críticas sobre a 'Crítica da Revolução Russa', de Rosa Luxemburgo", in *História e consciência de classe: Estudos sobre a dialética marxista* [1923], trad. Rodnei Nascimento. São Paulo: Martins Fontes, 2003.

___. "Observações metodológicas sobre a questão da organização", in *História e consciência de classe: Estudos sobre a dialética marxista* [1923], trad. Rodnei Nascimento. São Paulo: Martins Fontes, 2003.

___. "Rosa Luxemburgo como marxista", in *História e consciência de classe: Estudos sobre a dialética marxista* [1923], trad. Rodnei Nascimento. São Paulo: Martins Fontes, 2003.

LUKÁCS, György. *Lenin: Um estudo sobre a unidade de seu pensamento*, trad. Rubens Enderle. São Paulo: Boitempo, 2012.

LUXEMBURGO, Rosa. *A Revolução Russa* [1918], trad. Isabel Loureiro. São Paulo: Fundação Rosa Luxemburgo, 2017.

____. "Greve de massas, partido e sindicatos" [1906], trad. Stefan Fornos Klein, in *Rosa Luxemburgo: Textos escolhidos. Volume 1 (1899-1914)*, trad. S. F. Klein et al. São Paulo: Ed. Unesp, 2018.

____. "Reforma social ou revolução?" [1899], trad. Stefan Fornos Klein, in *Rosa Luxemburgo: Textos escolhidos. Volume 1 (1899-1914)*, trad. S. F. Klein et al. São Paulo: Ed. Unesp, 2018.

MAECKELBERGH, Marianne. *The Will of the Many: How the Alterglobalisation Movement Is Changing the Face of Democracy*. London: Pluto Press, 2009.

MALATESTA, Errico. "Note to the Article 'Individualism and Anarchism' by Adamas" [1924]. *Marxists Internet Archive*.

____. "On 'Anarchist Revisionism'" [1924], in V. Richards (org.). *Polemical Articles, 1924–1931*. London: Freedom Press, 1995.

MANIGLIER, Patrice. "Nuit Debout: Une expérience de pensée". *Les Temps Modernes*, n. 691, 2016, pp. 199–259.

MAO, Tsé-Tung. "Sobre a prática: Sobre a relação entre conhecimento e prática, entre saber e fazer" [1937], in *Sobre a prática e sobre a contradição*, trad. José Maurício Gradel. Rio de Janeiro: Jorge Zahar, 2008.

MAQUIAVEL, Nicolau. *O príncipe* [1532], trad. Maurício Santana Dias. São Paulo: Penguin Classics Companhia das Letras, 2010.

MARIGHELLA, Carlos. *Minimanual do guerrilheiro urbano* [1969].

MAROM, Yotam. "What Really Caused the Implosion of the Occupy Movement: An Insider's View". AlterNet, 2015.

MARTINS, Caio & Leonardo CORDEIRO, "Revolta popular: O limite da tática". Passa Palavra, 2014.

MARX, Karl. "Discurso no aniversário de 'The People's Paper'" [1856], trad. José Barata-Moura, in & Friedrich ENGELS. *Obras escolhidas em três tomos*, t. 1, trad. José Barata-Moura et al. Moscovo: Edições Progresso; Lisboa: Edições Avante!, 1982.

____. "Marx a Ludwig Kugelmann (em Hannover)" [1871]", trad. José Barata-Moura e João Pedro Gomes, in & Friedrich ENGELS. *Obras escolhidas em três tomos*, trad. José Barata-Moura et al. Moscovo: Edições Progresso; Lisboa: Edições Avante!, 1983.

____. "Letter to the Editor of *Otechestvenniye Zapiski*, November 1877", in *Collected Works*, v. 24. New York: Progress Publishers, 1989.

____. *Contribuição à crítica da economia política* [1859], trad. Florestan Fernandes. São Paulo: Expressão Popular, 2008.

____. "Glosas críticas marginais ao artigo 'O rei da Prússia e a reforma social'. De um prussiano" [1844], trad. Ivo Tonet. *Germinal: Marxismo e Educação em Debate*, v. 3, n. 1, 2011, pp. 142–55.

____. *O capital: Crítica da economia política*, v. 1 [1867]. trad. Rubens Enderle. São Paulo: Boitempo, 2013.

____ & Friedrich ENGELS. *A ideologia alemã* [1932], trad. Rubens Enderle, Nélio Schneider e Luciano Cavini Martorano. São Paulo: Boitempo, 2007.

____ & . *Manifesto comunista* [1848], trad. *Álvaro* Pina e Ivana Jinkings. São Paulo: Boitempo, 2010.

MARCUSE, Herbert. *A ideologia da sociedade industrial: O homem unidimensional*, trad. Giasone Rebuá. Rio de Janeiro: Zahar, 1973.

MATURANA, Humberto & Francisco VARELA. *A árvore do conhecimento: As bases biológicas da compreensão humana* [1984], trad. Humberto Mariotti e Lia Diskin. São Paulo: Palas Athena, 2001.

____ & Jorge MPODOZIS. "The Origin of Species by Means of Natural Drift". *Revista Chilena de Historia Natural*, v. 73, n. 2, 2000, pp. 261–310.

MAZZOLINI, Samuele. "La apuesta por un populismo de izquierda: Entrevista a Chantal Mouffe". *Nueva Sociedad*, n. 281, 2019, pp. 129–39.

MBEMBE, Achille. *Crítica da razão negra*, trad. Sebastião Nascimento. São Paulo: n-1 edições, 2018.

MCADAM, Doug. "Tactical Innovation and the Pace of Insurgency". *American Sociological Review*, v. 48, n. 6, 1983, pp. 735–54.

MCALEVEY, Jane. *No Shortcuts: Organising for Power in the New Gilded Age*. Oxford: Oxford University Press, 2016.

MCCULLOCH, Warren. *Embodiments of Mind* [1965]. Cambridge, MA: MIT Press, 2016.

MCEWAN, John. "Anarchism and the Cybernetics of Self-Organizing Systems". *Anarchy*, n. 31, 1963, pp. 270–83.

MEDINA, Eden. *Cybernetic Revolutionaries: Technology and Politics in Allende's Chile*. Cambridge, MA: MIT Press, 2011.

MERLEAU-PONTY, Maurice. *As aventuras da dialética* [1955], trad. Claudia Berliner. São Paulo: Martins Fontes, 2006.

MICHELS, Robert. *Sociologia dos partidos políticos* [1914], trad. Arthur Chaudon. Brasília: Ed. Universidade de Brasília, 1982.

MIROWSKI, Philip. "Postface", in & D. Plehwe (orgs.). *The Road from Mont Pèlerin: The Making of the Neoliberal Thought Collective*. Cambridge, MA: Harvard University Press, 2009.

MOMIGLIANO, Arnaldo. "Polybius' Reappearance in Western Europe", in *Essays in Ancient and Modern Historiography* [1977]. Chicago: University of Chicago Press, 2012.

MONTAG, Warren. "Who's Afraid of the Multitude? Between the Individual and the State". *South Atlantic Quarterly*, v. 104, n. 4, 2005, pp. 655–73.

MONTERDE, Arnau; Rubén CARRILLO; Marc ESTEVE & Pablo ARAGÓN. *#YoSoy132: Un Nuevo Paradigma en la Política Mexicana?*. Barcelona: Internet Interdisciplinary Institute/ Universitat Oberta de Catalunya, 2015.

MORFINO, Vittorio. "The *Multitudo* According to Negri: On the Disarticulation of Ontology and History". *Rethinking Marxism*, v. 26, n. 2, 2014, pp. 227–38.

____. *Plural Temporality: Transindividuality and the Aleatory Between Spinoza and Althusser* [2014]. Chicago: Haymarket, 2015.

MOUFFE, Chantal. "On the Itineraries of Democracy: An Interview with Chantal Mouffe". *Studies in Political Economy*, v. 49, n. 1, 1996, pp. 131–48.

____. *Sobre o político* [2005], trad. Fernando Santos. São Paulo: Martins Fontes, 2015.

____. *Por um populismo de esquerda* [2018], trad. Helena Ramos. Lisboa: Gradiva, 2019.

MOYN, Samuel. "Of Savagery and Civil Society: Pierre Clastres and the Transformation of French Political Thought". *Modern Intellectual History*, v. 1, n. 1, 2004, pp. 55–80.

MÜLLER, *What Is Populism?* Philadelphia: University of Pennsylvania Press, 2016.

NEGRI, Antonio. "Domination and Sabotage" [1977], trad. Ed Emery, in *Books for Burning*, trad. Arianna Bove et al. London/ New York: Verso, 2005.

____. "Laclau e a dialética do social e do político; entre movimentos e hegemonia" [2015], trad. Bruno Cava. *Lugar Comum*, n. 45, 2015, pp. 107–16.

NOTES FROM NOWHERE. *We Are Everywhere: The Irresistible Rise of Global Anticapitalism.* London: Verso, 2003.

NUNES, Rodrigo. "The Global Moment: Seattle, Ten Years On". *Radical Philosophy*, n. 159, 2010, pp. 2–7.

____. "O luxo do comunismo" in D. Danowski, E. Viveiros de Castro e R. Saldanha (orgs.), *Os mil nomes de Gaia: do Antropoceno à Idade da Terra*, v.2. Rio de Janeiro: Machado Editora, 2023, pp 156–72.

____. *Organisation of the Organisationless: Collective Action After Networks.* London: Mute/ PML Books, 2014.

____. "From Networks to Parties ... And Back". *Viewpoint*, 1 jun. 2015.

____. "Entre Negri y Laclau: Los Límites de la Multitud". *Políticas de la Memoria*, n. 16, 2015, pp. 39–55.

____. "Anônimo, vanguarda, imperceptível". *serrote*, n. 24, 2016.

____. "It Takes Organizers to Make a Revolution". *Viewpoint*, 9 nov. 2017.

NUÑEZ HURTADO, Carlos. *Educar para transformar, transformar para educar* [1987], trad. Romualdo Dias. Petrópolis: Vozes, 1993.

OELSCHLAGER, Max. "The Myth of a Technical Fix". *The Southwestern Journal of Philosophy*, v. 10, n. 1, 1979, pp. 43–53.

PAINEL INTERGOVERNAMENTAL SOBRE MUDANÇAS CLIMÁTICAS. "Sumário para formuladores de políticas", trad. Mariane Arantes Rocha de Oliveira. The Intergovernmental Panel on Climate Change (IPCC), 8 out. 2018.

PFALLER, Robert. *On the Pleasure Principle in Culture: Illusions without Owners* [2002], trad. Lisa Rosenblatt. London/ New York: Verso, 2014.

PLATÃO. *Filebo* [séc. IV a. C.], trad. Fernando Muniz. Rio de Janeiro: Ed. PUC-Rio; São Paulo: Loyola, 2015.

POLLETTA, Francesca. *Freedom Is an Endless Meeting: Democracy in American Social Movements.* Chicago: University of Chicago Press, 2002.

PORCARO, Mimmo. "A Number of Possible Developments of the Idea of the Connective Party". *Transform! Europe*, 2011, pp. 1–11.

____. "Occupy Lenin". *Socialist Register*, v. 49, 2013, pp. 1–4.

____. "A New Type of Art: From Connective to Strategic Party". *The Bullet*, 22 ago. 2013.

POZITRONIOS. "Demopsephisma 5es Ioulíou 2015: To Dikó Mou Anarchikó 'OCHI'". *Indymedia Athens*, Athens, 17 dez. 2015. Disponível em: athens.indymedia.org/post/1553151.

PRIGOGINE, Ilya & Gregoire NICOLIS. *Self-Organization in Nonequilibrium Systems*. London: Wiley, 1977.

____ & Isabelle STENGERS. *Order out of Chaos: Man's New Dialogue with Nature*. New York: Bantam, 1984.

PROUDHON, Pierre-Joseph. *General Idea of the Revolution in the Nineteenth Century* [1851], trad. John Beverly Robinson. New York: Haskell, 1969.

PRZEWORSKI, Adam. *Capitalismo e social-democracia* [1985], trad. Laura Teixeira Motta. São Paulo: Companhia das Letras, 1989.

PYZIUR, Eugene. *The Doctrine of Anarchism of Michael A. Bakunin*. Milwaukee: University of Marquette Press, 1955.

RANCIÈRE, Jacques. *O desentendimento: Política e filosofia* [1995], trad. Ângela Leite Lopes. São Paulo: Ed. 34, 1996.

____. *O mestre ignorante: Cinco lições sobre a emancipação intelectual* [1987], trad. Lílian do Valle. Belo Horizonte: Autêntica, 2007.

____. "The Use of Distinctions" [2004], in *Dissensus: On Politics and Aesthetics*, org. e trad. Steve Corcoran. London: Continuum, 2010.

____; Todd MAY; Saul NEWMAN & Benjamin NOYS. "Democracy, Anarchism and Radical Politics Today: An Interview with Jacques Rancière", trad. John Lechte. *Anarchist Studies*, v. 16, n. 2, 2008, pp. 173–85.

RANSBY, Barbara. "Ella Taught Me: Shattering the Myth of the Leaderless Movement". *ColorLines*, 12 jun. 2015.

RAYMOND, Eric S. "The Cathedral and the Bazaar". Disponível em: catb.org.

READ, Jason. *The Politics of Transindividuality* [2015]. Chicago: Haymarket, 2017.

RIOFRANCOS, Thea. "Plan Mood Battlefield: Reflections on the Green New Deal". *Viewpoint*, 19 mai. 2019.

ROBINSON, Cedric. *The Terms of Order: Political Science and the Myth of Leadership* [1980]. Chapel Hill: University of North Carolina Press, 2016.

RODRÍGUEZ, Pablo. "Como Se Gestó el 15M?". *Storify*, 2011. Disponível em: web.archive.org.

ROSSO. "Raccogliere la Generalità dei Bisogni di Liberazione: Autonomia Operaia con la 'A' Minuscola". *Rosso*, v. 3, n. 6, 1976. Disponível em: rosso.spazioblog.it.

____. "Dall'Area dell'Autonomia Operaia e Proletaria al Movimento dell'Autonomia Operaia". *Rosso*, v. 3, n. 10/11, 1976.

____. "Per il Partito dell'Autonomia". *Rosso*, v. 6, n. 29/30, 1978.

ROTH, Laura & Kate Shea BAIRD. "Municipalism and the Feminization of Politics". *ROAR Magazine*, n. 6, 2017, pp. 98–109.

RUDA, Frank. "Organization and Its Discontents". Radical Philosophy Conference, Berlin, Haus der Kulturen der Welt, 17 jan. 2015.

RUSSELL, Bertie & Keir MILBURN. "Public-Common Partnerships: Building New Circuits of Collective Ownership". Common Wealth, 2019.

SCHOPENHAUER, Arthur. *Parerga and Paralipomena* [1851], v. 2, trad. E. F. J. Payne. Oxford: Oxford University Press, 1974.

SERGE, Victor. *Memórias de um revolucionário* [1951], trad. Denise Bottmann. São Paulo: Companhia das Letras, 1987.

SHANNON, Claude E. "The Redundancy of English" [1951], in C. Pias (org.). *Cybernetics: The Macy Conferences 1946–1953. The Complete Transactions*. Zurich: Diaphanes, 2016.

SHIRKY, Clay. *Lá vem todo mundo: O poder de organizar sem organizações* [2008], trad. Maria Luiza X. de A. Borges. Rio de Janeiro: Zahar, 2012.

SIMON, Herbert A. "The Architecture of Complexity". *Proceedings of the American Philosophical Society*, v. 106, n. 6, 1962, pp. 467–82.

SIMONDON, Gilbert. "Histoire de la notion d'individu", in *L'Individuation à la lumière des notions de forme et d'information* [1964]. Grenoble: Jerôme Millon, 2005.

____. *A individuação à luz das noções de forma e de informação* [1964], trad. Luís Eduardo Ponciano Aragon e Guilherme Ivo. São Paulo: Ed. 34, 2020.

____. *Do modo de existência dos objetos técnicos* [1958], trad. Vera Ribeiro. Rio de Janeiro: Contraponto, 2020.

SITRIN, Marina (org.). *Horizontalism: Voices of Popular Power in Argentina*. Oakland: AK Press, 2006.

SMUCKER, Jonathan Matthew. *Hegemony How-To: A Roadmap for Radicals*. Oakland: AK Press, 2017.

SPINOZA. *Ética* [1677], trad. Tomaz Tadeu. Belo Horizonte: Autêntica, 2013.

____. "Carta 50" [1674]. *Spinoza: Obra completa 2. Correspondência completa e vida*, trad. J. Guinsburg e Newton Cunha. São Paulo: Perspectiva, 2014.

SRNICEK, Nick. *Platform Capitalism*. Cambridge, MA: Polity, 2016.

____ & Alex WILLIAMS. *Inventing the Future: Postcapitalism and a World Without Work*. London/ New York: Verso, 2015.

STAVRAKAKIS, Yannis. *The Lacanian Left: Psychoanalysis, Theory, Politics* [2000]. Edinburgh: Edinburgh University Press, 2007.

STROGATZ, Steven. *Sync: The Emerging Science of Spontaneous Order*. New York: Penguin, 2003.

SWANN, Thomas. "Towards an Anarchist Cybernetics: Stafford Beer, Self-Organisation and Radical Social Movements". *ephemera*, v. 18, n. 3, 2018, pp. 427–56.

SZEMAN, Imre. "System Failure: Oil, Futurity, and the Anticipation of Disaster". *South Atlantic Quarterly*, v. 106, n. 4, 2007, pp. 805–23.

TARDE, Gabriel. "Invention" [1902], in T. N. Clark (org.). *Gabriel Tarde on Communication and Social Influence: Selected Papers*. Chicago: University of Chicago Press, 1969.

____. "Monadologia e sociologia" [1895], in *Monadologia e sociologia e outros ensaios*, trad. Paulo Neves. São Paulo: Cosac Naify, 2007.

TAYLOR, Keith. *The Political Ideas of the Utopian Socialists*. London: Frank Cass, 1982.

THE DEBT COLLECTIVE. "About". Disponível em: debtcollective.org/#about.

THE FREE ASSOCIATION. "What Is the Movement?", in *Moments of Excess: Movements, Protest and Everyday Life*. Oakland: PM Press, 2011.

THE INVISIBLE COMMITTEE. *Now* [2017], trad. Robert Hurley. South Pasadena: Semiotext(e), 2017.

THOMAS, Peter D. "A hipótese comunista e a questão da organização" [2013], trad. Alex Calheiros, Lucas Vieira, Mathias Möller e Rocco Lacorte. *Crítica Marxista*, n. 45, 2017, pp. 35–61.

THOMPSON, E. P. "Notas sobre o exterminismo, o estágio final da civilização" [1980], in *Exterminismo e Guerra Fria*, trad. Denise Bottmann. São Paulo: Brasiliense, 1985.

TIQQUN. "A hipótese cibernética", in *Tudo deu errado, viva o comunismo!* [2009], trad. Vinícius Nicastro Honesko. São Paulo: n-1 edições, 2020 (ebook).

____. *Theses on the Imaginary Party* [1999], trad. Chicago Imaginary Party. Chicago: n.d.

TOMBA, Massimiliano. "Historical Temporalities of Capital: An Anti-Historicist Perspective". *Historical Materialism*, v. 17, n. 4, 2009, pp. 44–65.

TORET, Javier (org.). *Tecnopolítica: La potencia de las multitudes conectadas. El sistema red 15M, un nuevo paradigma de la política distribuida*. Barcelona: UOC, 2013.

TOSCANO, Alberto. "Communism as Separation", in P. Hallward (org.). *Think Again: Alain Badiou and the Future of Philosophy*. London: Bloomsbury, 2004.

____. "Limits to Periodization". *Viewpoint*, 2016.

TRAVERSO, Enzo. *Melancolia de esquerda: Marxismo, história e memória* [2016], trad. André Bezamat. Belo Horizonte: Âyiné, 2021.

TRIST, Eric. "A Concept of Organizational Ecology". *Australian Journal of Management*, v. 2, n. 2, 1977, pp. 161–75.

TRONTI, Mario. *Workers and Capital* [1966], trad. David Broder. London/New York: Verso, 2019.

TROTSKI, Leon. *Literatura e revolução* [1923], trad. Luiz Alberto Moniz Bandeira. Rio de Janeiro: Jorge Zahar, 2007.

TROTT, Ben. "Walking in the Right Direction?". *Turbulence*, n. 1, 2007, pp. 14–16.

TUFEKCI, Zeynep. *Twitter and Tear Gas: The Power and Fragility of Networked Protest*. New Haven: Yale University Press, 2017.

TURNER, Fred. *From Counterculture to Cyberculture: Stewart Brand, the Whole Earth Network and the Rise of Digital Utopianism*. Chicago: University of Chicago Press, 2006.

VARELA, Francisco. "Resonant Cell Assemblies: A New Approach to Cognitive Functions and Neuronal Synchrony". *Biological Research*, n. 28, 1995, pp. 81–95.

VILLARINO, Ángel & Rafael MÉNDEZ. "Podemos se instala en el desencanto: 'A muchos círculos ya no viene casi nadie'". El Confidencial, 18 nov. 2018.

VOEGELIN, Eric. *A nova ciência da política* [1952], trad. José Viegas Filho. Brasília: Ed. Universidade de Brasília, 1982.

VOGT, Lars; Peter GROBE; Björn QUAST & Thomas BARTOLOMAEUS. "*Fiat* or *Bona Fide* Boundary: A Matter of Granular Perspective". *PLoS ONE*, v. 7, n. 12, 2012.

WALLERSTEIN, Immanuel. "Fanon and the Revolutionary Class" [1979], in *The Essential Wallerstein*. New York: New Press, 2000.

WALTER, William Grey. "The Development and Significance of Cybernetics". *Anarchy*, n. 25, 1963, pp. 75–89.

WARD, Colin. *Anarchy in Action*. New York: Harper and Row, 1973.

WATTS, Duncan J. "A Simple Model of Global Cascades on Random Networks". *Proceedings of the National Academy of Sciences of the United States of America*, v. 99, n. 9, 2002, pp. 5766–71.

___ & Steven STROGATZ. "Collective Dynamics of 'Small-World' Networks". *Nature*, n. 393, 1998, pp. 440–42.

WEBER, Max. "A política como profissão e vocação" [1919], in *Escritos políticos*, trad. Regis Barbosa e Karen Elsabe Barbosa. São Paulo: Folha de S.Paulo, 2015.

WEEKS, Kathi. *The Problem with Work: Feminism, Marxism, Antiwork Politics, and Postwork Imaginaries*. Durham: Duke University Press, 2011.

WHITAKER, Francisco; Boaventura de Sousa SANTOS & Bernard CASSEN. "The World Social Forum: Where Do We Stand and Where Are We Going?", in M. Glasius, M. Kaldor & H. Anheier (orgs.). *Global Civil Society 2005/6*. London: Sage, 2005, pp. 64–87.

WOLF, Martin. "Por que o capitalismo rentista prejudica a democracia liberal", trad. Luiz Roberto Mendes Gonçalves. *Folha de S.Paulo*, 18 set. 2019.

WRIGHT, Erik Olin. *Envisioning Real Utopias*. London/ New York: Verso, 2010.

WRIGHT, Steve. *Storming Heaven: Class Composition and Struggle in Italian Autonomist Marxism* [2002]. London: Pluto, 2017.

YUK, Hui. "Simondon et la Question de l'Information". *Cahiers Simondon*, n. 6, 2015, pp. 29–47.

ZECHNER, Manuela & Bue Rübner HANSEN. "Building Power in a Crisis of Social Reproduction". *ROAR Magazine*, n. 0, 2015, pp. 132–51.

ZIBECHI, Raúl. *Dispersing Power: Social Movements as Anti-State Forces*, trad. Ramor Ryan. Oakland: AK Press, 2010.

ŽIŽEK, Slavoj. "A melancolia e o ato" [2000], in *Alguém disse totalitarismo?: Cinco intervenções no (mau) uso de uma noção*, trad. Rogério Bettoni. São Paulo: Boitempo, 2013.

ÍNDICE ONOMÁSTICO

Adorno, Theodor 109, 121, 216
Althusser, Louis 66, 123, 126, 151
Arendt, Hannah 104, 136
Aristóteles 110, 117, 167
Ashby, William Ross 159–60, 184
Autonomia Operária 86, 206

Badiou, Alain 15–16, 18, 93, 109, 126, 134–35, 146–48, 219, 264–65
Bailly, Jean-Sylvain 113
Brown, Wendy 74–82, 85, 91–92
Bukharin, Nikolai 99, 141
Burke, Edmund 137
Bakunin, Mikhail 128, 130, 137–40, 174, 176–78, 180, 187, 316
Bateson, Gregory 44, 87–88, 184, 317
Beasley-Murray, Jon 298, 311
Beer, Stafford 182, 249
Bellamy, Edward 117
Benjamin, Walter 75–77, 217, 326
Bergson, Henri 120
Bernes, Jasper 16–17, 277
Bernstein, Eduard 122–23, 126, 140, 171–72
Bey, Hakim 145–46
Blanqui, Louis Auguste 118, 137–38
Boff, Clodovis 104, 325–28
Bogdanov, Aleksandr 20, 34–37, 99, 106, 214, 264, 330
Bologna, Sergio 132–33
Bolsonaro, Jair 339
Boltanski, Luc 200–01, 246
Boltzmann, Ludwig 124

Cabet, Étienne 118, 128
Canguilhem, Georges 120
Carnot, Nicolas Léonard Sadi 120
Carroll, Lewis 334
Castells, Manuel 228, 236
Castoriadis, Cornelius 33
Chiapello, Ève 200–01, 246
Chomsky, Noam 16, 142
Churchill, Ward 207–08, 212, 216
Citton, Yves 302, 308
Clastres, Pierre 242–45, 307

Clausius, Rudolf 120
Clements, Frederic 217
Clover, Joshua 16–17
Cohn-Bendit, Daniel 83
Comitê Invisível 178, 200, 277, 335
Comte, Auguste 118, 120
Condorcet (marquês de), Marie Jean Antoine Nicolas de Caritat 113, 120
Corbyn, Jeremy 287–88, 292, 339

Darwin, Charles 124
Dauvé, Gilles 150, 349
Dean, Jodi 15–16, 75–82, 85, 89, 91, 219, 249, 281–85
Deleuze, Gilles 39–40, 120, 131, 148–49, 158, 193, 206, 224, 235, 242, 245, 282, 327, 336, 346
Derrida, Jacques 57, 101, 148, 334, 352
Di Maio, Luigi 287
Di Prima, Diane 249
Diderot, Denis 113
Dolgoff, Sam 177, 182, 187
Douglass, Frederick 215
Dutschke, Rudi 83

Engels, Friedrich 118, 126, 129, 130, 137–40, 173, 175, 191, 239

Fanon, Frantz 130, 328
Fitzgerald, Scott 74, 99
Fortini, Franco 216
Foucault, Michel 70, 117, 125, 130–31, 142, 158, 206, 300
Fourier, Charles 117–18, 128, 138
Freire, Paulo 29, 151, 296, 323–26
Fukuyama, Francis 126
Fuller, Buckminster 121

Gilbert, Jeremy 20, 50, 57, 64, 66, 101, 182, 253, 318
Gorz, André 131, 272
Guattari, Félix 39–41, 86, 107, 120, 131, 148–49, 156, 193, 224, 235, 242, 245, 261, 282, 327, 329, 336–37, 346

Hall, Stuart 127, 300, 302, 303
Hardt, Michael 28, 38, 68, 93, 115, 149, 183, 186, 188–93, 201, 247, 258–60, 298
Hayek, Friedrich von 22, 28, 181, 184–85, 191, 217
Hegel, Georg Wilhelm Friedrich 99, 120, 128, 189, 191
Holloway, John 149

Jackson, William 207

Kant, Immanuel 98–99, 120
Kästner, Erich 76, 77
Kautsky, Karl 134, 304
Kelvin (barão de), William Thomson 120
King, Martin Luther 207, 214–15
Koselleck, Reinhart 111–14, 126, 188
Kropotkin, Piotr Alekseievitch 119, 175–76, 180

Lacan, Jacques 168
Laclau, Ernesto 63–65, 68–71, 133–34, 147, 149, 296–97, 299–313
Lakey, George 209–10
Lance Bennett, W. 43–44
Lênin, Vladimir Ilyich Ulianov 16, 24, 95, 103–04, 140–41, 163, 172–73, 178, 197–98, 215, 268, 277, 344
Lévi-Strauss, Claude 124–25, 182
Lukács, Georg 94, 97, 109, 172, 239, 349
Luxemburgo, Rosa 24, 140, 169–73, 197–98, 200, 239, 320

Maeckelbergh, Marianne 201–02
Malatesta, Errico 176, 179–80
Malcolm X, (Malcolm Little) 214
Maquiavel, Nicolau 103–04, 112
Marcuse, Herbert 130
Marighella, Carlos 83
Marker, Chris 83

Marx, Karl 104, 117–18, 120, 122–24, 126–30, 137–40, 148, 173–78, 180, 191, 197, 238–39, 242, 332, 334
McCulloch, Warren Sturgis 189–90
McLuhan, Marshall 121
Mélenchon, Jean-Luc 287
Michels, Robert 61, 289–90
Mirowski, Philip 23
Morris, William 117
Mouffe, Chantal 63–64, 133, 134, 147, 149, 296–97, 299, 301–13
Moyer, Bill 209–10

Negri, Antonio 28, 38, 63, 65–66, 68–71, 93, 132, 149, 183, 186, 188–93, 201, 206–07, 247, 258–60, 298
Newton, Huey P. 65, 124, 156

Ocasio-Cortez, Alexandria 287
Owen, Robert 118, 128

Panteras Negras 86, 122, 163, 165, 208, 269, 333
Phillips, John 217
Piao, Lin 83
Platão 57, 100–01, 110
Políbio 110
Porcaro, Mimmo 15–16, 278–81, 284–85
Proudhon, Pierre-Joseph 116, 118, 128, 138

Rancière, Jacques 146–48, 324, 326
Rap Brown, Hubert Gerold 208
Ross, William 159
Ruda, Frank 16

Saint-Simon (conde de), Claude-Henri de Rouvroy 118, 138
Sanders, Bernie 287–88, 292
Schopenhauer, Arthur 107
Segerberg, Alexandra 43–44
Serge, Victor 82, 271, 339
Shannon, Claude 316–17, 319

Simondon, Gilbert 20, 29, 50, 66–67, 101–02, 106, 182, 316–20, 327, 331
Sitrin, Marina 201
Spencer, Herbert 120
Spinoza, Baruch 20, 37–39, 54, 56, 65–66, 69–70, 160–61, 190, 193–94, 260, 310
Stalin, Josef 141
Stam, Robert 296
Stelle, Cinque 217, 286–88

Tansley, Arthur George 217
Tarde, Gabriel 40, 67, 225–26, 229
Thomas, Peter 15
Tiqqun 51, 178, 316
Toffler, Alvin 121
Toscano, Alberto 135, 150
Trotski, Leon 117, 140–41
Trump, Donald 339
Turner, Fred 181, 186, 188

Viveiros de Castro, Eduardo 19, 234–43
Von Foerster, Heinz 158–59, 317

Ward, Colin 182, 187, 207–08, 216
Weber, Max 226–27
Weitling, Wilhelm 128
Wright, Erik Olin 132, 265, 271, 350

SOBRE O AUTOR

RODRIGO GUIMARÃES NUNES nasceu no Rio de Janeiro, em 1978. É graduado em ciências jurídicas e sociais (2000) pela UFPel, mestre em filosofia (2003) pela PUCRS e doutor em filosofia (2009) pelo Goldsmiths College, University of London. Realizou pós-doutorado na PUCRS entre 2010 e 2013 e foi pesquisador visitante na Brown University entre 2018 e 2019. Foi professor visitante na Goldsmiths, University of East London, University of Westminster, Jan van Eyck Academie e Escola de Artes Visuais do Parque Lage, e de 2013 a 2023 lecionou no departamento de filosofia da PUC-Rio. Escreveu para diversas publicações no Brasil e no exterior, incluindo *Les Temps Modernes, Radical Philosophy, South Atlantic Quarterly, Serrote, Jacobin, Al Jazeera, The Guardian, Folha de S.Paulo* e *Piauí*. Em 2011, foi um dos vencedores do primeiro Prêmio de Ensaísmo Serrote promovido pelo Instituto Moreira Salles e, em 2022, ganhou o prêmio de melhor livro de ensaios da Associação Paulista de Críticos de Arte por *Do transe à vertigem*. Em 2022 recebeu a bolsa Cientista do Nosso Estado Faperj para um projeto sobre a história e atualidade do conceito de transição. Desde janeiro de 2023 atua como professor de teoria política na University of Essex, Reino Unido.

Obras selecionadas

Do transe à vertigem: Ensaios sobre bolsonarismo e um mundo em transição. São Paulo: Ubu Editora, 2022.
Organisation of the Organisationless: Collective Action After Networks. London: Mute Books/ Post-Media Lab, 2014.

© Ubu Editora, 2023
© Verso, 2021
© Rodrigo Nunes, 2021

Imagem da capa e abertura a partir de foto da manifestação em Santiago de Chile, em 25 out. 2019 © Susana Hidalgo

COORDENAÇÃO EDITORIAL Florencia Ferrari
TRADUÇÃO Raquel Azevedo
PREPARAÇÃO Karina Okamoto
REVISÃO Daniela Uemura
DESIGN Elaine Ramos
TRATAMENTO DE IMAGEM Carlos Mesquita

EQUIPE UBU
DIREÇÃO EDITORIAL Florencia Ferrari
COORDENAÇÃO GERAL Isabela Sanches
DIREÇÃO DE ARTE Elaine Ramos, Julia Paccola, Nikolas Suguiyama (assistentes)
EDITORIAL Bibiana Leme, Gabriela Naigeborin
COMERCIAL Luciana Mazolini, Anna Fournier (assistente)
COMUNICAÇÃO / CIRCUITO UBU Maria Chiaretti, Walmir Lacerda (assistente)
DESIGN DE COMUNICAÇÃO Marco Christini
GESTÃO CIRCUITO UBU / SITE Laís Matias
ATENDIMENTO Micaely Silva

UBU EDITORA
Largo do Arouche 161 sobreloja 2
01219 011 São Paulo SP
ubueditora.com.br
professor@ubueditora.com.br
/ubueditora

Dados Internacionais de Catalogação na Publicação (CIP)
Bibliotecário Vagner Rodolfo da Silva – CRB 8/9410

N972n   Nunes, Rodrigo
Nem vertical nem horizontal: uma teoria da
organização política / Rodrigo Nunes; título original:
Neither Vertical nor Horizontal; traduzido por Raquel
Azevedo / São Paulo: Ubu Editora, 2023. 384 p.
ISBN 978 85 7126 108 2

1. Política. 2. Sociologia. 3. Teoria.
4. Organização política. I. Título.

2023-1290   CDD 320   CDU 32

Índice para catálogo sistemático:
1. Política 320
2. Política 32

FONTES Proforma e Girott
PAPEL Pólen bold 70 g/m²
Impressão Margraf